历史与社会学文库

从文化视角研究史学（增订本）

陈其泰 著

Essays on Cultural Approach to Historical Experience and Understanding (revised and enlarged edition)

上海

图书在版编目（CIP）数据

从文化视角研究史学/陈其泰著.—增订本.—上海：华东师范大学出版社，2020
（历史与社会学文库）
ISBN 978-7-5760-0299-7

Ⅰ.①从… Ⅱ.①陈… Ⅲ.①史学—文集 Ⅳ.①K0-53

中国版本图书馆CIP数据核字（2020）第056775号

从文化视角研究史学（增订本）

著　　者	陈其泰
责任编辑	曾　睿
责任校对	时东明
装帧设计	金竹林
责任印制	张久荣

出版发行	华东师范大学出版社
社　　址	上海市中山北路3663号 邮编 200062
网　　址	www.ecnupress.com.cn
电　　话	021-52713799 行政传真 021-52663760
客服电话	021-52717891 门市（邮购）电话 021-52663760
地　　址	上海市中山北路3663号华东师范大学校内先锋路口
网　　店	http://hdsdcbs.tmall.com

印 刷 者	上海商务联西印刷有限公司
开　　本	710×1000　16开
印　　张	24.75
字　　数	405千字
版　　次	2021年1月第1版
印　　次	2021年1月第1次
书　　号	ISBN 978-7-5760-0299-7
定　　价	88.00元

出 版 人　　王　焰

（如发现本版图书有印订质量问题，请寄回本社客服中心调换或电话021-52717891联系）

《历史与社会学文库》
编 委 会

成员：（按姓氏音序）

晁福林　陈其泰　陆益龙　瞿林东

杨雅彬　张书学　朱　力　朱　英

目录
CONTENTS

史学：展现中华文化独特魅力的新视角（增订本序） /1

从文化视角研究史学 /1
史学传统与民族精神 /9
传统思想的精华何以通向唯物史观 /22

孔子与中国史学传统 /47
《左传》在传统史学上的地位 /61
"过秦"和"宣汉"：两汉时代精神之体现 /68
《史记》久远生命力的奥蕴 /83
司马迁对历史发展趋势的卓识 /107
司马迁价值观与儒学 /122
体圆用神：《史记》历史编纂和体例的匠心运用 /134
《汉书》历史地位再评价 /160
今文公羊学说的独具风格和历史命运 /179

王鸣盛史学：朴学家的理性探求 /195
钱大昕：历史考证的精良方法及其影响 /219
《廿二史劄记》：乾嘉学术创造性思维的出色成果 /239
《文史通义》：传统史学后期的理论探索 /257
崔述古史新说及其价值观 /274
龚自珍、魏源的学术风格 /288

《日本国志》的史学价值和文化价值 / 297
梁启超与中国史学的近代化 / 308
章太炎对近代史学的贡献与局限 / 323
胡适：《中国哲学史大纲》的新范式 / 337

《史学与中国文化传统》后记 / 354
《再建丰碑——班固和汉书》自序 / 356
《中国近代史学的历程》卷首识语 / 359
《清代公羊学》后记 / 361
《史学与民族精神》卷首识语 / 364
《20世纪中国历史考证学研究》前言 / 367
《中国史学史·中国近代史学》后记 / 373

初版跋 / 376

史学：展现中华文化独特魅力的新视角（增订本序）

中华文化的优良传统是我们民族的血脉，也是实现民族伟大复兴的强大精神动力。在当前激烈的国际竞争中，我们要立于不败之地，就必须不断提高国家的文化软实力，大力弘扬优秀的传统文化，增强民族自信心，激发民族伟大的创造力。习近平同志说，"提高国家文化软实力，要努力展示中华文化独特魅力"；"把跨越时空、富有永久魅力、具有当代价值的文化精神弘扬起来"；"要系统梳理传统文化资源，让收藏在禁宫里的文物、陈列在广阔大地上的遗产、书写在古籍里的文字都活起来"。（2013年12月31日《人民日报》）因此，在当前，努力展现中华文化独特魅力的工作既有重大的学术价值，又有重大的现实意义。而要实现这一目标，历史学科负有光荣的任务，而且具有独特的优势。因为，第一，史学是文化的重要载体，古代优秀文化传统、历代志士仁人的卓越建树，大多靠历代史籍记载下来。第二，传统史学源远流长，高度发达，举世公认。历史记载长期连续，史书内容极其丰富，史书体裁形式多种多样，古代史家这种既重视传承又勇于创新的精神，本身就是留给后人的一笔宝贵的思想财富！我们要努力做好发掘、总结的工作，从历史学这一新视角系统梳理文化资源，让史籍中记载的珍贵内容都活起来，展现中华文化的独特魅力，并且推动中国学术走向世界！

一、深入发掘古代史学名著所蕴含的深刻哲理和高度智慧

中国古代史书体裁丰富多样，体现出中华文化的博大精深。《四库全书总目》将史书体裁区分为15类：正史、编年、纪事本末、别史、杂史、诏令奏议、传记、史钞、载记、时令、地理、职官、政书、目录、史评。而几乎每一种体裁都经过了长期发展,并产生出优秀之作。正如梁启超所言:"中国各种学问中,惟史学为最发达;史学在世界各国中,惟中国为最发达。"①更加令世人叹服的,是中国历史记载的长期连续,成为中华五千多年文明不竭的创造力的明证。拿几个文明古国来说,古代希腊有著名的历史著述,后来没有了。古代埃及几度被波斯人、希腊人、罗马人灭亡,这期间没有自己的历史著述。埃及古代史上有许多无法解决的疑问,著名的《伊浦味陈辞》说明的究竟是古王国末期还是中王国末期的情况,至今学者都不清楚。古代印度只有宗教经典和传说,而几乎没有历史记载。

外国学者高度赞誉中国历史记载的世代相续、绵延不断。黑格尔将古代印度几乎没有历史记载与中国典籍的丰富相对比,感叹说:"中国人具有最准确的国史……中国凡是有所设施,都预备给历史登载个仔细明白。印度则恰好相反。"②弗朗斯瓦·魁奈同样赞誉中国史书编纂的传统:"历史学是中国人一直以其无与匹伦的热情予以研习的一门学问。没有一个国家如此审慎地撰写了编年史,也没有什么国家这样悉心地保护自己的历史典籍。"③著名的科技史家李约瑟在其《中国科学技术史》第一卷总论中称中国是"最伟大的有历史编纂传统的国家之一","尽管朝代的称号不断变化,但每一朝代都有史官专门记载不久前发生和当代发生的事件,最后编成完整的朝代史。这些史书表现的客观性和不偏不倚的态度,最近还曾有德效骞与修中诚加以赞扬和描述"。④

黑格尔和李约瑟等诸多外国学者给予的盛赞,每一个中国人都会为此感到自豪。他们赞扬中国人对历史记载的饱满热情和高度重视,赞誉中国历史记载的长期连续和高度准确,赞扬历史文献在中国受到的悉心保护和史官所持的审慎、客观的态度;而且这些外国学者是在比较中国与其他国家后得出的认识,从而道出了中国文化具有的特质。我们作为中国学者,难道不应该以开拓创新的精神,对这样具有重要价值的中国历史编纂学发展史做深入的发掘和总结吗?

不仅如此,这项研究工作更加深层的意义还在于:我们站在当今的时代高

---

① 梁启超:《中国历史研究法》,《饮冰室合集》专集之七十三,中华书局1989年版,第9页。
② [德]黑格尔:《历史哲学》,王造时译,生活·读书·新知三联书店1956年版,第204页。
③ [法]弗朗斯瓦·魁奈:《中华帝国的专制制度》,谈敏译,商务印书馆1992年版。
④ [英]李约瑟:《中国科学技术史》第一卷,中华书局香港分局1975年版,第153—154页。

度，除了总结中国古代历史记载的长期连续、制度的严密和文献价值的宝贵以外，还要大力进行创造性的阐释，发掘出古代中国历史编纂学所蕴含的创造的力量、深刻的哲理和高度的智慧，由此进一步展示中国传统文化的独特魅力。

例如，对于《史记》这部古代史学名著，我们从历史编纂学这一视角，能对其杰出成就进行许多极具价值的新探索，并且得出具有中西学理融通意义的新概括。首先，司马迁创立的体裁实现了中国史学的巨大飞跃，其深远影响长达两千多年。先秦主要史书体裁是编年体，司马迁继承了其年代线索清晰、叙事简洁的优点，克服了其记载范围不够广阔、一事前后隔越数卷的缺点，而创立了"五体"结合的纪传体体裁，容量广阔，诸体配合。在内容上，贯彻了"通古今之变"的指导思想，从五帝时代一直写到"今上"汉武帝。本纪是全书的纲领，记载政治、经济、军事等各项大事，表、书、世家、列传都围绕本纪展开，作为对本纪的补充。各个部分互有分工，而又有机结合，使全书成为一个整体。因而被后代史家称为著史之"极则"。今人史学评论文章中每每提出要"宏大叙事"、"全景式著史"，或许《史记》的体裁和内容才足以真正与之相符。

其次，司马迁的体裁创造，又包含着深刻的哲理思考。《史记》"五体结合"的史书形式能够成立的内在根据是什么？其成功的奥秘又在哪里？其根据和奥秘，就是多维度、多视角、多方位地观察和叙述历史。换言之，司马迁苦心擘画，其著史目的是要使读者明了事件发生、演变的年代先后，了解历史变局的因果关系，睹见人物这一历史创造主体的活动和风采，同时又能知晓治理国家和传承文明所依赖的各种典章制度和复杂的社会情状。"多维历史视野"是一种抽象和概括，以此可以更清晰地揭示出司马迁在哲理高度和认识本原上，发现、掌握了如何再现客观历史进程的根本要领和途径。这是司马迁杰出创造才能在哲学思维上的体现，是笼罩《史记》全书的哲学光华。唯其成功地运用了多维度历史视野，而非单线式、单角度的观察，他呕心沥血著成的《史记》才为我们展现了华夏民族有史以来全景式的、丰富的、生动的画卷，有血有肉，内涵深刻，令读者百读不厌，感悟奋起！正因为"多维历史视野"符合从广度和深度上再现客观历史进程的需要，因此《史记》的体裁不仅成为传统史家著史之"极则"，而且在进入20世纪以后，成为梁启超、章太炎设计以"新综合体"撰著中国通史的原型。他们共同地继承了《史记》诸体配合、容量广阔的格局，在此基础上根据时代的需要加以改造和再创造。同样极具启发意义的是，1956年旅美学者邓嗣禹先生在其撰写的文章中，还提出可以依照《史记》的体裁纂修一部美国史。① 这些事例生动地证明了：正因为司马迁"多维历史视野"在哲理上具有宝贵的价值，因而影响极其深远！

再次，《史记》以记载人物活动为中心，是对人在创造历史活动中的作用的充分肯定。全书一百三十卷，其中，传记占了七十卷之多，记载了文臣武将、谋士能吏、学者说客，以及游侠、刺客、医生、卜者、滑稽倡优、工商业者等各阶层人物。司马迁以生动而饱含感情的笔触，记述了他们的语言、行事，塑造了他们栩栩如生的性格，其中如记载伍子胥、信陵君、廉颇、蔺相如、屈原、聂政、荆轲、苏秦、张仪、李斯、萧何、韩信、张良、樊哙、刘敬、叔孙通、周勃、周亚夫、李广、汲黯等人物活动的篇章，读者千载之后读之，这些人物犹活现于眼前。列传的叙事手法尤为出色之处在于既有贯通全书的成熟、严谨的体例，又根据需要灵活运用。例如，《李斯列传》即为典型篇章，此篇无论从李斯对历史进程的影响或是从记载史实的复杂程度而言，在七十篇列传中都占据着重要地位。在撰写方式上，司马迁苦心经营。前半篇集中记载李斯本人入秦前后的行事，而到了后半篇史家记述的格局却明显变化。原因何在？这是因为，此前所记载的主要是李斯本人的活动，而后面则是李斯与赵高、秦二世三人的所为纠集在一起，史家组织材料的方法就由单线条叙述变为多线条结合的记述。后半篇的内容超出了李斯本人的传记，是写李斯、赵高、秦二世三人在秦帝国晚期阴谋策划、倒行逆施，最终覆灭的下场，既写李斯应负的历史罪责，又刻画了阴谋家赵高、暴君秦二世的面目。李斯后期的所作所为自然是其原先性格、行事在新的条件下的发展，而赵高和秦二世二人是最终葬送秦王朝的祸首。由于无法单独写此两人，也无法放在《秦始皇本纪》中去写，而其行事与李斯紧密联系，因此采取多线条结合的手法，集中记载于此。司马迁这种剪裁和组织手法不但巧妙，而且使历史画卷内容更加丰富，情节曲折动人，蕴含极其深刻的教训。这样，《李斯列传》后半篇便与《秦始皇本纪》相辅相成，构成秦王朝由统一到走向灭亡的全景图。这就说明，《李斯列传》的记载是以李斯的活动为主线，而为了再现秦王朝最后覆亡之历史的需要，史家又有意突破个人传记写法的常轨，采取多线条结合的写法，让此篇与

---

① 邓嗣禹：《司马迁与希罗多德之比较》，《历史语言所研究集刊》第28卷上，1956年。

《秦始皇本纪》互相配合，以完整地写出秦王朝是如何从成功的顶点，经由赵高、秦二世、李斯之手而迅速灭亡的。明代学者茅坤评论说："此是太史公极用意文，极得大体处。学者读《李斯传》，不必读《秦纪》矣。"而对于记载经历不太复杂的人物，如《蒙恬列传》《刘敬叔孙通列传》等，司马迁也有巧妙、周密的安排，既做到主线清楚，又运用恰当的烘托手法，因而生动地写出了人物的性格、行事，又表明了他对时代的影响。总起来说，《史记》中无论是鸿篇巨制还是所载内容不甚复杂的篇章，司马迁无不匠心独运，力求达到内容和形式的尽善尽美。他从再现历史进程的需要出发，既通盘考虑使得体例严密，在具体运用上又根据情况作灵活变通，在必要时突破成例，因而被章学诚称誉为"体圆而用神"。①

二、体裁发展的动力源于史家创造精神

中国史家在历史编纂上的创造精神，又体现于不同时期史家对同一体裁的运用并非一成不变，而是因时制宜，加以发展，重视加进新内容。以下仅举出若干典型事例加以证明。

譬如，《史记》所创立的体裁历代最为重视，称其为"正史"并长期效法。此后纪传体经历了三次重要的创造。一是东汉初班固撰成《汉书》，改变司马迁的纪传体通史为纪传体断代史，并且去掉"世家"，因而实现了意义重大的创造。这种以朝代的兴废为起讫、详一代之治乱的编纂形式恰恰与中国历代封建王朝周期性更迭的现象相适应，因而为后代正史纂修者沿用不改。二是陈寿著《三国志》，他记载的对象是东汉末全国统一局面遭到破坏之后出现的魏、蜀、吴三国历史。它们合起来代表着一个历史时期，并且鼎峙的三国互有密切的关系。三国虽是分立的政权，但它是全国统一过程中短时期出现的分裂，至西晋建立，全国又重归统一。因此，陈寿不将三国各立一史，而是同置于一书之中，既要写出三国的兴灭，又要写三国彼此之间紧密的关系。正如白寿彝先生所说，陈寿"对三国历史有一个总揽全局的看法和处理"。"他以曹魏的几篇帝纪提挈这一时期的历史上的大事，又分立魏、蜀、吴三书以叙三国

---

① 章学诚：《文史通义》内篇1《书教下》。

鼎立的发端、发展及结果。"①由此可知，《三国志》的体裁又是一个出色的创造，既如实记载了三国的分立，又体现出在全中国大格局之内经过暂时分裂而最终走向统一这种历史的实质和发展的趋势。至唐初修《晋书》，在全书纪传体总格局之内，设立"载记"三十篇，分国记述前赵、后赵、前燕、前秦、后秦、成汉、后凉、后燕、西秦、北燕、南凉、南燕、北凉、夏等十四个政权，它们基本上都是五胡所建，形成短暂割据的纷乱局面。唐代实现了历史上空前规模的统一。《晋书》的编纂贯彻了唐太宗"华夷一家"的思想，加强国家统一观念，在三十篇"载记"中，只称"僭伪"，不辨华夷，以示四海一家。"载记内容，既具本纪之纲领。复有列传之委曲，且穿插典章经制和重臣行事，完整地叙述了各族首领在中原割据兴亡之史事，完满地解决了汉族中心与胡族割据兴亡始末并载一史的难题，无疑是一大独特的创造。"②三是同在唐贞观年间由李延寿撰成的《南史》《北史》。这两部书是在《宋书》《南齐书》《梁书》《陈书》《魏书》《北齐书》《周书》《隋书》八书的基础上编纂而成。李延寿"依司马迁体"，"编次别代，共为部秩"，"除其冗长，捃其菁华"，打破八书各记一朝，各自为书的界限，而贯通南北各朝，总为二史，因而在纪传体史书体系中别开生面地创立了记载一个历史时期通史的独特体裁。李延寿"不但继承了司马迁创立的纪传体，而且继承了司马迁开创的通史家风。《南史》《北史》的编纂特点，是不以一朝为断限，而是总括贯穿南北各朝，以整个南北朝历史时期为断限；也不是站在某一王朝的立场上，而是站在全国统一的立场上，将南北各朝作为一个整体来记述。"这是"隋唐以来民族融合，'海内为家，国靡爱憎，人无彼我'的统一局面在史学上的反映"。③以往在南北朝对峙时期，"南书谓北为'索虏'，北书指南为'岛夷'"，至此局面完全改观。其后，《史通》《旧唐书·经籍志》等载录史籍，均列《南史》《北史》为通史。由于将南朝、北朝都作贯通的记载，因而在内容和篇目上减少了许多重复，原来的头绪纷繁之史，也变得比较简明易读了。

以下再举出编年体、纪事本末体演进过程中显示出的史家非凡创造力的例证。同是编年体，《春秋》记载简略，只有简单的事目，而《左传》则是一部

---

① 白寿彝：《陈寿与袁宏》，《中国史学史论集》，中华书局1999年版，第158页。
② 张大可、彭久松：《晋书》，仓修良主编《中国史学名著评介》第一卷，山东教育出版社1990年版，第413页。
③ 高国抗：《南史和北史》，仓修良主编《中国史学名著评介》第一卷，山东教育出版社1990年版，第431—432页。

记载翔实、生动的春秋史。它记述了包括事件、制度、氏族、社会生活等广泛的内容，而且有人物的活动，如齐桓公、晋文公、郑子产等人的活动。但《左传》的缺点是体例庞杂，对于无年可考或不便分散于年月之下的史事没能作出适当的安排。荀悦《汉纪》依据《汉书》的内容作了改编，而创立了编年体断代史的成熟的体制。"《汉纪》对于主要的史事是一律按照年月日顺序来安排的。它将无年月可考或不便分散于年月之下的史事，作为补充的记事，用连类并举的方法作一些安排。"①经过荀悦成功的改编、重写，克服了《汉书》"文繁难省"的缺点，被刘知幾誉为"历代宝之，有逾本传"。北宋司马光在其助手刘攽、刘恕、范祖禹的帮助下完成的《资治通鉴》，记载内容上起战国，下讫五代，合1362年史事为一书，共计294卷，更是一部编年体通史的空前巨著。《资治通鉴》改变了以往编年体史书只能断代为史的狭小规模，如学者所赞誉的，"编年之史，备于司马氏"，②"此天地间必不可无之书，亦学者必不可不读之书也"。③在相当长时间内，有不少史家尝试过改变班固以后断代为史相沿成习的格局，创作贯通古今的通史。南北朝时有《通史》《科录》的撰修，刘知幾曾发愿对旧史"普加厘改"，杜佑《通典》叙述历代典章制度的沿革，都是想朝着这个方向去努力。司马光是在北宋经济文化进一步发展的基础上，以19年的艰苦努力，耗尽心血，才完成了这样一部巨著。有了《资治通鉴》这部杰作，曾经中衰的编年体史书体裁才得以重振雄风，令人刮目相看。清人浦起龙曰："上起三国，下终五代，弃编年而行纪传，史体偏缺者五百余年，至宋司马氏光始有《通鉴》之作，而后史家二体，到今两行，坠绪复续，厥功伟哉！"④从内容上说，《资治通鉴》按年月日记载了千余年错综复杂的历史事件的发生、发展和结束，记述了历史人物、典章制度、各种议论，内容丰富翔实；不仅"在政治、军事、经济、文化方面的记载比较详尽而真实，反映了中国古代历史发展的基本面貌"，而且"还具有很高的史料价值"。⑤因而人们将司马光的成就与司马迁相提并论，称之为史界"两司马"。

---

① 白寿彝：《中国史学史论集》，中华书局1999年版，第127页。
② 胡应麟：《史书占毕》卷1，见《少室山房笔丛》，中华书局1958年版。
③ 王鸣盛：《十七史商榷》卷100"《资治通鉴》上续《左传》"条，上海书店出版社2005年版。
④ 刘知幾撰、浦起龙释：《史通通释》卷12《古今正史》按语，上海古籍出版社1978年版。
⑤ 陈光崇：《资治通鉴》，仓修良主编《中国史学名著评介》第二卷，山东教育出版社1990年版，第21页。

三、时代剧变推动历史编纂的新创造

进入近代以后，历史编纂的运用和创造翻开了新的一页。由于御侮图强、了解外部世界成为紧迫的时代课题，历史编纂学作为社会意识形态的一部分，就必须反映时代要求，在内容和格局上实现跨越和突破。魏源极其敏锐地感受到时代的迫切需要，他明确地提出"地气天时变，则史例亦随世而变"，①这说明他有过人的智慧，自觉地把实现历史编纂的革新作为自己的目标，因而既能成功地继承传统，又勇于超越传统。他对典制体加以改造，充分发挥其容量广阔、灵活设立志目的特点，大量介绍当时国人所急迫需要的外国史地及社会制度知识，同时灌注了呼吁抗击侵略的新内容，纂成《海国图志》这部爱国主义的先驱名著，使其不仅风行海内，而且远传日本。此后，徐继畬、黄遵宪、王韬同样用改造了的典制体，分别纂成《瀛寰志略》《日本国志》《法国志略》，在新的时代条件下一再表现出中华民族的文化创造力，并为十九世纪和二十世纪之交"新史学"思潮的涌起准备了条件。

魏源《海国图志》初稿五十卷本成书于道光二十二年（1842）十二月，时距《南京条约》签订才四个月，后于道光二十七年（1847）增订为六十卷，咸丰二年（1852）再次增订为一百卷。全书包括论（《筹海篇》一至四）、图（各国沿革图）、志（志东南洋海岸各国、志东南洋各岛、志大西洋欧罗巴各国、志北洋俄罗斯国、志外大洋弥利坚等）、表（西洋各国教门表、中国西洋纪年表等）以及附录（《夷情备采》《器艺货币》等）。黄遵宪《日本国志》是他在驻日使馆参赞任上创稿的。光绪八年春（1882）他由日本调任美国旧金山总领事时已写出初稿。②至光绪十一年（1885）秋黄遵宪由美告假回国后又继续编纂，历二年最后完成，时为光绪十三年（1887）夏。全书共四十卷，分为十二篇"志"（国统、邻交、天文、地理、职官、食货、兵、刑法、学术、礼俗、物产、工艺），并配合以"表"（《中东年表》，东指日本）和"论"（各卷几乎都有序论或后论，且有不少长达数千字）而成。

---

① 魏源：《海国图志》卷5《叙东南洋》，岳麓书社1998年版。
② 黄遵宪：《人境庐诗草》卷4《奉命为美国三富兰西士果总领事留别日本诸君子》诗有"草完明治维新史"句。三富兰西士果即旧金山。

《海国图志》《日本国志》的撰写目的，都可以用"救亡图强"来概括，但又明显地反映出近代史进程不同的阶段特点。前者主要服从于反抗英国武装侵略这一紧迫需要。魏源介绍外国史地，特别注意搜求外国人的记载，"以西洋人谭西洋"，力求可靠。他绝不是将材料平摆罗列，书中对外国史地的介绍明显贯串着反侵略思想这一主线，表明书各部分直接或间接地服务于对付英国这一当时主要的敌人。

黄遵宪的撰述意图，在《日本国志书成志感》一诗中有深刻的反映，他目睹中国处于风雨如磐的险恶局势中，怀着满腔"忧天热血"，把日本明治维新的成效作为自己国家的千秋史鉴，同时着意介绍西方国家的发展取向。所以他提醒人们《日本国志》实际上是一部政论，书中有他开出的医治祖国积弱的药方。黄遵宪在《日本国志·凡例》中还强调说："检昨日之历以用今日则妄，执古方以药今病则谬，故俊杰贵识时；不出户庭而论天下事则浮，坐云雾以观人之国则暗，故兵家贵知彼。日本变法以来，革故鼎新，旧日政令，百不存一。今所撰录，皆详今略古，详近略远。凡牵涉西法，尤其详备，期适用也。"这同样表明，在《日本国志》中，他汇合了考察日本"维新"和后来在美国直接考察"西法"两个认识过程的结晶，目的就是治愈中国"今日之病"。《海国图志》和《日本国志》在历史编纂学史上的共同宝贵价值，是创造性地运用传统史书的典制体，综合多种编撰体裁，以恰当的载体容纳具有时代色彩的内容。在中国史学史上，典制体一向为有识史家所重视。司马迁的"八书"、班固的"十志"都是典制体的杰作。此后，又发展为大型的典制体史书，最著名的有《通典》《通志》《文献通考》。典制体在传统史学中占据如此重要的地位，近代史家魏源、黄遵宪又如此重视，其中有深刻的原因。最主要有两条：一是它适合于反映社会史的丰富内容。史书是记述人类活动的。人类史包括多种因素、多个侧面，同时又可储备各种知识。在近代，人们迫切需要了解外国的历史、地理、制度文化，典制体史书正适合囊括这些内容。二是它具有灵活性。这种体裁没有固定的框框，可根据需要调整，可以灵活变通。魏源、黄遵宪对典制体的成功运用，也启发了今天的史家。

站在当今时代，回视三千年来中国史学浩荡起伏的壮阔历程，我们深感先辈馈赠给我们的遗产至为珍贵而丰厚，深感我们继承发扬、向前拓展的任务艰巨而光荣！中国传统史学长期连续发展，成就璀璨，它是中华民族五千多年文化的载体，在历史上为推进统一多民族国家的发展和文化认同作出了无可比拟的巨大贡献；同时又有力地展示出中华文化的基本特质和独特魅力。对于近现代史学，从文化视角这一崭新的切入点进行考察，也能得出一系列的新收获：从近代史开端时期魏源编纂的《海国图志》，到黄遵宪所著的《日本国志》，都是晚清时期志士仁人呕心沥血探索救亡图强道路的结晶。至二十世纪前期，新史学流派、新历史考证学和马克思主义史学流派，鼎足而三，交相辉映。先辈们精勤治学，自觉继承祖国优良的学术传统，同时勇立中西文化交流的潮头，成就斐然，将中国史学的优良传统推向了新的阶段。围绕三大流派的形成、传承、成就、风格等项，同样有大量新课题值得我们发掘和研究。

当前，我们正处在社会主义学术文化发展的黄金期，党和国家对历史研究和创造性阐释传统文化高度重视，社会主义经济的迅速发展为学术文化事业提供了有力的物质支持。理论指导上，我们也拥有极大的优势。唯物史观传入中国，至今已有百年。这中间，虽然有不少曲折、不足和教训，但总的来说，中国学人经过实践、反思和探索，形成了自觉地以唯物史观为指导，将基本原理与中国历史实际相结合并创造性地运用基本原理的优良传统，这是中国学人独具的学术品格。这种学术品格的形成与传统文化的精华与唯物史观原理有着密切的关系。这么大的国度，史学遗产这么丰厚，史学队伍如此强大，且经过长期的锤炼，形成了创造性运用唯物史观的学术品格，这是一件了不起的大事情，也是我们必须珍惜和发挥的巨大优势。有了正确的理论指导，我们就能不断提高科研水平。当前，学术界创新意识普遍强烈，学者们力戒因循守旧，力求有新的创造，与时俱进；既发扬本国优良传统，又大力吸收西方新学理，做到善于鉴别，综合运用。我们一定要把握大好机遇，艰苦努力，不断提出具有主体性、独创性价值的新观点，迎接新时代学术更美好的未来！

承蒙华东师范大学出版社的厚爱，为本书再版提供了机会，将其作为"历史与社会学文库"选题之一。华东师范大学出版社一向以传承文化、昌明学术为己任，出版了大量的学术佳作，其精神令人敬佩。"历史与社会学文库"的出版是其新的举措，已经获得并相信将继续获得极佳声誉。责任编辑曾睿周密策划、认真编校，为本书的再版付出了大量心力。谨此向出版社和责任编辑表示衷心感谢!这次再版增加了《史学:展现中华文化独特魅力的新视角》(作为再版序言)和《体圆用神:〈史记〉历史编纂和体例的匠心运用》一文(原载中国社会科学院历史研究所史学理论与史学史研究室编:《理论与史学》创刊号),其余内容均未作改动。

陈其泰

2019年12月

于北京师范大学历史学院、史学理论与史学史研究中心

从文化视角研究史学

一、视角的转换

历史学的内容是什么？

它是以往生动丰富的社会生活的反映，昨日激荡风云的记录，而绝不是僵死的事实的收集；它是人类对自身活动成败得失的反思，而绝不是重复老掉牙的故事或沉溺于无谓的考证。因此，这门学科有理由要求人们给予更多的关注。历史记载有奔腾的生命在，可让我们真实地知道今日现实状况之所由来；历史记载中又闪耀着人类智慧之光，可使我们避免前车覆辙，认清未来的方向，以帮助推动时代前进。

文化是人类物质生产活动和社会生活在观念意识上的反映，历史学自然是文化现象的一种。但历史学的意义又绝不局限于此。由于历史学本身是过去社会生活的反映，所以，它又是文化的重要载体。按照一些当代学者的观点，文化可以包括平民大众的社会心理、风俗习惯和代表一个时代智慧高度的学术思想两个不同层次。社会心理、风俗习惯是形成学术思想的基础，而后者又最终对前者起引导、提高的作用。——而这两项，平民大众的心理、习俗和特殊人物的学说主张，大量的正是靠历史典籍记载下来的。

根据上述两项界定，以记载过去的人类活动为对象的历史学，它跟文化学和其他学科有着多向性的联系，它跟一个时代的文化走向、社会思潮尤其紧密相连，不可分割。这就是历史学内涵丰富的综合性的特点。可是，以往长时期我们对历史学的看法，却是基本局限于单科性的狭隘范围之内，未能重视它与社会生活和文化思想的密切联系。造成这种状况一个重要原因，是近代以来过分强调学科门类的划分，不注重学科之间的互相联系、贯通。近代以来各个学科门类的出现和明确划分，固然是认识史上的巨大进步，促使各门学科趋于精密和系统化。然而，毋庸讳言，过分强调学科之间的界限，便削弱了学科之间本身固有的联系，限制了人们的视野。对于历史学来说，忽视一部优秀史著的产生与当时社会思潮、文化走向的关系，更会严重阻碍我们揭示出这部优秀史著的灵魂，捉住书中跳动的时代的脉搏。近年来兴起的文化史研究，注重对社会生活、时代思潮、民族心理、文化价值观念相互间的关系作宏观的整体性考察。这种重视"整体性考察"的思路，正好弥补我们以往研究史学的不足。从以往局限于本学科范围的研究，到注重从文化视角作整体性研究，是一种"视角的转换"，有助于开阔思路，推进我们的认识。本书即试图在上述思想指导下，对史学与中国文化传统相关的一些重要问题进行探索。

我国古代本来就经史不分、文史不分。《春秋》是编年史，又是儒家奉为至尊的经典；在《春秋》影响下产生的三传，是儒家基本典籍，又是历史著作。《史记》是我国第一部通史巨著，但在《汉书·艺文志》中也列在"六艺"（即儒家经典）中的"《春秋》类"。经史分途，是由于晋以后典籍大量增加，经过几百年的酝酿，至唐初才确定下来。经与史、文与史原先长期不分，既反映出学术文化发展处于比较古朴的阶段，同时也反映出这些学科部门之间本来就互相贯通，无法截然分开。经、史、子、集四部明确分开之后，许多学者的著作，仍兼具经学、史学、文学不同方面的内容和价值。譬如，欧阳修撰《新五代史》，是一部史书，但他又以《春秋》自比，书中有许多关于社会伦理、道德的议论。章学诚《文史通义》更是有意识贯通文史加以考察，并且开宗明义，提出"六经皆史"的命题，认为经书也是记载历史的资料，对经书应从史的角度来研究它。

由此之故，包罗万象、囊括丰富便构成中国史学特点之一，这从一些优秀史著的内容和著名史家的认识都有明显的体现。司马迁的不朽巨著《史记》，囊括了异常丰富的内容，把当时中国人社会生活的各个领域，包括学术发展、文化成就，都置于历史考察范围之内，不仅记载了政治、经济、军事、人物活动、民族关系，而且记载了典章制度、学派活动、文化思想，以至于天文地理、河渠工程、医药卜筮等。因此《史记》才被近代学者评价为：对于先秦以来各学派的精华，"皆能咀嚼而融化之"，成为"上古学术思想之集大成"[①]，至今仍是我们研究先秦和汉代文化的基本文献。继《史记》之后产生的纪传体史书，尽管成就有大小，见识有高低，但大多记载广泛、内容多样。

---

① 梁启超：《论中国学术思想变迁之大势》，《饮冰室合集》文集之七，中华书局1989年版，第52页。

受这种学术氛围的长期熏陶,龚自珍提出了史家应该学识广博、善于反映出社会生活各方面生动情状的著名论点,这就是《尊史》一文中所讲的史家应做到"善入"和"善出":"何者善入?天下山川形势,人心风气,土所宜,姓所贵,皆知之;国之祖宗之令,下逮吏胥之所守,皆知之。其于言礼、言兵、言政、言狱、言掌故、言文体、言人贤否,如其言家事,可谓入矣。""何者善出?天下山川形势,人心风气,土所宜,姓所贵,国之祖宗之令,下逮吏胥之所守,皆有联事焉,皆非所专官。其于言礼、言兵、言政、言狱、言掌故、言文体、言人贤否,如优人在堂下,号咷舞歌,哀乐万千,堂上观者,肃然踞坐,眄睐而指点焉,可谓出矣。"①梁启超也发挥了这一观点,他设计的"欲求人群进化之真相"的"新史学":"必当合人类全体而比较之,通古今文野之界而观察之。"因而设想内自乡邑的生活情状,外至五洲大事,上自远古石器时代,近至昨日、今日的新闻,都应成为史家研究和取材的资料。②

总之,从文化视角研究史学,既是当今推进学术研究的需要,也符合中国史学的内涵和自身特点。

二、进一步总结发掘史学的精华

从文化视角研究史学,等于向丰富的史学遗产投射去新的光束,能使我们探寻到更多的宝藏。即令对一些早已熟知的名著,我们转换一下视角,结合文化走向、社会思潮来观察,也能发现其以往被掩盖的真价值。

譬如,《史记》这部名著,两千年来对它的评论、研究可谓多矣!清代以前学者对它推崇者很多,写有许多论著谈论《史记》。所做的工作集中在两个方面:一是文字的解释和史实的考订;二是有关体裁、体例得失的评论,及对《史记》某些篇章写作旨趣的探讨。进入近代以来,《史记》研究发展到以评论司马迁史学思想和著史经验为主。所有以往的有价值的论著无疑都为研究这部名著作出了贡献。但是还有一个重要问题一直未引起足够注意,即《史记》的产生与西汉时期社会思潮和文化走向的关系问题。关于这个问题值得注意的有三项:(一)自秦亡至西汉建立,新生的西汉国家扫除秦的苛政,恢复

---

① 龚自珍:《龚自珍全集·尊史》,上海人民出版社1975年版。
② 梁启超:《新史学》,《饮冰室合集》文集之九,中华书局1989年版,第10页。

生产，休息民力，因而达到强盛，这是历史的巨大进步，司马迁著史正处在这个上升和强盛的时代；（二）从社会思潮看，自汉初以来，儒学的地位逐渐提高，所以才导致汉武帝尊儒政策的提出；（三）汉初曾存在百家并倡的局面，战国"子学时代"余波荡漾，自汉武帝罢黜百家，从文化走向看，是由多元文化格局向实行文化专制的重大历史转折。司马迁的著史宗旨和思想体系，是同上述社会文化背景直接联系的，其观点，在《太史公自序》《报任安书》《孔子世家》《儒林列传》《货殖列传》《平准书》，以及《高祖本纪》《管晏列传》《匈奴列传》等篇的赞语中有集中的反映。他著史是以"继《春秋》"自任，要表达自己的政治理想，构成自己独立的学说体系；他对孔子是很尊崇的，儒家在传统文化中占主导地位，同司马迁记载孔子的历史功绩分不开，但同时，《史记》又广泛记载道、法、纵横、阴阳等各家学说，具有拥抱全民族文化的广阔胸怀；司马迁对汉代的功业是高度赞扬的，但同时，他又勇于反映平民阶层的政治要求，揭露和指责封建政治的阴暗面。我们从文化视角作进一步的研究，对于更充分地评价《史记》在西汉思想史和中国文化史上的地位，对于认识《史记》为何具有如此久远的生命力，显然是大有益处的。

再如，清代乾嘉朴学盛极一时。尽管其学术成果对近代以来学术界裨益极大，但在评价上，乾嘉学者却往往受到"逃避现实"，"比起清初经世学风是一种倒退"的讥评。王鸣盛所讲治史"当考其典制之实，俾数千百年建置沿革，了如指掌，而或宜法、或宜戒，待人之自择焉可矣"，"读史者不必横生意见，驰骋议论"，①尤其被作为错误方向的典型而屡受贬责。然而，我们若从文化走向的视角考察，则能获得新的认识。乾嘉朴学盛行，是我国学术文化在特殊条件下出现的一次繁荣。从文化源流看，朴学兴起有其远因，即：古代典籍在久远的流传过程中造成许多错讹、缺漏、佚失、记载歧异，客观上需要作一次全面的整理，这种考证工作，宋代学者已开其先；其近因，是清初学者鉴于明人学术空疏，提倡崇实致用的学风所引发。康、雍、乾三朝封建经济的繁荣则为学术的发展提供了物质条件；清代统治者提倡整理典籍，施行文化专制政策，又从积极和消极方面给学术以促进和制约。在朴学时代，清初经世致用的一面固然因时代的限制而褪色了，但是大规模经史考证的兴起，仍是学术文化向前发展的标志。所以考证盛行，是"时代使然"，虽或趋于烦琐，"但

---

① 王鸣盛：《十七史商榷序》，《十七史商榷》，商务印书馆1937年版。

罪不在学者"。①至于王鸣盛的议论，也应联系清代务实学风对宋明理学空谈的批判，联系王鸣盛同时代人的议论，才能洞悉原委。他的主张的要义，在于"务求切实"，这是有的放矢，针对宋明以来学者长期存在的弊病而发。宋明时期出现了大量所谓"史论""史评"，往往只取史实的某一点而横生议论，借题发挥。宋代王应麟对此已提出批评，而至明代仍大有泛滥之势。因此《四库全书总目》直斥这类史论为"百家谰语"，"此是彼非，互滋簧鼓"，"凿空生义，僻谬不清"。②史学要进步，就要从宋明人的流弊中解脱出来。王鸣盛相当自觉地担负了这一时代责任。他反对的是凭主观臆断的"空论"，而不反对结合史实评论历史事件和人物的是非曲直，他认为后者即属于"考其事迹之实"的工作。《十七史商榷》中，恰恰有许多对历代重要制度、事件的探究，发表注意国计利害、同情人民疾苦的议论，并能自觉地追求历史记载的真实正确和明晰可信，这些正是朴素理性精神的体现，也是王鸣盛史学中最有光彩的地方。

三、促进史学更加贴近社会生活

从文化视角研究史学，还会使我们在"史学应贴近社会生活"这一方向性问题上得到深刻启示。历史包含着刚刚成为过去的社会生活，而今天的现实是历史的发展。所以，历史与现实有不可分割的联系，对历史问题的正确阐发有助于现实问题的解决。特别是在转折时代产生的优秀历史著作，往往是历史家在长期现实生活中痛切感受到了存在的矛盾或问题，以反思历史的形式把它们提到人们面前，并且通过总结经验寻找解决办法，时代精神的灌注才使这些著作历经漫长年代而仍然闪射出光彩。从文化走向、社会思潮进行考察，就能深化我们的认识。

人们熟如，顾炎武《日知录》一书影响了清朝一代学术的趋向。但它又是融汇了明清之际时代精神的史论，这点却未引起人们足够的重视。顾炎武生活在"天崩地解"的年代，一生为国家民族的命运焦虑忧戚，《日知录》是他三十年心血之所萃。书中大部分内容是围绕两个中心展开的：一是要求变革

---

① 郭沫若：《读随园诗话札记》，作家出版社1962年版，第87页。
② 《四库全书总目》卷88"史评类"总序。

政治，大胆抨击封建专制的严重积弊；二是高扬反理学旗帜，力求挽救明代衰颓的学风。这两项，正是时代精神之所集注。中国封建社会到了明清时期，已经病入膏肓，专制主义早已成为社会前进的严重桎梏，土地兼并、财政危机、吏治腐败等无不恶性发展。在思想、学术领域内，理学长期盛行，士大夫沉溺于性理空谈，明代心学泛滥，文人更陷于极端唯心主义的禅学或顿悟，形成"人人禅子，家家虚文"①的畸形社会现象。时代对文化思潮的要求，是用批判的手段启导人们认识封建专制的痼疾，扫荡空疏腐朽的学风。顾炎武正是自觉地执行了时代的要求。他强烈要求变革政治，大声疾呼："法不变，不可以救今已。居不得不变之势，而犹讳其变之实，而姑守其不变之名，必至于大弊。"②他把批判的锋芒，直指封建专制政体，故大胆指责说："人主之所患，莫大乎'唯言而莫予违'。"③他在《郡县论》中指出"郡县之弊已极"，症结在于"其专在上"。④这些言论都直接指斥两千年专制政治造成的祸害。顾炎武在《日知录》的许多篇章引古证今，对封建制度下官制、选举、边防、土地兼并、财政、赋税等问题，都提出了改革主张。对于封建政治下造成的"无官不赂遗"，"无守不盗窃"，"君臣上下怀利以相接，遂成风流，不可复制"，⑤揭露尤其深刻。他中肯地指出明朝由于"搜刮不已"，造成"外库之虚，民力之匮"，由来已久，以至灭亡，⑥由此顾炎武得出封建政治恶浊的一条规律：贪污受贿，必然导致整个统治集团的腐烂，"欺君误国，必自其贪于货赂"！⑦他又特意写了"除贪""贵廉"两条，论述治国要务是严惩贪赃官吏，有效地实行廉政。⑧基于对整个封建政治史的反思，顾炎武提出了区分"亡国"与"亡天下"的光辉思想：

> 有亡国，有亡天下。亡国与亡天下奚辨？曰：易姓改号谓之亡国；仁义充塞，而至于率兽食人，人将相食，谓之亡天下。……保

---

① 《颜习斋年谱》卷下"五十八岁"条。
② 《亭林文集》卷6"军制论"条，见《顾亭林诗文集》。
③ 《日知录》卷9"封驳"条。
④ 《日知录》卷22"郡县"条。
⑤ 《日知录》卷13"名教"条。
⑥ 《日知录》卷12"财用"条。
⑦ 《日知录》卷13"大臣"条。
⑧ 均见《日知录》卷130。

国者，其君其臣、肉食者谋之。保天下者，匹夫之贱，与有责焉耳矣！①

他认为专制皇朝的灭亡，是统治集团腐败所造成，不足痛惜。因而启导人们将民族命运与皇朝更迭二者区分开来，号召人们关心民族的生存！这意味着与二千年来严重禁锢、毒害人们头脑的"君权神圣"和"效忠朝廷"的封建主义最高准则勇敢地决裂，标志着在明清之际时代剧变的刺激下进步人物达到了思想的解放，因而具有近代启蒙的意义。黄宗羲著《明夷待访录》，爆发出"为天下之大害者，君而已矣"的呐喊，愤怒声讨专制帝王"敲剥天下之骨髓，离散天下之子女，以奉我一人之淫乐"。②顾炎武读了这部著作后致书黄宗羲，欣喜异常地表示两人志同道合，并说："炎武以管见为《日知录》一书，窃自幸其中所论，同于先生者十之六七"③，理由正在于此。在批判封建专制主义上，《日知录》与《明夷待访录》两部史论交相辉映。

在学风上，顾炎武以拨乱反正、转移天下风气为己任。④他痛斥明代文人空谈误国："刘石乱华，本于清谈之流祸，人人知之，孰知今日之清谈，有甚于前代者。昔之清谈谈老庄，今之清谈谈孔孟，未得其精而已遗其粗，未究其本而先辞其末。不习六艺之文，不考百王之典，不综当代之务，举夫子论学、论政之大端一切不问，而曰一贯，曰无言。以明心见性之空言，代修己治人之实学，股肱惰而万事荒，爪牙亡而四国乱，神州荡覆，宗社丘墟。"⑤这里明确提出吸取明亡教训，要扫除醉心于空言的恶劣风气，提倡"实学"，把儒家指导思想（"六艺"）、历史经验（"百王之典"）、研究现实问题（"当代之务"）密切结合起来。顾炎武还引王世贞的话，活画出这些空谈家满口心

---

① 《日知录》卷13"正始"条。
② 均见《明夷待访录·原君》。
③ 顾炎武：《与黄太冲书》，见《顾亭林诗文集·亭林轶文辑补》。
④ 《初刻日知录自序》："欲明学术、正人心、拨乱世，以兴太平之事。"卷18"朱子晚年定论"条："拨乱世反之正，岂不在于后贤乎！"卷13"两汉风俗"条："士君子处衰季之朝，常以负一世之名，而转移天下之风气者。"《与杨雪臣书》："拨乱涤污……启多闻于来学，待一治于后王，自信其书必传。"
⑤ 《日知录》卷7"夫子之言性与天道"条。按，《日知录》初刻本（八卷）卷3有此条，前后对照，几乎完全重写。说明顾炎武不停留在原来认识上，而对于重要问题反复思考、深入总结。

性而腹中空虚的丑态:"不学,则借一贯之言以文其陋;无行,则逃之性命之乡,以使人不可诘。"① 尤其值得注意的是,顾炎武分析了理学不符合孔、孟学说本意,故非儒学正统。理学要禁绝人欲、扫灭人们心中本有之念,顾氏则针锋相对,力倡心中有欲念是天生合理的,符合"造化流行"的规律。他说:"人之有心,犹家之有主也,反禁切之,使不得有为,其不能无扰者,势也。"他谴责理学家的说教与老庄、禅学无异,故说:"至于斋心服形之老庄,一变而为坐脱立忘之禅学,乃始瞑目静坐,日夜仇视其心而禁治之。"② 为专制统治服务的理学禁绝人们心中的欲望,顾炎武却与之相反,强调人的欲望是天然合理的,这体现出封建社会后期正在酝酿的要求冲破思想禁锢的潮流,也是东南沿海已经产生的资本主义萌芽这一新事物在文化思想上的曲折反映。

顾炎武一生,始终以"国家治乱之源,生民根本之计"为怀,他对于结合现实问题评论历史有自觉的认识,一再提出:"夫史书之作,鉴往所以训今"③,"引古筹今,亦吾儒经世之用"④。从文化走向考察,《日知录》所体现的"经世"精神和早期启蒙主义的时代特色可以看得更清楚。一直到近代,这部史论同《明夷待访录》同为反抗封建、争取民主的志士们所褒扬,这就启示我们:史书必须贴近社会生活、反映时代呼声,才能保持长久的生命力,产生鼓舞、激励读者的战斗作用。

从文化视角研究史学,在加深认识中国文化的优良传统方面也有重要意义,对此下文将作专题讨论。

---

① 《日知录》卷18"朱子晚年定论"条。
② 《日知录》卷1"艮其限"条。
③ 《亭林文集》卷6"答徐甥公肃书"条。
④ 《亭林文集》卷4"与人书八"条。

史学传统与民族精神

进入新时期以来丰富而广泛的学术实践，特别是关于文化问题持久而深入的讨论，对于史学工作提供了许多宝贵的启示。我认为，其中最有学术价值和理论价值的启迪，是使我们清楚地认识到，阐发史学传统所蕴含的民族精神，同实现现代化大业有密切关系。中国优秀史学遗产是一笔宝贵的精神财富，认真发掘和总结其中蕴涵的不断加强的民族凝聚力，在不同时代奋发进取、建树出色业绩的伟大创造力，在任何情况下视国家民族利益至上的强烈责任感和勇于反抗侵略、不屈不挠争取光明前途的精神，以这些生动教材教育群众，将是学术界对振兴中华所作的贡献。

"文化热"在我国兴起历时已有十几年。从20世纪80年代掀起热潮，90年代中仍不衰退，依然吸引着学界和许多人们的关注，其中有着极为深刻的原因。我以为，最重要的是两项：

第一，我们民族在几千年的久远历史中创造了灿烂辉煌的文化，对全人类文化作出了杰出贡献，不仅表现出中华民族的高度智慧，并且显示出民族的优秀精神。今天处在改革开放的形势下，我们用现代观点阐发传统文化的精华，总结民族的优秀精神，赋予其新的时代意义，加以发扬光大，这是激发爱国思想、提高民族自尊心的必要条件。对于民族文化中存在的消极落后的东西，我们也要通过总结将之剔除，消除其不良影响，并努力采取有效的弥补措施，包括学习外国进步文化和根据我们现时代的经验进行新的创造，这对于建设民族新文化同样具有重要意义。

第二，文化史研究还为学术工作提供了新视野、新思路，注入了新的灵感。以往我们的学术工作成就巨大，但毋庸讳言，又存在分科过细和局限在单学科范围内思考问题的缺点。近代以来各个学科门类的出现和明确划分，是认识史上的巨大进步，促进各门科学趋于精密和系统化。但伴随而来的缺点是过分强调学科之间的界限，削弱了学科之间本身固有的联系，限制了人们的视野。事实上，人类社会本来就是一个整体，20世纪80年代以来兴起的文化史研究，恰恰注重对社会生活、时代思潮、民族心理、文化价值相互间的联系，作宏观的整体性考察。这种重视整体性考察的特点，正好弥补我们以往研究工作的不足。整体性研究，从社会生活和学术观点的广泛联系和相互比较进行考察，能开阔我们的视野，丰富智慧，增加灵感。

就史学研究而言，我国历代史家辈出，史学典籍极为丰富。以往对中国史学的研究，尽管成绩可观，但也存在就典籍论典籍的缺陷，而未能足够重视对优秀史著中文化蕴涵的发掘。实际上，历史学本身是过去社会生活的反映，是文化的重要载体。我国历史上志士仁人的活动，学者先哲的学说、主张，以至平民大众的心理、习俗，大量的正是靠历史典籍记载下来的。文化史研究所强调的整体性，有力地启发史学史研究者更加自觉和充分地考察优秀史著如何反映了时代的脉搏，怎样体现出我们中华民族自强不息、奋发进取、勇于创造、不畏强暴、从不屈服于外来压迫的精神。由"文化热"所引发的这种"视角的转换"，大大推进了对史学传统研究的深度，反过来又有助于加强我们对民族精神丰富内容的认识，成为今天激发我们振兴中华的巨大力量。以下即从最为突出的四个方面加以论述。

一、从历史记载的连续性看民族的凝聚力

我国史学传统可以追溯到很早。相传夏代有史官终古，殷代有史官向挚。商代甲骨文中已有大量记事的卜辞，并有意识地保存备查。周初的记载还称："惟殷先人，有册有典"[1]，更说明殷商时代对历史记载的重视。到西周初年，即产生了重要的历史典籍《尚书》。这部商代和周初历史文献的汇集，不仅有宝贵的文献价值，而且有重要的史学价值，因而成为几千年间中国文化最重要的典籍之一。影响我国达几千年的"殷鉴"观念，即是在这时形成的。《尚书·召诰》篇说："我不可不监于有夏，亦不可不监于有殷。"《酒诰》篇说："人，无于水监，当于民监，今惟殷坠厥命，我其可不大监，抚于时。"十分明确地提出以殷朝灭亡的历史为鉴戒，警惕周重蹈覆辙。

历史是昨天的现实，今天是历史的发展，总结历史的教训可以作为今天国

---

[1]《尚书·多士》。

家治乱兴亡的鉴戒。这种重视历史、作为现实社会教材的思想，我们祖先在3000年以前即已产生，这就成为我们民族的一笔精神财富。此后，从西周共和元年，即公元前841年开始，我国就有明确的纪年，从此连续不断。至春秋末年，儒家创始人孔子把历史作为教育学生的主要教材之一，并依据鲁国国史记载而修成《春秋》，成为我国第一部史事、史文、史义三者结合的最早的编年史。孔子重视历史记载对后人产生了极大影响，战国时期产生了《左传》《国语》等著作，到西汉武帝时代，伟大的史学家司马迁以"继《春秋》"为己任，著成不朽的《史记》，不仅记载了自传说以来中华民族全部的历史，而且把周初以来"殷鉴"的思想大大向前推进，提出"原始察终，见盛观衰"，"考之行事，稽其成败兴坏之理"[①]，成为整个中古时代历史学很有光辉的命题。

中华民族自西周初年"殷鉴"思想的提出，到司马迁"原始察终"思想的形成，若以西方哲人黑格尔的话作为参照系来评价，恰恰标志着历史意识达到自觉和臻于成熟的阶段。黑格尔在《历史哲学》一书中有以下论述："'历史'这样东西需要理智——就是在一种独立的客观的眼光下去观察一个对象，并且了解它和其他对象之间合理的联系的这一种能力。所以只有那些民族，它们已经达到相当的发展程度，并且能够从这一点出发，个人已经了解他们自己是为本身而存在的，就是有自我意识的时候，那种民族才有'历史'和一般散文。""历史对于一个民族永远是非常重要的，因为他们靠了历史，才能够意识到他们自己的'精神'表现在'法律''礼节''风俗'和'事功'上的发展行程。……假如没有历史，他们在时间上的生存，在本身中便是盲目的——任性在多种形式下重复表演而已。历史使这种偶然性停止。"[②]黑格尔的话说明，重视历史记载对于一个民族的发展而言是极为重要的尺度，表明它已达到相当发达的程度，有了"自我意识"，能从以往历史经验中吸取智慧，总结出有规律意义的东西，按照它来确定未来的行动，以达到更合理的政治、社会状况。换言之，以史为鉴，使中华民族能够不断获得智慧和激发创造力，选择未来行程的方向，在经历挫折之中不断发展。这也是中华民族自古以来珍视历史传统的意义所在。因此黑格尔又通过对比中国和印度的发展情况，而十分感慨

---

① 《史记·太史公自序》及司马迁《报任安书》。
② 黑格尔：《历史哲学》，王造时译，三联书店1956年版，第205、206页。

于两者在历史记载连续性上的巨大反差:"中国人具有最准确的国史……中国凡是有所措施,都预备给历史上登载个仔细明白。印度则恰好相反。"①

中国史学的发达,历史记载的世代连续、绵延不断,是举世无匹的。历史记载的长期连续性,即是我们民族强大生命力和凝聚力的明证。在世界四大文明古国中,只有中国历史记载保持连续不断。中华民族这种强烈的历史感,其实质意义即是重视民族自身的由来、发展,并且自觉地将它传续下去。自司马迁首创纪传体通史《史记》之后,班固继之撰成纪传体断代史《汉书》,以后历代相因,一直到清朝修成《明史》,一共完成了纪传体史书二十四部。《二十四史》是自有文字以来前后相接的历史巨著,共3200多卷,是世界各国历史著作中所仅有的。另外两种重要体裁的史书,编年体自《春秋》以后,有《左传》《汉纪》《后汉纪》《资治通鉴》等,直至《明通鉴》纪事本末体,有《通鉴纪事本末》至《明史纪事本末》等,也都能贯穿古今而自成系统。

修史工作在中国古代备受重视,许多史家把撰史视为名山事业,当权者也视保存历史记载是一代大事。唐初李世民在诏书中说:"前代史书,彰善瘅恶,足为将来之戒。……将欲览前王之得失,为自身之龟镜。"②把历史视为治国者的教材。至清代龚自珍更进一步说:"史存而周存,史亡而周亡。""灭人之国,必先去其史;隳人之枋,败人之纲纪,必先去其史;绝人之材,淹塞人之教,必先去其史;夷人之祖宗,必先去其史。"③则更认为史学直接关系到天下兴亡、民族存灭了。

我国历史记载的长期连续,体现出古代儒家经典所概括的"生生不已","天行健,君子以自强不息"和奋发进取、不屈不挠的精神,保证我们民族虽然历经劫难,却能衰而复兴,蹶而复振!值得注意的是,当历代鼎革之际,继起的皇朝都十分重视修纂前朝历史,入主中原的少数民族建立的政权也不例外,以此作为朝政大事。元朝至正三年(1343),即诏令纂修宋、辽、金三史。清朝入关第二年(1645),即下诏修明史。由于实际未进行,至康熙十八年正式设馆纂修,至乾隆四年最后定稿,历时60年。元、清两朝如此重视修撰前朝历史,表现出少数民族建立的政权对于中原先进文化的认同感,当然也增

---

① 黑格尔:《历史哲学》,王造时译,三联书店1956年版,第204页。
② 《册府元龟》卷554《国史部·恩奖》。
③ 龚自珍:《龚自珍全集·古史钩沉论二》,第21、22页。

强了全民族的凝聚力和生命力。

二、从史学的演进看民族的创造力

中华民族昂扬奋发、勇于创造的精神，不仅表现在古代物质财富、科学技术、文学艺术等项的发明建树上，而且突出地表现在史学的演进上。由于中国史学蕴积深厚，历代备受学者和一般士大夫的重视，因而各个时期的史学都能取得独特性成就，显示出不同于前人的时代风采。先秦两汉时期，《左传》《史记》《汉书》三部史学名著的先后产生，堪称民族伟大创造力在文化上的缩影。

《左传》是在史事上解释《春秋经》的，而它所记史事丰富翔实，展开了春秋时期政治、军事和社会生活的生动图画。全书以年为经，以事为纬，记载详略得法，前后连贯，尤其做到了相当深刻地反映社会矛盾，并开创了记载完整人物形象的先例，如晋文公、子产、伍子胥等。《左传》又擅长写战争场面，写行人在敌强我弱的条件下，以真情至理，巧妙地运用辞令，维护本国主权，折服对方，因而被刘知幾赞誉为："若斯才也，殆将工侔造化，思涉鬼神，著述罕闻，古今卓绝。"①《史记》这部巨著的宏伟规模，则与西汉皇朝处于鼎盛局面相适应。杰出史学家司马迁的一生，基本上与汉武帝同时，当时，西汉国家达到空前的统一，开拓边境，兴造制度，政治、军事、经济、外交、学术各方面都产生了杰出的人才，司马迁在构建史学体系上的恢宏创造力，正与这一时代特点相适应。司马迁一生多次到全国旅行、访问，考察史迹，了解各地形势、物产、民情、风俗，《史记》的成功包含有他从民众中吮吸的营养，寄托着他对祖国壮丽山河的热爱。司马迁因替李陵辩护遭受屈辱的宫刑，但他从悲愤中奋起，用生命完成这部不朽的巨著。《史记》以"究天人之际，通古今之变，成一家之言"，"罔罗天下放失旧闻，王迹所兴，原始察终，见盛观衰"②为著述宗旨。从纵的方面贯通古今，自远古一直写到汉武帝时代，总结了以往的全部历史，叙述其变化；尤其重视历史时势的"变"和推动社会前进的改革措施。在横的方面记载了政治、经济、军事、典章制度、

---

① 《史通·杂说上》。
② 分别见司马迁《报任安书》及《史记·太史公自序》。

学术文化、人物活动、天文地理、河渠工程、医药卜筮，以至民族关系、中外关系等，一句话，把当时中国人社会生活的各个方面，都置于历史考察的范围之内。这样做，在先秦《左传》《国语》等书成就的基础上，根据当时客观条件许可的范围，最大限度描绘了社会史的丰富内容，这不但在中国，在世界文化史上都有重大意义。在历史编撰上，司马迁也有很高的成就。他把过去初具规模，或尚属草创阶段的史书形式，加以综合、改造，创造出本纪、表、书、世家、列传五种体裁形式互相配合的成熟的著史体例，容量广阔，规模宏大，足以表现一个时代的全史。后代学者盛赞说："百代以下，史官不能易其法，学者不能舍其书。"① "参酌古今，发凡起例，创为全史……信史家之极则也。"② 《史记》在文学上也有高度的成就，当之无愧地是世界文化史上的瑰宝，远传东西方各国。仅是取材于《史记》改编而成的剧目，即有《卧薪尝胆》《赵氏孤儿》《伍子胥过关》《虎符》《屈原》《渑池会》《将相和》《马陵道》《荆轲》《鸿门宴》《霸王别姬》《萧何月下追韩信》《卓文君》等，令世代观众赞叹不已，感动落泪。这也从一个侧面证明《史记》的雄奇创造力和久远生命力！在《史记》成书以后约一百七八十年，东汉明、章时期产生了纪传体史书的又一杰作《汉书》。《汉书》上起高祖，下迄王莽，断汉朝历史自为一书，在当时，具有驳倒俗儒尊古卑今意识的进步意义。与班固同时代的学者王充在其《论衡》一书中曾尖锐地批评俗儒"好襃古而贬今"的偏见，指出这些人迷信古代达到荒谬的程度："俗好高古而称所闻，前人之业，菜果甘甜；后人新造，蜜酪辛苦"③。并分析俗儒之所以形成这种颠倒历史的看法，是因为他们自生下来读的就是记述和颂扬三代的书，"朝夕讲习，不见汉书，谓汉劣不若"④。因此他断言若果有一位擅长著述的人修成这样一部"汉书"，记载汉代的政治功业，让读书人从小诵习，那么这部书的价值便可与《尚书》《春秋》相媲美。班固恰恰以成功的史学实践回答了时代的需要。他不满意"以汉代继百王之末"，要独立修成一部汉史，这种认识和努力实具有破除浓厚的复古倒退思想的积极意义。班固的创造性还表现在解决了司马迁

---

① 《通志·总序》。
② 《廿二史劄记》卷1"各史例目异同"条。
③ 《论衡·超奇》。
④ 《论衡·宣汉》。

以后历史编纂的难题。《史记》产生之后，后人相继补作，自褚少孙至班彪，先后有10余人之众。然则这些续作绝大多数流传不下来，证明若只限于修修补补，史学便无法前进。班固以过人的见识和创造才能实现了重大突破，撰成纪传体断代史的巨著，从此为历史编撰开了一条新路，以后自《三国志》《后汉书》至《明史》一直沿用，说明断代为史与中国封建王朝更迭的周期性特点相适应，所以章学诚推崇《汉书》为历史编撰上的"不祧之宗"[①]。

唐代史学在纪传体史书编撰方面获得了显著成就，并确立了官修前代正史的惯例。贞观三年（629），诏令狐德棻、李百药、姚思廉、魏徵等分别修周、北齐、梁、陈、隋书，房玄龄为总监。贞观十八年（644），命房玄龄主修晋书。再加上李延寿所撰《南史》《北史》，成于唐初的纪传体"正史"共有八部，占了二十四史的三分之一。但朝廷设局监修又带来互相掣肘、互相推诿、压抑史家独立见解的弊病。于是有刘知几总结史法的得失，提倡敢于抒发个人见解的"独得"之学。他著成我国古代史学批评的第一部名著《史通》，痛切地批评朝廷官僚对修史的干预："凡居斯职者，必恩幸贵臣，凡庸贱品，饱食安步，坐啸画诺。"[②]致使任史职者"每欲记一事，载一言，皆阁笔相视，含毫不断。故头白可期，而汗青无日"。"十羊九牧，其令难行；一国三公，适从何在？"[③]确能打中监修制度的要害，表现出高明的史识和非凡的勇气。故梁启超对刘知几作了高度评价："史学之有人研究，从他始。这好像在阴霾的天气中打了一个大雷，惊醒了多少迷梦，开了后来许多法门。"[④]所以唐代史学，既有编撰正史的显著成就，又有针对监修制度的弊病而发的史学理论名著。这两个方面，都是中华民族创造力在唐代历史条件下的特殊表现。

又如清代乾嘉考据学，在整理历史文献上作出很大成绩。这一时期史学向"窄而深"方面发展，其成就不能低估。如郭沫若所说，若欲研讨古史，不利用清儒成绩，是舍路而不由。他又说，乾嘉学者"虽或趋于繁琐，有逃避现实之嫌，但罪不在学者，而在清廷政治的绝顶专制。聪明才智之士既无所用其力，乃逃避于考证古籍"[⑤]。清初因时代剧变的刺激，曾出现学术经世致用思

---

① 《文史通义·书教下》。
② 《史通·辩职》。
③ 《史通·忤时》。
④ 梁启超：《中国历史研究法补编》，《饮冰室合集》专集之九十九，第158页。
⑤ 郭沫若：《读随园诗话札记》，第87页。

想的高涨。此后，自康熙至乾隆年间，一方面是统治者屡兴文字狱，不准学者关心现实问题，另一方面是社会相对稳定，封建经济发展，为学者潜心研究提供了物质条件，结果乾嘉史坛出现了考证学繁荣的局面，产生了考史三大家王鸣盛、钱大昕、赵翼和其他众多学者。

纵观整个传统文化演进的趋势，每个时代都出现内涵和风格迥异的文化高潮，战国诸子，两汉经学，魏晋玄学，隋唐佛学，宋明理学，清初实学，乾嘉朴学，无不阶段分明，而又备具特色，如群峰竞秀，各放异彩。史学作为传统文化发达的一门也是如此，一个时代有一个时代的独特成就，在史学长河中一再出现巨大的波峰。

三、史家旨趣与"以天下为己任"的情怀

我国历代优秀知识分子，对国家民族怀抱高度责任感，以救世安民为己任，形成了优良传统，同广大群众的生产和斗争一同推动社会前进，这是民族精神的重要组成部分。孔子"博施于民而能济众"、"修己以安百姓"，北宋范仲淹"先天下之忧而忧，后天下之乐而乐"，清初顾炎武"天下兴亡，匹夫有责"，这些名句集中体现了这种精神，千百年来一直是激励人们崇高爱国心和强烈责任心的巨大力量。历代优秀史家撰成有生命力的史著，也正是由于把这种"以天下为己任"的崇高精神灌注到史书之中，崇善黜恶、激浊扬清，讴歌志士仁人的业绩，从而世世代代产生了广泛深远的教育作用。

孔子著《春秋》，是第一次有意识地把"史义"灌输到"史事"、"史文"之中，通过褒贬手法表达他的社会理想，希望实现诸侯各国共同尊奉周王室、社会有序发展的所谓"天下有道"时代。因此，中国史家关心国家民族命运的根本观念来自孔子。司马迁著史以"继《春秋》"自任，且达到极大的成功，郭沫若为韩城司马迁祠墓所题的诗句"功业追尼父，千秋太史公"，可谓恰如其分。《史记》全书突出地体现出西汉的时代精神，他记述并赞扬"汉兴，海内一统"，扫秦繁苛，发展生产等历史功绩。同时，他又出于对国家民族强烈史学传统与民族精神的责任心，尖锐地批评汉武帝连年征伐的政策。他不怕专制皇帝的淫威，在《平准书》中直书无隐，指出长期大规模出兵，士卒大批死亡，民众困苦不堪，造成"天下苦其劳"，"财赂衰耗而不赡"的危险

局面，并正告当政者要"见盛观衰"。又在《货殖列传》中批评汉武帝"与民争利"，主张放任发展，让人们自由获得财富。《史记》久远生命力的秘密，就在于他从关心民众生活和国家前途出发，形成了不同于官方思想的独立思想体系。《汉书》产生在东汉初年，处于封建专制加剧的儒学"法典化"时代，不可避免地打上时代的印记，而全书仍然具有进步的思想倾向，表现出班固关心民众的社会责任感。《汉书》既宣汉，又据实暴露统治阶级的罪恶。如揭露土地兼并恶性发展，贫者无立锥之地；诸侯王及外戚奢侈纵欲，无法无天；地方豪强为非作歹，居民白天不敢出门走路。揭露独尊儒术之后，儒学成为进身任官的阶梯，是打开为利禄奔竞之门。自武帝以后"以儒宗居宰相位"那班人物，如公孙弘、匡衡、张禹、孔光等，都是"服儒衣冠，传先王语，其酝藉可也，然皆持禄保位，被阿谀之讥"①，尖锐地抨击这些以儒学大师进身的显赫人物，都是庸碌自私、巧于饰己、专事谄媚之徒，根本不配居于宰相地位，对他们表示极度蔑视。尤其是，班固在《刑法志》中既记载西汉刑法取得的进步，又举出大量史实批评汉朝刑法的苛滥。他以长篇议论，强调刑律不公是关系到封建政治全局的严重问题，并且严厉批评东汉初年，将判重罪、多判罪当作狱吏能干的标准，狱吏上下互相驱使，加害于无辜者，因此他强烈地主张要根据现实情况，删除繁苛的刑律，制定简明而能"便民"的新律令。读着班固出于关心民众而发出的痛切的议论，我们不能不肃然起敬。

　　唐宋时期著名史学家杜佑、司马光都继承了由孔子、司马迁开创的史家关心国家命运的传统。安史之乱后，国势显赫的唐王朝一下子陷于衰微破败，形势的变化刺激人们寻找改革的办法，救治社会弊病。杜佑《通典》的撰著即适应这一时代需要，"实采群言，征诸人事，将施有政"，寻找"匡拯之方"②，让史书直接为现实政治变革服务。他明确提出"教化之本，在于足食"，全书八典以"食货"为首，而食货又以"田制"为先。杜佑把封建社会的经济结构，特别是历代土地关系的变革，放在首要地位加以论述，证明他对国家治理和民众生活的深切关注。司马光著《资治通鉴》，进一步把史学经世致用传统推向新的阶段。这部294卷的巨著，书名即突出地显示出他撰史是为了"资"封建国家之"治"，以历史上治乱兴衰的教训，作为当政者的历史教

---

① 《汉书·匡张孔马传》赞。
② 《通典·序》。

科书，因此"专取关国家盛衰，系生民休戚，善可为法，恶可为戒者"①。书中对历代政治、经济兴衰，政风、用人的得失，以及民众生活、民族关系的状况，均有翔实的记载。尽管司马光在政治上态度比较保守，但是他著史态度严肃认真，所提供"资治"的东西是可靠的史实，这是《资治通鉴》成为继《史记》之后最优秀的通史巨著的根本原因。

明清之际著名学者顾炎武、黄宗羲处在朝代鼎革、"天崩地解"的形势下，分别撰成著名的史论《日知录》和《明夷待访录》，实是代表当时有识之士总结明朝灭亡教训，对封建专制制度的残酷、腐朽进行严厉的抨击。《日知录》虽有不少条目谈考据，但其重点是讲"治道"。顾炎武明确地区分"亡国"和"亡天下"，他说："保国者，其君其臣、肉食者谋之；保天下者，匹夫之贱，与有责焉耳矣。"②这成为近代以来激励人们爱国精神的警句。书中有力地批评理学空谈严重毒害知识分子，"以明心见性之空言，代修己治人之实学，股肱惰而万事荒，爪牙亡而四国乱"，最后造成"神州荡覆，宗社丘墟"③的惨剧！黄宗羲的《明夷待访录》是一部反对君主专制的破天荒著作，闪耀着民主思想的光芒。黄宗羲尖锐地揭露、批判封建政体的腐朽和罪恶，爆发出"为天下之大害者，君而已矣"④的呐喊，书中这些战斗性内容具有早期启蒙的意义，一直到中国历史进入近代，这部书还起了鼓舞青年人献身革新事业的作用。

四、近代爱国主义史学与探索民族救亡之路

由于封建统治的腐朽和列强的野蛮侵略，中华民族在近代饱经忧患，灾难深重。然而，民族屈辱的命运激起民众的英勇反抗和志士仁人前赴后继探索救国之路。中国近代爱国主义史学的高涨，正是对于探求救国之路的有力推动。

近代志士仁人探索救亡图强的道路包括互相紧密联系的两大主题，一是发扬中华民族酷爱独立自由、不屈不挠的精神，动员广大民众抗击列强侵略，保卫国家神圣的领土和主权；二是批判封建制度的腐朽，认识中国的落后，

---

① 司马光：《进书表》。
② 《日知录》卷13"正始"条。
③ 《日知录》卷7"夫子之言性与天道"条。
④ 《明夷待访录·原君》篇。

学习西方的民主制度和先进文化，同时发扬本民族的优秀遗产。包括近代杰出爱国史家魏源在内的一批先进人物，确实把中华民族的伟大精神提高到新的高度。魏源是近代史开端时期爱国史家的代表人物。他在鸦片战争前已经认识到清朝统治的腐朽，时代大变动即将到来，并搜集清皇朝前后期国势升降变化的史料。至鸦片战争爆发，他满怀爱国义愤从事著述，及时撰成《圣武记》，探索清朝的盛衰，同时从乾隆末年以后政治、军事的腐败，揭露鸦片战争中失败的原因。《海国图志》的著成是魏源更重要的贡献，这部著作突破了封建时代对外国闭塞无知的旧格局，系统、大量地介绍外国史地知识，第一次把世界的真实面貌展示在国人面前。魏源明确指出西方列强东来"遇岸争岸，遇洲争洲"，使东方国家面临严重威胁，呼吁中华民族百倍警惕，奋起反抗："此凡有血气者所宜愤悱，凡有耳目心知者所宜讲画也。"[①]他大力呼吁改变对外部世界闭目塞听的混沌状态，把了解外国作为当务之急，做到瞭彼情伪，洞悉机宜，同时明确提出"师夷长技以制夷"的口号，成为近代先进的中国人向西方国家寻找救国真理的起点。《海国图志》受到了社会各方面人士的欢迎，在国内多次刊刻，证明魏源的思想随着时代而前进，他所撰成的爱国史学著作反映了抗击侵略、了解西方的迫切需要，它对近代社会的积极影响直至20世纪前期。梁启超在1924年著书评价说：《海国图志》一书奖励国民对外之观念，"其论实支配百年来之人心，直至今日犹未脱离净尽，则其在历史上关系，不得谓细也"[②]。

魏源所开创的近代爱国史家学习外国、探求图强之路的传统，被黄遵宪和王韬所继承。黄遵宪在十九世纪七八十年代撰成近代爱国史学又一名著《日本国志》。他以驻日使馆参赞身份到日本，正值日本明治维新时期，他体察日本社会的巨变，认识到学习西方、维新改革，确实使日本走上由弱变强的道路。他还直接阅读卢梭、孟德斯鸠的著作，对民权学说由"惊怪"转为信服，"心志为之一变，以为太平世必在民主"[③]。在祖国本土形成的革新观点和爱国热忱，促使他克服种种困难，著成《日本国志》，及时地向国内介绍日本学习西方、走上资本主义道路的经验，并且成为中国人观察世界潮流的窗口，对于戊

---

① 魏源：《海国图志叙》。
② 梁启超，《中国近三百年学术史》，《饮冰室合集》专集之七十五，第323页。
③ 《东海公来简》，即黄遵宪致梁启超信（1902年），《新民丛报》第十三号。

戌运动产生了直接的影响。较黄遵宪稍前一点，有王韬著成《法国志略》，把法国历史介绍给国内，特别表达了以法国的富强和进步激励国人觉醒、打破闭塞陋习的深刻寓意："方今泰西诸国，智术日开，穷性尽理，务以富强其国，而我民人固陋自安，曾不知天壤间有瑰伟绝特之事，则人何以自奋？国何以自立？"①书中对于法国当代促进资本主义生产和贸易的一套办法，如银行、商会、邮政、铁路都有评论，尤其介绍法国300年来科学技术的发明，记载国会根据公众意见制定法律，选举统领、首辅的制度，对于当时有识之士要求变革中国旧的封建体制，都有启迪的意义。

20世纪初年，新史学思潮涌出，对于激发爱国主义和推进思想启蒙意义尤为重大。梁启超于1902年撰成《新史学》，倡导实行"史界革命"，即用国民意识和进化论哲学为指导，创造出符合于"提倡民族主义，使我四万万同胞强立于此优胜劣败之世界"这一时代需要的新史学，发挥激励爱国心和团结合群之力的巨大作用。②同年，他著成《论中国学术思想变迁之大势》，用进化发展和阶段性演进的历史观点论述中国数千年学术思想之变迁，尖锐地批判专制政体和文化专制造成的祸害。梁启超撰成的多种史学论著，以及夏曾佑的通史著作，都是"新史学"理论的出色实践。至"五四"时期，为新史学发展作出重要贡献的还有运用"二重证据法"考证古史的王国维和开创"古史辨"学派的顾颉刚，他们的史学成就与中国社会近代化的方向和"五四"运动反封建的潮流是相符合的。

新史学的成就，又被"五四"以后崛起的马克思主义史学所吸收。郭沫若于1929年著成《中国古代社会研究》，它标志着中国马克思主义史学从其奠基之时，便成为革命党人寻求民族解放正确道路的伟大事业之重要组成部分。他以科学的历史研究，帮助革命者认清中国要走全世界各国的共同道路，并对未来的光明前途树立坚强的信心。抗战时期，范文澜在延安先后著成《中国通史简编》（1941）和《中国近代史》（1945）。这两部著作，全面、系统地阐明中国几千年历史，一反历来剥削阶级美化统治者所作所为、污蔑人民大众在历史上的作用的旧观点，用阶级斗争的主线解释中国的历史，肯定人民群众的首创精神和推进历史的作用。这两部产生于烽火连天的抗日战争中的著作，标志着历来进步史学

---

① 《重订法国志略·序言》。
② 见梁启超：《新史学》，《饮冰室合集》文集之九，第7页。

家以天下为己任的爱国精神达到新的飞跃。戴逸评价说："这两部杰出的著作……第一次系统地说出了革命者对中国历史的全部看法"，"是时代精神的体现，教育、影响了后代历史学家，也教育、影响了千千万万的革命者"，成为"当时许多革命干部案头的必读书"。① 在抗日战争这场决定民族生死存亡的关头，不仅马克思主义史学家郭沫若、范文澜、翦伯赞、吕振羽、侯外庐等人成为这场伟大斗争的一员，其他爱国史学家也依据本人所处的具体环境，同全国抗战军民同命运。陈垣在抗战间处在危城北平，不怕特务迫害，处处表现出凛然的正气。他在课堂上向学生讲《日知录》和《鲒埼亭集》，以顾炎武的经世思想和全祖望的民族气节激励学生。在著述上，他将爱国思想熔炼在阐发历史上人民的正义斗争和气节之士坚守民族大义的著作中，写出《明季滇黔佛教考》《通鉴胡注表微》等，产生了很好的影响。陈寅恪颠沛流离，到达昆明任教，他为陈垣《明季滇黔佛教考》作序，同样表达出高尚的民族气节，在国难当头的情况下，两位史家以热爱祖国、坚守志节相勉励。顾颉刚于"九·一八"事变后，即在北平发起组织"禹贡"学会，从事维护祖国版图的边疆历史地理研究。继又提倡以通俗读物形式，宣传抗日主张，因此受日本特务迫害，他辗转到达西北、西南一带，继续抗战宣传和学术工作。中国人民经过浴血奋战，终于打败极度野蛮凶残的日本侵略者。中华民族不屈不挠的伟大精神在抗战中得到空前大发扬，而在人民胜利的巍峨丰碑上，也记载着进步史家的功绩。

阐发中国史学传统所蕴含的民族精神，同我们当前振兴中华的宏伟事业无疑有密切的联系。我们要在激烈的国际竞争中继续发展壮大自己，就要在大力学习外国先进事物的同时，不断增强民族自尊心、自信心，更加激发民族创造力。当今国际间激烈的竞争，关键是综合国力的竞争，归根结底又是人的素质的竞争。对于我们来说，就迫切需要加强爱国主义和民族精神的教育，这是关系到我们民族前途的重大事情！中国几千年史学的优秀遗产是我们的先人留下来的一笔宝贵财富，认真发掘和总结其中包含的不断加强的民族凝聚力和强大生命力，不同时代的学术所表现的勇于创新、不断进取的精神，历代志士仁人"以天下为己任"的高尚情怀，以及近代以来勇于反抗侵略、探求民族自救自强道路的气概，以此教育广大群众，提高全民素质，这是我们研究者义不容辞的光荣责任。

---

① 戴逸：《时代需要这样的历史学家》，《近代史研究》1994年第1期。

传统思想的精华何以通向唯物史观

一、中国文化的优良传统与唯物史观基本原理相贯通

马克思和恩格斯创立的唯物史观,经过俄国十月革命的胜利传入中国以后,在短短一二十年中得到广泛传播,并很快在中国土地上扎下根来,在指导革命运动方面产生了以毛泽东思想为代表的科学思想体系,在学术思想方面经过学者们的探索和创造,形成了指导历史研究的中国马克思主义史学理论;而且经过近一个世纪国内外极其曲折复杂的斗争环境的考验,中国的马克思主义政治理论和史学理论依然充满活力,并得到进一步丰富和发展。这不但是20世纪中国社会生活和学术变迁的具有伟大历史意义的事件,也是世界历史上具有极其深远意义的事件。究其原因,一方面,是由于中国社会的政治生活变革的实践,证明灾难深重的中华民族至此必须以马克思主义的科学理论为指导,才能找到解救危亡的正确道路;另一方面,则是中国传统思想中长期形成和发展的优良因素,成为先进的中国人顺利接受唯物史观指导的思想基础和内在动力。

马克思主义这一先进学说和科学理论并不是凭空产生的,正如列宁所指出的,它是继承全人类一切优秀文化成果的产物。列宁说:

> 它绝不是离开世界文明发展大道而产生的偏狭顽固的学说。恰恰相反,马克思的全部天才正在于他回答了人类先进思想提出的种种问题。它的学说的产生正是哲学、政治经济学和社会主义的最伟大代表的学说的直接继续。①

马克思主义这一革命无产阶级的思想体系赢得了世界历史性的意

---

① 列宁:《马克思主义的三个来源和三个组成部分》,《列宁选集》第2卷,人民出版社1995年版,第309页。

义，是因为它没有抛弃资产阶级时代最宝贵的成就，相反地却吸收和改造了两千多年来人类思想和文化发展中一切有价值的东西。①

尽管马克思和恩格斯主要是批判地继承欧洲唯物主义哲学和辩证法思想、古典政治经济学以及空想社会主义学说，从而创立了马克思主义理论，但是，人类优秀文化思想的发展必然地具有共同的规律，遵循着共同的发展道路。正如列宁所指出的，马克思主义绝不是离开世界文明发展大道而产生的一种故步自封、僵化不变的学说，其光辉价值正在于"回答了人类先进思想提出的种种问题"，马克思主义"就是共产主义从全部人类知识中产生出来的典范"。中国传统思想中的精华，同样是表达了历代人民大众的美好追求和理想。这些思想和学说虽然可能尚未达到欧洲18世纪先进学说的高度，但其发展方向是相同的，其中所包括的命题也往往是相同或相似的，因而中国传统文化中的优秀遗产是同唯物史观基本原理相通的，这就成为"五四"时期以后先进的中国人接受这一科学理论的思想基础和桥梁。以往的相关论著对于"传统思想的精华何以通向唯物史观"的研究还很不充分，而全面地探讨此一课题，不但是阐明中国马克思主义史学的创立所需要，而且，对于认识"马克思主义与中国实践相结合指导中国革命"这一20世纪时代主题的深刻性和它的力量，认识唯物史观在今天不但没有过时而且仍然应被确立为社会政治生活和学术研究的指导思想，都有明显的积极意义。中国传统思想中的哪些优秀成果成为唯物史观迅速传播的思想基础和内在动力呢？这个问题涉及方面甚广，这里仅从四个方面略加阐释。

二、唯物主义的思想资料

唯物史观的哲学基础是承认客观世界中物质第一性，起决定的作用，精神是第二性，处于被决定的位置；物质的发生、发展、变化有其本身的不以人的意志为转移的客观规律，同样，社会现象、制度、法律等等也都有其自身的因果递进变化关系；历史变化的规律存在于历史事件和制度、法律等等的变化之中，人通过分析、研究将规律总结出来，而不是颠倒过来，由某种神秘的"精神"去演绎出历史的进程；客观事物是可以认识的，"不可知论"和"神秘主

---
① 列宁：《论无产阶级文化》，《列宁选集》第4卷，人民出版社1995年版，第299页。

义"都是毫无根据的，认识的基础是实践，人要认识社会，就要参加变革社会的实践活动；不是人的意识决定社会存在，而是社会存在决定人的意识。唯物史观与以往企图以神的意志、天命观点解释人类历史进程，或是以个别英雄人物的意志解释历史的形形色色观点相对立，它是要从人类物质生产的基础解释历史的进程，从生产力与生产关系组成的社会结构来解释全部上层建筑和意识形态的变迁。恩格斯在《社会主义从空想到科学的发展》中明确提出了"唯物主义的历史观"。他说："唯心主义从它最后的避难所被驱逐出来了，唯物主义的历史观被提出来了。"在该书的1892年英文版序言中，恩格斯指出，"本书所捍卫的是我们称之为'历史唯物主义'的东西"。他还说，不仅在英语中使用"历史唯物主义"这一名词，而且在其他语言中也都用它来表达这一种关于历史过程的观点。"这种观点认为一切重要历史事件的终极原因和伟大动力是社会经济发展，是生产方式和交换方式的改变，是由此产生的社会之划分为不同的阶级，是这些阶级彼此间的斗争。"中国早期传播唯物史观的代表人物李大钊在其文章中就着重介绍唯物史观的如下基本原理："喻之建筑，社会亦有基础与上层，基础是经济的结构，即经济关系，马氏（马克思）称之为物质的或人类的社会的存在。上层是法制、政治、宗教、艺术、哲学等，马氏称之为观念的形态，或人类的意识。从来的历史家单欲从上层上说明社会的变革即历史，而不顾基础，那样的方法，不能真正理解历史。上层的变革，全靠经济基础的变动，故历史非从经济关系上说明不可。这是马氏历史观的大体。"①

拿上述唯物史观的基本命题（物质是第一性的命题，历史进程的规律性存在于历史事件的内在联系之中，而不是神意或英雄人物的意志主宰历史的进程，物质生产即经济的因素是决定历史进程最主要的基础等）与中国传统思想相对照，即可发现：中国历代进步思想家通过观察自然和观察社会变迁，恰恰在诸多基本观点上得到了相类似的认识，毫无疑问，这些认识就构成了20世纪中国先进的知识分子接受唯物史观的基础。

中国古代唯物史观认为阴阳是天地之气，阴阳二气的运动造成自然界的变化。至迟到西周末年，阴阳已被视为宇宙的两个原始的物质或力量。周幽王三年（公元前779年），发生地震。周贵族伯阳父说："周将亡矣。夫天地之气

---

① 李大钊：《马克思的历史哲学与理恺尔的历史哲学》，《李大钊选集》，河北人民出版社1984年版，第132页。

不失其序。若过其序，民之乱也。阳伏而不能出，阴迫而不能蒸，于是有地震。"①古代思想家又形成"五行"构成百物的思想。春秋初年，史伯对郑桓公说："夫和实生物，同则不继。以他平他谓之和，故能丰长而物归之。若以同裨同，尽乃弃矣。故先王以土与金、木、水、火杂，以成百物。"②公元前645年，宋国发生陨石坠落和"六鹢退飞"的异常现象，当时迷信的人认为与人的吉凶有关。周内史叔兴则认为灾异与人事的好坏无关，自然界的异常现象是由自然界阴阳二气失调造成的，他说："是阴阳之事，非吉凶所生也。吉凶由人。"③

至战国时期思想家荀子提出了"明于天人之分"的命题，《荀子·天论》中说："故明于天人之分，则可谓至人矣。"又说："天行有常，不为尧存，不为桀亡。"自然界的规律是独立于人类社会的。同时，自然界有自己的因果性，它的运行不以人的意志和愿望为转移："天不为人之恶寒也辍冬；地不为人之恶辽远也辍广。"自然界的运行无有目的、意志："不为而成，不求不得，夫是之谓天职。"又说："列星随旋，日月递炤，四时代御，阴阳大化，风雨博施，万物各得其和以生，各得其养以成。不见其事而见其功，夫是之谓神。皆知其所以成，莫知其无形，夫是之谓天。"在上述认识的基础上，荀子总结了古代劳动人民利用自然的主观创造力和能动性，响亮地提出人有改造自然界的使命："大天而思之，孰与物畜而制之？从天而颂之，孰与制天命而用之？"他洋溢着乐观的战斗精神，相信人类只要充分地发挥主观努力，就能够战胜自然界，得到自己的幸福："强本而节用，则天不能贫；养备而动时，则天不能病；修道而不贰，则天不能祸。故水旱不能使之饥，寒暑不能使之疾，祅怪不能使之凶。"④荀子还论述了人能"合群"即互相协作以战胜自然界的作用和"礼"的起源问题，以此说明人类社会的制度、秩序、礼节是从原始的蒙昧状态逐步发展形成的。他认为，在初民时期，人类所得到的生活资料很少，为了消除争夺，一方面要增加生产，节用而裕民，另一方面，需要用"礼"来限制人们的愿望。"礼起于何也？曰：人生而有欲，欲而不得，则不

---

① 《国语·周语上》。
② 《国语·郑语》。
③ 《左传》鲁僖公十六年。
④ 《荀子·天论》。

能无求。求而无度量分界，则不能不争，争则乱，乱则穷。先王恶其乱也，故制礼义以分之，以养人之欲，给人之求。使欲必不穷于物，物必不屈于欲，两者相持而长，是礼之所起也。"①社会秩序、制度是由于人类社会生活的需要而逐步地形成，荀子这样的认识堪称是古代唯物主义思想路线在社会思想领域所取得的重要成果。

反映早期法家思想的《管子·牧民》篇，认为社会的礼法制度和道德观念绝不能凭空产生，而必须建立在一定的物质生产水平的基础之上，说："凡有地牧民者，务在四时，守在仓廪。国多财则远者来；地辟举则民留处。仓廪实则知礼节；衣食足则知荣辱。"②《管子》中这一精辟概括，同样代表了先秦唯物主义路线的深刻论断，对后世学者产生了重要的影响。西汉杰出的史学家司马迁继承了《荀子》《管子》的唯物主义认识路线，他通过忠实地考察社会变迁而认识到：人们要求满足衣、食、住等物质需要的欲望是天然合理的，由此推动社会的前进，任凭你挨家挨户去说教，都无法改变这种状况。故他在《史记·货殖列传》中说："夫神农以前，吾不知已。至若《诗》《书》所述虞夏以来，耳目欲极声色之好，口欲穷刍豢之味，身安逸乐，而心夸矜势能之荣使。使俗之渐于民久矣，虽户说以眇论，终不能化。"他所强调的俗，就是长期形成的希望不断满足物质要求的状况。由于司马迁深刻地认识到经济生活具有推动社会前进的积极作用，因此批评老子企图把社会拉回到原始状态的想法是注定行不通的，他指出："必用此为务，挽近世涂民耳目，则几无行矣。"司马迁还出色地论述了经济生活具有自己的法则，从中寻找历史的线索。他认识到各地区不同的物产和人们生活的需要，推动了社会的分工和交换的形成。山西的林、竹，山东的鱼、盐，江南的枬梓，北方的马牛等等，"皆中国人民所喜好，谣俗被服饮食奉生送死之具也。故待农而食之，虞而出之，工而成之，商而通之。此宁有政教发征期会哉？人各任其能，竭其力，以得所欲。故物贱之征贵，贵之征贱，各劝其业，乐其事，若水之趋下，日夜无休时，不召而自来，不求而民出之。岂非道之所符，而自然之验邪？"③这里把经济生活中存在的法则提高到客观存在，并已得到验证的"道"来论述，

---

① 《荀子·礼论》。
② 《管子·牧民》。
③ 均见《史记·货殖列传》。

强调它不是什么行政力量所能强制，也不是人的意愿所能改变，以此推动社会的发展。恩格斯这样论述唯物史观最根本的观点："唯物史观是以一定历史时期的物质经济生活条件来说明一切历史事变和观念，一切政治、哲学和宗教的。"①又说："一个很明显而以前完全被人忽略的事实，即人们首先必须吃、喝、住、穿，就是说首先必须劳动，而后才能争取统治，从事政治、宗教和哲学等等——这一很明显的事实在历史上应有的权威此时终于被承认了。"②中国西汉时代的史学家司马迁恰恰承认"人们首先必须吃、喝、住、穿"的基本事实对社会历史发展的重要作用，并认为经济生活有自己的发展趋势，把政治上的治乱兴衰与经济情况联系起来，说明他确已"接触到了真理的边缘"。③司马迁还主张人们自由获得财富，主张大力发展工商业。在《货殖列传》中，他还淋漓尽致地描写了一幅贤人名士、官吏军士、医生工匠、农工商贾、猎人渔夫、赌徒歌女，人人尽心竭力追求财富的图画。司马迁还采用《荀子·礼论》中"礼由人起。人生有欲，欲而不得则不能无忿"等论点，作为撰写《礼书》的主要内容，列为《史记》八书之首篇。司马迁能撰成传诵千古的史学杰构，他在历史观上具有鲜明的唯物主义倾向乃是重要的原因之一，直到近代，人们阅读《史记》，都不能不因他的进步观点而深受启发。

东汉的王充，清代的王夫之、颜元、戴震等都继承了古代唯物主义思想传统，提出了闪耀着进步光辉的论点。王充发挥了"仓廪实，民知礼节"的命题，他说："夫世之所以为乱者，不以贼盗众多，兵革并起，民弃礼义，负畔其上乎？若此者，由谷食乏绝，不能忍饥寒。夫饥寒并至而能无为非者寡；然则温饱并至而能不为善者希。传曰：'仓廪实而民知礼节；衣食足而民知荣辱。'让生于有余，争起于不足。谷足食多，礼义之心生；礼丰义重，平安之基立矣。"④认为社会的治乱直接决定于民众的经济生活状况。王充《论

---

① 恩格斯：《论住宅问题》，《马克思恩格斯选集》第3卷，人民出版社1995年版，第537页。
② 恩格斯，《卡尔·马克思》，《马克思恩格斯选集》第3卷，人民出版社1995年版，第335–336页。
③ 白寿彝：《司马迁与班固》，《白寿彝史学论集》（下），北京师范大学出版社1994年版，第730页。
④ 《论衡·治期》。

衡》全书的著述宗旨是"疾虚妄"①，也即以唯物的观点为指导，对于一切鬼神迷信、妖言妄说、诈伪臆断之词进行驳斥，他说："又伤伪书俗文多不实诚，故为《论衡》之书。""故作实论，其文盛，其辩争，浮华虚伪之语，莫不澄定。"②王充认为"天道自然"，批评自西汉董仲舒以来被官方大肆渲染的"谴告说"毫无根据："夫天道自然也，无为。如谴告人，是有为，非自然也。黄老之家，论说天道，得其实矣。"③又说："且凡言谴告者，以人道验之也。人道，君谴告臣，上天谴告君也，谓灾异为谴告。夫人道，臣亦有谏君，以灾异为谴告，而王者亦当时有谏上天之义，其效何在？"④主张谴告说的人，是以人事来比附自然界，把自然界拟人化，这是非常错误的。极为可贵的是王充在认识论上坚持唯物主义的观点。他提出，认识是否正确的标准，在于是否合乎事实："凡论事者，违实不引效验，则虽甘义繁说，众不见信。"⑤，"违实"就是与事实相反。真理性的认识必须符合于客观的实际，不与客观事实相符合的说法便是虚妄。《论衡》全书便是要穷究各种说法是否与客观的事实相符合，以此辨明"虚实之分"。故王充又说："事莫明于有效，论莫定于有证。"⑥王充在诸多篇章中尖锐地批评世俗之士"好褒古而贬今"、"尊古卑今"的偏见。《超奇篇》批评他们迷信古代达到了是非颠倒的地步："俗好高古而称所闻，前人之业，莱果甘甜；后人新造，蜜酪辛苦。"《齐世篇》列举俗儒美化古代功业、贬低当今治绩的谬见："语称上世之时，圣人德优，而功治有奇。……及至秦、汉，兵革云扰，战力角势……德劣不及，功薄不若。"王充的看法与俗儒截然相反，他认为汉代的功业大大超过前代："大汉之德不劣于唐、虞也。""光武皇帝龙兴凤举，取天下若拾遗，何以不及殷汤、周武？"因此，王充对自己提出的任务是"宣汉"，要大力肯定和宣扬汉朝的进步。事实证明了王充坚持这一尊重客观事实的认识路线的正确，也验证了俗儒种种虚妄之见的错误。

清代进步学者王夫之、颜元、戴震都自觉地担负了在宋明以来理学、心学

---

① 《论衡·佚文》。
② 《论衡·自纪》。
③ 《论衡·谴告》。
④ 《论衡·自然》。
⑤ 《论衡·知实》。
⑥ 《论衡·薄葬》。

盛行时代批判唯心主义说教的任务。清初王夫之批评理学家把封建统治秩序称为"天理",认为它是先于天地万物而先验存在的错误理论,坚持"道不离器"的唯物主义命题,并加以发展。他说:"天下惟器而已矣。道者器之道……无其器则无其道,人鲜能言之,而固其诚然者也。洪荒无揖让之道,唐虞无吊伐之道,汉唐无今日之道,则今日无他年之道者多矣。未有弟而无兄道,道之可有而且无者多矣。故无其器则无其道,诚然之言也,而人特未之察耳。"①事物的原理则存在于事物之中,离开了具体事物,这一具体的"道"便不存在,客观事物发展变化,"道"也随之而发展变化,这就有力地驳斥了理学家称"道"原是超乎事物之外、先于事物存在的错误理论。王夫之反对宋儒将天理与人欲对立起来的唯心主义说教,他说:"天理充周,原不与人欲相为对垒。"②"人欲之各得,即天理之大同。"③人各有其合理的欲望,所有的人之合理欲望都得到满足,这才是最高的道理,才是社会应当努力实现的最高理想。王夫之所得出的这一结论,就把自宋代理学占据支配地位以来盛行数百年的"存天理、灭人欲"的错误命题,从根本上纠正过来。王夫之又论述了历史演变的"理"和"势"的关系问题。他认为,"理"是历史发展的规律,"势"是历史实际发展的形势或趋势。抽象的理,必须通过具体而多变的历史事件等等表现出来:"理非一成可执之物,不可得而见,气之条绪节文,乃理之可见者也。"④王夫之主张"理在事中",在历史发展中没有不依靠"势"而存在的"理",也没有不依靠"理"而存在的"势"。故他又说:"势之当然者又岂非理哉?""理当然而然则成乎势矣。"⑤比王夫之时代稍后的颜元,则在发展唯物主义的认识论上提出卓见。他提出,必须"亲下手",亲自实践一番,变革事物,才能对事物获得真知识。故说:"今言致知者,不过读书、讲问、思辨已耳,不知致吾知者皆不在此也。譬如欲知礼,任读几百遍礼书,讲问几十次,思辨几十层,总不算知,直须跪拜周旋,捧玉爵,执币帛,亲下手一番,方知礼者如此,知礼者斯至矣。譬如欲知乐,任读乐谱几百遍,讲问、思辨几十层,总不能知,直须搏拊击吹,口歌身舞,亲下手一番,方知

① 《周易外传》卷5《系辞上传第十二章》。
② 《读四书大全说》卷80。
③ 《读四书大全说》卷40。
④ 《读四书大全说》卷90。
⑤ 同上。

乐是如此，知乐者斯至矣。"①颜元对理学家讲烂了的"格物致知"命题做出新的解释："格物谓手实做其事。"②并以品尝菜蔬加以说明："必箸取而纳之口，乃知如此味辛。故曰手格其物而后知至。"③他批评理学家终日读书讲论、闭目静坐，并不能真正懂得事物："朱门一派口里道是'即物穷理'，心里见得、日间做得却只是读书讲论。……其实莫道不曾穷理，并物亦不能即。'半日静坐，半日读书'，那会去格物？莫道天下事物，只礼乐为斯须不可去身之物，亦不会即而格之！"④乾嘉时期的思想家戴震著《原善》《孟子字义疏证》，尖锐地批判理学家否定情欲之说。戴震认为，情欲是人生的本能，也是人类社会最根本的存在，保证人的情欲依照其自然的逻辑发展，国家才得治理，社会才得安宁，如果禁绝性情、遏止人欲，就等于壅塞仁义，堵死社会发展之路。故说："生养之道，存乎欲者也；感通之道，存乎情者也。二者，自然之符，天下之事举矣。……君子之治天下也，使人各得其情，各遂其欲，勿悖于道义；君子之自治也，情与欲使一于道义。夫遇之害，甚于防川；绝情去智，充塞仁义。夫以理为学，以道为统，以心为宗，探之茫茫，索之冥冥，不若反求诸《六经》。"⑤戴震写有《与彭进士书》，直斥程、朱援释入儒，尽失孔子学说真解。程、朱所持"天欲净尽，天理流行"的说教，至百年来为害斯民至烈！在《孟子字义疏证》中，戴震愤怒地揭露尊者、长者、贵者动辄以"理"责罚卑者、幼者、贱者，"理"成为迫害无数无辜者含冤致死的工具，这就是"以理杀人"。他说："人死于法，犹有怜之者，死于理，其谁怜之！"⑥这是对理学最痛切的批判。王夫之、颜元、戴震等从认识论根源和社会政治运作层面对理学的有力批判，充分显示出中国唯物主义优良传统的强烈战斗精神，预示着统治中国社会长达五六百年的理学时代行将结束，中国思想界将进入剧烈变动的新时期。

---

① 《四书正误》卷90。
② 《言行录》。
③ 《四书正误》。
④ 《习斋记余》卷6《阅张氏〈王学质疑〉》。
⑤ 戴震：《原善》，《戴震文集》。
⑥ 《孟子字义疏证》卷上。

三、辩证的、发展的观点

在马克思主义理论体系中，辩证法是与唯物主义学说密切相联系的。马克思、恩格斯批判地继承了古代的辩证法成就、黑格尔的辩证法理论，创立了革命的辩证法学说，成为人们观察自然界和社会发展进程，分析思想领域各种理论主张，制定指导革命的方针、策略的有力武器。马克思主义的辩证法内容同样十分丰富而深刻，其主要观点主要包括：统一体分为两个互相矛盾、互相排斥的对立面，对立面的斗争推动事物的发展；对立面在一定条件下向其相反的方向转化为事物与他事物互相联系，互为条件、互为因果，成为整个世界统一的、有规律的运动过程；事物发展的动力在自己的内部，事物外部的相互联系和作用是事物运动的外因，外因通过内因起作用，反对绝对化看待事物，具体情况具体分析；事物发展过程中量变与质变互相转化，当量的增减达到一定界限时，使事物的性质产生了新的变化，旧事物便变成新事物，由此又开始了量变与质变互相转化的过程，推动事物新陈代谢、由低级阶段向高级阶段发展；事物由矛盾而引起的发展，经由肯定——否定——否定之否定的形式螺旋式地前进。经典作家对于辩证法的精髓有许多精警的论述，如，"当我们深思熟虑地考察自然界或人类历史或我们的精神活动的时候，首先呈现在我们眼前的，是一幅由种种联系和互相作用无穷无尽地交织起来的图画，其中没有任何东西是不动的和不变的，而是一切都在运动、变化、产生和消失"①。"历史上依次更替的一切社会制度都只是人类社会由低级向高级的无穷发展进程中的一些暂时阶段。每一个阶段都是必然的，因此，对它所由发生的时代和条件说来，都有它存在的理由；但是对它自己内部逐渐发展起来的新的、更高的条件来说，它就成为过时的和没有存在的理由了；它不得不让位于更高的阶段，而这个更高的阶段也同样是要走向衰落和灭亡的。"②"可以把辩证法简要地确定为关于对立面的统一学说。这样就会抓住辩证法的核心。"③"发展是对立面的斗争。……对立面的统一（一致、同一、均势）是有条件的、暂时的、易逝的、相对的。相互排斥的对立面的斗争则是绝对的，正如发展、运动是绝对的

---

① 恩格斯：《社会主义从空想到科学的发展》，《马克思恩格斯选集》第3卷，第733页。
② 恩格斯：《路德维希·费尔巴哈和德国古典哲学的终结》，《马克思恩格斯选集》第4卷，人民出版社1995年版，第217页。
③ 列宁：《黑格尔〈逻辑学〉一书摘要》，人民出版社1965年版，第160页。

一样。"①辩证法和唯物论学说构成马克思、恩格斯创立的科学理论的基石。恰当地结合社会生活实践和科学研究实践,运用并发挥这些真理性认识,便能在革命运动或学术领域中创造出出色的成绩。

中国的先哲们也有大量的关于辩证法的深刻论述。尽管他们的认识往往是素朴的,表达不够系统,但这些论述同样是对自然界和社会历史进程的辩证的、发展的宝贵认识。20世纪初中国的先进知识分子通过这些思想精华印证了马克思主义革命辩证法的正确性,由此而成为接受马克思主义学说的中介。

《诗经》《左传》《论语》《孟子》《易传》等典籍中论述辩证的、发展的观点相当丰富而突出。《诗经》中"高岸为谷,深谷为陵"②的诗句,用自然界的高岸、低谷的剧变,生动形象地比譬社会新旧制度、强弱势力的巨大变化。《左传》《国语》中记载了春秋时期思想家讨论"和"与"同"两种观念、两种处理事情态度的原则性差别。《左传》记载齐国大臣晏婴与齐景公的对话,景公告诉晏婴说,只有梁丘据(景公宠臣)跟他"和"。晏婴说:"据亦同也,焉得为和?"于是两人有如下对话:"公曰:'和与同异乎?'对曰:'异。和如羹焉,水、火、醯、醢、盐、梅,以烹鱼肉,燀之以薪,宰夫和之,齐之以味,济其不及,以泄其过。君子食之,以平其心。君臣亦然。君所谓可而有否焉,臣献其否以成其可。君所谓否而有可焉,臣献其可以去其否。是以政平而不干,民无争心。……今据不然。君所谓可,据亦曰可;若以水济水,谁能食之?若琴瑟之专一,谁能听之?同之不可也如是。'"③这里晏婴的认识很深刻,他指出"和"与"同"的不同:"同"是简单的同一。水再加上水,是无法忍受的乏味。弹琴只有一个音调、一个节奏,则根本不是音乐。"和"是集合许多不同的对立面以得一个新的统一。譬如厨师做羹汤,将各种食物、调料进行烹调,这样就可以"济其不及,以泄其过",既互相补充、调节,又保持各种食物的味道,成为一锅美汤。臣对于君的说法,只赞同他正确的部分,而明确地不赞同他不正确的部分,这样才能使正确的意见得到施行并获得成效。如果像梁丘据那样,"君所谓可",臣亦说可,"君所谓否",臣亦说否,这就是无原则的"同"、取消了对立面的"苟同",是不

---

① 列宁:《谈谈辩证法问题》,《列宁选集》第2卷,第557页。
② 《诗经·小雅·十月之交》。
③ 《左传》昭公二十年。

问是非、迁就错误的"混同",对于认识事物,对于治理国家都是有害而无益的。诚如冯友兰评价的:"晏婴的这种思想,对于对立面的统一的辩证关系有相当的认识。"①《国语》中也记载史伯对郑桓公的谈话:"夫和实生物,同则不继。以他平他谓之和,故能丰长而物归之。若以同裨同,尽乃弃矣。"②互有差异、备具特点的百物,对立而又统一地相处,才成为丰富多彩的世界。取消了特性,只有同而无异,就不成为世界了。这种强调既对立又统一的观点同样是很深刻的。《论语》中有孔子的名言:"君子和而不同。"③明确地区分"和"与"同"两种相反的处事态度,主张形成保持有原则的独立性且又互相协调的人际关系,反对放弃原则性的迁就、苟同。孔子称"中庸"是一种高尚的道德境界,其中即包含着辩证法,故说:"我叩其两端而竭焉。"④避免事物走向两个极端。孔子又说:"过犹不及"⑤,指出超过了一定的限度事物即走向反面,故主张"允执其中"。⑥《礼记》中也记载孔子的话:"执其两端,用其中于民。"⑦孔子又提出"经"与"权"一组对立的范畴,在中国古代辩证法思想资料中具有重要的价值。"经"是事物的常规性,在通常情况下应当遵守的做法;"权"是灵活性,是在不违反原则前提下的变通。在特殊的情况下,死守常道恰恰是违反原则的,而必须做灵活的处理才符合于原则。孔子说:"可与共学……未可与权。"⑧是指有些人虽能"立于礼",但往往把礼当成一种死板的规矩,拿固定的办法去应对不同的事情,"未可与权",就是对于礼不能灵活地应用。汉代的董仲舒进一步发挥孔子的思想,他提出:"《春秋》有常义,又有应变。""故说《春秋》者,无以平定之常义,疑变故之大则,义几可谕矣。"⑨孔子又论述后代对于前代的礼制有"因"也有"革":"殷因于夏礼,所损益可知也。周因于殷礼,所损益可知也。其或继

---

① 冯友兰:《中国哲学史新编》上册,人民出版社1998年版,第133页。
② 《国语·郑语》。
③ 《论语·子路》。
④ 《论语·子罕》。
⑤ 《论语·先进》。
⑥ 《论语·尧曰》。
⑦ 《礼记·中庸》。
⑧ 《论语·子罕》。
⑨ 《春秋繁露义证·竹林》。

周者，虽百世可知也。"①这是在一定程度上看到历代制度有继承和变革的关系。孔子在教育方法上也有显著的辩证法思想。他说："学而不思则罔，思而不学则殆。"②"不愤不启，不悱不发。"③"求也退，故进之；由也兼人，故进之。"④"多闻，择其善者而从之，多见而识之，知之次也。"⑤"毋意，毋必，毋固，毋我。"⑥孟子称孔子是"圣之时者"，即赞扬孔子能根据时势的不同而采取灵活应变的态度。孟子又指出，刻板的办事在一定情况下效果适得其反："可以取，可以无取，取（按：应作无取）伤廉；可以与，可以无与，与伤惠；可以死，可以无死，死伤勇。"⑦意即廉者无取于人，可是，在一定情况下，"无取"反而伤廉，其余两种情况也相类似。孟子也强调"经"与"权"的关系："执中无权，犹执一也。"⑧又说："男女授受不亲，礼也；嫂溺，援之以手者，权也。"⑨同样强调在特殊情况下必须违反常规的做法而灵活地处理事情。

成书于战国时代的儒家典籍《易传》尤其集中表达了古代哲学对运动和发展的辩证见解。《易经》中本来就用六十四卦的排列、变化，显示出正反事物互相对立而统一的关系，如乾卦与坤卦、泰卦与否卦排在一起。"易"就是"变易"之意。《易》言：一切事物都有对立着的两个方面，即阴阳，并且是相反相成的。《系辞传》说："天尊地卑，乾坤定矣；卑高以陈，贵贱位矣；动静有常，刚柔断矣。"天地、尊卑、贵贱、动静、刚柔，都是相反的东西，可是必须在一起。正是由于事物自身包括有自己的对立面的统一，所以事物才有自己的变化，故称"一阴一阳之谓道"。显然《易传》在这里接触到辩证法最根本的法则。列宁为对立统一法则所下的定义是："承认（发现）自然界（精神和社会也在内）的一切现象和过程都含有矛盾着的、互相排斥

---

① 《论语·为政》。
② 同上。
③ 《论语·述而》。
④ 《论语·先进》。
⑤ 《论语·述而》。
⑥ 《论语·子罕》。
⑦ 《孟子·离娄下》。
⑧ 《孟子·尽心上》。
⑨ 《孟子·离娄上》。

的、对立的趋向。"①《易传》作者正是接触了这个原则,并以此为根本的认识,从多方面论述了对立统一的关系。《易》的第一卦是乾卦,《文言》称:"大哉乾乎!刚健中正,纯粹精也。"《乾卦·象辞》说:"天行健,君子以自强不息。"这一论断高度概括运动发展、生生不息的力量源泉和演进趋势,成为两千多年来鼓舞中华民族奋发进取、刚健有为、衰而复振、乐观创造的精神支柱。《易传》言:"穷则变,变则通,通则久。""上下无常,刚柔相易。""安不忘危。"②"日中则昃,月盈则食,天地盈虚,与时消息"。③都是讲事物对立统一的关系。《易传》作者又特别强调变革:"革,水火相息,二女同居,其志不相得,曰革。""天地革而四时成,汤武革命,顺乎天而应乎人,革之时大矣哉!"④所有这些论述表达出的中心思想是:无论自然界或人类社会,事物的变化就是通过对立面转化的方式,不断更新和前进的过程。《易传》的局限性主要是论述循环往复的变化,而并未强调发展过程中质的飞跃。古代哲学中道家、兵家的辩证法思想同样是很突出的。《老子》中概括的"祸之福所倚,福之祸所伏"⑤警句,使人深刻地认识到在胜利中应看到失败的因素,在困难中应看到光明的前途。《老子》书中其他地方论述的:"有无相生,难易相成,长短相较,高下相倾,音声相和,前后相随。"⑥"将欲夺之,必固与之。……柔弱胜刚强。"⑦"曲则全,枉则直,洼则盈,敝则新。"⑧"合抱之木,生于毫末,九层之台,起于累土;千里之行,始于足下。"⑨这些都是通过总结自然界和社会现象,从不同角度论述矛盾的双方存在于统一体中,互相消长,在一定条件下向相反的方面转化的道理。先秦兵家名著《孙子兵法》则从军事学角度对辩证法做了精彩的论述,如"知彼知己,百战不殆"⑩的名言,成为后人从事战争和实施各项复杂工作的

---

① 列宁:《谈谈辩证法问题》,《列宁选集》第2卷,第557页。
② 《易传·系辞传》。
③ 《易传·象辞》。
④ 同上。
⑤ 《老子》第五十八章。
⑥ 《老子》第二章。
⑦ 《老子》第三十六章。
⑧ 《老子》第三十二章。
⑨ 《老子》第六十四章。
⑩ 《孙子兵法·谋攻篇》。

重要指导思想。书中提倡交替使用"正"(正规)、"奇"(灵活多变)两类战法,出奇制胜。对敌人要"避实而击虚"①,"避其锐气,击其惰归"②。"兵者,诡道也。故能而示之不能,用而示之不用;近而示之远,远而示之近。""攻其无备,出其不意","以逸待劳,以饱待饥"③,夺取胜利。

古代思想家以辩证的、发展的眼光论述历史进程中的问题也颇有成就,其中对封建制和郡县制的演变的讨论,即为突出的例证。封建制实行于西周,周初天子实行封土建邦,分封王室子弟及功臣,建立鲁、卫、晋、燕、齐、宋等诸侯国。秦始皇统一六国,建立中央集权政权,在全国实行郡县制。以后历代总有人提出分封制与郡县制孰优孰劣的问题,其理由是周初实行分封制带来了周代八百年的统治,而秦朝实行郡县制结果只维持二代即灭亡,因此长期引起争论。不少进步思想家通过分析历史事实,论证郡县制取代分封制是历史的必然趋势。西汉初曾经分封刘姓子弟为王,用以藩屏汉室。其结果是,王国势力逐渐膨胀,尾大不掉。贾谊在《治安策》中,痛陈诸侯王的割据局面造成对朝廷的威胁,"天下之势,方病大瘇,一胫之大几如腰,一指之大几如股"。因此建议坚决削弱诸侯王的势力:"欲天下之治安,莫若众建诸侯而少其力。力少则易使以义,国小则亡邪心。"④以后景帝、武帝即采取贾谊所陈方针,相继断然实行"削藩"和"推恩令",终于使王国辖地都不过数县,其地位相当于郡,因而大大巩固了西汉中央集权。唐代柳宗元著《封建论》,针对有的人所持的封建是圣人所设的制度、不可改变的复古主义论调,作了透彻有力的分析驳斥。他明确指出,封建不是圣人的意志所决定,而是当时形势所决定:"封建非圣人意,势也。……归周者八百焉,资以胜殷,武王不得而易。徇之以为安,仍之以为俗,汤、武之所不得已也。"柳宗元进而论述,废封建而设郡县,是历史的进步,是时势的要求,防止了割据分裂对人民造成的灾难。周初实行分封,结果是诸侯势力强大,周天子徒有虚名,指挥不动,最终形成春秋十二诸侯并立,战国七雄割据,所以分封制正是导致周代衰亡的原因:"周之丧久矣,徒建空名于公侯之上耳!得非诸侯之盛强,末大不掉之咎欤?遂判

---

① 《孙子兵法·虚实篇》。
② 《孙子兵法·军争篇》。
③ 《孙子兵法·计篇》。
④ 《汉书·贾谊传》。

为十二，合为七国，威分于陪臣之邦，国殄于后封之秦。则周之败端，其在乎此矣。"而秦朝废除封建制，设置郡守、县令，朝廷控制着全国的权力，这正是郡县制的成功之处："秦有天下，裂都会而为之郡邑，废侯卫而为之守宰，据天下之雄图，都六合之上游，摄制四海，运于掌握之内。此其所以得也。"他进而论述，废封建而实行郡县制，是历史的趋势所决定，秦朝以郡县代封建，虽然是从维护皇帝统位的"私"出发，但其制度，却避免了分裂割据带给人民的苦难，所以是最大的"公"："秦之所以革之者，其为制，公之大者也。其情，私也，私其一己之威也，私其尽臣畜于我也。然而公天下之端自秦始。"①柳宗元《封建论》堪称是中古时代进步思想家运用辩证、发展的观点剖析历史问题的杰作，它产生于当时，则具有反对中唐藩镇割据势力的现实意义。清初的王夫之继承了柳宗元的进步观点，他阐述由封建向郡县制演变，是"势"之所趋，亦是合于"理"的结果，恢复分封制，完全是空想；并且强调秦罢诸侯置县守，是天假其私以行其大公。故说："两端争胜，而徒为无益之论者，辨封建者是也。郡县之制，垂二千年而弗能改矣，合古今上下皆安之，势之所趋，岂非理而能然哉？""秦以私天下之心而罢侯置守，而天假其私以行其大公。"②晚清的进步思想家龚自珍对此同样有精彩的论述，他撰有《答人问关内侯》一文，以分封与统一长期斗争的大量史实，论证统一是必然趋势。他认为秦汉以来所实行的没有封地的关内侯制度，是防止分裂割据，巩固中央集权的有效措施，故说："汉有大善之制一，为万世法，关内侯是矣。汉既用秦之郡县，又兼慕周之封建，侯王之国，与守令之郡县，相错处乎禹之九州，是以大乱繁兴。封建似文家法，郡县似质家法，天不两立。天不两立，何废何立？天必有所趋，天之废封建而趋一统也昭昭矣。然且相持低卬徘徊二千余年，而后毅然定。何所定？至我朝而后大定。关内侯者，汉之虚爵也。虚爵如何？其人揖让乎汉天子之朝，其汤沐邑之人，稍稍厚乎汉相公卿。无社稷之祭，无兵权，无自辟官属。……我圣祖仁皇帝既平吴、耿大逆，虽元功亲王，毕留京师，大制大势皆定，宗室自亲王以下，至于奉恩将军，凡九等，皆拨予之以直隶及关东之田，以抵古之汤沐邑。以汉制准之，则关内侯也。"③

---

① 《柳河东集》卷3《封建论》。
② 《读通鉴论》卷10。
③ 龚自珍：《龚自珍全集》第五辑《答人问关内侯》。

以上贾谊、柳宗元、王夫之和龚自珍等人依据客观的历史事实,阐发了周初实行分封制的时代合理性和诸侯势力膨胀不利于统一的弊病,阐发了封建皇帝推行郡县制出发点的"私"和结果国家的统一获得保证的大"公"二者的关系,无疑是中国本土思想家对于历史辩证法的深刻揭示。

四、反抗压迫的精神和同情民众苦难的情怀

马克思主义学说的本质是批判的、革命的、与时俱进的,它揭露千百年来剥削制度的极不合理,揭露资本主义社会中阶级压迫的残酷,启发无产阶级和劳动大众展开阶级斗争,推翻剥削阶级的国家机器,建立由劳动阶级当家做主的新型的社会主义国家。中国的传统思想虽然尚未达到系统的阶级斗争学说的水平,但中国历代志士仁人同样对两千年封建社会和近代半殖民地半封建社会中残酷的阶级压迫予以了深刻的揭露和抨击,他们嫉视邪恶势力、同情民众苦难的言论,同样影响、哺育了20世纪初的进步人物,在他们心中播下反抗和革命的火种。

孔子学说的核心是"仁政",要让民众得到利益,能够安居乐业,反对暴政,反对残酷剥削、横征暴敛。孔子斥责"苛政猛于虎"[①]。鲁国执政大夫季氏要改变赋税制度以加重对民众的剥削,孔子以鲜明的态度表示反对,孔子的学生冉有帮助季氏聚敛财富,孔子非常生气,公开表示不再承认冉是他的学生,要求学生们对他鸣鼓而攻之,《论语》中记载此事说:"季氏富于周公,而求也为之聚敛而附益之。子曰:'非吾徒也。小子鸣鼓而攻之,可也。'"[②]孔子主张"薄赋敛则民富"[③];明确主张当政者节用去奢,减轻剥削,不过度征用民力,影响农业生产,故说:"节用而爱人"[④],"因民之所利而利之"[⑤]。孟子发扬了孔子仁政、爱民的思想,他提出了"民贵君轻"的光辉命题,认为民众利益和地位的重要性应摆在第一位,而国君则是次要的,

---

① 《礼记·檀弓下》。
② 《论语·先进》。
③ 《说苑·政理》。
④ 《论语·学而》。
⑤ 《论语·尧曰》。

故说:"民为贵,社稷次之,君为轻。"①公开地否定统治者恣意作威作福、老百姓备受奴役、当牛当马的不合理社会秩序,成为后代志士阐发民权主张的思想源泉。孟子还倡言民众推翻祸国殃民的暴君是天然合法的,"贼仁者谓之'贼',贼义者谓之'残'。残贼之人,谓之'一夫'。闻诛一夫纣,未闻弑君也。"②先秦其他典籍中还有不少关注民众苦难、反抗压迫、痛斥暴君民贼的记载。《诗经》中将贪婪地剥削民众的统治阶级人物形象地比喻为硕鼠,表示受害的民众发誓彻底要逃离他去寻找幸福生活:"硕鼠硕鼠,无食我黍。三岁贯女,莫我肯顾。誓将去女,适彼乐土。"③《左传》中记载,鲁昭公被季氏驱逐出境,死在国外。晋国的赵简子问史墨:"季氏出其君,而民服焉:何也?"史墨说:"鲁君世从其失,季氏世修其勤,民忘君矣,虽死于外,其谁矜之?社稷无常奉,君臣无常位,自古为然。故诗曰:'高岸为谷,深谷为陵。'三后之姓,于今为庶,主所知也。"④史墨认为没有永恒不变的统治秩序,不受民众拥护的国君,民众随时可以抛弃他。《国语》中的一段记载与此正相类似。晋国人把暴虐的晋厉公杀了,鲁成公问:"臣杀其君,谁之过也?"大夫里革说:"君之过也。夫君人者,其威大矣。失威而至于杀,其过多矣。"⑤孟子、史墨、里革所表达的,是春秋战国时期进步人物颇为共同的政治观念,这与后来封建专制主义强化时期"皇上圣明,臣子罪该万死"的观念是相对立的。

先秦思想家反对压迫、抗议暴政的精神被后代进步思想家所继承。贾谊通过总结秦末农民起义又推翻了暴虐政权的历史经验,认识到民众的力量,他论述:"故国以民为安危,君以民为威侮,吏以民为贵贱。此之谓民无不为本也。""故自古至今,与民为仇者,有迟有速,而民必胜之。"⑥他深切同情封建剥削给人民造成的苦难,用"抱火处于积薪之下而寝其上"来形容国家的形势,自己因忧国忧民而"痛哭"、"流涕"、"长太息"。他认为构成国家潜在威胁的不但有藩国割据和匈奴入侵,还有剥削阶级"以侈靡相竞"的风

---

① 《孟子·尽心下》。
② 《孟子·梁惠王下》。
③ 《诗经·魏风·硕鼠》。
④ 《左传》昭公三十二年。
⑤ 《国语·鲁语上》。
⑥ 《新书·大政上》。

尚。他说:"今日背本而趋末,食者甚众,是天下之大残也,淫侈之俗,日日以长,是天下之大贼也。残贼公行,莫之或止;大命将泛,莫之振救。生之者甚少而靡之者甚多,天下财产何得不蹶!汉之为汉几十年矣,公私之积犹可哀痛。失时不雨,民且狼顾;岁恶不入,请卖爵、子。……兵旱相乘,天下大屈,有勇力者聚徒而衡击,罢夫羸老易子而咬其骨。政治未毕通也,远方之能疑者并举而争起矣,乃骇而图之,岂将有及乎?"①在这里贾谊揭露了剥削者对社会财富严重浪费造成人民遭受饥寒,令人震惊地预示社会动乱的危险前景。汉初另一位进步思想家晁错也指出因政府苛重的赋敛而造成农民破产流亡的严重社会问题,他说:"(农夫)勤苦如此,尚复被水旱之灾,急政暴赋,赋敛不时,朝令而暮改。当具有者半贾而卖,亡者取倍称之息,于是有卖田宅鬻子孙以偿责者矣。"②东汉后期思想家王符则指出治本者少,浮食者众,法令严苛,役赋繁重,百官扰民,是社会致乱的根源:"是则一夫耕,百人食之,一妇桑,百人衣之。以一奉百,孰能供之?天下百郡千县,市邑万数,类皆如此。本末何足相供,而民安得不饥寒?饥寒并至,则安能不为非?""乃君不明,则百官乱而奸宄兴,法令鬻而役赋繁,则希民困于吏政,仕者穷于典礼,冤民就狱乃得直,烈士交私乃见保,奸臣肆心于上,乱化流行于下,君子载质而车驰,细民怀财而趋走"。③东汉末思想家仲长统更触目惊心地描绘出封建王朝周期性危机的图景,其创业者凭借勇力取得政权,至其继位者却自以为不可一世,因而贪欲无度,君臣交恶,对民众残酷剥削榨取,敲骨吸髓,最后造成土崩瓦解的局面,政权的更迭周而复始,这几乎成为一种规律。故说:"彼后嗣之愚主,见天下莫敢与之违,自谓若天地之不可亡也,乃奔其私嗜,骋其邪欲,君臣宣淫,上下同恶,……使饿狼守庖厨,饥虎牧牢豚。遂至熬天下之脂膏,斫生人之骨髓。怨毒无聊,祸乱并起。中国扰攘,四夷侵叛。土崩瓦解,一朝而去。昔之为我哺乳之子孙者,今尽是我饮血之寇仇也。……存亡以之迭代,政(治)乱从此周复,天道常然之大数也。"④这是仲长统根据其亲身对东汉末年社会矛盾极度激化的深刻观察,结合对秦、西汉两朝由兴盛到

---

① 《汉书·食货志上》。
② 同上。
③ 《潜夫论·浮侈》。
④ 《后汉书·仲长统传》引《昌言·理乱》。

覆亡的历史经验的总结，具有重要意义的概括，直接启发人们从历史演变规律性的高度，认识封建政治败坏、剥削阶级肆无忌惮地对民众榨取、社会矛盾极度激化，而导致王朝覆灭的必然结局。

清初思想家置身于封建社会的末期，对于种种黑暗腐朽的社会情状感受更加强烈，尤其是他们亲身经历了明朝灭亡、清兵入关的"天崩地解"的大事变，更加深刻地认识到封建专制统治是社会的最大祸害。黄宗羲《明夷待访录》便是愤怒声讨封建专制主义罪恶的战斗檄文，直斥"为天下之大害也，君而已矣"。他说："凡天下之无地而得安宁者，为君也。是以其未得之也，屠毒天下之肝脑，离散天下之子女，以博我一人之产业，曾不惨然！曰：'我固为子孙创业也。其既得之也，敲剥天下之骨髓，离散天下之子女，以奉我一人之淫乐，视为当然，曰：'此我产业之花息也。'然则为天下之大害者，君而已矣！"①唐甄所著《潜书》中，也爆发出"自秦以来，凡为帝王者皆贼也"的强烈抗议，他说："盖自秦以来，屠杀二千余年，不可究止。嗟乎！何帝王盗贼之毒至于如此其极哉！"②"杀一人而取其匹布斗粟，犹谓之贼，杀天下之人而尽其布粟之富，乃反不谓之贼乎！……若过里而墟其里，过市而窜其市，入城而屠其城……天下既定，非攻非战，百姓死于兵与因兵而死者十五六，暴骨未收，哭声未绝，目眦未干。于是乃服衮冕，乘法驾，坐前殿，受朝贺，高宫室，广苑囿，以贵其妻妾，以肥其子孙。彼诚何心，而忍享之！若上帝使我治杀人之狱，我则有以处之矣。……有天下者无故而杀人，虽百其身不足以抵其杀一人之罪。"③唐甄和黄宗羲都把猛烈批判的锋芒集中指向封建专制制度，以确凿的史实揭露专制君主是天下百姓两千年来蒙受种种灾难的祸端，昭示人们铲除这灾祸的总根源乃是"顺乎天而应乎人"的正义事业！他们的战斗呐喊爆发在封建末世，尤其具有警醒的意义和号召的力量。到了嘉道时期即鸦片战争前夜，封建统治更加病入膏肓，龚自珍进一步揭露专制君主仇视、摧残天下之士的实质，指斥封建皇帝是"霸天下之氏"，对"众人震荡摧锄"以建立其淫威，"其力强，其志武，其聪明上，其财多，未尝不仇天下之士，去人之廉，以快号令，去人之耻，以嵩高其身；一人为刚，万夫为柔，以

---

① 《明夷待访录·原君》。
② 《潜书·全学》。
③ 《潜书·室语》。

大便其有力强武"。①龚自珍发出"居民上,正颜色,而患为尊严,不如闭宫庭"②的呐喊。龚氏的挚友魏源也警告由于统治集团昏庸无能,社会问题千疮百孔,国家的精气被扼杀殆尽,日益沦于穷困处境的民众随时有爆发反抗的危险:"稽其籍,陈其器,考其数,诹诸百执事之人,厄何以漏?根何以蠹?高岸何以谷?荃茅何以菀?堂询诸庭,庭询诸户,户询诸国门,国门询诸郊野,郊野询诸四荒,无相复者;及其复之,则已非子、姬之氏矣。"③龚、魏的言论,恰恰预告时代剧变行将到来!到了20世纪初叶,中国社会处于帝国主义侵略、封建势力压迫、军阀混战造成的重重灾难交织之下,先进人物长期郁积的不满和反抗意识,一经马克思主义阶级斗争的学说的照耀,必然带领民众走上武装革命、争取解放的道路。

五、大同思想

阶级社会中普遍存在的残酷压迫、剥削,民众饥寒交迫,以至转死沟壑的苦难景象,促使进步的思想家在揭露黑暗现象的同时,一再产生解救民众于苦难之中,铲除压迫、剥削和仇恨,使人人得以安居乐业的美好憧憬。古代儒家经典中所描绘的"大同"境界是最受人称道的,孔子就曾经一再表达其"达则兼济天下"④、"博施于民而能济众"⑤的政治抱负。发展到《礼记》作者,更构想了一个"天下为公",没有压迫、剥削,没有战争、掠夺、欺诈,人人互相关心,男女老少得到安乐生活的理想社会:"大道之行也,天下为公,选贤与能,讲信修睦,故人不独亲其亲,不独子其子。使老有所终,壮有所用,幼有所长,矜寡孤独废疾者皆有所养。男有分,女有归。货恶其弃于地也,不必藏于己;力恶其不出于身也,不必为己。是故谋闭而不兴,盗窃乱贼而不作。故外户而不闭。是谓大同。"⑥在《礼记》中,称这段话是孔子的描述,并且说大同境界在三代时已经出现过,而现在社会倒退到"天下为家,各亲其

---

① 龚自珍:《古史钩沉论一》,《龚自珍全集》,第20页。
② 龚自珍:《乙丙之际塾议第二十五》,《龚自珍全集》,第12页。
③ 魏源:《魏源集·默觚下·治篇十一》。
④ 《孟子·尽心上》。
⑤ 《论语·雍也》。
⑥ 《礼记·礼运》。

亲，各子其子，货力为己"的"小康"社会。其实，《礼记》作者称"大同"社会早先已经实现，乃是处于充满阶级压迫的现实的不合理社会中渴望达到"大同"理想的一种表达。人类社会最初曾经历过原始共产主义阶段，那时没有阶级，没有剥削，并无财产私有观念，但社会生产力低下，物质匮乏，远非"大同"时代；但是社会发展阶段有过的人人平等、财产公有却给人们留下珍贵的记忆，于是借此构建起"大同"理想，作为对抗现实的不合理的精神力量。另一部儒家经典《公羊传》中对"太平世"的描绘，也是表达对未来美好社会的憧憬。春秋公羊家用据乱——升平——太平的"三世说"表达社会进化的思想："于所传闻之世，见治起于衰乱之中，用心尚粗觕，故内其国而外诸夏……于所闻之世，见治升平，内诸夏而外夷狄……至所见之世，著治太平，夷狄进至于爵，天下远近大小若一。"①公羊家言太平世，描绘出天下远近小大若一，各民族间再也没有隔阂，没有战争，平等友好相处，共同享有幸福生活的理想境界。春秋公羊家的"太平世"设想，与《礼记》作者的"大同"理想可以互相补充、互相发明，同样是古代哲人处于充满压迫、剥削、征伐、战争等等不幸的时代，对于美好未来的渴求，而公羊家的"三世说"以符合历史发展逻辑的顺序来设计，又是其特出的理论价值。

历代农民起义大众也每每用"太平"、"平均"来表达追求平等、幸福社会的愿望，至近代太平天国起义更颁布《天朝田亩制度》的斗争纲领，号召建立"有田同耕，有饭同食，有衣同穿，有钱同使，无处不均匀，无人不饱暖"的理想社会。中国历代优秀人物和人民大众如此痛恨人剥削人的制度，长期追求"大同"社会而不能实现，至近代由于饱受帝国主义侵略和封建主义压迫，社会残破不堪。在这种背景下，当先进人物从唯物史观创始人的书中，读到经由无产阶级革命建立社会主义，最后实现"各尽所能，按需分配"的共产主义制度的学说时，自然欣喜地接受，并且满怀热情地投入斗争，希望在马克思主义指引下，解救民众的苦难，最后达到人类彻底解放的理想社会。

六、对于推进理论认识的意义

深入地探讨传统思想中的精华何以通向唯物史观，对于推进认识中国社会

---
① 《春秋公羊解诂》鲁隐公元年何休注文。

的发展进程和中国马克思主义史学理论的特点，显然具有不容忽视的意义。

首先，是深刻地认识中国传统思想发展的方向同样符合于人类文明大道的关系问题。中国传统思想是在东方世界的特定历史环境下形成和发展的，有自己民族的特性，有自己的思维方式，以及概念、命题和内涵等，对此，应当承认并且恰当地评估。与此同时，我们又不应当过分地夸大中国传统思想的独特性，绝对不能认为中国传统思想与人类文明发展或互相脱节或互相偏离，恰恰相反，二者互相联系，其基本精神和原则是互相呼应、互相发明的。中国传统思想固然明显地具有自己的学说体系和特点，但是，如同我们在前面分别论述的，其唯物主义的思想资料，辩证的、发展的观点，历代志士仁人反抗压迫、同情民众苦难的精神，以及先哲们向往的大同理想，都是与西方文化的优秀成果相通的。中国传统思想并没有离开人类文明的发展大道，作为人类优秀遗产的直接继承者，马克思主义就当然地与中国传统思想的精华相贯通，容易为先进的中国人所接受。对中国人来说，马克思主义学说虽然是从西方传入的，但它又完全不同于其他的"舶来品"。马克思主义从其创立之时，就包涵着能为中国人和其他东方民族自然地接受的思想品格。

其次，进一步认识马克思主义中国化和创造性发展的深刻意义。"五四"时期以后，马克思主义在中国获得迅速传播。一方面，是根源于中国的社会矛盾、阶级矛盾极其尖锐复杂，近代以来曾经提出过的种种救国方案统统失败，采用马克思主义指导成为唯一的选择；另一方面，传统文化中的宝贵遗产提供了接受马克思主义的思想基础和内在动力，由此决定马克思主义传入以后，能够很快地在中国扎根，由此而形成与中国文化特点相结合、符合中国国情的毛泽东思想。马克思主义的中国化，指导中国人民夺取了民主革命的彻底胜利。今天，中国共产党又结合新的时代条件将马克思主义普遍原理创造性地发展，成功地制定了建设社会主义的纲领、方针和政策。马克思主义的基本原理与中国传统思想的精华，与中国文化形成的价值观的内涵深深地相契合，无疑是马克思主义中国化的伟大事业在过去将近一个世纪中与时俱进地发展，一直保持旺盛的生命力的重要原因。

第三，进一步认识中国马克思主义史学理论的创造性特点及其科学价值。中国古代史学家视修史为裨益于国家治理和民族文化传承的崇高事业，历史著作极其丰富。古代史学又是在民族文化价值观的指导之下，运用辩证、发展的观点去观察、总结历史问题，取得了非常显著的成就，形成了优良的传统。司马迁以"究天人之际，通古今之变，成一家之言"作为著史的宗旨，并在经济生产活动不仅制约人类历史的演进，而且本身具有法则性这一根本问题上提出精彩的论断；柳宗元论述封建并非圣人之意，郡县制战胜封建制存在客观的必然性；王夫之论述历史的"理"存在于历史演进具体的"势"中，"势"不断发展，"理"也将不断变化；龚自珍、魏源处于嘉庆、道光时期，敏感地认识到历史已面临巨大变局，呼吁必须大力"变革"、"除弊"，清除空疏学风，关心现实问题，并进而倡导了解外国、学习西方先进事物。中国古代史学的优秀理论遗产同样成为"五四"时期进步学者接受唯物史观的桥梁，在20世纪20年代传播唯物史观的热潮中，进步的历史学者恰恰站到了最前列。李大钊从小熟读经史，饱受其中人民性、民主性精华的浸润，由于受到辛亥革命前后严酷政治环境的刺激，很快地由激进的民主主义者而转向初步的共产主义者，他是杰出的革命家，又是在中国最早传播唯物史观并产生了巨大影响的人物。他系统地阐述唯物史观的基本原理，建构了新的史学理论体系，并且提出了每位时代史家应根据新的史观、新的体验"改作历史"的问题。其后不久展开的中国社会史大论战中，进步学者运用唯物史观作指导，分析中国现实社会性质，并且根据当时掌握的文献资料提出对中国古代社会史的认识，经受住了时间的考验，证明了其真知灼见的合理性，长达十年的论战显示了中国唯物史观学者从一开始就坚持革命性和科学性相统一的正确方向。为中国马克思主义史学的建立作出卓越贡献的老一辈的马克思主义史学家在撰写其史著的同时，都高度重视理论创造。郭沫若有志于撰写《家庭、私有制和国家的起源》的续篇；范文澜从事中国通史研究，旨在探索中国历史与人类历史的共同性和特殊性；侯外庐撰著《中国上古社会史论》和《中国思想通史》的著作，也为自己提出在唯物史观普遍原理指导下探讨中国历史独特发展道路的任务。至20世纪50年代末至60年代初，郭沫若、范文澜、翦伯赞等人都出色地倡导在唯物史观指导下百家争鸣，坚决反对貌似革命的"左"的思想，捍卫历史学的科学性。进入新时期以来，广大史学工作者勇于肃清教条主义的恶劣影响，拨乱反正，既坚持唯物史观的指导，又对外开放、吸收西方新学理，创造性地阐释中国历史发展的问题，从事新的理论创造。中国马克思主义史学理论的发展道路，是运用唯物史观的普遍原理探索中国的历史实际并不断前进的道路，是坚持革命性与科学性相结合正确方向的道路，是勇于摒弃错误、不断向更高的理论高峰攀登的道路。这种科学探索精神和宝贵的学术品格能够不断发扬光大，都是与我们先人赐给我们的优秀文化遗产有着密切的关系。中国是世界上历史极其悠久、幅员十分辽阔、人口众多、历史无比丰富的东方大国，在历史理论领域，以往近一个世纪以来取得的创造性成果和今后将要取得的新成果，无疑都是中国学者对于人类历史理论宝库的积极贡献。

孔子与中国史学传统

孔子作《春秋》，在中国史学史上是一件大事情。《春秋》是我们现在所能见到的最早的编年史，记载自鲁隐公元年（公元前722年），至鲁哀公十四年（公元前481年），共242年史事，大致有一万五千余字。内容主要是各诸侯国之间聘问、会盟、战争等政治事件，也有关于自然现象的记录，如日食、水旱、虫灾等。它记事的特点是十分简略，文字最少的一条只有一个字，如"雨"（僖公三年夏六月），或"螟"；也有二三个字的，如"城郓"（成公四年冬）、"宋灾"（襄公九年春）、"公如齐"（宣公五年春），一般不过十个字左右。记载最长的，一条也只有四十五个字，如"公会刘子、晋侯、宋公、蔡侯、卫侯、陈子、郑伯、许男、曹伯、莒子、邾子、顿子、胡子、滕子、薛伯、杞伯、小邾子、齐国夏于召陵，侵楚"[①]。即使记载得很简略，但它对史学的发展却影响深远。自《春秋》成书以后，对它研究评论的著作多达数百种。褒奖的人对它推崇备至，甚至把它神秘化。也有人对它持批评意见，如宋代王安石直斥它是"断烂朝报"，贬低它只不过是片断留下来的诸侯国之间赴告的文书而已，没有多大价值；还有的人认为《春秋》完全是鲁国史册原文，根本否认孔子曾加以编次修改。那么，究竟孔子与《春秋》关系怎样？《春秋经》对于史学发展又产生了什么影响呢？

孔子依据鲁国史册，修成了《春秋》，对于这一点，从汉代以来绝大多数学者都没有怀疑。《史记·十二诸侯年表》序说，孔子"论史记旧闻，兴于鲁而次《春秋》，上记隐，下至哀之获麟，约其辞文，去其烦重"。这段话一般就认为是权威意见。"论"即整理、编次；"论史记旧闻"指通过整理、编次来表明自己的褒贬是非；"约其辞文，去其烦重"是指对旧史删繁就简，当然有的是袭用鲁史旧文。

以上三种情况，都可以从《春秋经》与若干现在还可见到的鲁史旧文相对

---

① 《春秋经》定公四年春三月。

照中得到证实。有的是对鲁史原文作了文字上的润饰，如《公羊传》庄公七年载："不修春秋曰：'雨星不及地尺而覆。'"《春秋经》所记载为："星陨如雨。"

有的是《春秋经》修改了原文，如《左传》襄公二十年载诸侯之策（即诸侯的史册所记载）："孙林父宁殖出其君。"《春秋经》则书为："卫侯朔出奔齐。"

当然有的是袭用鲁史原文的，如《礼记·坊记》载："鲁《春秋》记晋丧曰：'杀其君之子奚齐。'"《春秋经》书为："九月甲子，晋侯佹诸卒。冬，晋里克杀其君之子奚齐。"又如，《韩非子·内储说上》载："鲁哀公问于仲尼曰：《春秋》之记曰：冬十二月陨霜不杀菽……。"《春秋经》僖公三十七年书为："冬十有二月陨霜不杀草，李梅实。"

以上这些事例证明：《春秋经》确有鲁国史册作为依据，而由孔子按照一定的观点、体例，加以删削、改写的，所以称孔子作《春秋》。《史记·孔子世家》所载：孔子"为《春秋》，笔则笔，削则削，子夏之徒不能赞一辞"是可信的。孔子作《春秋》，成为中国史学第一部重要著作，它从多方面创立了中国史学的传统，被孔子与中国史学传统马迁所直接继承。

第一，孔子开创了私人修史的传统。

我国自西周至春秋时代，学术文化的局面产生了极大的变化。西周时期，学在官府，文化知识被贵族阶层所垄断。到了春秋时期，社会变动剧烈，周王室威信迅速下降，政权下移，先后出现"礼乐征伐自大夫出"和"陪臣执国命"的局面，各国间的战争和交往频繁。这一切，使旧的社会秩序崩坏了，新的社会力量也兴起了，"士"阶层成为活跃的力量，孔子就是新兴的"士"阶层的代表人物。他有志于政治、周游列国，但是始终不得志。他一生最大的成就是讲学，先后所教的弟子有三千人。孔子开创私人讲学的新风，打破了西周以来"学在官府"的垄断局面，使学术文化扩大到民间，这在历史上很有进步意义。与此相联系，他编次《春秋经》，即开我国私人著史之先河。

我国自古重视官方历史记载，故称"君举必书"。在西周、春秋时代，周王室和诸侯国君确已有不少史书，如《吕氏春秋》说到周王室有《周书》①，《左传》说到郑国有《郑志》②，又有《郑书》③。《孟子·离娄下》说："晋之《乘》、楚之《梼杌》、鲁之《春秋》，一也。"可见晋、楚、鲁三国都有官方历史记载，名称虽不同，性质却是一样的。这些说明周王室和郑、晋、楚等国都有官方史册。《墨子》中说"吾见百国《春秋》"，则是对各国官方史册的总称。所有这些官方史册，都是秘藏在官方府库之中，一般民众根本无法见到，历史知识被官方所垄断。孔子打破学在官府的垄断，教育大量学生，他依据鲁国史册，编次成《春秋》一书，便是他教学的内容之一。众多的学生从孔子这里学习了历史知识之后分散到各地，就把历史知识带到民间。这是孔子的巨大功绩。章炳麟说得好："然《春秋》所以独贵者，自仲尼以上，《尚书》则阙略无年次，《百国春秋》之志，复散乱不循凡例，又亦藏之故府，不下庶人，国亡则人事偕绝。是故本之吉甫史籀，纪岁时月日，以更《尚书》，传之其人，合与诗书礼乐等治，以异《百国春秋》，然后东周之事，粲然著明。令仲尼不次《春秋》，今虽欲观定、哀之世，求五伯之迹，尚荒忽如草昧。夫发金匮之藏，被之萌庶，令人不忘前王，自仲尼左丘明始。"④这是结合社会演进和学术文化发展背景而作的精辟论述。在孔子作《春秋》以前，历史记载缺乏系统，又藏在官府，民众无法见到。是孔子修成私人历史著作，才把历史知识从王宫府库中解放出来，民间才能据以学习，历代人们才能明白春秋时代的史事，不然将是混沌一团！

孔子开创的私人著史风气，首先在先秦儒家学派产生巨大反响。因而出现了《春秋》三传，其中，《左传》代表着从记载史事上对《春秋经》加以补充发展，把私人著史继续向前推进；《公羊传》《谷梁传》则代表了着重从解释《春秋经》的文辞和"史义"上加以发挥的一派，至西汉时期成为显学。由于孔子是我国古代文化的伟大代表，我国第一部私人历史著作即出于其手，这就极大地吸引后代学者把私人著史视为"名山事业"，要藏之名山，流传后代，往往以几十年时间呕心沥血撰成史著。司马迁便是自觉地继承孔子事业而以史

---

① 《吕氏春秋·有始览·听言篇》。
② 《左传》隐公元年、昭公十六年。
③ 《左传》襄公三十年、昭公二十八年。
④ 章太炎：《国故论衡》，商务印书馆，131页。

学名家的第一人。

第二，孔子重视"史义"，使史学与社会实际紧密联系。

所谓孔子修《春秋》的笔削，是指孔子并不单纯记载史事，它的遣词用字体现出一套褒贬书法。这就是《春秋经》的"微言大义"，借此表达孔子对于社会现实问题的见解，寄托社会理想。后人称为"以绳当世"，"立天下仪法"，"为后王制法"。

例如，春秋时期周王室式微，其地位降到等于一个小国，只好依附于强大的诸侯。鲁僖公二十八年（公元前632年）践土之会，是周王应晋文公之命赴会。孔子反对这种以臣召君的做法，主张维持周王天下共主的地位，因而采取隐讳的书法，记载为："天王狩于河阳。"用这种寓含褒贬的记事手法，寄托孔子希望恢复西周时代"礼乐征伐自天子出"的政治理想。孔子对于春秋后期大夫专政的局面同样不赞成，当鲁昭公被季氏逐出鲁国以后，只好羁留在黄河边上的乾侯（今河北省成安县境），在这段时间《春秋经》每年书曰："春王正月，公在乾侯。"表明仍然尊鲁昭公为国君。

又例如，同是一个大夫被杀，因记载的文辞不同，表示的褒贬就不同。《春秋经》隐公四年记："卫人杀州吁于濮。"《公羊传》解释说："其称人何？讨贼之辞也。"《谷梁传》解释说："称人以杀，杀有罪也。"说卫人杀州吁，意思是卫国人都主张杀州吁，所以表示州吁有罪该杀。《春秋经》僖公七年载："郑杀其大夫申侯。"《公羊传》解释说："称国以杀者，君杀大夫之辞也。"《谷梁传》解释说："称国以杀大夫，杀无罪也。"说郑国杀其大夫申侯，则只是说郑国国君个人杀了申侯，被杀者就不一定有罪或至少是杀非其罪。像这类书法上只有微妙的不同，称人称国只有一字之差，而含义却有有罪与无罪的区别。

《春秋经》中还有表达更特殊褒贬含义或讳饰的书法，如，宣公二年秋九月乙丑所记："晋赵盾弑其君夷皋。"杀晋国君的人，表面上看，是晋大夫赵盾，实际上是赵穿。但赵盾身为晋国执政人物，见局势不妙逃出国都，却没有离开晋国国境，回来以后又不及时讨伐赵穿，所以认为他负有弑君之罪。

在历史记载中用"书法"表示褒贬善恶，对将来起惩戒作用，这种书法本来是各国史官所常用的。《左传》中就有"君举必书，书而不法，后嗣何观"的说法。①《春秋经》记"晋赵盾弑其君"也是采用晋国史官董狐的书法。《左传》宣公二年载："赵穿攻灵公于桃园，宣子（即赵盾）未出山而复。大史书曰：'赵盾弑其君。'以示于朝。宣子曰：'不然！'对曰：'子为正卿，亡不越境，反不讨贼，非子而谁？'"这位晋太史便是古代著名的敢于直笔的史官董狐，被孔子称赞为"古之良史"。《春秋经》中把这种原来已受重视的褒贬书法提到前所未有的高度，运用得更加自觉和更有系统。这就使历史著作同政治生活发生了紧密的联系。

　　《春秋经》重视褒贬大义的做法，同《论语》中表达的孔子十分重视"正名"是一致的，目的即在"正名"，维护"君君臣臣父父子子"的等级名分。历史上大量事实证明，等级制是封建社会的特点。孔子的学说提倡维持等级名分，所以在封建社会中特别受到尊崇。第一个对孔子的《春秋》笔法作充分阐扬的，是儒家巨擘孟子。按照他的总结，孔子修《春秋》是了不起的大事，其功可与"禹抑洪水而天下平，周公兼夷狄，驱猛兽而百姓宁"相等列。他还论述《春秋》寄托着孔子的政治理想："世道衰微，邪说暴行有作，臣弑其君者有之，子弑其父者有之，孔子惧，作《春秋》，《春秋》者，天子之事也。是故孔子曰：'知我者其惟《春秋》乎！罪我者其惟《春秋》乎！'"这是认为：孔子因目睹王室衰微，原有的礼乐制度、等级名分陷于崩坏紊乱，恐惧日后情形越发不可收拾，他要挽狂澜之既倒，于是采取修《春秋》的方式，以褒贬为手段，明是非，别善恶，要使社会恢复到所谓"天下有道"的局面。孔子这样做，是针砭世事以垂法后人，虽无天子之位，而行"天子之事"。孟子认为《春秋经》的褒贬手法有极大的政治影响，故说"孔子成《春秋》而乱臣贼子惧"②。孟子还总结《春秋》中有史事、史文、史义，而最重要的是"史义"，这是孔子所特意灌注进去的。他说："王者之迹熄而《诗》亡，《诗》亡然后《春秋》作。晋之《乘》，楚之《梼杌》，鲁之《春秋》，一也。其事则齐桓、晋文，其文则史。孔子曰：'其义则丘窃取之矣。'"③这段话有两点值得重视。一是认为《春秋经》产生于周王室失去号令天下的地位、社会处

---

① 《左传》庄公二十三年。
② 《孟子·滕文公下》。
③ 《孟子·离娄下》。

于大变动时期，同上文所说"孔子惧，作《春秋》"相照应。二是指出《春秋经》不是普通史书，人们应该特别重视其中所曲折表达的孔子的政治观点和政治思想，体会其中的"微言大义"。孟子的论述，大大提高了《春秋》在儒学总体系中的地位，阐释了《春秋》所包含的孔子的政治观点具有治理国家、纲纪社会秩序伦理的非凡作用，也说明精深的义理乃是史书的灵魂所在这一深刻道理。此后封建社会中人们长期认为《春秋经》的褒贬对于政治荣辱、人生价值具有至高无上的意义，"一字之褒荣于华衮，一字之贬严于斧钺"。在汉代，董仲舒将《春秋》与西汉政治相结合，使春秋学大为盛行。而从史学发展说，司马迁把孔子著《春秋》视为神圣的事业，认为《春秋》对政治具有最巨大的力量，称"拨乱世，反之正，莫近于《春秋》"①。他本人自觉地继承孔子的精神，同样通过著史表达自己的社会理想，这就近一步奠定了中国史学直面社会、同现实生活紧密相关的优良传统。近代史学家梁启超讲：中国史学经世致用的"根本观念，传自孔孟"，②即深刻地指出了这一特点。

从我们今天的观点来看，孔子用春秋书法寄寓褒贬、维护等级名分，其中确有不少是保守性的东西。春秋笔法中还讲"为尊者讳，为亲者讳，为贤者讳"，更与孔子所赞扬的史家"直笔"精神相矛盾。如隐公十一年，鲁隐公被弑，而记为"公薨"。又如鲁桓公与齐侯会于泺，齐使公子彭生杀桓公，而《春秋经》记为"公薨于齐"。像这些地方都反映出孔子历史观中保守的一面。但同时，在《春秋经》中我们也可以发掘出孔子历史观的进步面，比较突出的有以下两项：

一者，孔子怀恋周天子享有崇高地位的旧秩序，但又承认历史变化的新内容。《论语》中嘉许管仲相桓公称霸，《春秋经》中也对齐桓、晋文争霸的史事多加记载，反映出孔子对他们抑制楚国力量北进、稳定中原局面深为赞许。对于齐桓公，从庄公三十年"齐人伐山戎"（救燕），到僖公九年葵丘之盟，十四年中，记载齐桓公的史事共有二十二条。其中僖公四年，"春王正月，会令齐侯、宋公、陈侯、卫侯、郑伯、许男、曹伯，侵蔡，蔡溃，遂伐楚，次于陉。夏……楚屈完来盟，盟于召陵"，郑重地写出齐桓公取得霸主地位，表彰他抑制了楚国势力北进的功绩。对于晋文公，仅在僖公二十八年（公元前632

---

① 《史记·太史公自序》。
② 梁启超：《清代学术概论》，《饮冰室合集》专集之三十四，第79页。

年）这一年之内，接连记载晋文公一战胜楚、取威定霸、盟于践土共七件史事，同样表示赞赏。这些记载，都反映出对大国争霸局面的承认和赞赏。对于君臣关系，《春秋经》并不主张对于君必须绝对服从，它讲"君君臣臣"是相对的，若君不君就不能责备臣不臣。如，鲁《春秋》原来记载"卫孙父宁殖出其君"，这是罪责臣下；《春秋经》改为："卫侯朔出奔齐"①，则是责其君咎由自取。所以《左传》解释《春秋经》的凡例，说："凡弑君称君，君无道也；称臣，臣之罪也。"②"凡民逃其上曰'溃'。"这又是孔子历史思想进步性的一面。

二者，《春秋经》还反映出东周以后历史观上重视人事的进步倾向。由于这一时期社会的剧烈变动，产生了与旧的尊天、迷信思想相对立的怀疑思想。在历史观上，神的作用更加缩小，明显地产生了重视人事的思想。《春秋经》记的是各国政治事件和人物活动，以及与人事有关的自然现象。在《春秋经》中，没有像《雅》《颂》那样的鬼神气氛，也没有像周、齐、宋、燕等国史册那样详记鬼神故事。它也记水、旱、雪、霜、地震等，这都是作为与人事有关的自然现象来处理的。它偶尔记一下奇异的现象，如"六鹢退飞"之类，这是记当时天空中少见的现象，六只鹢遇到大风，不能往前飞而往后退。《春秋经》的这类记载，司马迁有极其中肯的解释："纪异而说不书"③，只记特异的现象，而不宣扬迷信说法。在春秋时期，朝聘、会盟、征伐、城筑等，本来无一不是跟宗教活动密切联系的。但《春秋经》却从神秘的空气中游离出来，专从人事的角度去记载这些事情。这样把历史跟神话和宗教分开，是《春秋经》的一个重大贡献。这种重人事的观点同反映在《论语》中孔子不宣扬迷信的态度是相符合的。孔子说："务民之义，敬鬼神而远之。"④又说："未能事人，焉能事鬼？"⑤孔子的弟子也说："子不语怪、力、乱、神。"⑥不讲迷信的朴素的唯物观点在当时是可贵的进步思想，对后代进步学者以深刻的影响。西汉至东汉初年，是鬼神迷信盛行的时期，司马迁和班固著史，却继承了

---

① 《春秋经》襄公十四年。
② 《左传》宣公四年。
③ 《史记·天官书》。
④ 《论语·雍也》。
⑤ 《论语·先进》。
⑥ 《论语·述而》。

孔子从人事角度看待历史、不宣扬迷信的观点，因而形成中国史学人文主义的优良传统。

《春秋经》记鲁国十二公的史事，时代离得越近，记载得越详细。这体现出孔子详近略远的观点，对后世史学也产生了积极的影响。《论语》中还记载有孔子关于古代历史的言论，其中也包含有值得重视的观点。孔子对古代历史的发展，有自己的看法，其中包含着历史发展的连续性和变革性的看法。他说："殷因于夏礼，所损益可知也。周因于殷礼，所损益可知也。其或继周者，虽百世可知也。"①这里的"礼"指制度。孔子认为殷、周两代的制度，都在继承前代的基础上有所损益（即变革）。并且认为后代的情形也是这样。这说明他重视历史传统，又承认在继承中要有所变革。孔子又说："周监于二代，郁郁乎文哉！吾从周。"②这是说西周的典章制度的发展和进步，是吸收了夏、商两代的历史经验而取得的。这也是对历史发展的正确看法。但孔子留恋西周旧的秩序，则是其严重局限性。《论语》中还记载了孔子评价古代圣贤尧、舜、禹，以及春秋时期齐桓、晋文等历史人物的言论。这些，对于增进我们祖先的历史意识也都起了促进作用。

第三，立了史法，开创了按照一定体例编撰史书的传统。

《礼记·经解》总结《春秋经》的作用和特色说："属辞比事，《春秋》教也。""属辞比事而不乱，则深于《春秋》者也。""属辞"，指遣词用字，即为了表达不同的爱憎褒贬而采用一定的书法。上面所举《春秋经》的褒贬大义，都属于这一范围。其他讲究运用书法的还很多。同是记杀人，有杀、弑、尽杀、诱杀、歼等不同的写法。同样是记战争，有伐、侵、袭、战、围、取、执、溃、败等不同的写法，各有不同的含义。例如伐、侵、袭三种书法不同的含义，据《左传》解释说："凡师，有钟鼓曰伐，无曰侵，轻曰袭"③，三个字区分了大张旗鼓作战、不敢造成声势和小规模用兵三种不同的情况。《左传》作者还总结《春秋》的特点是："微而显，志而晦，婉而成章，尽而

---

① 《论语·为政》。
② 《论语·八佾》。
③ 《左传》庄公二十九年。

不污,惩恶而劝善。"主要也是从遣词用字做到词句含蓄而意思明显,史实记载下来,含义却很隐晦,措辞婉转曲折等书法上的特点。

"比事"则指按一定体例编排历史事件。《春秋经》记载虽简略,但它却树立了编年体史书的记事方法。杜预将这种方法总结为:"以事系日,以日系月,以月系时,以时系年。"①这样记载,年、月、日时间明确,而且规范化,这是经历了相当长过程而形成的。甲骨文和金文中已有用年、月、日记事的方法,但那时时间顺序还不甚明确,一般以月、日在前,以年在后,王国维在其《洛诰解》一文中总结说:"书法先日次月次年者,乃殷、周间记事之体","周初演进为先书月日,年则写在最后"。②《尚书》属于西周时代的作品,也仍未确定方法,其中的作品有的先日后月最后记事,有的只记月、日而不记年,也有只记年,或只记月,或只记日。到了《春秋经》产生时,才确定了按年、月、日的顺序记事的方法。这就为后代编年史的发展奠定了稳固的基础。

没有史义的体例,只能属文献资料,是"记注"而不是"著作";只有灌注了历史观点,又按照一定体例编撰,才称得起为"史学"。由于孔子编修的《春秋》,中国才有第一部史学著作,这样说决非过誉。司马迁对《春秋经》在编撰体例上的成就同样十分钦仰,他在《史记·三代世表》序中说:"孔子因史文(即鲁史原文),次《春秋》,纪元年,正时月日,盖其详哉!"称赞《春秋经》体例上谨严和完整,做到厘清了历史发展的年代、次序,严格地按年编排,并清楚地记载重大事件发生的四时、月、日,这样春秋时期的历史便详实有据了。《史记》在编撰上的宏大规模和成熟体例,正是继承《春秋经》的重视体例的传统,吸收了先秦史学在编撰上的成就,并大大加以发展而产生的。《春秋经》又是我国发达的编年体史书的源头,此后出现了像《汉纪》《后汉纪》那样内容更丰满的著作,以及辉煌的巨著《资治通鉴》,体例上不断发展,但追根溯源,《春秋经》的属辞比事则真正具有创始的意义。

第四,创立了重视文献,加以访求、考订的传统,以后司马迁大力发扬,形成了体现实事求是精神的考信方法

鲁国在西周初年是周公旦的封国,本是西周政治文化中心之一,保存有大

---

① 《春秋左传序》。
② 王国维:《洛诰解》,《观堂集林》卷1,中华书局1959年版。

量宗周的历史文献。这就使孔子从小受到古代文化的熏陶。到孔子三十多岁时，他又到周王室观书，向担任守藏史（相当于王室图书馆或博物馆馆长）的老子学习礼制，所以孔子对制度文献有渊博的知识。他自称："十室之邑，必有忠信如丘者焉，不如丘之好学也。"①又说："我非生而知之者，好古敏以求之者也。"②这些都是强调他对于文献历史知识孜孜不倦地学习和探求，并且表现了其兴趣和毅力远远超出于常人的自信。同时，孔子又一再告诫人们：对于文献、历史知识，绝对不能凭主观臆断，而应该"多闻"、"多见"、"多识"，虚心地、广泛地学习，然后慎重地选择正确的东西，加以肯定，对于并不明白的东西，就先予保留。他说："盖有不知而作之者，我无是也。多闻，择其善者而从之，多见而识之。"③又说："多闻阙疑，慎言其余。"④"君子于其所不知，盖阙如也。"⑤孔子讲的这些话，总结了他一生钻研历史文献的经验体会，讲出了根据确凿事实才下结论的真理。他叮嘱人们务必做到有几分事实，下几分结论，不要不懂装懂。孔子这些有关治学的宝贵格言，对于主观武断的不良学风无疑是一剂良药，同时也是儒家实用理性精神的突出体现。

好学精神和严谨的学风，使他对于古代制度相当熟悉，所以他说："夏礼吾能言之，杞不足徵也；殷礼吾能言之，宋不足徵也。文献不足故也。足，则吾能徵之矣。"⑥对于夏、殷两代的制度他都知晓，同时慨叹历史文献的不足，希望能得到更多的文献来加以印证。其他先秦文献中，还记载有几项有趣的故事，说明孔子对于历史文物确有丰富的知识。

孔子来到陈国，恰好在那天，陈国的上空忽然出现有一些隼(鸷鸟)，过了一会儿，又聚集在宫廷附近死了。一看都是被楛矢射穿了，楛矢为楛木箭杆，石箭镞，长达一尺八寸，陈国人都没见过。陈惠公派人去问孔子，孔子说：隼鸟来得很远啊！这是肃慎国（在今天辽东境内）的楛矢，从前周武王克商以后，同边远的"蛮夷"民族有了往来，要求他们各自贡献土特产，肃慎国进贡

---

① 《论语·公冶长》。
② 《论语·述而》。
③ 同上。
④ 《论语·为政》。
⑤ 《论语·子路》。
⑥ 《论语·八佾》。

的就是这种楛矢。武王为了庆功和奖赏诸侯，就把这种贡物赐给陈国了，你们可以到王宫府库中去找找。后来果然从王宫府库中找到一模一样的楛矢。这件事见于《国语·鲁语》。这一典型事例，说明孔子对历史文物有很高的鉴别能力，又能说明它们的渊源和沿革。

由于孔子对历史文献的高度重视和教育学生的需要，他对于我国古代遗留下来的历史文献做了大量的搜集和整理工作。《论语》书中记载了孔子十分留心夏、商、周三代的典章，指导学生学习《诗经》《尚书》及礼乐制度。《史记·孔子世家》记载孔子删订儒家六经（《诗经》《尚书》《易经》《礼》《乐》《春秋》），是可信的。孔子在整理历史文献方面，同样做了创始性的工作，并且由此形成了我国史学家重视搜集文献和加以慎重考订的优良传统。"多闻阙疑"成为历代优秀史家自觉遵从的基本原则。

《春秋经》在史料上的可靠性恰恰证明孔子在书中贯彻了他所提倡的多闻阙疑的原则。近代天文学家的研究证明，《春秋经》关于日食、"星陨"、星象的记载，许多都跟用近代科学方法推断的相符，是中国和世界天文学史上的珍贵史料。在这方面，我们可以参考近代学者王韬所著《春秋日食辩证》《春秋日食集证》，现代天文学家朱文鑫所著《历代日食考》，陈遵妫先生所著《中国天文学史》。他们的研究证明：《春秋经》所记三十七次日食，有两次"日食"（襄公二十一年九月、十月；襄公二十四年七月、八月）当属错简外，其余三十五次日食，有三十二次经过近代天文学的科学方法验证是可靠的，误记的只有三次。又，庄公七年所记"夏四月辛卯，夜半星陨如雨"，则是公元前687年3月16日所发生的天琴星座流星雨纪事。文公十四年"秋七月，有星孛入于北斗"，则是世界上最早的关于哈雷彗星的记录。这些有力地证明孔子修《春秋》所据材料的确凿和考订上的审慎。

附记：

本篇论及对《春秋经》褒贬书法应当如何分析和评价的问题，对此作者曾写有一段文字予以申论，现摘引如下：

史学史研究的重要任务是对我国丰富的史学遗产加以总结，取其精华，弃其糟粕，而以发掘和阐释其中的精华为主。这样做无疑是恰当的，因为我们研究祖国文化的源流发展，主要的目的是要从中吸取思想营养，增强民族自信心，并且获得今天发展民族新文化的借鉴，这就当然地要求应以"发掘和表彰其中的优良面为主"。至于文化遗产中的消极面，则适当地将它指出来就可以了，不是论述的重点，因为它对于今天"吸取营养、获得借鉴"并无直接的裨益；而且一般地说，发掘和阐释精华是要付出很大力气的，而要宣布过去的许多东西陈腐谬误、充斥着封建主义气味，则是比较容易的，此诚如陈寅恪先生所言，"数千年前之陈言旧说，与今日之情势迥殊，何一不可以可笑可怪目之乎"（《冯友兰中国哲学史上册审查报告》，见《金明馆丛稿二编》）。以上原则，是我在学习和研究中国史学史及清代、近代学术思想史过程中所恪守的，并且相信这样做尚属允当。本书《孔子与中国史学传统》篇中，运用许多史实，论述孔子修《春秋》在中国史学史上是一件大事情；他打破了"学在官府"、史册秘藏于王宫府库的局面，开创了私人修史的传统；重视"史义"，使史学与社会紧密联系，成为中国史学注重经世致用思想的源头；立了史法，开创了按照一定体例编撰史书的传统；创立了重视文献，加以访求、考订的传统，以后司马迁大力发扬，形成了体现实事求是精神的"考信"方法。此篇中着重从上述几个方面，阐发孔子修《春秋》对中国古代史学的积极意义，是确有根据和很有必要的。对于孔子和《春秋经》在中国史学史上造成的负面影响，此篇中主要指出两点：一是，"《春秋经》重视褒贬大义的做法，同《论语》中表达的孔子十分重视'正名'是一致的，目的即在'正名'，维护'君君臣臣父父子子'的等级名分。历史上大量事实证明，等级制是封建社会的特点。孔子的学说提倡维持等级名分，所以在封建社会中特别受到尊崇"。二是，"从我们今天的观点来看，孔子用春秋书法寄寓褒贬、维护等级名分，其中确有不少是保守性的东西。春秋笔法中还讲'为尊者讳，为亲者讳，为贤者讳'，更与孔子所赞扬的史家'直笔'精神相矛盾"。前一点，孔子维护"君君臣臣"的等级制度，是他反对"僭越"与"犯上"、维护旧统治秩序的政治态度在历史著述中的表现；而要结束封建制度、实现民主制度，就必须实行破除等级界限森严、破除政治上血缘关系上种种特权的深刻变革：这一层意思比较显豁，早已被近代以来大量史实所昭示，故此可不必多费笔墨。后一项，作为《春秋经》重要特点的褒贬书法，在史学史上曾带来严重的负面影响，当时因本书交稿匆促而对此未加论述，这里应该有所申论。

《春秋经》严格讲褒贬书法，固然有其合理性的一面，但同时，又因为过分强调褒贬书法，"为尊者讳"，而掩盖或歪曲了史实。除篇中所举隐公十一年，鲁隐公被弑，而记为"公薨"，又鲁桓公与齐侯会泺，齐使公子彭生杀桓公，而《春秋经》记为"公薨于齐"以外，其他很典型的例子，我们还可举出：僖公二十八年，"天王狩于河阳"。哀公十二年，"夏五月甲辰，孟子卒"。僖公二十八年践土之会，是周王应晋文公之命赴会，孔子反对以臣召君的做法，因而加以隐讳，记载为："天王狩于河阳。"鲁昭公夫人吴孟子娶于吴，按春秋时代通例，应称为"吴姬"。周代的礼法是"同姓不婚"，鲁和吴都是姬姓，为了隐讳鲁君违背"同姓不婚"的礼制，故《春秋经》记曰："孟子卒。"对《春秋经》这种"为尊者讳"而掩盖了史实真相的做法，唐代刘知幾在《史通·惑经》篇中已作了批评：

> 苟爱而知其丑，憎而知其善，善恶必书，斯为实录。观夫子修《春秋》也，多为贤者讳。狄实灭卫，因桓耻而不书；河阳召王，成文美而称狩。斯则情兼向背，志怀彼我。苟书法其如是也，岂不使为人君者，靡惮宪章？虽玷白圭，无惭良史也乎！（按，刘氏批评的前一事，指闵公二年《春秋经》载："狄入卫。"《谷梁传》范宁注："不言灭而言入者，《春秋》为贤者讳。齐桓不能攘夷狄，故为之讳。"）

刘知幾尊敬孔子，但他并不对《春秋经》盲目崇拜，而是发扬"独断"和理性批判的精神。他以"实录"为标准，指出《春秋经》这两处记载中，由于要为齐桓、晋文讳饰，而掩盖了历史事实。刘知幾的论述，本应引起后代学者重视，引以为戒，然而，在两宋时期，由于重视纲常伦理、君臣名分、气节道德，强调"严夷夏之大防"，强调正统与闰位等观念的盛行，致使《春秋经》的褒贬书法明显地对史学产生了不利的影响。最为突出的是欧阳修撰《新唐书》《新五代史》，朱熹撰《通鉴纲目》，竭力效法《春秋》褒贬书法，造成许多重要史实被掩盖、被歪曲。这种倾向，与宋明一些学者竞相撰写宣扬理学家伦理观念、不顾历史时势、专凭主观臆断评论历史的风气相配合，致使中国古代史学重视"实录"、"直笔"的优良传统受到严重的挑战和损害。于是有另一些史学家、著作家认识到这种弊病对于"追求历史真实性"的重要原则的危害，他们发扬了儒学朴素理性主义的精神和实事求是的原则，起而加以抵制。在道理上和史实上作了有力针砭的是清乾嘉时代学者王鸣盛、钱大昕和赵翼,这三位考史名家总结了史学演进的经验教训,严肃批评专凭主观爱憎任情褒贬、舞文弄墨的流弊。王鸣盛《十七史商榷》卷九三,专列有"欧法《春秋》"条目,说:"欧(阳修)不但学《史记》,并往往自负法《春秋》。……愚谓欧公手笔诚高,学《春秋》却正是一病。《春秋》出圣人手,义例精深,后人去圣久远,莫能窥测,岂可妄效!且意主褒贬,将事实壹意删削,若非旧史复出,几叹无徵。"钱大昕《廿二史考异》卷四六"《宰相表》"条,也尖锐地批评欧阳修、朱熹误学《春秋》笔法以表示褒贬予夺,企图用一两字用词的不同寓含是非善恶的评判,结果是复杂多样的历史真相成为扑朔迷离的疑团,读史"几同于刑部之决狱矣"。赵翼《廿二史劄记》中也专门写有"《新唐书》本纪书法"条目,指出"欧公本纪不免草率行事,不能为之讳也"。"凡书伏诛者,以其有罪而正法也。玄宗讲武骊山,以仪注有失斩唐绍,绍死后,玄宗追悔之,是其罪本不至死,而书'唐绍伏诛'。(原注:《旧书》,'唐绍斩于纛下'。)封常清与禄山战,败,奔陕郡,劝高仙芝守潼关。仙芝至关,缮守备,贼至不得入,乃去。是二人皆无死罪也,而书'封常清、高仙芝伏诛'。(原注:《旧书》,'斩常清、仙芝于潼关'。)是不亦太刻乎!此数人皆书伏诛矣!宦官陈弘志弑宪宗,倖逃其罪,文宗始赐死于青泥驿。《新书》于《宪宗纪》既书'陈弘志反,帝暴崩矣',又于《文宗纪·论》谓:'帝能诛弘志,亦足伸其志矣。',则青泥驿之赐死,自必应书伏诛,乃反书'杀陈弘志',一似无罪而枉杀者,此更两失之也。"审视宋代以后史学的演进可以看出,孔子强调《春秋》笔法曾对后代史学确实产生了严重的负面影响。而另一方面,孔子又有告诫人们"毋意,毋必,毋固,毋我"一类富有朴素理性精神的格言,此等都与"实录""直笔"精神相一致。后代具有通识的史学家根据对史学发展正反面经验的总结和时代所达到的新的认识高度,大大发扬了这种理性意识,他们已能相当自觉地追求历史的真实性,因而对纠正任情褒贬、歪曲史实的有害倾向作出重要贡献。讨论孔子与中国史学传统之关系这一问题,在重点论述孔子对中国史学的积极贡献之后,还需要用一定的篇幅来分析孔子《春秋》书法造成的负面影响,这样对问题的阐发才较为全面,也有助于进一步理解孔子学说之具有多方面性,进一步理解中国史学的每一前进都是从曲折中走过来的。

《左传》在传统史学上的地位

《左传》是我国先秦时代一部极宝贵的文化典籍。以往学者较多地从训诂、考证、成书年代及史料来源等方面进行研究，而关于它在古代史学上的地位似尚有必要进一步讨论。

《左传》是我国第一部初具规模、体例颇为精严的史书。作者具有开阔的视野，囊括了当时全中国范围，包括地处偏僻的吴、越等国，这一著史格局对于加强中华民族强大的凝聚力有巨大贡献。《左传》注重人事，通过记载和总结各国政治的盛衰成败，显示出春秋史前后期的不同特点。本文仅就上述三项加以讨论。

一、古代史学发展的阶段性标志

春秋至西汉是我国古代史学建立的重要时期，其中足以构成史学发展阶段性标志者，有《春秋》《左传》和《史记》这三部典籍。《春秋》一书，按照传统的说法是孔子据鲁史所修的，成书当在公元前5世纪后期，它开创我国私人著史之先河，并且第一次用"史义"来统帅"史事"、"史文"，因而影响深远。但从史学发展角度来讲，《春秋》只处在史学草创阶段，它记载极其简略，记二百四十二年间史事，只用了一万五千字，实际上只保留了简单的事目。宋代王安石曾讥之为"断烂朝报"，虽属偏激，但确也有其道理。司马迁《史记》成书于公元前1世纪初年，而它却是一部囊括上下几千年史事、网罗异常丰富、体制严整的不朽巨著，在中国乃至世界文化史上都占有极重要的地位。在记载极其简略的《春秋》的基础上，是无法过渡到如此成熟阶段的。《春秋》与《史记》之间还有一个不可缺少的中间环节，这就是成书于战国前期的《左传》。《左传》以其多方面的成就，构成古代史学承先启后的重要阶段；对于《春秋》来说，是由只具历史著述雏形提高到颇具规模的史著的阶段；对于汉代以后的史家来说，它从著史范围、著作规模和修史方法等方面提供了足以仿效的范例，为产生更加成熟的史学巨著准备了条件。司马迁著史固然博采众长，而在先秦史籍中，《左传》提供的成功经验无疑是最重要的。

二、记载全中国范围的历史

《左传》的内容，是着重以史实解释《春秋经》的。关于《左传》的作者和成书年代，历来学者们分歧极大，迄今未有定论。在未有新的确凿材料发现以前，我们只能根据《左传》本书的证据和其他可靠的材料，综合出一种较为合理的看法。对此，我在《史学与中国文化传统》一书中曾有申述：第一，《左传》一书非出一人之手。最初传授者应为左丘明，尽管成书出自后人之手，但因古代学术最重传授系统，最初的传授者便是此书作者。这犹如《公羊传》写定于汉初而仍称为公羊高所作。第二，《左传》成书年代可初步判定成于战国前期，大约应在公元前350年前后，但这并不排除后人之有所增益。[①]《左传》在战国以前已经流传。西汉初，《左传》在传统史学上的地位的传授者始于北平侯张苍及梁王太傅贾谊，此后流传更广。至司马迁著《史记》，则大量采用《左传》的记载。

《左传》的价值，首先在于它进一步奠定了中国史籍记载全中国范围的历史这一传统。中国很早就形成统一的多民族国家，历代的政治人物、思想家以及民众，都视中原地区建立的政权是全中国各民族共同的国家，即使在短时期内国家处于分裂状态之下，统一的意识仍然占主导的地位，这是保证中华民族文化几千年长期连续发展的强大精神纽带。西周时期，中原境内虽仍保存有许多部落小国，而周天子却绝无疑义是"天下共主"，受到诸侯和境内各小国的尊奉。秦汉以后更发展成为统一的封建国家。春秋时期便是推动中国进一步走向统一的时期。《春秋》和《左传》所做的正是把全中国范围的历史记载在典籍上，具有极不平常的意义，反映了我们民族早就产生统一意识，反过来又对国家进一步统一和民族形成共同的凝聚力、向心力，起到积极的推动作用。《春秋》创于前，《左传》继其后，把这一传统发扬光大，因为《春秋》只记简略的事目，《左传》则发展到首尾完整地记载各国的重要历史事件。《左传》的编撰方法，实际上是以年为经，以全中国范围的各诸侯国的史实为纬。

---

① 参见拙著：《史学与中国文化传统》，书目文献出版社1992年版，第48—51页。

它广泛地、尽其所能地采纳了周王室和各诸侯国的史料，熔铸为一部有系统、有断制的历史著作。这不仅体现出作者的技术，更重要的是显示出作者均衡地记载全中国范围史事的识见。惟其如此，清人马骕《左传事纬》、高士奇《左传纪事本末》两书，全书采用《左传》的原文，却都能按事件和国别为线索，而重新组织成为一部包括周王室和各诸侯国在内的纪事本末体史书。按照高士奇《左传纪事本末》所列事项，记载鲁、齐、晋、楚四国史事为最多，而宋、卫、郑三个中原小国的史事也不少。吴、越交通中原较晚，自鲁成公七年起，不但每年多有记载，而且成为春秋后期的主要角色。只有秦，因史料缺乏，记载较少。从周王室的政治影响说，尽管周天子的权威已经下降，却仍保存名义上的地位，各诸侯国在名分上仍应服从，春秋的霸主也应打起尊王的旗号。这种历史编撰特点，对于后代史家特别是司马迁，影响是十分巨大的。

  前人在讨论《左传》作者是谁时，每以书中记载哪一诸侯国史事最详作为论据。宋代朱熹认为《左传》作者是楚人，他说："左氏乃楚左史倚相之后，故载楚事极详。"①郑樵有类似的说法："左氏之书叙晋楚事最详，如'楚师熸，犹拾沛'等语，则左氏为楚人。"②而近人卫聚贤《左传的研究》一书认为《左传》作者是晋人，理由是"《左传》晋占第一，为百分之二十六，是《左传》为晋国作品"。又认为："子夏得晋国详细史稿而著《左传》，故《左传》记晋事特多。"童书业则认为："作者似与鲁国有关，故本书记鲁事较详而可信。"③这些学者所言都有其理由，又都不能驳倒对方。我的看法是，我们不妨跳出前人的限制。因为孤立地从某一国来看，书中记载楚国、晋国、鲁国的史事都很详细。若据以判定作者是何国人，诚难以定论。但若换一个角度看问题，恰恰说明：作者记史态度极忠实，有博大的胸怀和开阔的视野，尽可能采用各国史料，有意识均衡记载，因而成为一部春秋时期全中国范围的信史。这才使《左传》具有高度的史料价值，又有宝贵的思想价值。

---

① 《朱子语类》卷830。
② 郑樵：《六经奥论》。
③ 童书业：《春秋左传研究》，上海人民出版社1983年版，见该书附录《春秋左传作者推测》。

三、政治史为主干,显示春秋史前后期的不同特点

注重人事,注重记载社会生活和总结政治、军事、外交活动的成败经验,是先秦儒家学派明显的进步倾向,也是我国古代文化的优良传统。《左传》对此有突出的体现。它从各国政治的盛衰成败,从广泛的社会生活,以及从完整的人物活动,多层面地反映了春秋史的丰富内容。

《左传》以政治史为主干。记载晋楚史事为最详,这是春秋时期政治形势所决定的,因为此两国霸业的盛衰,实是春秋史的骨干。齐桓、晋文的霸政,在列国兼并、秩序混乱的情况下,是有进步意义的,也是走向大一统的重要步骤。《左传》所载史实证明:霸政的建立需要奉正大的名义,且能扶助弱小,为公众捍患难。《左传》具体记载了齐桓公实现霸政的主要事件。先是任用管仲,修明内政。然后先合与国,为障楚国北进之势。经过北杏之会、柯之盟、鄄之盟、幽之盟,至鲁庄公十六年,东诸侯(除蔡以外)尽服齐,"齐始霸也"。抑制楚国势力北进,故十年间无北扰之师,诸夏遂稍得安宁。齐桓扶助弱小,伐山戎以救燕;狄人伐邢、伐卫,齐桓迁邢于夷仪,封卫于楚丘,《左传》作者评论说:"邢迁如归,卫国忘亡。"① 特别是鲁僖公四年(公元前656年)召陵之役,齐桓公先争取楚之邻近小国江、黄的支持,乃合鲁、宋、陈、卫、郑、许、曹八国,攻伐依附于楚之蔡国,蔡溃,遂于召陵与楚师相遇,以雄厚的实力和严整的阵势,不战而屈楚人。盟辞上写:"凡我同盟之人,既盟之后,言归于好。"齐桓公称霸四十年,北惩戎狄,南抑楚国,扶助弱国,申明约束,使中原获得了安宁。赖《左传》对以上史实的翔实记载,读者乃得明了霸政兴起的脉络。加上晋文公称霸,遂使前期春秋史增辉生色。

晋文公取威定霸,在城濮一役,也是春秋霸政的最大关键。《左传》的记述,逐层揭示出其称霸的必然。第一层,写晋国战前以五年时间,在政治上、军事上作出取胜的充分准备。鲁僖公二十四年(公元前636年),出亡十九年之重耳始归晋国,值周王室内乱,晋侯果断地出兵勤王,此举使之在政治上获得辅佐王室以号令诸侯的有利地位。晋文公为了压服楚国,归国之后励精图治,为修政、治军等项竭尽全力。《左传》对此有精彩的叙述:

> 晋侯始入而教其民,二年,欲用之。子犯曰:"民未知义,未

① 《左传》鲁闵公二年。

安其居。"于是乎出定襄王，入务利民，民怀生矣。将用之，子犯曰："民未知信，未宣其用。"于是乎伐原以示之信。民易资者，不求丰焉，明征其辞。公曰："可矣乎？"子犯曰："民未知礼，未生其共。"于是乎大蒐以示之礼，作执秩以正其官。民听不惑，而后用之。出谷戍，释宋围，一战而霸，文之教也。①

于是晋国君臣协力，上下同心，讲究信义，三军严整，在当时各国中最富于竞争力，为建立霸政做好充分的准备。第二层，写晋国在战前的周密部署。当时，陈、蔡、郑三国依附于楚国，晋国为了摆脱外交上的劣势，并取得齐、秦的支持，晋中军将先轸提出政策：

使宋舍我而赂齐、秦，藉之告楚。我执曹君，而分曹、卫之田以赐宋人。楚爱曹、卫，必不许也。喜赂、怒顽，能无战乎？②

晋侯依计而行，一石二鸟，既取得齐、秦的支持，又激怒楚国。晋又用计私下许复曹、卫，离间它们与楚国的关系。

第三层，用对比手法，写楚国在政治、军事上处于劣势。楚新任令尹子玉骄躁无谋，故楚已有识者预言："子玉帅师过三百乘，不能以入也。"楚成王明知晋处优势，故意退兵，子玉却轻敌贪功，坚持冒险作战，君臣离心离德。晋为报答文公出亡时楚国的礼遇，退避三舍。楚军众欲止，子玉不许，坚持向晋挑战。鲁僖公二十八年四月，两军在城濮展开大战，晋三军密切配合，大败楚军。《左传》记述此役堪称重笔浓彩，通过叙事和人物议论，令人信服地证明：晋国取威定霸正是多年励精图治的必然结果。城濮战后，中原各国望风向从，晋国霸局始定，影响中原局势垂百年。故梁启超说："晋文之功，视齐桓为烈也。"③

对于重要性次一等的郑、宋诸国，《左传》也恰当地写出它们在大国政治角逐中的特点和作用。郑国处于中原四战之地，晋楚连年争霸，郑国首当其冲。这种地理和政治背景，决定郑国君臣善于辨别形势，揣度利害，视大国力量的强弱决定向背。《左传》以史实表现郑国卿士大夫的外交手段，与强国相

---

① 《左传》鲁僖公二十七年。
② 《左传》鲁僖公二十八年。
③ 梁启超：《春秋载记》，《饮冰室合集》专集之四十五，第30页。

周旋，巧妙地维护本国的利益，前后相承的特点，是很突出的。郑大夫子良有言：

> 晋、楚不务德而兵争，与其来者可也。晋、楚无信，吾焉得有信？①

子驷亦告诫诸卿大夫说：

> 民急矣，姑从楚，以纾吾民。晋师至，吾又从之。敬共币帛，以待来者，小国之道也。牺牲玉帛，待于二竟，以待强者而庇民焉。寇不为害，民不罢病，不亦可乎？②

子展也与诸大夫谋曰：

> 与宋为恶，诸侯必至，吾从之盟。楚师至，吾又从之，则晋怒甚矣。晋能骤来，楚将不能，吾乃固与晋。③

通过这些记载，《左传》真切地写出了郑国处于两大国的夹缝之中，遂采取视强者服从的"弹性外交"，以谦恭委屈的方式顽强地维护本国的利益。虽然连年负担繁重的征赋，却使国势得以保持下来。著名的政治家子产善于权衡形势展开外交活动，"能事楚而不受楚害，事晋而不为晋屈"，就是从他的先辈们继承而来的。④

与前期霸政迭起的特点相对照，《左传》所载春秋后期的特点是公室衰弱，世卿专政。鲁国三桓递秉国政，势力逐渐膨胀。至鲁昭公五年，舍中军，四分公室，季氏取二，孟氏、叔氏各取一，鲁君完全失势，反得依附于卿族。其后，鲁昭公不能忍受三家逼迫，乃起而伐季氏，遭三家联合反对，昭公出奔。昭公赴诉于晋，执政的世卿范鞅接受了季孙的贿赂，不加顾恤。七年以后，鲁昭公客死于乾侯。

晋国以三军（上军、中军、下军）的将、佐为卿，他们因功受到尊宠，久而骄横，视晋君为傀儡，卿族之间更互相攻杀。《左传》鲁宣公二年载：

> 初，骊姬之乱，诅无畜群公子，自是晋无公族。及成公即位，乃

---

① 《左传》鲁宣公十一年。
② 《左传》鲁襄公八年。
③ 《左传》鲁襄公十一年。
④ 《春秋大事表》卷25《春秋郑执政表叙》。

宦卿之适而为之田，以为公族。又宦其余子，其庶子为公行。晋于是有公族、余子、公行。①

此乃以异性世卿代公族，晋公室自然卑下。卿族之间互相翦灭，最后乃演成三家分晋之局。

《左传》所载《春秋》后期政治局势的另一特点，是吴越的崛起，所向披靡，先后向中原称霸。鲁成公七年，晋联络吴以攻楚，派申公巫臣为行人至吴，"教吴乘车，教之战阵，教之叛楚"②。从此，吴国开始登上春秋时期政治角逐的前台。《左传》概述说："蛮夷属于楚者，吴尽取之，是以始大，通吴于上国。"③吴与楚经过大小十余战，重创楚国。鲁定公四年，吴师攻入楚郢都，楚国几乎灭亡。以后吴进兵北方，迫鲁、郑、卫屈服，并败齐师于艾陵。鲁哀公十三年黄池之会，吴王夫差自居霸主。

越与吴毗邻，结成世仇，势力骤起骤落。吴师入郢次年，越师入吴。后檇李一战，越王勾践大败吴王阖闾，子夫差立志报仇。鲁哀公元年，夫差败越于夫椒。勾践一面设法保存实力，一面向吴求降，吴、越讲和。越国"十年生聚，十年教训"，终于重新崛起，至鲁哀公二十二年，一举灭吴。其后，越师北上中原，合鲁、宋之师伐卫。鲁哀公二十七年，越以霸主身份遣使者聘鲁，"且言邾田，封于骀上"，为鲁、邾划定边界。故《左传》载："越新得诸侯"，说明越王勾践此时已称霸中原，东方诸侯皆附属于越。以上作为春秋后期政治角逐的尾声。

《左传》的著史规模，作者记载全中国范围历史的开阔视野，以及重视总结政治盛衰的成功经验，都对后代史家产生了巨大影响，因而推动传统史学在汉代迅速走向成熟。《左传》所反映的社会生活相当广泛，包括制度、社会阶层、婚姻风俗等。它又开创了记载完整的人物活动的传统，并且记事方法高明，叙述与议论结合，文采斐然，富有情趣。

---

① 《左传》鲁宣公二年。
② 《左传》鲁成公七年。
③ 同上。

"过秦"和"宣汉":两汉时代精神之体现

一、人类智慧和向上力的一种显示

历史学,作为总结人类社会发展演进过程的一门学科,它的重大社会功能之一,就是通过反思人类自身的历史经验,帮助确定解决现实困难问题的对策,从而有力地推动社会前进。近年来史学界在讨论包括史学社会功能在内的许多理论问题时,注意引进国外的理论,这无疑有益于推进我们的认识;与此同时,我们还应重视发扬本民族优良的史学遗产,重视发挥我国当代史学家独创性的特点,这对于活跃学术空气和丰富史学理论同样意义重大。在中华民族进化史上,各个时代的有识之士在观察处理现实问题的关键时刻,都曾自觉地把反思历史作为行动决策的参照物,"以史为鉴",取得了不少有价值的经验。这是人类智慧和向上力的一种显示。自白寿彝先生在《中国史学史》第一册提出这一理论问题,并辟出专章论述先秦时期"历史知识的运用"以来,学术界对此已予关注,并发现我国史学传统中确实蕴藏着许多思想财富。继先秦之后,两汉时代对历史知识的运用是更加前进了。西汉初贾谊著有史论名篇《过秦论》,东汉初王充的名著《论衡》中有《宣汉篇》,他们提出的"过秦"和"宣汉",乃是一代史学家、政治家和思想家共同关心的课题,是两汉社会时代精神之体现。这两个命题的提出和解决,推动了汉代社会走向强盛,也推动了史学自身取得巨大进步,对于今天我们加深认识史学的社会功能极有启迪意义,值得我们深入地研究。

二、"过秦"和西汉盛世

"过秦",是政治家陆贾在西汉政权刚刚建立时首先提出来的,它反映出汉初人物深刻的历史感和敏锐的时代感。从公元前221年秦始皇统一全国,到公元前202年刘邦登上帝位,中间只隔十九个年头,诚所谓漫长历史的一瞬,然而社会的变化却如同地覆天翻。司马迁对其中八年（从陈涉起义到高祖称帝）作了这样的概括："秦既暴虐，楚人发难，项氏遂乱，汉乃扶义征伐；八年之间，天下三嬗，事繁变众。"[①]刘邦富于谋略，豁达大度，经过殊死的战争打败项羽，不愧为一代开国君主。但是他由布衣而登帝位，不免意满志得，而对于这个在战争废墟中建立的国家要采取何种治国策略则未认真考虑。陆贾正是在这个历史转折关头表现出自己的卓越见识，他及时提出了总结秦亡教训以制定治国策略。他向刘邦发问："乡使秦已并天下，行仁义，法先圣，陛下安得而有之？"这才使刘邦认识到问题的严重性，要求陆贾，"试为我著秦所以失天下，吾所以得之者何，及古成败之国"[②]。因此陆贾《新语》一书，实为高祖君臣共同认识到必须以"过秦"作为鉴戒的产物。现存《新语》各篇都以"过秦"为立论依据。陆贾的中心主张，一是"仁政"和"德治"，二是实行"无为"方针。他强调："齐桓公尚德以霸，秦二世尚刑而亡。""周公与尧舜合符瑞，二世与桀纣同祸殃。""秦以刑罚为巢，故为覆巢破卵之患。""事愈烦，天下愈乱；治愈滋，而奸愈炽；兵马益设而敌人愈多。秦非不欲为治，然失之者，乃举措暴政而为刑太极故也。"[③]这些论述都直接地以暴秦失败的教训作为制定汉朝治国方针的依据，论证中肯有力。陆贾的主张深刻地反映了汉初社会休息民力、恢复生产的紧迫要求，所以被高祖及群臣所激赏，奠定了汉初几十年间"无为"政治的理论基础。至东汉初年王充仍对陆贾作了高度评论，称他："皆言君臣政治得失，言可采行，事美足观。鸿知所言，参贰经传，虽古圣之言，不能过增。"[④]

生活在文帝时代的贾谊对秦亡教训做了更有系统的总结。他以"过秦"为题写了三篇史论，分析秦国由崛起到统一六国再到最后灭亡的历史，从中剖析它成败兴亡之"理"。贾谊尖锐地提出这样的问题：一个强大的、天下无敌的秦国，为什么竟会骤亡呢？他明确回答，秦的灭亡是实行暴政的结果，"焚文书而酷刑法，先诈力而后仁义，以暴虐为天下始。……故其亡可立待也"。"（陈涉）奋臂于大泽，而天下响应者，其民危也。"他进而指出，政治成

---

① 《史记·太史公自序》。
② 见《史记·郦生陆贾列传》。
③ 见《新语·通基》《术事》《辅政》《无为》等篇。
④ 《论衡·案书篇》。

败、人心向背是比什么权位、兵器都要强大得多的东西。统一了天下的秦国比起它以前僻处雍州时岂不更强，而拿陈涉的地位、武器来说又根本无法与秦以前的对手山东六国相比，然而"成败异变，功业相反"，为什么呢？结论只能是："仁义不施，而攻守之势异也。"政治搞坏了，再锐利的武器也抵挡不住为生存而战的千万起义群众。司马迁记述秦汉历史明显地受到贾谊的影响，称赞说"善哉乎贾生推言之也！"，并破例地将《过秦论》几千字的原文全部引在《秦始皇本纪》论赞之中。

贾谊"过秦"更突出了"戒汉"的用意。总结秦亡教训使他深刻懂得人心向背直接决定国家兴亡，所以他对人民的处境极为关切，同情下层民众的苦难，对于当前社会矛盾体察特别敏锐。他批评粉饰太平之谈是"非愚即谀"，用"抱火厝于积薪之下而寝其上"来形容国家的形势，自己则因忧国忧民而"痛哭"、"流涕"、"长太息"。他把剥削阶级的奢侈挥霍，视为"天下之大贼"，大声疾呼"残贼公行，莫之或止"，以引起人们注意。他预见到社会矛盾的尖锐将导致反抗事件，危及封建国家："兵旱相乘，天下大屈，有勇力者聚徒而衡击，罢夫羸老易子而咬其骨。政治未毕通也，远方之能疑者并举而争起矣，乃骇而图之，岂将有及乎！"[①]像贾谊这样由总结历史教训、观察社会矛盾而显示的政治远见，对于后人是宝贵的启迪，直到鸦片战争前的龚自珍，发出"山中之民，有大音声起，天地为之钟鼓，神人为之波涛矣"[②]的预言，仍可视为贾谊论断的发展。

与贾谊同时代的另一政治家贾山，对"过秦"也有重要的论述。他写有《至言》，揭露秦政暴虐造成"赭衣半道，群盗满山"，使民众"力罢不能胜其役，财尽不能胜其求"，被迫起义反抗。更有特色者，他分析秦亡的又一重要原因，是君主肆其淫威，堵塞言路，"退诽谤之人，杀直谏之士"。由此总结出"人主不闻其失，则社稷危"的规律，到了朝廷上听不到一句不同意见的时候，离垮台就不远了。所以他对文帝放弃早先的节俭，开始与近臣接连外出射猎提出切直的批评，指出这样下去必将造成政令废弛，"绝天下之望"。[③]

陆贾、贾谊等人言论的深刻意义，在于它们反映了时代的智慧。记取秦亡

---

① 《汉书·食货志上》。
② 龚自珍：《龚自珍全集·尊隐》，第88页。
③ 《汉书·贾山传》所引《至言》。

教训，实行治国政策的转变，是汉初君臣普遍的共同认识。高祖以下，自萧何、曹参两位贤相，到文帝、景帝两位帝王，他们的治国方针一脉相承，都是执行由总结"过秦"而制定的宽省政治的路线。司马迁把汉初政策转变提高到符合时代前进规律的高度来肯定，认为：萧何"因民之疾秦法，顺流与之更始"；曹参"为汉相国，清静极言合道。然百姓离秦之酷后，参与休息无为，故天下俱称其美矣"。①班固继承了司马迁的看法，并加以发挥，认为："周、秦之敝，罔密文峻，而奸轨不胜。汉兴，扫除烦苛，与民休息，至于孝文，加之以恭俭，孝景遵业，五六十载之间，至于移风易俗，黎民醇厚。周云成康，汉言文景，美矣！"②我们重新审视这段历史可以认识到：正因为总结秦亡的历史教训在这半个多世纪中一再被尖锐地提出来，而且成为决策集团相当一致的认识，所以产生了巨大的威力，成效卓著地促进了生产的恢复和发展，推动了历史前进。西汉立国之时，社会残破，经济凋敝，"民亡盖臧"，"自天子不能具钧驷，而将相或乘牛车"。经过六七十年间实行宽省政治，休息民力，到武帝初年，社会财富大大增加，百姓号称丰足，社会状况极为改观："国家无事，非遇水旱之灾，民则人给家足，都鄙廪庾皆满，而府库余货财。京师之钱累巨万，贯朽而不可校。太仓之粟陈陈相因，充溢露积于外，至腐败不可食。众庶街巷有马，阡陌之间成群，而乘字牝者傧而不得聚会。"③司马迁所载当与事实相去不远。"过秦"的思想转变为如同从地底下呼唤出来的巨量财富，奠定了武帝时期鼎盛局面的基础。中国历史上第一个强盛的朝代，实在是跟重视反思历史，总结教训的智慧直接相联系的。

三、主父上书与武帝晚年的政策选择

汉朝强盛了，总结秦亡教训却未因此而过时，在武帝时期，一些眼光敏锐的人物给"过秦"注入了新的时代内涵，最突出者是主父偃、徐乐、严安。④他们针对武帝奉行的"外事四夷，内兴功业"的政策，再度反思秦亡的教训，

---

① 见《史记·萧相国世家》、《史记·曹相国世家》。
② 《汉书·景帝纪》。
③ 《史记·平准书》。
④ 武帝时言"过秦"者还有吾丘寿王、董仲舒。吾丘之论是针对公孙弘建议"禁民不得挟弓箭"而发。董仲舒则举秦时兼并严重而陈限田之议。均属论述比较具体的问题。

预见到其中潜伏的危机,警告汉武不要重蹈亡秦的覆辙!

着眼于当时现实,把总结秦亡教训跟探索保持社会的稳定联系起来,深化了反思历史的认识,这是武帝时期"过秦"的显著特点。主父偃针对武帝连年进行对匈奴的战争,论述长期征战是导致秦末大起义的原因:"暴兵露师十有余年,死者不可胜数,终不能逾河而北。是岂人众之不足,兵革之不备哉?其势不可也。又使天下飞刍挽粟,起于黄、腄、琅邪负海之郡,转输北河,率三十钟而致一石,男子疾耕不足于粮饷,女子纺绩不足于帷幕。百姓靡敝,孤寡老弱不能相养,道死者相望,盖天下始叛也。"徐乐的议论更深一层:"天下之患,在于土崩,不在瓦解,古今一也。"这是论述政权基础如何稳固的问题,所以引起武帝的关心。徐乐分析说:"何谓土崩?秦之末世也。"陈涉"无千乘之尊,尺土之地","然起穷巷,奋棘矜,偏袒大呼,天下从风"。其原因,就在秦末社会已面临"土崩"的形势:"由民困而主不恤,下怨而上不知,俗已乱而政不修,此三者陈涉之所以为资也。"他又对比吴、楚七国之乱,虽然其势汹汹,结果却兵败身擒,这是因为国家政治败坏,"而安土乐俗之民众,故诸侯无境外之助",此即属于"瓦解"。徐乐总结出"民困"、"下怨"、"俗已乱"三条作为封建国家行将崩坏的标志,是对贾谊《过秦论》中民心向背的论点做了更具体的发挥,也为后人观察社会动向提供了有价值的思想资料。而他认为,当时正在进行的对匈奴的战争,给百姓造成了难以忍受的负担,形势的发展隐伏着巨大的危险。他正告汉武帝:"故贤主独观万化之原,明于安危之机,修之庙堂之上,而销未形之患也。"处此关键时刻,必须改弦更张,才能把握前途。严安向武帝上书,也论述治理国家的规律是应该及时调整和改变政策,他引用了《邹子》所说:"故守一而不变者,未睹治之至也。"他分析秦的灭亡正好违背了这条规律。经过战国长期攻伐,民众早已陷于困苦,当时需要的是做到"缓刑罚,薄赋敛,省徭役,贵仁义",秦却反其道而行之,法令严苛、征战连年,造成"丁男被甲,丁女转输,苦不聊生,自经于道路,死者相望"的社会惨状,终因民怨沸腾而最后灭亡。严安以这种历史教训来对比当时的政治情况,强调已经面临严重局面,武帝若不改变治策,后果将不堪设想。

武帝时代"过秦"的言论对施政的弊病、现实的矛盾揭露得很尖锐,而最终的结果,议政者的智慧影响了决策的过程。

主父偃直言不讳，批评武帝连年征伐是忘记吸取"近世之失"的教训。徐乐则认为当时的情势是人民郁积着不满，难免爆发严重的不测事件，"关东五谷数不登，年岁未复，民多穷困，重以边境之事，推数循理而观之，民宜有不安其处者矣"。严安具体列举当时埋伏着危机的各种因素："今欲招南夷，朝夜郎，降羌僰，略濊州，建城邑，深入匈奴，燔其茏城，议者美之。此人臣之利也，非天下之长策也。今中国无狗吠之惊，而外累于远方之备，靡敝国家，非所以子民也。行无穷之欲，甘心快意，结怨于匈奴，非所以安边也。祸结而不解，兵休而复起，近者愁苦，远者惊骇，非所以持久也。今天下锻甲砥剑，桥箭累弦，转输运粮，未见休时，此天下之所共忧也！"①这已将危机的前景令人心惊地描绘出来了。

意味深长的是，主父偃等三人重新反思秦亡教训的这些尖锐言论，非但没有使武帝反感，反而得到他的激赏！史载：主父偃"上书阙下，朝奏，暮召入见"，"是时，徐乐、严安亦俱上书言世务"，"书奏天子，天子召见三人，谓曰：'公等皆安在？何相见之晚也！'"②

这里还需简要说明主父偃等三人上书的年代，它涉及三人上书的背景和所产生的影响这些实质性问题。关于三人上书言事的时间，《汉书》作"元光元年"。对此，司马迁曾有重要的辨正，他认为应是"元朔元年"，理由是严安上书讲"循西南夷、朝夜郎"等事，均在元光三年，这一观点正确有根据。按《汉书·武帝纪》，武帝即位之后，曾接二连三大规模征求人才，即：建元元年，诏举贤良；元光元年十一月，令郡国举孝廉，五月，诏贤良，于是董仲舒、公孙弘出焉；元朔元年，诏举孝廉。故《通鉴考异》盖将"元朔"误为"元光"，实属合理之推论。再做进一步考定，则尚有重要的事实为《考异》所未列举。主父等三人上书，重点讽刺的是武帝对匈奴的战争，而武帝大规模征伐，乃始于元光二年。严安上书所讲"深入匈奴，燔其茏城"之役，则在元光六年。③

---

① 均见《史记·平津侯主父列传》。
② 同上。
③ 《资治通鉴》卷18武帝元朔元年附《考异》：《汉书·主父偃传》云"元光元年，三人上书"；按《严安书》云"招南夷，朝夜郎，降羌僰，略濊州"，此等事皆在元光元年后，盖误以"朔"为"光"字耳。《考异》未举出的重要证据是：元光二年，遣韩安国、李广、公孙贺、王恢、李息将三十万众，屯马邑，谋获单于。又于元光六年，遣卫青出上

弄清三人上书是在武帝连续发动对匈奴大规模战争之后这一史实，我们更能明白主父偃等联系历史教训抨击时政的尖锐性和深刻性。面对如此尖锐的批评，武帝对三人上书却予以高度赞赏，三人皆拜为郎中，主父偃还一年四迁，严安被拜为骑马令（主天子骑马），官阶虽低却是武帝近臣。与此同时，武帝外事四夷内兴功利的既定政策却又依然实行，不为所动。这种表面上似乎互相矛盾的现象，实则寓意深刻，它说明了：

第一，历史上杰出人物的行动方向往往即是当时交互作用的社会诸因素的合力的体现。"整个伟大的发展过程是在相互作用的形式中进行。"[①]汉武帝建造赫赫功业的雄心宏愿，是当时全民族创造活力的体现，汉民族经过汉初六七十年的休养生息，已经蓄积着深厚的力量，不再满足于"无为"，而要有所作为。武帝时期的内外设施即代表了这种大有作为的愿望，元光元年、元朔元年几次诏书中讲"夙兴以求，夜寐以思"，"猗与伟与！何行而可以章先帝之洪业休德，上参尧舜，下配三王！"[②]所表达的正是他真实的心情。当时汉武帝头脑中的兴奋点，集中在干一番超越前古的丰功伟业，三人上书未能改变他业已作出的决策。当然他连年征伐，则是把民族创造力引错了方向，造成了严重后果。

第二，尽管武帝在当时没有改变征伐匈奴等决定，绝不等于对三人的谏议不予重视。武帝对三人议论的赞赏和礼遇，也是由衷而发，那种相见恨晚、幸得贤者的欢欣心情表达得很真切。作为文景事业的继承者，武帝不能不被三人陈述的求长治久安之策所打动，不能不为他们分析连年征伐将引起的民困、民怨而警醒。所以三人反思历史所作的深刻论述，已深深印在武帝的脑际。武帝晚年与大将军卫青曾有这样的对话："汉家庶事草创，加四夷侵凌中国，朕不变更制度，后世无法；不出师征伐，天下不安；为此者不得不劳民。若后世又如朕所为，是袭亡秦之迹也。"史籍又载："太子每谏征伐四夷，上笑曰：

谷，公孙贺出云中，李广出雁门，大战匈奴，"青至龙城，获首虏七百级。"此即严安上书所讲"燔其茏城"之役。元朔元年，卫青、李息再次出塞。而东夷薉君降，设苍海郡，也在此年。

① 恩格斯致康·施米特信（1890年10月27日），《马克思恩格斯选集》第4卷，人民出版社1973年版，第487页。
② 《汉书·武帝纪》。

'吾当其劳，以逸遗汝，不亦可乎！'"①这些对话透露出，汉武帝秉政过程中，深知连年征伐、大兴功业必然引起"劳民"，再发展一步，便要"袭亡秦之迹"，那是汉代人人明白的大崩溃、大灾祸，本人也将成为历史的罪人。我们不妨设想，武帝在几十年中还记住三位贤者的告诫，警惕着步亡秦后尘，掌握着一个"临界点"，控制其所为不要超出这个限度，以免引起大乱。至武帝晚年，国库空虚，民生凋敝，流民众多，农民暴动不时发生，使他面临两种选择：或者是继续兴师劳民；或者是罢兵息民，挽救危机。至征和四年，他终于当机立断选择了后者，承认了自己的过失。当时，桑弘羊等人上奏，称：可在西域轮台实行屯田，募民前赴，置校尉管辖，以威镇西域。汉武帝特地为此下诏，"深陈既往之悔"，对长年兴师征伐，造成"军士死略离散"，"重困老弱孤独"，引以自责，断然否定桑弘羊请求远戍轮台之议。宣布"当今务在禁苛暴，止擅赋，力本农"②。从此不复出军。封丞相田千秋为"富民侯"，"以明休息，思富养民也"。又以赵过为搜粟都尉，推广代田法，发展农业生产。历史证明：汉武帝在晚年所作的政策选择是明智之举，避免了可能出现的灾祸。我认为，把青年汉武帝对主父偃等人的"过秦"言论的心折赞叹，跟他晚年的幡然改悔联系起来，解释这一重大政策转变似可多提供一层内在的根据。

从元朔元年上书，至征和四年罢兵力农才起作用，历史就是这样通过曲折的道路前进。但这毕竟是武帝君臣再度运用秦亡这份历史教训，使汉朝延续了近百年的统治。司马光对武帝的评语中有两点是很中肯的，一是称他"有亡秦之失而免亡秦之祸"，二是称他"知所统守，受忠直之言"，"好贤不倦"。③这是知人论世的公允评价。汉武帝作为一个专制时代的君主，当时他热切地要干一番事业，主父等人却向他当头泼去一盆冷水，武帝非但不怪罪，反而大为赞赏，这种雅量是难得的，"好贤不倦"的评语可以当之无愧。轮台诏标志着汉武帝晚年政策的转折点，昭宣时期即继续沿着这一罢兵力农的路线走下去，因而出现了所谓"中兴"局面。追根求源，主父偃等人上书之功诚不可没。

---

① 《资治通鉴》卷22汉武帝征和四年。
② 《汉书·西域传》，参见《资治通鉴》卷22汉武帝征和四年。
③ 《资治通鉴》卷22汉武帝后元二年。

四、"宣汉"和马班史学巨著

明确提出"宣汉"这一论题的是东汉思想家王充,但实际上司马迁著《史记》对此已有显著的体现,与王充同时代的班固,则以其史学实践回答了王充所反映的时代要求。所以"宣汉"的思想对两汉史学发展关系极大。

"过秦"是对前代失败教训的深刻反思,"宣汉"是对当代社会进步的大力肯定。二者之间的联系在于从变动、发展中观察历史、公正地评判历史的功过。

司马迁著史要宣扬汉代社会的进步,这在《史记》中是有明确的表述的。首先,这是他所庄严继承的父亲的遗愿。司马谈临终拉着他的手哭泣着说:"今汉兴,海内一统,明主贤君忠臣死义之士,余为太史而弗论载,废天下之史文,余甚惧焉,汝其念哉!"司马迁郑重地接受父亲的嘱托,把宣扬汉代的功业作为自己的神圣职责。因此,当上大夫壶遂询问《史记》"欲以何明"时,他诚恳地回答:"汉兴以来,至明天子,获符瑞,封禅,改正朔,易服色,受命于穆清,泽流罔极,海外殊俗,重译款塞,请来献见者,不可胜道。臣下百官力诵圣德,犹不能尽宣其意。且士贤能而不用,有国者之耻;主上明圣而德不布闻,有司之过也。且余尝掌其官,废明圣盛德不载,灭功臣世家贤大夫之业不述,堕先人所言,罪莫大焉。"①显然,作为一个忠实的史家,他把记述国家的统一兴旺、社会的进步、君臣建树的功业,视为不可推诿的责任。

其次,司马迁的"宣汉",不是出于宣扬"皇权神授",争什么"正统"与"闰位",而是有力地摆出汉代在政治上、经济上、文化上进步的史实。概括地说,在政治上,司马迁歌颂汉代把人民从秦的暴政下解救出来,获得民心,是历史的巨大进步。他说:"故汉兴,承敝易变,使人不倦,得天统矣。"②指出汉代政策符合历史发展的趋势,对此作了很高的评价。又说:"汉兴,至孝文四十有余载,德至盛也。"③《太史公自序》论及文、景两篇本纪的撰写义旨说,"蠲除肉刑,开通关梁,广恩博施……作《孝文本

---

① 均见《史记·太史公自序》。
② 《史记·高祖本纪》赞。
③ 《史记·孝文本纪》赞。

纪》";"天下翕然,大安殷富。作《孝景本纪》"。废除肉刑,拆毁关卡,天下安定,社会财富大大增加,都是就汉代政治给人民带来重大的好处而言。钱大昕所说,"何谓尊汉?史公以汉继三代,不以汉继秦"①,将《史记》"尊汉"归结到"正统"、"闰统"之争,实在不符合司马迁原意。在经济问题上,司马迁赞颂汉兴六七十年间生产的发展和社会的丰足景象,而且概述"汉兴,海内为一,开关梁,弛山泽之禁,是以富商大贾周流天下,交易之物莫不通,得其所欲",讴歌国家空前统一为经济和交通的发展开创了新局面。在文化上,他谴责秦"焚《诗》《书》,坑术士",赞扬"汉兴,然后诸儒始得修其经艺",而武帝兴儒学,"天下学士靡然乡风矣"②,"自孔子卒,京师莫崇庠序,唯建元、元狩之间,文辞粲如也"③。《史记》全书百科全书式的宏伟结构,和"整齐百家杂语,厥协六经异传"的大规模整理文献、熔铸成书的功绩,本身更是汉代空前统一的产物。

据此,《史记》体现了"宣汉"的思想,本来是不难理解的,但是以往却有两个问题妨碍人们认识这一特点。一是司马迁与董仲舒思想上的关系。以往认为,司马迁的思想比较自由,董仲舒是武帝时官方思想的代表,二者根本对立。意即司马迁也必定站在汉家政权的对立面。这是把复杂的问题简单化。董仲舒宣扬天人感应,建议"罢黜百家,独尊儒术"等等,适应了武帝时代专制政治的需要。但是他作为一个大思想家,也曾提出限名田、抑兼并、宽民力等积极主张。即其"大一统"思想而论,也具有既为专制主义服务,又巩固了封建国家的统一的两重性。司马迁历史观中大量的进步思想和唯物观点,跟董仲舒的唯心主义思想体系大不相同。但司马迁对于汉的统一局面和历史进步确是真心拥护的,他对孔子在历史上的地位是充分肯定的。"在维护汉家统治利益上,两人是一致的,而在如何维护这一具体问题上,两人有很不同的看法。董仲舒和司马迁的思想分歧,决定了二人在史学发展上的不同地位。但从汉武帝控制思想的效果说,在这两人身上都取得一定的成功。"④

二是曾有过所谓"谤书"的讥评。《后汉书·蔡邕传》云:"(王)允

---

① 《潜研堂文集》卷31《与梁耀北论史记书》。
② 《史记·儒林列传》。
③ 《史记·太史公自序》。
④ 白寿彝:《中国史学史》第一册,上海人民出版社1986年版,第53—54页。

曰：'昔武帝不杀司马迁，使作谤书，流于后世。方今国祚中衰，神器不固，不可令佞臣执笔在幼主左右，既无益圣德，复使吾党蒙其讪议。'"有的论者即由"谤书"二字，联系到《史记》对武帝的一些批评，因而误认司马迁对武帝时期事事揭露讥贬。其实这种看法也无法成立。王允是个擅权的大官僚，内心邪恶，所言极蛮横无理，却虚张声势，托用冠冕堂皇的词句，实在可恶！他这段话极其典型，系站在实录精神的对立面，一则害怕"秉笔直书"，故对司马迁歪曲诬枉，一则害怕今天再有正直史官直书其篡政罪恶。他所需要的是奴才式的"史官"，随意指使。他对司马迁那种"直笔"、"实录"精神自然极其不满以至害怕，这就是他惧怕被"讪议"的阴险心理。他所讲的"谤书"、"佞臣"都应理解为反语。故王允的话毋宁是从反面证明司马迁"不虚美，不隐恶"的实录精神所具有的力量。诚然，司马迁对于武帝政治的阴暗面，如连年征伐造成人民困苦疲惫，财政空虚，奢侈浪费，耽于迷信，"与民争利"等，都据事直书，予以批评，体现了他关心民众的进步思想。而同时，司马迁对武帝的雄才大略、建树功业又是明确赞扬的。如说："明天子在上，兼文武，席卷四海。"①"汉兴五世，隆在建元，外攘夷狄，内修法度，封禅，改正朔，易服色。作《今上本纪》。"②都是对武帝功业作高度评价。今本《孝武本纪》并非司马迁原文，历代学者均认为属后人割裂《封禅书》以充篇幅③，不能为据。

总之，司马迁对武帝时期这段"当代"历史，既有根据自己观察所作的深刻批评，又有对武帝功业的真心赞扬，这同他宣扬汉兴以来所取得的历史进步的态度是一致的。考察这个问题再次证明：伟大的史学家绝不能离开他的时代。

像司马迁生活在汉朝鼎盛、民族创造力蓬勃的时代，他绝不可能站在时代的对立面，专门讥贬之说纯属曲解，他是把真实记载这一伟大时代作为史家的应尽职责的。他揭露武帝政治的阴暗面，也是出于他同情人民的思想和秉笔直书的勇气，这并不能否定他全书"宣汉"的基本立场。

① 《史记·建元以来王子侯者年表》序。
② 《史记·太史公自序》。
③ 较早为张晏说，见《孝武本纪》之《集解》所引，称："褚先生所作。"后钱大昕又考辨云："少孙补史，皆取史公所缺意虽浅近，词无雷同，未有移甲以当乙者也。或晋以后少孙补篇亦亡，乡里妄人，取此以足其数尔。"（《廿二史考异》卷1"孝武本纪"条）赵翼也认为必非司马迁所作。

汉代社会的进步本来是客观的事实。但是俗儒中盛行的"尚古"、"嗜古"的偏见却严重地阻碍人们对于历史真相的认识。东汉初年高举"疾虚妄"旗帜的进步思想家王充，从理论上对复古倒退的历史观作了有力的驳斥，并有针对性地提出"宣汉"、"恢国"的论题。他对汉代社会思想和史学的发展作出了重要的贡献。

王充指出俗儒"好褒古而贬今"、"尊古卑今"已成了一种痼疾，他们迷信古代达到了是非颠倒的地步："俗好高古而称所闻，前人之业，菜果甘甜；后人新造，蜜酪辛苦。"王充还具体列举了倒退历史观认为古人品质高尚今人低劣、古人相貌姣好今人丑陋、上古功德优奇今世功德劣薄等具体表现。王充分析产生这种迷误的原因，主要是文人贵古贱今的习气影响所致："辩士则谈其久者，文人则著其远者。近有奇而辨不称，今有异而笔不记。"①

王充认为，历史的真相正相反，从历史进程看，所谓"上世质朴下世文薄"，实际上是由原始状态进入开化时代："上世之民饮血茹毛，无五谷之食，后世穿地为井，耕土种谷，饮井食粟，有水火之调"；"上古岩居穴处，衣禽兽之皮，后世易以宫室，有布帛之饰"。②尤其是汉代，政治功业更超过前古，"恢论汉国在百代之上，审矣"。他用雄辩的事实批评复古倒退的论调。从立国说，两汉开国均自平民而登帝位，兴起更优："五代之起，皆有因缘，力易为也。高祖从亭长提三尺剑取天下，光武由白水奋威武，帝海内，无尺土所因，一位所乘。"从国力说，汉代更强盛，版图更开拓："黄帝有涿鹿之战，尧有丹朱之师，舜时有苗不服，夏启有扈叛逆……前代皆然，汉不闻此。""同时戎狄攻王，至汉内属，献其宝地。西王母国在绝极之外，西汉属之。德孰大？壤孰广？"

王充对边疆落后民族由于接受中原文化而进入文明之境尤为重视，他这样做了对比："唐虞国界，吴为荒服，越在九夷，蹶衣关头，今皆夏服、褒衣、履舄。巴、蜀、越嶲、郁林、日南、辽东、乐浪，周时被发椎髻，今戴皮弁；周时重译，今吟《诗》《书》。"③王充还用诗一样的语言，歌颂汉代民族融合、四海一家的局面："古之戎狄，今为中国；古之裸人，今被朝服；古之露

---

① 《论衡·超奇篇》、《齐世篇》。
② 《论衡·齐世篇》。
③ 《论衡·恢国篇》。

首，今冠章甫；古之跣跗，今履高舄。以盘石为沃田，以桀暴为良民，夷坎坷为平均，化不宾为齐民，非太平而何？"①

王充的论述发挥了前人朴素的进化观点和以文明程度（而不以血缘关系）区分华夷的观点，有力地论证了"大汉之德不劣于唐虞也"的中心主张。他赞美汉德之盛，如阳光普照天下："夜举灯烛，光曜所及，可得度也。日照天下，远近广狭，难得量也。"②汉朝是中国封建社会第一个强盛的朝代，当时正处于封建关系上升的时期，王充的结论自是具有进步意义的见解。

通过剖析俗儒"尊古卑今"历史观的谬误，王充总结出撰写当代史著作的急迫需要，热切地呼唤一部"汉书"的产生。他精辟地指出：之所以形成这种颠倒历史的看法，是由于汉的功业没有得到宣扬："汉德明著，莫立邦表之言，故浩广之德未光于世也。""国德溢炽，莫有宣襃，使圣国大汉有庸庸之名，咎在俗儒不实论也。"③而儒生们自幼诵习的却是记述和颂扬三代的书，"朝夕讲习，不见汉书，谓汉劣不若"，所以识古而不识今。当代学者对此负有责任，由于汉代历史没有得到及时总结记载，仍处于官府文书档案阶段，一般读书人对于当世的进步不得而知，"世见五帝、三王在经传之上，而汉之记故尚为文书，则谓古圣优而功大，后世劣而化薄矣！"④面对汉德超过前代而世俗眼光却加以鄙视这种巨大的反差，王充深感记载汉代历史的急切需要，因而大声疾呼学者们要尽到"宣汉"、"恢国"的责任，认为："汉德不休，乱在百代之间，强笔之儒不著载也。""如千世之后，读经书不见汉美，后世怪之。故夫古之通经之臣，纪主令功，记于竹帛，颂上令德，刻于鼎铭。文人涉世，以此自勉，汉德不及六代，论者不德之故也。"他本人当仁不让，一再申明《论衡》的著述不同于别人，即是为了"宣汉"："《春秋》为汉制法，《论衡》为汉评说。""汉家著书，多上及殷周，诸子并作，皆论他事，无褒颂之言，《论衡》有之。"⑤《论衡》书中直接涉及颂汉的篇目，就有《须颂》《恢国》《超奇》《宣汉》《齐世》《验符》等篇。王充明确提出"宣汉"的论题，并作了出色的实践，这在史学思想上是一个发展，很值得我们重

---

① 《论衡·宣汉篇》。
② 《论衡·须颂篇》。
③ 《论衡·须颂篇》。
④ 《论衡·齐世篇》。
⑤ 《论衡·须颂篇》。

视。他启示人们：史学家、思想家对于当代创建的业绩，应该如实地宣扬，热情地写出反映历史进步的著作，让它在社会上产生有力的教育作用，驳倒各种消极倒退的论调，以增强斗志，激励人们继续前进。

王充和班固是同时代人，《论衡》书中列举的东汉初倒退历史观的种种论调，又为我们提供了当时社会思潮斗争的确凿背景材料，这对近一步认识《汉书》的时代意义极为重要。班固撰史的一项根本宗旨是"宣扬汉德"。以往的研究认为这是班固正宗思想的体现，确是有道理的。然而这只是事情的一个方面。事情的另一方面是，撰写一部"汉书"是时代的召唤，班固本人也恰恰意识到这一需要。他之所以不满意"以汉代继百王之末"，重要的原因是他认识到"大汉当可独立一史"。班固这样做，客观上同样具有破除当时浓厚的复古倒退思想的积极意义。他以成功的史学实践满足社会思想前进的要求，在当时具有重大的进步意义。联系王充之所述，我们可以确有把握地把对《汉书》的评论提高到一个新的层级。而且，由此也能深化对马班史学关系的认识。司马迁有比较自由的思想，班固则深受东汉初儒学国教化的影响，保守倾向浓厚。在"宣汉"和"实录"的著述宗旨上，马班是相通的。这就是为什么《汉书》对武帝以前的史实基本上全录《史记》的理由，明显表示尊重司马迁的成就，而不是什么恶劣的抄袭。班固同样据实赞扬汉代的功业，其中突出者，如：总论武帝"雄才大略"，"時咨海内，举其俊茂，与之立功。兴太学，修郊祀，改正朔，定历数……号令文章，焕焉可述"。称赞昭帝任用霍光，"知时务之要，轻徭薄赋，与民休息"。又论宣帝大有作为，"纂修洪业"，"招选茂异"，"综核名实，政事文学法理之士咸精其能，……亦足以知吏称其能，民安其业也。"故号称"中兴"。[①]这些称扬都符合历史的实际，经受了时间的考验。

《汉书》因"断汉为史"，创立了断代史新体例，摆脱了司马迁之后百余年间历代学者只能"续作"、修修补补的困境，使史学前进了一大步。《史记》《汉书》的"宣汉"，又都是从历史事实出发，从治国成效、民众生活的角度记述和评价的。这种人文主义的史学传统成为两汉之际迷信谶纬的思想浊流泛滥猖獗的直接对立物。被公认为信史的《史记》《汉书》，即为后人认识我们民族历程提供了有说服力的依据，这对于中国中古文化走上一条跟欧洲中

---

① 分别见班固《汉书·武帝纪》、《昭帝纪》、《宣帝纪》赞语。

世纪神学体系截然不同的途径，起着不容低估的保证作用。这一层，又是马班史学巨著对于民族文化的巨大贡献。

五、对恩格斯名言的一点理解

以两汉"过秦"、"宣汉"的历史思想为实例，可以进一步说明：历史学对于社会生活不是无用或只有小用，而是大有用处，它能够有效地帮助实现社会振兴，有力地抵制思想文化的浊流，成为民族精神的坚强脊梁。这显然是史学理论的一个带有根本性的问题。由此我们想到恩格斯的名言：

> 没有哪一次巨大的历史灾难不是以历史的进步为补偿的。[1]

经典作家的这段论述，在丰富历史事实的基础上，总结了反思历史获得巨大成就的经验，它深刻揭示出历史运动的规律，具有普遍的意义。汉初"过秦"带来了西汉盛世，使秦末的巨大灾难由历史进步得到补偿。无独有偶，隋的顷刻灭亡，在唐初记忆犹新，君臣动色相戒，时时以隋的暴虐儆己儆人，而深深认识到统治腐败之可怕，民心民力之可畏，因此开直言之路，形成封建社会中少有的敢于诤谏、重视纳谏的政治局面。向李世民直谏的不止魏征一人，敢于谏言之臣成批出现，是重视总结历史教训的风气使然。特别在李世民当政的前期，处事谨慎，力戒奢侈，不敢劳民。他敕修《隋书》，即要以史为镜，认真总结隋亡教训，意在教育后代。唐初人物也常联系到"过秦"，因为秦朝和隋朝的历史教训十分相像。由于唐初总结亡隋之失，直接导致了中国历史上出现一个更加强盛的朝代。封建社会中汉、唐两个"盛世"的出现，都有其深刻的历史必然性，都跟决策集团认真吸取历史教训直接相联系，这是运用历史知识取得伟大成效的有力例证，值得人们反复地思索回味。

---

[1] 恩格斯：《致尼·弗·丹尼尔逊》，《马克思恩格斯全集》第39卷，人民出版社1974年版，第149页。

《史记》久远生命力的奥蕴

在我国文化典籍宝库中，《史记》堪称是一部具有久远价值的不朽著作。封建时代不少进步学者把它视为著述的楷模；近代主张输入西方新学和倡导"史学革命"的梁启超称书中"常有国民思想"①，现代中国文化革命的主将鲁迅誉之为"史家之绝唱"；直至今天，处在改革与开放的社会主义时代的人们，仍然一再从《货殖列传》《平准书》等篇章中吸取营养，总结司马迁主张发展商业交换、鼓励人们自由致富的进步思想。《史记》具有如此久远生命力的秘密，我认为，在于司马迁从总结客观历史进程和研究社会现实情况出发，勇于形成自己独立的社会思想体系，表达对历史前途的看法，寄托本人进步的社会理想，其中蕴涵着丰富的人民性、民主性精华，所以才能历经千百年岁月的洗练，而更加显示出其光彩。以往仅从历史著作范围来评价它的做法显然不够，需要进一步结合西汉前期思想文化演进的背景，深入地考察司马迁由广泛反映社会实际而形成的进步思想及其社会效果，并总结其中的历史教训。这对于发掘民族文化珍品中的思想财富，促进今天历史著作更加贴近于社会生活，都具有不可忽视的意义。

一、构建独立学说体系的著述宗旨

探讨司马迁著述宗旨最为直接有力的证据，莫过于他所亲写的文字。首先，要足够地重视他本人所定《太史公书》这一书名，并不是后人所称《史记》。②严格地说，后人改易的书名跟司马迁原意已有偏离，妨碍对其宗旨的认识。司马迁的定名，说明他的旨趣在提出自己的思想体系，如《孟子》《荀

---

① 梁启超：《新史学》，《饮冰室合集》文集之九，第5页。
② 司马迁定名为《太史公书》，见《太史公自序》。《汉书·艺文志》著录为"《太史公》百三十篇"，《宣元六王传》谓之《太史公书》，班彪《略论》、王充《论衡》同。《杨恽传》谓之《太史公记》，应劭《风俗通》卷16同。而《风俗通》卷2又称为《太史记》。故知两汉时并未有名迁书为《史记》者。参见梁启超《要籍解题及其读法》。

子》等书一样，要拿出自己的一套独立见解。后人改称《史记》，却将它划定到史书范围之内，忽视了司马迁所重在于提出自己的观点主张。二百年前专重"史义"的章学诚，已经敏锐地道出这一点，指出："《太史》百三十篇，自名一子。（原注：本名《太史公书》，不名《史记》也。）"他又说，"司马迁著百三十篇，自谓绍名（按，当作"明"）世而继《春秋》，信哉，三代之后之绝作矣！"① 称赞司马迁勇于提出自己的学说，故能写出整个中古时代独一无二的杰作。章氏所言，可谓目光如炬！

其次，与《太史公书》的命名相照应，司马迁在《太史公自序》这篇总结性文字中，画龙点睛式地揭示出其著述意图：为"继《春秋》而作"；"述往事，思来者"；"成一家之言"。这三处地方措辞虽有不同，所表达的意思则是一致，即：他的著述有深远的用意，要提出自己的社会学说体系，并寄托于未来。

处在武帝时期特定的思想环境下，司马迁以"继《春秋》"自任，具有极不平常的意义。当时文化思想的一大特点，是《春秋》学与政治相结合，成为意识形态领域的最高权威。公孙弘因通《春秋》由布衣而擢居丞相高位；董仲舒因宣扬《春秋》"大一统"等学说，成为一代儒宗；汉武帝尊奉《春秋》，则从他诏令太子熟习《公羊》学而得到确证。《春秋》享有如此尊荣的地位，关键即在于其与西汉政治密切结合。董仲舒《天人三策》就是宣扬这一观点的代表作。他迎合汉武帝的政治需要，解释孔子著《春秋》体现了皇权神授，《春秋》即是孔子为汉制法。他从各方面论证汉家朝廷的权力、制度、法律、政策都可以在《春秋》找到根据，《春秋》为封建国家确定了治理天下的纲纪和法则。这些言论固然都出于唯心的说教，但它在客观上符合封建政权巩固统一和加强集权的需要，所以被汉武帝所激赏和大力提倡，董仲舒的《春秋》学成为汉代正宗思想的代表，依然具有最高权威的地位。《两汉三国学案》作者唐晏对当时《春秋》的权威地位有相当中肯的概括："凡朝廷决大疑，人臣有献替，必引《春秋》为断。"② 下面两个典型事例即可说明这一点：因武帝建元六年高帝陵和辽东高祖庙发生火灾，董仲舒上奏，以《春秋》所载两观两宫火灾相比附，要求朝廷对悖逆不法的诸侯王施加打击。当时武帝未予采纳。至

---

① 见《文史通义·释通》及《匡谬》二篇。
② 《两汉三国学案》卷8。

元朔六年淮南王等谋反，于是武帝追思仲舒前奏，叹服其正确，遂使"仲舒弟子吕步舒持斧钺治淮南狱，以《春秋》谊颛断于外"。又，昭帝即位初年，则有京兆尹隽不疑引用《春秋》之义为依据，果断地处置有人冒充卫太子出现于长安街头的事件，迅速地收拾了混乱局面。不疑此举被昭帝和大将军霍光大加赞许，要求公卿大臣都仿效他，做到"用经术明于大谊"。①

董仲舒用《春秋》断政事使皇帝为之叹服；隽不疑用《春秋》定疑案使群臣为之慑服。政治生活的现实，证明《春秋》的确兼具最高精神指导和具体法律标准的作用，称之为"圣经"可谓恰如其分。故而西汉一代有众多学者以治《春秋》学相竞尚，形成公羊、谷梁、左传、严氏、颜氏等分支学派，仅以《春秋》决事决狱的著作，就有《公羊董仲舒治狱》十六篇②，《春秋决事》十卷，《春秋决疑论》一卷③等。

时代风尚决定司马迁对《春秋》十分推崇，一再强调他著书以"继《春秋》"是履行自己神圣的历史责任。他与董仲舒对《春秋》的看法固然有所不同，但其中却有相通之处。司马迁曾从董仲舒学习公羊春秋说，接受《春秋》处处体现了孔子的微言大义，别嫌疑、定是非、善善恶恶，贯穿着严格政治标准这类观点。所以他直接引用董生的话说明孔子作《春秋》的旨意："孔子知言之不用，道之不行也，是非二百四十二年之中，以为天下仪表……以达王事而已矣。"司马迁与董仲舒不同的是，他不拿《春秋》与"天意"相附会来神化皇权，也不拿阴阳灾异之说解释帝王的一举一动都受到上天的注视。司马迁是从人事角度推崇《春秋》，认为它体现治理国家和伦理纲常的基本原则。他一再论述《春秋》的原则、道理与社会的治乱、国家的兴亡相关；《春秋》是"王道之大者"；"《春秋》辨是非，故长于治人"；"拨乱世，反之正，莫近于《春秋》"。并认为《春秋》体现了礼义、伦理的原则："夫不通礼义之旨，至于君不君，臣不臣，父不父，子不子。""《春秋》者，礼义之大宗也。"即强调上自国君、下至庶民，人人必须通于《春秋》之义，按照其中的准则律己，否则君君臣臣父父子子的伦理关系就无法维系，社会将分崩离析，个人也难逃杀身败亡的惨祸。由于《春秋》对国家社会有如此重大关系，所以

---

① 分别见《汉书·五行志上》、《汉书·隽不疑传》。
② 《汉书·艺文志》。
③ 《隋书·经籍志》。

他认为《春秋》是著述的典范，将孔子作《春秋》跟汤、武革命并举，发扬了孟子视《春秋》之功可与禹抑洪水、周公兼夷狄相等列的论点，歌颂它们都是诛灭暴虐，恢复伸张正义的伟大功业。①

总之，司马迁推崇孔子作《春秋》，核心即在于认为《春秋》体现了治理国家和协调社会的根本原则，它不是陈篇旧账，而是具有活的生命、功垂后世的历史，所以能对后代国家社会生活起指导作用，这也正是司马迁为自己著书所确定的根本目的。所谓"述往事，思来者"，也是从另一角度表达这个意思：记述历史并非就是全部目的，其更深意义是希望对未来社会起作用。"成一家之言"，则要借总结历史提出自己独立的学说体系，要"藏之名山"，"传之其人"，让后人从他的思想中得到启示。正是这样崇高的目的和宏远的见识鼓舞着他，使他忍受惨遭腐刑的奇耻大辱，怀着"肠一日而九回"的巨大痛苦，去发愤完成著述事业。他的深意在当时无法直截了当说出，只能委婉言之，我们显然不能局限于通常史书来认识，必须进而深入探究其独立学说体系的内涵和价值。其实早在20世纪20年代，梁启超就已讲到："（司马迁）著书最大目的，乃在发表司马氏'一家之言'，与荀卿著《荀子》、董生著《春秋繁露》，性质正同。不过其'一家之言'，乃借史的形式以发表耳。故仅以近世'史'的观点读《史记》，非能知《史记》者也。"②可惜他只是点到而未加论证。此后研究者对司马迁构建独立思想体系则似乎一直重视不够，这个缺陷亟待今日填补。

这样做，既是为了从更高层次研究《史记》的思想成就，同时也体现了学术研究所应重视的"视角转换"。近代区分各个学科门类是人类认识史上的巨大进步，使我们对于自然和社会各个领域的研究做到更加精致、更加系统。但是严守学科门类的观念长期沿袭的结果，又不可避免地带来副作用，即在某种程度上忽视学科之间的联系，削弱了整体性认识。譬如，史学本来即是文化现象的一种，它是特定的社会现象（包括经济、政治、军事、学术等）的反映，它如何反映受到社会状况的制约，同时它反过来又作用于社会，对社会产生积极或消极的影响。而且史学与其他学科，如哲学、经济、法律、文学、宗教等也有机地相联系。因此我们不能局限于就史论史，还应扩大视野，联系当时文

---

① 均见《史记·太史公自序》。
② 梁启超：《要籍解题及其读法》，《饮冰室合集》专集之七十二，第18页。

化思想的总背景，对史学与社会的关系作双向考察，注重探求历史家倾注于书中的社会观点和社会思想。这种从文化视角研究史学的做法，对于以往过分强调学科门类而产生的局限是一种弥补，有利于推进学术工作中整体性的认识，有利于密切史学与社会生活的联系。更何况，在司马迁的时代，史学远未成为独立的学科门类，各学科之间也未明确分野。《春秋》是鲁国史，又是儒家经典。《史记》既是历史著作，又是自有历史以来一切文化的总汇。它包括了当时所能知晓的中华民族的全部历史，又包括了当代的社会情况。从文化视角研究《史记》，有可能更符合司马迁著述的真实意图，更有利于总结司马迁思想的精华所在。

二、从多元文化格局到独尊儒术的历史转折

"人们自己创造自己的历史，但是他们并不是随心所欲地创造，并不是在他们自己选定的条件下创造，而是在直接碰到的、既定的、从过去承继下来的条件下创造。"[①]思想学说的创造也必须以已有的条件为出发点。司马迁社会思想的形成有其特殊的时代机遇，他正处于由西汉初期文化思想的多元格局转向汉武帝开始实行独尊儒术的历史交叉点。这种文化背景对其社会学说的形成具有两层意义：前者，司马迁吸收了各家学说的营养，继承了由战国到汉初学者们勇于提出独立见解的思想风格；后者，使他的思想经受了专制主义的磨炼而更加闪射出光辉。

汉初各家学说并存的局面，一般称之为战国百家争鸣的余波。这一局面的出现有其深刻的历史必然性。秦兼并六国后，实行政治上和文化上的专制主义，"以法为教"，"以吏为师"，以为只要推行极端的法家路线就可以维持万世的统治。结果适得其反，激起了民众的强烈反抗，使其专制统治迅速灭亡。西汉皇朝是在反秦战争的废墟上建立起来的，统治者适应时势的要求，实行黄老"无为"政治，与民休息。文化上也无力多加干预，思想控制松弛，出现了秦始皇和汉武帝文化专制政策之间的一段空隙。思想家们则吸收了秦亡教训，谴责秦的暴虐和专制，他们继承先秦思想的各种论点，加以发挥，同时各

---

① 马克思：《路易·波拿巴的雾月十八日》，《马克思恩格斯选集》第1卷，人民出版社1973年版，第603页。

个学派之间互相吸收，形成汉初文化思想上多元的格局。

汉初各家学说多元并存，黄老学说在汉初称盛，帝王如文、景，后妃如窦太后，将相如曹参、陈平，学者如盖公、黄生等，都是黄老之学的信奉者或传授者。黄生曾在景帝面前与儒者辕固生辩论，黄生的说法受到景帝的袒护。汉初六七十年间连续执行黄老"清静无为"的政策，使经济得到恢复和发展。而同时，儒学在此期间的作用尤呈上升趋势。陆贾对高祖称说《诗》《书》，提醒他要采取由武力转变为施行"仁义"的政策。叔孙通为汉制礼仪，卒为汉家儒宗。文帝时贾谊从儒家立场出发提出加强中央集权的主张。上述三人的建言和作为，是儒学在汉初数十年间几项重大问题上引人瞩目的贡献，儒学地位也因而得到提高。法家学说在汉初也有其影响，如晁错以学申商刑名之学进身，在对策中论述法治的重要性，主张"功高者赏厚"、"罪重者罚严"，被文帝列为高第，并得到擢升。

汉初思想家论述其社会政治主张，多不拘一家之说，而能兼采各家之所长。他们处在"汉兴，海内一统"的新时代，国家出现了空前的统一局面，各地区的联系大大地加强，北起燕代、南至江楚、西达陇蜀、东临海滨，各地区的居民汇合成为统一的民族——汉族。由于这一伟大时代的推动，各家学说也出现互相吸取、汇合的趋势。这跟战国时期各国纷争、社会急剧动荡而形成的文化特点迥然不同。战国百家争鸣显示了学术的繁荣，但诸子各是代表不同阶层或阶级的不同学派，为了各自的利益，必然要通过互相辩难击败对手，扩大自己的影响。如庄子强调"百家众技"、"不能相通"、"必不合矣"①，天下的道术相分裂。荀子把各家学说统统视为"枭乱天下"的"邪说"、"奸言"，当世之要务是使它们灭绝，"以务息十二子之说，如是则天下之害除"。②韩非子攻击儒、墨为"愚诬之学，杂反之行"③，纯属无知欺骗之说，有害于治理国家，必须予以排斥。跟上述战国诸子强烈否定、坚决排斥其他学派的态度相反，汉初思想家十分重视吸收融合各家学说。陆贾首开风气，他的名言是："书不必起仲尼之门，药不必出扁鹊之方。合之者善可以为法，因世而权行。"他从儒家观点强调"德政"和"仁义"，同时又宣扬"无

---

① 《庄子·天下》。
② 《荀子·非十二子》。
③ 《韩非子·显学》。

为"，治理国家要"块然若无事，寂然若无声"，明显地吸收了道家的学说。他又兼有法家"功利主义"的色彩，主张"建国强威，辟地服远"，鼓吹"征敌服众"，并批评伯夷、叔齐式的消极避世行为。①贾谊的学说具有亦儒亦法结合的特点，认为治理国家应该"礼义"与"刑法"并重。故司马迁称贾谊和晁错"明申韩"，而《汉书·艺文志》却把"贾谊五十八篇"列为儒家。贾谊对于黄老学说亦有吸收，故主张"约法省刑"，与民休息。晁错以重视法治、峭直刻深著名，而他又曾被派到伏生处学习儒家经典《尚书》，学完后向朝廷"上书称说"。他讲人主应该熟练掌握的"术数"，就有"忠孝事上"的儒家训条。②

到了司马谈著《论六家要旨》所显示的文化旨趣，已经指明了司马迁学术思想的途径。《论六家要旨》是对于汉初各家学说互相吸收这一趋势的发展和总结，对各个学派有批评也有肯定，而又特别强调各派的贯通融合。他明言各家学说都是"为治"，只是提法不同，归根结底，都是殊途同归的，也就是说，对各家学说只要取舍适当，都能为治国服务。《论六家要旨》在评论各家的短处之后，分别肯定各家的长处，因此可以认为此篇是司马谈兼采各家以形成自己一套社会观点的尝试，至少是表达出这种强烈的愿望。这对司马迁产生了直接的影响。

总之，汉初文化思想多元并存、互采众长的格局，是在国家统一的时代条件下，对于以往各学派互相排斥的一种超越。汉初思想家惩于暴秦"焚百家之言，以愚黔首"的严酷教训，而愈加珍视各家学说，转向吸收各家之长以著书立说。这种学术多元化局面，是中华民族文化史上的伟大进步，是司马迁社会思想成长的肥沃土壤。当时，封建制度上升时期的创造活力、国家的空前统一、民族的融合、文化上各家互相吸收补充，为他的著述提供了极好的时代机遇，开阔了他的视野，促使他决然抛弃前代学者自封畛域的褊狭见解，形成了珍视民族文化遗产和自由表达思想的高尚志趣。

《史记》的撰著，又处在汉武帝罢黜百家、独尊儒术之时。政治专制和文化专制当然使司马迁的议论不得不有所忌讳，影响他自由思想的发挥，这在

---

① 见《新语·术事篇》《至德篇》《慎微篇》。
② 关于汉初思想家兼采各家学说的思想特点，参见拙作：《汉初史论的时代色彩和主要成就》，《北京师范大学学报》1983年第6期。

《史记》字里行间多有流露。但从另一面说，专制政策的压力使他更加认识各家并倡的可贵，更加向往自由表达意见。《报任安书》中举出西伯拘而演《周易》，仲尼厄而作《春秋》，屈原放逐乃赋《离骚》……歌颂这些古圣贤虽身遭困厄，却以坚韧毅力完成著述，"论书策以舒其愤，思垂空文以自见"，写出自己心中的"道"。他以此自喻，表示自己要效法他们，著书以"稽其成败兴坏之理"，为了实现这一愿望，"虽万被戮岂有悔哉！"这些话即是司马迁渴求抒发独立见解，对于专制淫威誓不屈服的明证，使他的文章充溢着迥异于平庸之见的"奇气"。因此，由多元文化格局转入思想专制，反而更激起司马迁追求自己社会理想感情的迸发，如同宽缓的水流骤入险滩狭谷而发出轰响，溅起层层浪花。司马迁记载董仲舒行事，却不载其《天人三策》，可以视为是他对于文化专制的抗议。而其时独尊儒术的政策刚刚实行，统治者尚未能编结成严密的文网。封建正宗思想尚未有后世那样强大的禁锢作用，具有卓越的进步意义的巨著才有可能在这个历史关头产生。司马迁社会思想的主要内涵包括互相有机联系的三个方面，即在政治上反映平民阶层的要求，经济上主张富民、重视发展工商业，文化上广泛容纳和吸收百家之所长。

三、平民阶层政治要求的反映

在政治观点上，司马迁以忠实的态度考察客观历史进程和社会现状，"稽其成败兴坏之理"，总结出民心向背对于统治成败的决定作用，因而把"安民"和"任贤"作为治理国家的两大关键，反映出平民阶层的政治要求，表达出自己的政治理想。这些构成其社会思想的重要内容。

司马迁继承和发扬了先秦思想家的民本思想，认识到民众是国家政治的根本。他以此为线索，总结商周以来的历史变局。《殷本纪》以具体史实，揭示殷纣王倒行逆施，遭到民众痛恨，导致其垮台。殷纣穷奢极欲，残酷剥削，"知足以拒谏，言足以饰非"。"厚赋税以实鹿台之钱，而盈巨桥之粟。益收狗马奇物，充仞宫室"，又施行残酷的刑罚，"百姓怨望而诸侯有畔者，于是纣乃重刑辟，有炮烙之法"。他面临灭亡，还迷信天命，拒不改悔，自称"我生不有命在天"！最后众叛亲离，"殷之大师、少师乃持其祭乐器奔周"，殷纣身死国灭。在《周本纪》中，司马迁进一步回答小邦周何以能战胜大邑商的问题。他详载周的兴起，是自后稷、公刘、古公亶父、季历、文王历代"积德行义"，"民赖其庆，百姓怀之"，"士以此归之"。至武王，"又修其绪业"。牧野之战更直接决定于民心向背："纣师虽众，皆无战之心，心欲武王亟入。纣师皆倒兵以战，以开武王。"这些史实生动地证明周的兴起是由于得到民众拥护。重视民众力量的观点，使他把握到商周历史变化的实质。

司马迁在《秦始皇本纪》篇末，对于秦的暴政也作了有力的揭露："刚毅戾深，事皆决于法，刻削毋仁恩和义。"他还一再引用贾谊、晁错、伍被、主父偃、徐乐、严安的言论①，评述秦的暴政如何激起人民反抗的烈火。在项羽、高祖两篇本纪中，他则用对比手法，揭示项羽失败在于一贯实行杀戮政策、刘邦成功在于一向争取民心的深刻道理。刘、项先后入关中，刘邦约法三章，财物无所取，"诸所过毋得掠卤，秦人喜，秦军解，因大破之"。项羽却"屠烧咸阳秦宫室，所过无不残破，秦人大失望"。司马迁尤其重视记载刘邦的约法三章如何得到关中民众的拥护：刘邦召集当地父老豪杰，宣布悉除去秦法，"凡吾所以来，为父老除害，非有所侵暴，无恐！"又使人遍告各郡县百姓，于是"秦人大喜，争持牛羊酒食献飨军士。沛公又让不受，曰：'仓粟多，非乏，不欲费人'。""秦人又益喜，唯恐沛公不为秦王。"这些记载有力地证明：不必等到成皋对峙和垓下之战，刘胜项败之结局已定。

司马迁以民心向背来解释国家的成败兴亡，这在那个时代当然是卓识，因为两千年前不可能有更高明的理论。这样一来，对历史盛衰大事的解释，便完全置于政策的得失和民众的意志这些具体切实、容易明了的问题上。抓住真理就能所向披靡，所以正当董仲舒天人感应的学说风行一时、汉武帝拜神求仙执迷不悟的时代，司马迁却清醒地提出："国君强大，有德者昌；弱小，饰诈者亡。太上修德，其次修政，其次修救，其次修禳，正下无之。"②这实际上即是对于"王权神授"、"天意决定人事"的神学观点的正面否定。

根据国家兴盛要依靠"修德"、"修政"的指导思想，司马迁对于政治问题最为重视的是"安民"和"任贤"。

为了"安民"，必须第一，反对大事征伐，耗费财物，增加民众负担；第

---

① 参见《史记·秦始皇本纪》篇末所引《过秦论》《袁盎晁错列传》《淮南衡山列传》《平津侯主父列传》。
② 《史记·天官书》。

二，反对横征暴敛。司马迁的看法，大量是结合武帝时期现实的政治问题表达的。他所提出的"原始察终，见盛观衰"，是将考察历史与陈述政事融合在一起的。当时举国关注的是匈奴问题。武帝连年派兵对匈奴征战，规模大者出兵十余万至三十万，加上转运粮食给养等的民众，动员的人数更为庞大，造成民众长期不堪忍受的重负，财物耗尽，国库虚空。武帝一心攻灭匈奴建其伟业，群臣一味奉迎讨好，因此，匈奴问题成为一个尖锐而敏感的政治问题，议论出兵征战的损失则成为朝廷大忌。司马迁却敢于讲出不同意见，批评连年征伐造成的恶果。《平准书》直书无隐，指出由于连年征战，造成士卒大批死亡，民众困苦不堪，文景时代"府库余财"、"太仓之粟陈陈相因"的丰厚积蓄被耗尽了，造成"天下苦其劳，而干戈日滋。行者赍，居者送，中外骚扰而相奉，百姓抏弊以巧法，财赂衰耗而不赡"，因而是汉朝由盛到衰的转折点。这是司马迁从"安民"出发对武帝政策极其大胆、尖锐的批评。

司马迁对匈奴问题的见解，还反映在书中编排的匠心，即将《李将军列传》《匈奴列传》《卫将军骠骑列传》连排的做法。以往论者对于为何在两篇人物列传中间插进《匈奴列传》表示不解，甚至批评司马迁自乱体例，实则因为未将司马迁著史与当时社会现实联系起来，不明白史家的良苦用心。这样安排的深意即在表达对匈奴问题的独立见解。①请看：李广一生与匈奴作战，"大小七十余战"，却不得封侯，反而饮恨自杀。司马迁对他极表崇敬和同情，赞曰："及死之日，天下知与不知，皆为尽哀。彼其忠实心诚信于士大夫也？谚曰：'桃李不言，下自成蹊。'此言虽小，可以喻大也。"卫青、霍去病都以贵戚为将军，征讨匈奴立功，恩宠无比，炙手可热，司马迁却明显加以讥讽。这一褒一贬，都与匈奴有关，所以即是对武帝政策的批评。《匈奴列传》赞语寓意更为深刻。司马迁指出："孔氏著《春秋》，隐桓之间则章，至定哀之际则微，为其切当世之文而罔襃、忌讳之辞也。"表露他处在专制政治压力下，忌讳极多，表面上对当权人物只好多说赞扬话，但是为了忠实于历史，他还是要讲出事情的真相，要委婉曲折地讲批评的话。他唯恐读者不理解

---

① 日本学者曾论及《平津侯主父列传》及《匈奴列传》连排的微旨。见《史记会注考证附校补》卷112《平津侯主父列传》。云："（主父）等三人，皆以文辞进，皆以伐匈奴、通西南夷为非，此所以与平津同传。观其次诸卫霍两越诸传间，可以知史公之意。"所论已经点到问题所在，惜未能讲透。

其中隐衷，故特别以《春秋》微旨做比喻。紧接着又说："世俗之言匈奴者，患其徼一时之权，而务谄纳其说，以便偏指，不参彼己；将率席中国广大，气奋，人主因以决策，是以建功不深。"司马迁明知要触犯忌讳，却仍然敢于批评武帝政策失当，并且指出满朝文臣谄媚成性，一味附和武帝旨意，不顾敌我双方状况，置国家利益于度外，武将则滋生虚骄心，贪图多立战功，损失多少也不加顾惜。司马迁将他对这场费时几十载、动员人力物力无数的战争的总看法，铸成一句话："建功不深。"这四个字具有千钧之力，凝聚着司马迁的胆识，对于头脑发热的汉武帝无疑是当头浇去一盆冷水！司马迁因不明李陵真相为之说情，因而遭受宫刑，这件事除李陵事件本身的原因外，还有更为根本的原因，即在于他对武帝的征伐政策持批评态度，触犯了专制皇帝，酿成了悲剧。受刑之后，在痛不欲生的心境下，他仍然勇于讲出对这一重大政治问题的看法，这是他坚持独立见解的伟大人格的突出体现。

那么对匈奴采取何种政策才比较得当呢？司马迁在《律书》做了回答，他借称赞汉文帝执行先帝"劳民不可烦"的政策，对匈奴"坚边设侯，结和通使，休宁北陲"，一面严守战备，一面结和往来，防其掠夺，又避免连年征伐之苦，由此造成文帝时期天下太平景象，"故百姓无内外之徭，得息肩于田亩，天下殷富"，讲出他不同于朝廷政策的独立看法，以此证明他主张"安民"，反对滥用民力，大事征伐。

"安民"离不了政治清明，决策正确，所以必须"任贤"，这是司马迁的又一明确主张。他认为武帝对匈奴的政策建功不深，原因即在辅助皇帝决策的将相不得其人，由此而深深感慨文武贤材对于治理国家的重要："尧虽贤，兴事业不成，得禹而九州宁。且欲兴圣统，唯在择任将相哉！唯在择任将相哉！"①他还进一步指出国家之安危存亡决定于所任用大臣的品德与才能："国之将兴，必有祯祥，君子用而小人退；国之将亡，贤人隐，乱臣贵。……贤人乎，贤人乎，非质有其内，恶能用之哉！甚矣，'安危在出令，存亡在所任'，诚哉是言也！"②

"安危在出令，存亡在所任"，这是司马迁针对现实政治问题提出的很有光彩的论点。在皇权制度下，皇帝具有最高权力，只有最亲近的大臣才能产生

---

① 《史记·匈奴列传》赞。
② 《史记·楚元王世家》赞。

影响，匡建补救，使专制君主做出明智的决策，所以能否"任贤"与保证"出令"正确，密不可分。司马迁冀求出现君臣相辅相成、互相告诫的局面，故在论列历代重大仪典之一的《乐书》开篇，他含义深长地议论说："余每读《虞书》，至于君臣相敕，维是几安，而股肱不良，万事堕坏，未尝不流涕也。"他正确地总结了贤臣通过诤谏可以制约皇权的历史经验。

司马迁还认为贤臣应该具备见义勇为和敢于直谏、救弊补过的品质。在古代人物中他敬佩晏婴。齐国大臣晏婴一生节俭，"食不重肉，妾不衣帛"，又崇尚气节，"国有道，即顺命；国无道，即衡命"。《齐太公世家》载：齐景公好治宫室，聚狗马，奢侈，厚赋重刑。时彗星见，景公畏惧叹息，群臣阿近其意而哭泣，独晏子正词谏曰："君高台深池，赋敛如弗得，刑罚恐弗胜，茀星将出，彗星何惧乎？"正告他若不革除弊政将有更大灾祸！颟顸的景公仍毫不觉悟，问："可禳否？"晏婴断然否定："使神可祝而来，亦可禳而去也。百姓苦怨以万数，而君令一人禳之，安能胜众口乎？"因此司马迁对晏婴表达了极高的崇敬："至其谏说，犯君之颜，此所谓'进思尽忠，退思补过'者哉！假令晏子而在，余虽为之执鞭，所忻慕焉。"①显然，他把晏婴关心民众疾苦、敢于犯颜直谏的品质，视为贤臣的楷模。

在当时大臣中，司马迁赞赏汲黯、郑当时，为两人写了合传加以表彰。他明白写出汲黯是武帝时位居九卿而敢于面折廷争的难得人物，重点记汲黯刚直与武帝专制之间的多次正面冲突，如：汲黯批评武帝"内多欲而外施仁义"，公孙弘巧于逢迎，张汤舞文弄法罗织人罪以邀功，汲黯揭露了他们，而使自己处于危殆境地，"弘、汤深心疾黯，唯天子也不悦也，欲诛之以事"。黯见武帝，却讽刺他宠用佞臣的做法："陛下用群臣如积薪耳，后来者居上"；浑邪王来降，武帝为摆体面，要大量征用民间马匹，治长安令之罪，黯挺身而出竭力反对，指出这样做是"令天下骚动"；又写武帝因得大宛千里马，陶醉在虚夸自大心理之中，作歌诗，歌于宗庙，汲黯出来谏阻，认为这样做上不合先帝之制，下不符百姓之意，由此遭公孙弘借机陷害，向武帝称："黯诽谤圣制，当族！"司马迁有意把汲黯的刚直守节、武帝的专制、公孙弘的谄媚阴险对立来写，深刻批评了专制政治的积弊和官场风气的恶浊。郑当时也是武帝时贤臣，他守节廉清，不治产业，礼贤好客，以广荐贤材为己任，"每朝，候上之

---

① 《史记·管晏列传》赞。

间，说未尝不言天下之长者。其推毂士及官属丞史，诚有味其言也，常引以为贤于已"。"闻人之善言，进之上，唯恐后"。①

司马迁主张"任贤"，自然对持禄尸位之臣要加以贬责，对专横跋扈之徒更要痛加抨击。他对身居丞相高位、只有唯唯诺诺、无所建树者有严切的批评，说：自申屠嘉死后，景帝时丞相陶青、刘舍，武帝时丞相许昌、薛泽、庄青翟、赵周等，"皆以列侯继嗣，媞媞廉谨，为丞相备员而已，无所能发明功名有著於当世者"。司马迁借描述武安侯田蚡所作所为，更活画出一个新贵的典型。田蚡是景帝后之同母弟，当其未得势时，卑躬屈膝依附有权势者，在酒宴上"往来侍酒魏其（按，指魏其侯窦婴，时为大将军），跪起如子姓"。武帝登位后，田蚡遂得亲幸，"日益横"。后任丞相，"由此滋骄，治宅甲诸第，田园极膏腴，而市买郡县器物相属于道。前堂罗钟鼓，立曲旃，后房妇女以百数，诸侯奉金玉狗马玩好，不可胜数。"并诬告陷害已经失势的魏其侯，称他与灌夫二人"腹诽欲反"。②田蚡身为丞相，奉邑为河北，当黄河决口时，田蚡为了使洪水不淹自家田，竟反对塞决口，在朝廷之上谎称"塞之未必应天"。③司马迁记载下田蚡种种劣行，是对这个仗势横行、贻害百姓的新贵无情地加以鞭挞。对于不惜耗尽国力民力、只求立功受赏的卫青、霍去病，司马迁在《李将军列传》中以无可辩驳的事实，揭露他们对一代名将的加害。篇末又写李广之子竟被霍去病假装射猎失手将他射死，显然是更深一层谴责权贵的专横狠毒，并且尖锐地讥讽武帝对宠臣的私袒。

作为一个思想深刻、见解敏锐的学者，司马迁对"今上"汉武帝并不是一味揭露讽刺，对汉武帝雄才大略，多所设施，他是予以赞扬的。《史记·今上本纪》本文已佚，内容不得而知，而《太史公自序》言其撰述之旨则云："汉兴五世，隆在建元，外攘夷狄，内修法度，封禅，改正朔，易服色。"《自序》又载他回答壶遂的话："汉兴以来，至明天子，获符瑞，封禅，改正朔，易服色，受命于穆清，泽流罔极，海外殊俗，重译款塞，请来献见者，不可胜道。"他这样称颂汉武帝的功业和隆盛局面，也是符合实际的。揭露其阴暗面，歌颂其光明面，二者相反相成，充分证明这位伟大史家的严肃责任感和深

---

① 汲黯、郑当时事迹据《史记·汲郑列传》及《乐书》。
② 《史记·魏其武安侯列传》。
③ 《史记·河渠书》。

刻洞察力。那种"谤书"的说法，纯属曲解。然而，司马迁又毫不隐瞒地更加赞赏汉文帝，认为他才是理想皇帝。《孝文本纪》赞语说："孔子言：'必世然后仁。善人之治国百年，亦可以胜残去杀。'诚哉是言！汉兴，至孝文四十有余载，德至盛也。廪廪乡改正服封禅矣，谦让未成于今。呜呼，岂不仁哉！"在这篇本纪中，他详细地、赞赏地记述各项德政：宽刑，纳谏，重视农业，轻徭薄赋，节俭，露台计值百金而罢建，所幸慎夫人令衣不得曳地。因而司马迁推崇文帝"专务以德化民，是以海内殷富，兴于礼义"。司马迁对文帝、武帝政绩的不同评论，反映出他以自己的标准来评判最高统治者，不为威势压力所左右。

上述诸项，对连年征伐、滥用民力的批评，对任用贤材的渴求，对于宽刑、纳谏、节俭、减轻剥削的汉文帝的赞扬，归结起来都是反映平民阶层的政治要求，表达了他冀望政治清明、"使民不倦""海内殷富"的社会思想，并期待后世贤王君子予以实行。

司马迁反映平民阶层的政治要求，还表现在他谴责封建专制统治下法令的苛刻和执法上枉定人罪的奸险行为，如《酷吏列传》对张汤窥伺人主喜怒以断狱，有力地加以揭露。司马迁关注平民阶层，赞扬他们具有自己的道德。《游侠列传》称颂布衣之侠舍己为人、扶危救困的品质，讽刺权势人物道德的虚伪，他们标榜仁义，干的却是窃国的罪恶行为。他评价陈涉起义的伟大功绩："桀、纣失其道而汤、武作，周失其道而《春秋》作。秦失其政，而陈涉发迹，《史记》久远生命力的奥蕴诸侯作难，风起云蒸，卒亡秦族。天下之端，自涉发难。"[①]更是表达对平民阶层伟大力量的礼赞。

四、探究社会经济生活的卓越见识

司马迁的探究社会经济生活方面的卓识，则主要体现在以下三点：一、认为人类对于物质生活的要求推动了社会的发展，并且注重从人们社会经济生活中寻找历史的发展线索；二、鼓励人们自由致富，主张大力发展工商业，把著名的工商业者视为社会上值得重视的人物；三、在中国史学上开创了重视记载经济史料的范例。在司马迁以前，先秦儒家贱视生产活动，西汉官方观念也是

---

① 见《史记·太史公自序》。

视工商为末业而加以抑制，重视经济生产的只有《管子》一书。司马迁继承并发展了《管子》的论点，超越了先秦儒家和西汉官方思想的限制，重视考察经济生产对社会生活和历史发展的作用，这种观点也是西汉时代条件的产物。汉朝的建立，为生产发展、商业流通提供了有利条件；封建统一国家，也需要各地区之间加强商业的交换。汉初商人社会地位低下的情况也逐渐发生了变化。高祖曾命令贾人不得衣丝，重租税以困辱之。景帝时，晁错上书称："今法律贱商人，商人已富贵矣。"证明商人的实际地位已经提高。到武帝时，商人已有机会参政，武帝命令东郭咸阳、孔仅主管盐铁，桑弘羊以贾人子入居侍中，以后当大农丞，为全国理财官。生产的发展势必推动思想家对于经济问题的观察，司马迁的经济观点便是对传统思想的重大突破。

忠实地考察历史、考察社会的朴素唯物观点，使司马迁认识到：人们要求满足衣、食、住等项物质需要的欲望是天然合理的，由此推动社会的前进，任凭你挨家挨户去说教，都无法改变这种状况。故他说："夫神农以前，吾不知已。至若《诗》《书》所述虞夏以来，耳目欲极声色之好，口欲穷刍豢之味，身安逸乐，而心夸矜势能之荣。使俗之渐于民久矣，虽户说以眇论，终不能化。"他所强调的"俗"，就是长期形成的希望不断满足物质要求的状况。由于经济生活具有积极的作用，推动社会前进，因此他批评老子把小国寡民、民至死不相往来的状况视为"至治之极"的倒退历史观："必用此为务，挽近世涂民耳目，则几无行矣。"指出这种想要把社会拉回原始状态的想法违反了人们的愿望，注定是行不通的。

司马迁认识到经济生活具有自己的法则，试图从中寻找历史发展的线索。各地区不同的物产和人们生活的需要，推动了社会的分工和交换的形成，对此他有精到的概括：山西饶林、竹、谷、纻；山东多鱼、盐、漆、丝；江南产枏、梓、姜、桂、金、锡、连、丹沙、犀、玳瑁、珠玑、齿革；龙门碣石北多马、牛、羊、旃裘、筋角。"皆中国人民所喜好，谣俗被服饮食奉生送死之具也。故待农而食之，虞而出之，工而成之，商而通之。此宁有政教发征期会哉！人各任其能，竭其力，以得所欲。故物贱之征贵，贵之征贱，各劝其业，乐其事，若水之趋下，日夜无休时，不召而自来，不求而民出之。岂非道之所符，而自然之验邪？"这里把经济生活中存在的法则提高到客观存在、并已得到验证的"道"来论述，强调它不是什么行政力量所能强制，也不是人的愿望所能改变，以此推动社会的发展。他的论述来自对社会生活的深刻观察体验，体现了鲜明的朴素唯物主义观点，两千多年前的史学家能达到这样的认识高度是极其了不起的。恩格斯这样论述唯物史观最根本的观点："唯物史观是以一定历史时期的物质经济生活条件来说明一切历史事变和观念、一切政治、哲学和宗教的。"[①]又说："一个很明显的而以前完全被人忽略的事实，即人们首先必须吃、喝、住、穿，就是说首先必须劳动，然后才能争取统治，从事政治、宗教和哲学等等——这一很明显的事实在历史上的应有之义终于获得了承认。"[②]恩格斯讲的是科学历史观的根本观点。两千年前的司马迁恰恰承认"人们首先必须吃、喝、住、穿"的基本事实对社会和历史的重要作用，并认为经济生活有自己的发展趋势，把政治上的治乱兴衰与经济情况联系起来，说明他虽然未能深入真理的核心，但确已"接触到了真理的边缘"。[③]当时"天人感应说"正被统治者提倡而成为官方思想，司马迁坚持物质生活的发展在历史中的重要作用，更具有一定的战斗意义，堪称是中古时期社会思想的珍贵遗产。

司马迁还主张让人们自由获得财富，主张大力发展工商业。他认为追求财富是人们与生俱来的欲望，是各阶层人们活动的目的："富者，人之情性，所不学而俱欲者也。""天下熙熙，皆为利来，天下攘攘，皆为利往。夫千乘之王，万家之侯，百室之君，尚犹患贫，而况匹夫编户之民乎！"他还用淋漓尽致的笔调描写了一幅贤人名士、官吏军士、医生工匠、农工商贾、猎人渔夫、赌徒歌女，人人尽心竭力追求财富的图画。他反对与民争利，认为最好的办法是放任发展，"故善者因之，其次利导之，其次教诲之，其次整齐之，最下者与之争"[④]。他重视工商业者，为经营致富的大工商业者立传，认为："布衣匹夫之人，不害于政，不妨百姓，取与以时而息财富，智者有采焉。"肯定以工商业致富的合理性。他对"汉兴，海内为一，开关梁，弛山泽之禁，是以

---

① 恩格斯：《论住宅问题》，《马克思恩格斯选集》第2卷，人民出版社1995年版，第537页。
② 恩格斯：《卡尔·马克思》，《马克思恩格斯选集》第3卷，人民出版社1995年版，第335—336页。
③ 白寿彝：《司马迁与班固》（代序），见《司马迁研究新论》，河南人民出版社1982年版，第9页。
④ 以上引文均见《史记·货殖列传》。

富商大贾周游天下，得其所欲"①的局面尤为赞赏，因为这种局面促使了商品经济的大发展。他所批评的"最下者与之争"，是直接针对汉武帝的盐铁官营等。《货殖列传》还记载了大工商业者致富的"哲学"和经营的方法，如预见行情变化，抓住有利时机，选择适当地点以利用当地物产，资金周转要快，利润率不可太高，经营多数人需要的热门商品等。他把全国划分为山东、山西、江南、龙门碣石以北四大经济区，显示它们在全国商品交换中的地位，又重点论述关中、三河、燕、代、齐鲁、越、三楚等地的经济条件与社会习俗。他还通晓各个地区可以致富的行业，如牧马、牛、羊、猪，养鱼，林业，果树，城郊种田，种植卮茜、姜、韭，造酒，做酱，屠宰，贩谷，卖薪藁等。所有这些，都说明司马迁视野之开阔和对经济生活研究之深入。

除《货殖列传》外，《平准书》也是司马迁创立的专记社会经济变化的篇章。在此篇中，他考察了封建国家的经济政策对社会状况和民众生活的影响，根据他的敏锐观察提出武帝统治后期是汉代由盛到衰的转折点的论断。他所着重论述的，一是当时兼并盛行，权势者奢侈无度，二是武帝连年征伐耗尽了国家资财，为解决财政恐慌，采取卖武功爵、盐铁官营和"告缗"，两者都造成了社会的动荡不安。他的论述敏锐地反映了社会生活的新动向，代表了当时平民阶层的利益要求。

五、拥抱全民族文化的胸怀

在文化观点上，司马迁与董仲舒罢黜百家以独尊儒术的文化专制思想相对立，对百家学说广泛地容纳和吸收，承认它们的历史地位，显示出他拥抱全民族文化的广阔胸怀。

汉武帝、董仲舒独尊儒术政策的提出，是当时历史条件下封建政治和文化发展的产物。前已说到，当汉初各家并倡之时，儒学的地位已呈上升趋势，从巩固封建国家统一和加强专制主义政治需要出发，儒家宣扬的"大一统"说、等级制度、君君臣臣父父子子的纲纪伦常，对于汉武帝是最为适合的。司马迁作为伟大的学者，不可能脱离他的时代，所以他尊崇儒学，主张大一统，宣扬君君臣臣父父子子的纲常关系，在《史记》全书中确实体现了儒家思想的主导

---

① 《史记·太史公自序》。

地位。他突破《史记》著述体例的限制，破格写了《孔子世家》，同时撰有《仲尼弟子列传》《孟荀列传》《儒林列传》，它们有机地形成系列文章，构成最早的儒学史，显示出儒学繁盛的特殊地位。尤其是，《孔子世家》在详载孔子一生事迹的基础上，在赞语中引《诗》云："高山仰止，景行行止"，称"自天子王侯，中国言六艺者折中于夫子，可谓至圣矣！"表达对孔子的无比崇敬。这同他"继《春秋》"的宗旨是相通的。

然则，司马迁尊儒的目的跟董仲舒又不相同。董仲舒独尊儒术，是作为维护专制主义统治的手段，所以要废灭百家之学，使"绝其道"。司马迁则出于尊重历史的发展和孔子的学术地位，而对同样在历史上起过作用的其他学派，他也予以承认并且吸收。尊崇当时处于上升趋势的儒学与容纳各家学说可以并包俱存，各采其长，是司马迁文化观点的卓越之处。以上已论及在政治观和经济观上司马迁对道家和管子学说等的吸收发挥，本节再列举他对黄老、法家、纵横家的肯定为证。

司马迁从各个侧面反映黄老"无为"学说对汉初政治的指导作用。《曹相国世家》载曹参任齐王相九年，"其治要用黄老术，故相齐九年，齐国安集，大称贤相"。又以"参为汉相国，清静极言合道。然百姓离秦酷之后，参与休息无为，故天下俱称其美矣"的赞语，把"无为"政治提高到符合历史发展趋势的高度来评价。《吕太后本纪》又赞说："孝惠皇帝、高后之时，黎民得离战国之苦，君臣俱欲休息乎无为，故惠帝垂拱。高后女主称制，政不出房户，天下晏然。刑罚罕用，罪人是希。民务稼穑，衣食滋殖。"在《孝文本纪》中，则用"勿烦民"概括文帝政策和作风的特点。可见司马迁对整个汉初阶段的记载，都贯串着肯定黄老学说历史作用的观点。司马迁对法家人物"刻削少恩"一向反感，但他不以个人好恶歪曲历史事实，而是肯定法家学说的历史作用。他如实记载吴起任楚相，执行"明法审令，捐不急之官，废公族疏远者，以抚养战斗之士。要在强兵"的政策，因而取得"南平百越；北并陈、蔡，却三晋；西伐秦"[①]的政绩。司马迁对商鞅变法推动历史的发展评价更高。《商君列传》详述提出变法的原委，商鞅先后两次变法的具体内容，写商鞅以法家观点和历史经验驳倒保守派人物甘龙、杜挚的阻挠，终于取得显著的成效："行之十年，秦民大悦，道不拾遗，山无盗贼，家给人足。民勇于公战，怯于

---

① 《史记·吴起列传》。

私斗，乡邑大治。""居五年，秦人富强，天子致胙于孝公，诸侯毕贺。"令人信服地说明法家路线使秦成为西方强国，称雄于诸侯。对于往往被视为"驰骋巧辩，腾空造说"的战国纵横家人物，司马迁也认为他们的智慧和历史作用值得肯定。他论述《苏秦列传》的撰述义旨是："天下患衡秦毋厌，而苏子能存诸侯，约从以抑贪强。作《苏秦列传》。"①苏秦针对山东六国畏惧强秦，"忍辱割让求近安"，又互有矛盾、各不相顾的形势，提出六国合从联合抗秦的战略，是一种智慧。司马迁详细记载苏秦游说诸侯的精辟言论，如说韩宣王："大王事秦，秦必求宜阳、成皋。今兹效之，明年又复求割地。与则无地以给之，不与则弃前功而受后祸。且大王之地有尽而秦之求无已，以有尽之地而逆无已之求，此所谓市怨结祸者也，不战而地已削矣。"这类分析都符合当时的情势，显示出其卓识。因而他的谋略得到六国的拥护，推他为约从长，并相六国，而使"秦兵不敢窥函谷关十五年"②。司马迁的结论是："苏秦起闾阎，连六国从亲，此其智有过人者。吾故列其行事，次其时序，毋令独蒙恶声焉。"③这样，纵横家的功绩和他们雄辩的言论就得以载入史册。

兼容各家、不拘一格的胸怀和见识，还使司马迁善于从各种类型的人物，发现其嘉言善行，采撷入史，从而使全书蕴涵着大量的思想资料，丰富了我们的民族智慧。

齐相晏婴曾很不客气地讥贬儒者"滑稽而不可轨法"，"倨傲自顺"，"崇丧遂哀"，"累世不能殚其学，当年不能究其礼"。如果恪守儒家教条，则晏婴这样的人物将被摒弃不载。司马迁则相反，他广泛搜集晏子的史料，从散见于《晏子春秋》《左传》《韩诗外传》的片断资料中，提炼出晏子指责齐景公暴政的出色言论。齐景公害怕见彗星，晏子谏曰："君高台深池，赋敛如弗得，刑罚恐弗胜，茀星将出，彗星何惧乎？""百姓苦怨以万数，而君令一

---

① 《史记·太史公自序》。
② 关于《苏秦列传》所载"秦兵不敢窥函谷关十五年"，《通鉴考异》认为此系出自游谈之士，夸大苏秦而云。然王懋竑云：据六国年表，自显王三十六年，至慎靓王三年，凡十五年，中间四伐魏，一围魏，未尝交兵他国。至慎靓王三年，五国共攻秦，则从约犹未解也。而中间秦三伐魏，也非大出兵，特出偏师。故此句考其事实诚有之，非尽虚辞也。见《史记会注考证·苏秦列传》引。
③ 《史记·苏秦列传》赞。

人禳之，安能胜众口乎？"①以此谏齐景公奢侈重赋和企图以禳祷避祸，这是反映晏子天道观和同情民众的宝贵资料。《赵世家》所载赵简子爱直谏之臣，因此在赵国大得民心的著名故事，则是采用《韩诗外传》中的素材，而更加突出赵简子喜欢"鄂鄂之臣"、讨厌"徒闻唯唯"的品德。司马迁还深挚地赞扬怀着高尚目的而忍辱负重的历史人物，肯定他们"隐忍而成功名"的政治智慧。《伍子胥列传》载：伍子胥之父伍奢因受贼臣陷害被捕，楚王借口召其二子，企图斩草除根。伍子胥识破楚王所设奸计，"二子到，则父子俱死"。于是出亡，四处漂泊，几死者数，道中乞食至吴，最终为吴划策，大败楚国，报了父仇。篇末赞曰："向令伍子胥从奢俱死，何异蝼蚁。弃小义，雪大耻，名垂于后世，悲夫！方子胥窘于江上，道乞食，志岂尝须臾忘郢邪！故隐忍就功名，非烈丈夫孰能致此哉？"司马迁正是吸收了道家"以柔克刚"、"以屈求伸"的观点而加以发挥，从伍子胥的曲折经历提高到政治智慧的高度来论述。在《叔孙通列传》中，司马迁对其"以面谀得亲贵"有所讥讽，却又肯定适应时变、为汉朝制定礼制做法，对此，他也引用道家的话加以赞扬："（叔孙通）希世度务制礼，进退与时变化，卒为汉家儒宗。'大道若诎，道固委蛇'，盖谓是乎？"②

司马迁兼容百家的文化价值取向，还表现在他对滑稽家言和汉赋的看法上。滑稽人物的言辞，往往被正宗人物视为不能登大雅之堂，司马迁却有独到的眼光，认为其中包含着机巧辩慧，妙语解纷，有益于治道。故《滑稽列传》曰："孔子曰：'六艺于治一也。'《礼》以节人，《乐》以发和，《书》以道事，《诗》以达意，《易》以神化，《春秋》以义。太史公曰：天道恢恢，岂不大哉！谈言微中，亦可以解纷。"这说明他在对待各家各派学术文化上有着如同天地包容万物的广阔胸怀。同样，对于司马相如的赋，既指出其《子虚赋》《上林赋》等过分夸饰奢靡的缺陷，又肯定篇中"意在讽谏"的积极意义。因此他明确批评："无是公言天子上林广大，山谷水泉万物，乃子虚言楚云梦所有甚众，侈靡过其实，且非文理所尚，故删取其要，归正道而论之。"

---

① 关于此事，《晏子春秋·外篇》"景公梦见彗星使人占之晏子谏第三"及"景公置酒泰山四望而泣晏子谏第二"及《左传》等都有涉及，但所载均不完整，文字松散，义不显豁。司马迁则运用匠心加以整理、提炼。
② 《史记·叔孙通列传》赞。

而在篇末赞语中又以儒家《春秋》《易》《诗》"言虽外殊，其合德一也"的道理，比喻相如赋"虽多虚辞滥说，然其要旨归于节俭，此与《诗》之讽谏何异？"指出其中可采之处。

至此我们可以清楚地看到，在司马迁时代存在着两种对立的文化观。一是董仲舒的文化专制观点，认为"今师异道，人异论，百家殊方，指意不同，是以上亡以持一统"，主张"诸不在六艺之科孔子之术者，皆绝其道，勿使并进，邪辟之说灭息，然后统纪可一而法度可明，民知所从矣。"①视百家为邪说，要统统使其绝灭。一是司马迁兼采百家的观点，认为"天道恢恢，岂不大哉！"主张兼容并包，因为无论儒家六艺或百家学说，"言虽外殊，其合德一也"，凡是有益国家社会的，都应该吸收，他所追求的是一个多样文化、五彩纷呈的世界！前一种观点的产物是《春秋繁露》那样的著作，以"独尊儒术"为标榜，行宣扬"天人感应"之实。他使不多谈鬼神的孔子学说变成充斥鬼神迷信的西汉"新"儒学，并且与"求雨闭诸阳，纵诸阴，其止雨反是"的巫术相结合，专推阴阳灾异之变，竭力为神化皇权和强化封建专制统治服务，导致了西汉之际鬼神迷信的猖獗和图谶的盛行。后一条路线的产物是《史记》这样的著作，它将中华民族的历史都写进书中，将各家各派的学术思想都囊括其中，把各具智慧和光彩的历史人物都载入史册。就汉以前的历史说，《史记》反映了儒学地位的上升，学派的繁盛，又写了儒家以外的思想家老子、韩非、庄周、申不害、邹衍；写了政治人物管仲、晏婴、商鞅、魏冉、李斯、吕不韦、孟尝君、平原君、信陵君、春申君、田单；写了军事家司马穰苴、孙子、吴起、白起、王翦、蒙恬、乐毅、廉颇；写了文学家屈原、司马相如；写了策士苏秦、张仪、陈轸、犀首、甘茂、甘罗、范雎、蔡泽；还有反映其他社会阶层的刺客、医生、游侠、龟策、货殖等的传记。故梁启超推崇司马迁是古代文化思想的集大成者："其于孔子之学，独得力于《春秋》，西南学派（老庄）、北东学派（管仲齐派）、北西学派（申、商、韩）之精华，皆能咀嚼而融化之。又世在史官，承胚胎时期种种旧思想，磅礴郁积，以入于一百三十篇之中，虽谓史公为上古学术思想之集大成可也。"②郑振铎也认为司马迁的伟大贡献在于系统地整理古代学术文化，"他排比，他整理古代的一切杂乱无章

---

① 《汉书·董仲舒传》。
② 梁启超：《论中国学术思想变迁之大势》，《饮冰室合集》文集之七，第52页。

的史料，而使之就范于他的一个囊括一切前代知识及文化的一个创作的定型中"①。

司马迁的进步文化观点，对于我国文化发展的方向关系极大。由于他在记载客观历史、反映社会生活方面取得巨大成功，进一步确立了我国人文主义的进步文化传统，成为两汉之际迷信谶纬的思想浊流泛滥猖獗的直接对立物。《史记》蕴涵的丰富思想养料，滋育了世世代代的人们，所以才被公认为民族文化的奇葩、世界文化的瑰宝。

六、时代选择和历史教训

司马迁在政治观、经济观和文化观等方面所形成的独立思想体系，是西汉时代封建制度处于上升阶段，物质上和文化上具有蓬勃创造力这种社会存在的反映。然则在同一时代所产生的思想，又可能有很大的差异，形成进步和落后之分，正确与谬误之分。而时代对于思想的选择，却不以何者为最进步、最优秀的成果为标准，而是决定于这一时代处于统治地位的阶级的需要。同在武帝时代，司马迁与董仲舒各自提出了一套社会学说，形成了不同的思想体系。二者之间，在尊奉儒学、维护封建国家的统一方面诚然有其相通之处。但是司马迁主张"安民"、"任贤"，反映平民阶层的政治要求，重视生产活动，鼓励自由致富，兼采各家学说之所长；而董仲舒则主张天人感应，皇权神授，罢黜百家，鄙弃事功：故二者实在又是对立的思想体系。"任何一个时代的统治思想始终都不过是统治阶级的思想。"②按照统治阶级的选择标准，必须采用董氏学说，因为它除了有利于巩固西汉国家统一之外，又具有神化皇权、对人民高压统治、实行文化专制等作用，因而它成为显赫一时的正宗学说。可以说，董氏思想对于巩固汉代封建专制统治起了一定的作用，但是历史却为此付出了巨大的代价，西汉后期鬼神迷信气氛弥漫朝野，阴阳灾异之说大为盛行，以至酿成西汉之际图谶邪说泛滥，皇帝诏书、朝臣议奏都要引用谶纬说法作依据，导致了社会思想的大倒退。追究其根源，董仲舒鼓吹天人感应说实肇其始。若

---

① 郑振铎：《插图本中国文学史》第1册，人民文学出版社1957年版，第120页。
② 马克思、恩格斯：《共产党宣言》，《马克思恩格斯选集》第1卷，人民出版社1973年版，第270页。

时代选择了司马迁富有进步价值的社会思想，那理应有效地促进国家的治理、生产的发展和文化的兴盛。但这种设想没有实际意义，那个时代决然不存在采纳司马迁社会思想的现实条件。司马迁有自知之明，深知其学说主张在当时不可能被赞同，但他又确信其思想的价值，所以要"传之其人"。一个时代未必能选择代表当时最高智慧的思想体系，这是极为深刻的历史教训。

　　司马迁的社会学说既然不被当时权势者所称道，那么，莫非他的卓识果真在现实生活中没有产生作用吗？这又不然。事实上，在历史进程中，统治阶级人物又不止一次成为司马迁社会主张的执行者。史载：武帝晚年曾与卫青对话，承认在位期间连年"出师征伐"是"劳民"，并说："后世又如朕所为，是袭亡秦之迹也。"至征和四年，当桑弘羊等上奏：可在西域轮台实行屯田，募民前赴，以威镇远方。武帝对此断然拒绝，特地为此下诏，"深陈既往之悔"，对长年兴师造成"军士死略离散"、"重困老弱孤独"引以自责，称："今请远田轮台，欲起亭隧，是扰劳天下，非所以优民也。"申明"当今务在禁苛暴，止擅赋，力本农，修马复令，以补缺，毋乏武备而已。"从此不复出军。封丞相田千秋为"富民侯"，"以明休息，思富养民也。"又以赵过为搜粟都尉，推广代田法，恢复农业生产。①由于变"劳民"政策为"养民"政策，避免了武帝晚年统治的危机，使西汉皇朝得以延长约一百年。昭帝始元六年，在盐铁会议上，贤良文学力主罢盐铁、酒榷、均输官，次年七月，诏罢郡国酒酤及关内铁官。贤良文学罢盐铁专营之议虽未被全面采纳，但他们的言论却推动了昭帝时期继续实行与民休息的政策。司马光敏锐地注意到这一点，评论说："武帝之末，海内虚耗，户口减半，霍光务知时务之要，轻徭薄赋，与民休息。至是匈奴和亲，百姓充实，稍复文、景之业焉。"②上述政策转变均与司马迁部分社会主张相符合，这当然不是出于巧合，而足以证明司马迁的主张深刻地反映了社会发展的需要，因而具有预见性，或谓超前性。

　　若再扩大到社会文化发展趋势看，司马迁学说的价值更为明显。《史记》吸收了中国古代各派学术的精华，用人心向背为主线考察历史变局，认为人民

---

① 据《汉书·西域传下》，参见《资治通鉴》卷22汉武帝征和四年。又，司马迁于太始四年作《报任安书》，称"仆诚已著此书，凡百三十篇"，可知全书至此年已基本完成。武帝下诏在征和四年，已后此四年。

② 《资治通鉴》卷23汉昭帝始元六年。

的物质要求促进了社会的发展,这些光辉的思想贯穿全书,使《史记》成为一部真实可信的记述我们民族创造业绩的历史,使后世学者在反对神学迷信狂潮时有所凭借和效法。扬雄于两汉之际迷信盛行时,即直接继承司马迁的观点,认为实行德政比相信迷信灾异重要得多,提出"故常修德者本也,见异而修德者末也"[①]。对于汉朝的兴起,他也坚持从人事角度,以"汉屈群策,群策屈群力"[②]作解释,批判了天命观点。东汉初班固处在灾异谶纬学说泛滥成灾时,却继承了司马迁的实录精神,按照司马迁的记载、看法和著述格局,撰成《汉书》完整记载西汉一代历史,成为继《史记》而起的巨著。有了这两部大著作,对抗和驳倒以迷信观点解释历史就有确凿有力的依据。中国中古时期的文化,之所以能确定走上与欧洲中世纪神学体系截然不同的途径,司马迁的思想学说的确起着非常重要的作用。

---

① 《法言·孝至》。
② 《法言·重黎》。

司马迁对历史发展趋势的卓识

《史记》是中国历史上最杰出的通史著作，尤其是司马迁（前145—？）在把握和叙述历史大势方面的成就，至今仍然值得我们深入地探讨。《史记》有《三代世表》《十二诸侯年表》《六国年表》《楚汉之际月表》《汉兴以来诸侯王年表》等，这些篇的设立，体现出司马迁将上古以来的历史划分为具有不同特点之演进阶段的看法，这是十分值得注意的。深入研究这些表的价值，并与相关的本纪、列传联系起来分析，即可以明了：司马迁著史做到对于各个历史发展阶段的特点和演进趋势有准确的把握，了然于胸，并且生动翔实地叙述出来。而把各个历史阶段贯通地考察，便是司马迁出色地做到的"通古今之变"。白寿彝先生讲过：《史记》写得最详细和最精彩的是汉朝的历史，这是司马迁的当代史。[①]这个看法对我们很有启发。从汉朝上溯，中国怎样从战国分立攻战而走向秦的统一，秦又如何由强盛到骤亡，这一历史阶段是司马迁的近代史。司马迁不愿做纯客观记载的超然的历史学家，他要"成一家之言"，写出自己对历史变迁和当前社会的看法，主张"法后王"，因此对于撰写这段近代史，同样倾注了巨大的心血，从中总结有益的经验教训。在以往研究的基础上，更深入一步考察《史记》对战国时期和秦的历史的记载、评论，总结司马迁对历史发展趋势的卓识，这对于进一步认识《史记》的历史思想和编撰成就，无疑将有所裨益。

一、《六国年表》所表达的历史大势

"表"是司马迁创立的五种体裁之一，紧依于"本纪"之后，它对于反映历史发展大势有重要的作用。然则，自唐代史学评论家刘知幾始，学者们对《史记》中"表"的价值的认识，却经历了很长过程。刘知幾曾把"表以谱

---

① 参见《白寿彝史学论集》下册，北京师范大学出版社1994年版，第720页。

列年爵"列为《史记》长处之一①，又称"虽燕、越万里，而于径寸之内犬牙可接；虽昭穆九代，而于方寸之中雁行有叙"②。这些话，肯定了表在整理帝王、诸侯世系和谱列各国异世同时的年代，在使之眉目清楚上很有作用。但《史通》在另一处又说，将表"载诸史籍，未见其宜"，认为既有本纪、世家、列传所载互相考核，史实已经清楚，而再"重列之以表，成其烦费，岂非谬乎？"③这种看法失于片面，且与前者相矛盾，后代学者几乎无人赞成。宋以下，有不少学者从不同角度肯定《史记》十表的价值。郑樵称作表是司马迁之功。吕祖谦认为表的形式，可以观天下大势和寓经世之意。顾炎武则认为表中所记人物可补"传中有未悉备者"，"年经事纬，一览了如，作史体裁，莫大于是"。④这些学者的看法对于后人有所启发，惜其往往仅是点到而已，因而需要做进一步的研究。

在当代学者中，白寿彝先生对《史记》十表予以充分重视，他在《中国史学史教本初稿》中有一段精辟的论述：

《史记》十表是最大限度地集中表达古今之变的。其中，如《十二诸侯年表》，是要表达"周室衰微，诸侯专权"，"王霸更盛衰"的历史。《六国年表》是表达"春秋之后，陪臣秉政，强国相王，以至于秦，灭封地，擅其号"的历史。……司马迁写每一个表，就是要写这个历史时期的特点，写它在"古今之变"的长河中变了些什么。把这十个表总起来看，却又是要写宗周晚年以来悠久的历史时期内所经历的巨大变化——由封国建侯走到郡县制度，由地方分权走到中央集权。这跟本纪、世家、列传之写汉初的风云人物由布衣而帝王将相，同样显示了《史记》通古今之变的如椽的大笔。⑤

这段话，精到地论述了《史记》十表表达西周以后长时期中历史发展大势的特殊价值，较前人的见解远为深入。笔者在本节中冀图从以下两点发挥先生的论点：其一，《六国年表·序》的精华在于驳斥西汉时期流行的庸俗见解，高度评价秦在结束战国分立到实现统一过程中的历史作用。其二，由此决定了《六国年表》记载大事明显地以秦为主干。

① 《史通·二体》。
② 《史通·杂说上》。
③ 《史通·表历》。
④ 《日知录》卷260。
⑤ 白寿彝：《白寿彝史学论集》下册，北京师范大学出版社1994年版，第885–886页。

西汉皇朝代秦而立，拨乱反正，逐步达到国家的强盛，就是反复地以秦朝的过失为鉴戒而实现的。汉初人士自陆贾起，贾谊、贾山、张释之、主父偃、徐乐、严安，直至东汉的王充、班固等，都严厉地谴责秦朝不行仁义、滥施刑罚……的种种罪过，论证汉朝继立的历史必然性。概言之，用秦的暴虐来反衬汉朝扫除烦苛、与民休息的功绩。在这种情况下，自然会出现过头的看法，如贾山《至言》中论"秦以熊罴之力，虎狼之心，蚕食诸侯，并吞海内，而不笃礼义，故天殃已加矣"，①把用暴力"并吞海内"与"天殃"即灾难报应联系在一起，主要从批判的角度看待统一。《汉书·王莽传·赞》中，班固把短促的秦朝与短命的"新朝"并提，称它们为"紫色蛙声，余分闰位"，只是历史上的小插曲，不具有"正统"皇朝的资格。王充论历史，直斥为"亡秦"或"秦无道之国"，又将它与蚩尤并提："案前世用刑者，蚩尤、亡秦甚矣。蚩尤之民，湎湎纷纷；亡秦之路，赤衣比肩。"②按照这类言论，秦简直成为历史上"恶"的势力的代名词。

司马迁写通史，以总结中国历史客观进程自任，做到"通古今之变"，他把秦放在中国历史发展的总过程中来考察，既看到秦负面的作用，更看到其推动历史前进的正面作用，提出了迥异别人的卓越看法。

《六国年表·序》提纲挈领，中心是论述秦的历史作用。首先指出，秦国的强盛和兼并六国代表了战国时期历史发展的主导方向。秦自文公攘夷狄、穆公修政，国势始强，与齐桓、晋文这些中原霸主相侔列。以后进入战国时期，各国武力攻伐，纷争不已。"秦始小国僻远，诸夏宾之，比于戎翟，至献公之后常雄诸侯"。最后兼并天下，"非必险固便形势利也，盖若天所助焉"。其次，总结自夏禹、商汤、周文王，至秦、汉兴起，都符合崛起于西北、而最后获得成功的规律。这段话似乎带有某种神秘色彩，这一层姑且不论，其中主要价值，显然在于把秦与夏、商、周、汉这些对中国历史有重大贡献的朝代相并提。这是在前一层评论秦兼并天下"盖若天所助焉"的基础上，进一步提高秦的历史地位。进而，司马迁针对汉代流行的否定秦的历史贡献之偏颇观点，提出中肯的批评："秦取天下多暴，然世异变，成功大。传曰'法后王'，何也？以其近己而俗变相类，议卑而易行也。学者牵于所闻，见秦在位日浅，不

---
① 《汉书·贾山传》。
② 《论衡·寒温篇》。

察其终始,因举而笑之,不敢道,此与以耳食无异,悲夫!"既谴责秦在统一过程中的暴虐行为,又明确肯定秦统一中国是符合形势发展的巨大成功,对于"不察其终始"即不认识历史发展趋势的俗学浅见予以辛辣的讽刺。有的论者曾将"盖若天所助"理解为迷信的说法,①其实,这里的"天所助",是指历史发展趋势的推动,相当于今日之谓"必然性"。司马迁另一处论秦的统一符合客观必然性,见于《魏世家·赞》:"说者皆曰魏以不用信陵君故,国削弱以至于亡,余以为不然。天方令秦平海内,其业未成,魏虽得阿衡之佐,曷益乎?"两处讲"天",都是指明秦的统一行动符合于历史发展的必然趋势。司马迁的论断,以其对历史发展大势的洞察力,以其对复杂问题做辩证分析的深刻性,以其勇于辟除俗议坚持正确见解的气魄,给后代研究者以宝贵的启迪,堪称千古巨眼卓识!

《六国年表》记载战国时期255年间大事的方法,是以秦为主干。秦在表中的位置,列于六国之上。记载秦国史事独详,如:秦灵公四年,作上下畤。简公六年,初令吏带剑。七年,初租禾。献公二年,城栎阳。孝公二年,天子致胙。十年,卫公孙鞅为大良造,伐安邑,降之。十二年,初聚小邑为三十一县,令。为田开阡陌。十三年,初为县,有秩史。十四年,初为赋。十九年,天子致伯。二十年,诸侯毕贺。会诸侯于泽。朝天子。惠文王二年,天子贺。行钱。四年,天子致文武胙。凡显示秦逐渐强大的事件均有明白记载。又,战国时期的异常天象,如日蚀、彗星、蝗灾,也一律记在秦国栏目之内。六国亡后,又继续记载秦朝14年间史事,直至子婴降,表示记载自秦国兴起至秦朝结束,首尾完整。

以上所举证据,都足以证明《六国年表》记载史事的确以秦为主干。实际上,前代学者评《史记》,已有人敏锐地道及这一点。清人汪越论《十二诸侯年表》及《六国年表》云,前表"以周为主",后表"以秦为主"。又谓,《十二诸侯年表》"断其义不骋其词,非独具年月世谱而已",旨在显示"春秋二百四十年之大势"。②推而言之,则《六国年表》旨在显示秦逐渐强大至最终统一海内之势。方苞进而认为:"(《六国年表》)篇中皆用秦事为经

---

① 如刘知幾曾谓:"论成败者,当以人事为主,必推命而言,其理悖矣。"见《史通·杂说上》。
② 汪越:《读史记十表》。

纬。"他强调司马迁议论之精彩，正在于把握到战国之情势已异于古代的特点，秦适应时势变古之制，故不仅能取得统一天下之成功，非侥幸所致，而且秦的政制因其符合近世的特点，故多为汉所沿用。故云"迁之言亦圣人所不易"，①年表以秦事为经纬更有充分的道理。方氏这段议论，在前代学者中相当突出，因它已实在地触及《六国年表》表达历史发展大势这一实质性内容。

二、如何评价秦的历史地位

《六国年表》与《秦本纪》《秦始皇本纪》内容密切相关，把它们放在一起讨论，更有助于认识司马迁洞察历史发展大势的非凡史识。

《史记》在《秦始皇本纪》之前设置《秦本纪》，这是司马迁的精心安排。然则前人对《秦本纪》的设立却有不同的看法。刘知幾根据"以天子为本纪，诸侯为世家"的标准，批评《周本纪》记文王以前和《秦本纪》设立不当："案姬自后稷至于西伯，嬴自伯翳至于庄襄，爵乃诸侯，而名隶本纪。若以西伯、庄襄以上，别作周、秦世家，持殷纣以对武王，拔秦始以承周赧，使帝王传授，昭然有别，岂不善乎？必以西伯以前，其事简约，别加一目，不足成篇，则伯翳之至庄襄，其书先成一卷，而不共世家等列，辄与本纪同编，此尤可怪也！"②《史记索隐》也有类似的指摘："秦虽嬴政之祖，本西戎附庸之君，岂以诸侯之邦，而与五帝三王同称'本纪'，斯必不可。可降为《秦世家》。"③蒋湘南也批评太史公以秦之先世僻在西戎者，亦称本纪而不称世家为"自乱其例"。④刘知幾、司马贞等拘于"本纪只能用于天子、表示至尊"这一"史例"，要求削足适履，让内容去迁就形式。司马迁创立"本纪"，固然用以代表帝王为中心，而更重要的是，本纪在全书中起到史事总纲的作用，故称："王迹所兴，原始察终，见盛观衰，论考之行事，略推三代，录秦汉，

---

① 《望溪先生文集》卷2《读史》、《书史记六国年表序后》。
② 《史通·本纪》。
③ 按，《索隐》此条为中华书局排印本所无。兹据《史记会注考证》卷5及牛运震《史记评注》卷1引录。
④ 《七经楼文钞》卷3《读史记六国表书后》。按，蒋湘南《再书史记六国表后》中又论云，"三代之运已终，一统之局非变，因生始皇，以雄才大略创之。而儒者犹以灭古为始皇罪也，世异变，成功大，非迁儒所能知也"。此则有见到的地方，不可埋没。

上记轩辕，下至于兹，著十二本纪，既科条之矣。"①科条者，即整理记载历史事件之大纲目也。他在《太史公自序》中论《秦本纪》撰述义旨所言："维秦之先，伯翳佐禹，穆公思义，悼豪之旅；以人为殉，诗歌《黄鸟》；昭襄业帝，作《秦本纪》"，已经点明昭襄王时，秦之帝业已成，这是作《秦本纪》的原因所在，他们未加细察。故牛运震对刘知幾、司马贞的说法予以驳正："以《史记》之编次条理考之，则有不得不纪秦者。……如欲降《秦本纪》为世家，则史家无世家在前、本纪在后之理，势必次《始皇本纪》于《周本纪》之后，则列《秦世家》于十二诸侯之中，将始皇开疆辟土席卷囊括之业，政不知从何处托基，其毋乃前后失序而本末不属乎！……至《史通》以姬嬴并论……惜徒为局外闲观而未察乎太史公编次之苦心也。"②

让史例服从史实，或反过来要求史实适应于史例，二者的分歧实则在于能否透过表象看到历史发展的实质性内容，能否把握到历史发展的趋向。我们今天对这个问题的认识应该较前人有所前进，以下即从三个方面加以申述。

第一，《秦本纪》起到春秋和战国两个时期历史总纲的作用。

秦以战国初期开始强大，在春秋时期，它的国势尚未足与此相比，为何也具有春秋时期史事总纲的作用呢？这是因为春秋、战国具有共同特点，各国纷争，周王室仅有名义上的地位，实际上已降为小国。故《周本纪》提挈历史总纲的作用，乃只限于西周时期。司马迁在《周本纪》与《秦始皇本纪》之间安排《秦本纪》，作用即在于提挈自春秋至战国历史的总纲。试以周惠王元年至周襄王三十三年（公元前676年至前619年）间约六十年史事为例证明之。

此六十年间，《周本纪》只记了王子颓之乱、王子带与戎狄之乱及晋文公召襄王三件事，大致只限于记周王室本身史事，而对诸侯各国大事很少涉及。反观《秦本纪》，则除记载秦国大事（秦德公初居雍城大郑宫，秦穆公得贤臣百里奚、蹇叔，穆公运粟救晋饥荒，助重耳归晋，秦军兵败于殽，秦穆公得由余、霸西戎等）以外，还提挈了各国大事，如：宣公元年，卫、燕伐周，出惠王，立王子颓。三年，郑伯、虢叔杀子颓而入惠王。成公元年，齐桓公伐

---

① 《史记·太史公自序》。
② 《史记评注》卷1《秦本纪》。

山戎，次于孤竹。穆公四年，齐桓公伐楚，至召陵。五年，晋骊姬作乱，太子出奔。九年，齐桓公会诸侯于葵丘。……可见，《秦本纪》不仅突出记载秦国自德公至穆公崛起，开地千里，称霸西戎，而且兼及此六十年间周王室、晋、齐、郑、楚等国大事，显然起到这一时期历史事件总纲的作用。

第二，《秦本纪》另一撰著特点，是以秦逐步奠定统一中国的雄厚基础为主线。这正预示着中国历史由各国并立向实现统一的方向发展的客观趋势。

司马迁重笔浓彩记载秦孝公对奠定帝业的重大贡献，即是很有说服力的例证。他的出生，司马迁郑重载入史册："（献公）四年正月庚寅，孝公生。"（《六国年表》也破例记载，同是寓含微言大义的史笔。）二十四年，"献公卒，子孝公立，年已二十一岁矣"。则表明孝公继位富于春秋，正是大有作为之时。紧接着叙述秦孝公面临的形势："孝公元年，河山以东强国六，与齐威、楚宣、魏惠、燕悼、韩哀、赵成侯并。淮泗之间小国十余。楚、魏与秦接界。魏筑长城，自郑滨洛以北，有上郡。楚自汉中，南有巴、黔中。周室微，诸侯力政，争相并。秦僻在雍州，不与中国诸侯之会盟，夷翟遇之。"七国并立，攻战不已，而秦僻居西隅，不能得到平等待遇。孝公乃励精图治，"于是布惠，振孤寡，招战士，明功赏"。作为建立帝业的重大步骤，孝公招募宾客群臣能出奇计强秦者，予以重赏。于是卫鞅西入秦，助孝公变法。

由于孝公君臣奋发有为，使诸侯各国刮目相待，而变法获得显著的成效，更使秦的国力迅速增强。至孝公十年，围魏安邑，降之。十二年，秦徙都咸阳。秦的疆域向东越过洛水。十九年，天子致伯，承认秦有霸主地位。二十年，诸侯毕贺，秦率师在逢泽会诸侯，朝天子。仅二十年间，秦即由"夷狄遇之"的受歧视处境，一变而为合法地取得号令诸侯的地位。此后，孝公二十三年，虏魏公子卬，二十四年，又败晋于雁门，虏其将魏错。故虽然此年商鞅被诛，秦已形成的对诸侯各国支配的地位已不可逆转，惠文君刚继位，"楚、韩、赵、蜀人来朝。二年，天子贺"，"四年，天子致文武胙"。

《秦本纪》所载秦历代国君奠定帝业雄厚基础之奋发努力，深刻地揭示出中国为何能实现统一的历史根源，这是中国历史发展上的大事情。显然，只有把这一篇设置为记述"王迹所兴，原始察终"的本纪之一，编撰体例才能与内容需要相一致。

第三，从《秦本纪》和《秦始皇本纪》结构上的特殊处理，看司马迁对秦之历史地位的充分肯定。

这两篇本纪在结构上的特点是紧相衔接，联合照应。《秦本纪》的末尾，记载秦攻六国接连取得胜利。昭襄王三十年，伐楚，取巫郡，及江南为黔中郡。三十五年，初置南阳郡。五十一年，秦攻西周，西周君尽献其邑三十六城。庄襄王元年，灭东周国，韩献成皋、巩，秦东界至大梁，初置三川郡。三年，攻赵，取三十七城，北攻上党，初置太原郡。最后更归结到："秦王政立二十六年，初并天下为三十六郡，号为始皇帝。"而《秦始皇本纪》开头，即概述秦始皇登位时秦国已有包举天下之势："当是之时，秦地已并巴、蜀、汉中，越宛有郢，置南郡矣；北收上郡以东，有河东、太原、上党郡，东至荥阳，灭二周，置三川郡。……招致宾客游士，欲以并天下。"上下两篇针线缝合，互相紧密呼应。这种结构在《史记》全书中也很特殊。司马迁如此精心安排，是为了透过纷纭复杂的历史事实，揭示出春秋战国以来历史的共同主线：历史的趋势，是由各国分立攻战逐步走向统一，而秦历代国君苦心经营，成为这一历史使命的担负者，特别是秦始皇非凡的作为和周围文臣武将的努力，最终实现天下统一，这正代表了司马迁对秦历史作用的高度评价。所以《魏世家·赞》中又称"天方令秦平海内"，而《六国年表·序》更将秦与其他四个重要朝代并列。这同汉代人士动辄称"亡秦"，列之为闰位，排斥在"正统"以外的观点相比，见识不知要高出多少！

总结上述三项，我们自然可以得出这样的认识：在《秦始皇本纪》之前设置《秦本纪》，是司马迁基于认识历史进程复杂性和确切把握历史发展走向而独运匠心之安排，是根据表达实质性内容需要而对于所创体例的有意突破，绝非"自乱其例"。在十二本纪中，秦占了两篇，唯有这样做，才与秦在中国历史上的重要地位相称。分析这些问题，对于我们认识通史著作中如何体现"通古今之变"，对于认识《史记》全书是一个体现卓越史识和完善体例的有机统一体，以及了解历史思想与编撰体例之辩证关系，都是极有意义的。

三、记载人物活动以反映历史大势

《史记》把记述秦推动中国走向统一作为全书又一重点，读史者于此切不可轻轻放过。司马迁为众多的有功于秦的帝业和统一的人物立传，有商鞅、张仪、樗里子、甘茂、魏冉、白起、王翦、范雎、蔡泽、吕不韦、李斯、蒙恬等，占有汉以前人物列传很大的分量。这些著名的政治、军事人物的活动，汇集起来，便构成秦由小国崛起到一统天下这一波澜壮阔的历史画卷。商鞅佐孝公实行变法，奖励耕战，废除贵族特权，移风易俗，奠定了秦国富强的基础；张仪富于权智，成功地实施连横策略，散六国之纵，使之西向事秦；范雎劝说秦昭王内废擅权之太后、穰侯，外陈远交近攻之策，蚕食诸侯；白起率大军一举攻取鄢陵，再战而并蜀汉，又接连击败韩、魏、赵之主力，为秦攻取七十余城；王翦以不可阻挡之势，先后破赵、破燕，又率六十五万之师大败楚军，平楚地为郡县：司马迁笔下这些秦国文臣武将的活动，都构成战国时代空前历史变局中不可缺少的环节。

司马迁做到把人物放在特定环境来写，并进而从哲理高度回答"人物活动与历史时势"二者之关系问题。《范雎蔡泽列传》篇末赞云："韩子称'长袖善舞，多钱善贾'，信哉是言也！范雎、蔡泽世所谓一切辩士，然游说诸侯至白首无所遇者，非计策之拙，所为说力少也。及二人羁旅入秦，继踵取卿相，垂功于天下者，固强弱之势异也。"总结范、蔡二人入秦前后的经历，指出他们所以获得成功，凭借的主要不是个人的能力，而是秦所具有的统一中国的实力、条件，也就是说，中国需要走向统一的"势"和秦能够统一的"力"，为二人建功立业提供了历史舞台。正因为司马迁深刻地把握到战国分立必将走向统一这一历史动向，他才可能对个人作用与历史时势的关系作出如此发人深思的阐述。此一认识，也应视为对所有有功于秦统一大业的将相人物之总概括。司马迁也讲到"偶合"，即历史的机遇："然士亦有偶合，贤者多如此二子，不得尽意，岂可胜道哉！然二子不困厄，恶能激乎？"机遇，是必然性与偶然性的交汇。在众多才能之士中，正好范雎、蔡泽二人先后得秦昭王任用为卿相，这当中自然有偶然性在起作用。然而二人因先遭困厄而发愤，故入秦以求立功成名，这又说明偶然性背后隐藏着必然性。

司马迁对历史趋势的洞察力，还在于清楚地区分秦统一中国之功和实行暴政而致败亡之过。在历史现象极其复杂、功罪集于一体面前，司马迁相当清醒地运用符合于"二分法"的分析方法，不仅体现于记述之中而且作了理论的阐发，这是很可贵的。《李斯列传》《蒙恬列传》诸篇，都明确贯串了这一基本观点。

李斯是秦始皇统一中国过程中的总参谋长，如《太史公自序》所言："遂得意于海内，斯为谋首。"前后三十年，从秦实现统一到诸侯反秦前后两大变局中，他都处于政治旋涡的中心。司马迁以鲜明的倾向性和生动的史实，分别写出李斯在前后两个时期的功与过，实则借此以显示秦政权前后成败的关键，故《李斯列传》应与《秦始皇本纪》并读，以收互相发明之效。司马迁鄙视李斯利欲熏心的性格，且道出这是他最后酿成悲剧的重要原因。而贯串全篇传的中心，则是李斯的政治活动，以此反映他的时代。开头写李斯之所以告别其师荀卿、决计入秦，即因为看清"六国皆弱，无可为建功者"，而秦"欲吞天下，称帝而治"之势已成，故决计入秦，欲佐秦统一天下，交代这一背景已为全篇定了基调。司马迁从大处落笔，肯定李斯的三项功绩：一是劝说秦王嬴政把握有利时机，下定兼并六国的决心，并献离间六国君臣、分别击破之策，于是大得秦王信任，拜为客卿，二是谏阻逐客。陈述"夫物不产于秦，可宝者多，士不产于秦，而愿忠者众"的道理，警告若实行不问曲直、为客皆逐的法令，后果必是"弃黔首以资敌国，却宾客以业诸侯"，断送统一事业，并使秦处于危险境地。此后二十年间，用李斯计谋，完成统一大业；三是秦王朝建立后，李斯任丞相，反对实行分封制，在全国范围内推行郡县制。又统一法令制度，统一文字，以加强中央集权统治。

秦并六国后，时势已发生绝大变化，李斯却不以安民抚民为务，反而继续其暴力统治的政策："禁《诗》《书》百家之语以愚黔首"，"治离官别馆，周遍天下"，身为丞相，竟追随赵高，合谋伪造遗诏，迫令扶苏自杀，立胡亥为二世皇帝。秦二世暴虐无道，李斯因贪恋权势，处处阿意求容，上书引申、韩之说，主张对臣下督责重罚，排斥仁义之人，谏说之法，死节之行。遂使秦国"刑者相半于道，而死人成积于市。杀人者为忠臣"。李斯助纣为虐的结果，终遭赵高构害，具五刑，腰斩咸阳市！此为秦二世二年七月，反秦烈火已经遍地燃烧。《李斯列传》撰述的义旨，是借李斯三十年的政治经历来显示秦政权成败的关键，因此这篇列传并不止于李斯受刑被斩，而一直写到李斯死后，赵高令二世自杀，孺子婴用计杀死赵高，沛公入关，子婴自系其颈迎降，完整地写出秦由成功到败亡的结局。

篇末论赞中肯地评判了李斯的历史功过。认为李斯入秦"以辅始皇，卒成帝业，斯为三公，可谓尊用矣"，若按其佐秦统一大业成功的功绩而论，几乎可与辅助周王室的周公、召公相侔列。同时严厉谴责李斯的罪过：背叛所学儒家学说，"不务明政以补主上之缺，持爵禄之重，阿顺苟合，严威酷刑，听高邪说，废嫡立庶。诸侯已畔，斯乃欲谏争，不亦末乎！"又驳斥俗议所谓李斯对秦极忠、被五刑死、死得冤枉之说，指出李斯何尝称得起"忠"，从个人来说是咎由自取，从大局来说则对秦亡负有直接责任。司马迁的卓识，正在于他洞察历史时局的变化，牢牢地把握住秦统一之后治国政策应该转变这一关键，故对于助秦实现帝业的名将王翦、蒙恬的功过，也有切中要害的评价。他论王翦："王翦为秦将，夷六国，当是时，翦为宿将，始皇师之，然不能辅秦建德，固其根本，偷合取容。"① 又论蒙恬："夫秦之初灭诸侯，天下之心未定，痍伤者未瘳，而恬为名将，不以此时强谏，振百姓之急，养老存孤，务修众庶之和，而阿意兴功，此其兄弟遇诛，不亦宜乎！"② 不因秦行暴政导致灭亡而否定秦统一天下之功绩，又不因秦实现"平海内"之历史使命而减轻对其弊政的谴责。忠实于客观史实，正确地评判历史的功过，使他运用辩证法达到当时所能达到的高峰。

综观《六国年表》《秦本纪》《秦始皇本纪》，以及这些文武大臣的列传，司马迁记载的"近代史"场面广阔，事件演变复杂，人物活动多姿多彩，而历史发展的大势又了然显现于读者面前——由分立政权到中央集权，由分封制到郡县制；秦政权则由推动历史前进变成历史的严重阻力，新的时代变局已经到来。所有这些都证明：善于从多角度、多层面地展现历史发展的大势，正是《史记》最大成功之处。

四、大一统历史观与"通古今之变"

司马迁表达历史大势的卓识，同他的大一统历史观有非常密切的联系。

---
① 《史记·白起王翦列传》赞。
② 《史记·蒙恬列传》赞。

中国历史很早就出现统一的趋势，这是由中国大陆广袤，周围有高山、沙漠、大海与外界阻隔，中央有富饶的平原这种地理条件形成的。古代政治结构和古代思想也都突出地反映出这种统一的趋势。西周建国后，以周天子的名义在全国范围内分封诸侯，各诸侯国臣属于周王室，"礼乐征伐自天子出"，因而大大推进了中国统一的规模和程度。周代诗人吟唱："溥天之下，莫非王土。率土之滨，莫非王臣。"[①]表达的就是歌颂统一的思想。至东周以后，王室衰弱，地方分权的倾向发展，出现春秋十二诸侯和战国七雄并立的局面。然而从历史发展的主流看，统一趋势与分立倾向相互斗争中，统一的力量仍在根本上起主导作用。因为人民大众拥护统一，反对分裂割据造成生产、生活、交通等的困难和人民的痛苦，更反对战争造成的惨祸。因此在中国历史上，总是统一的趋势越来越加强，春秋、战国时期的各国分立，实际上酝酿着更大规模的统一。《周礼》《禹贡》这些产生于战国时期的典籍，都反映出天下共归于统一的中央政权的思想。尤其是孔子和孟子主张统一的思想，更直接被司马迁所继承和发扬。

孔子修《春秋》，用褒贬书法，贯彻正君臣名分的原则，对诸侯国无视周王室的僭越行为严加挞伐。司马迁对此极为尊崇，称：孔子修《春秋》，乃因愤慨于"吾道不行矣，吾何以自见于后世哉！""故吴楚之君称王，而《春秋》贬之曰'子'；践土之会实召周天子，而《春秋》讳之曰'天王狩于河阳'：推此类以绳当世。贬损之义，后有王者举而开之。《春秋》之义行，则天下乱臣贼子惧焉。"孔子的"道"，即根本原则或政治理想，就是实现统一的王权，重新实现"礼乐征伐自天子出"的有序局面，对此而"惧"的"乱臣贼子"，则是僭乱而破坏统一秩序者。孔子主张"从周"、梦见周公、志在"为东周"，都是愤慨于当时各国互相攻伐的纷乱局面而倡导统一。孔子的主张虽有保守性一面，但其思想内核和在历史上产生的影响，却在于呼吁实现天下一统。所以大一统成为儒家学派的政治理想，以后历代皇朝都拿统一的规模作为当时政治成就的最高目标，这也是孔子被尊为"圣人"极其重要的原因之一。联系到统一对于中国历史发展的伟大意义，我们对此应当得出新的结论。以往有过的将孔子主张"王道"、恢复周礼肆意谩骂的做法，不过出于对历史十足的无知。孟子处在战国时期，各国纷争征伐，赋敛残酷，民众痛苦不堪。

[①]《诗经·小雅·北山》。

孟子痛感时事之非，要求"解民于倒悬"，他以弘扬孔子学说为己任，先后游说梁惠王和齐宣王，宣传自己的政治主张，不被采用。全部《孟子》，论述的中心问题是如何做到"天下归之"，及阐发孔子所言"国君好仁，天下无敌"的道理，倡导推动中国走向统一。"诸侯有行文王之政者，七年之内，必为政于天下矣。""今天下之君有好仁者，则诸侯皆为之驱矣。虽欲无王，不可得已。"①这两段话，可以视为《孟子》全书的纲领。孟子鼓吹"王道"，包括两个方面。一是行仁政，减轻剥削。二是"王天下"，反对霸政，反对尚武勇战，主张"善战者服上刑"，并明确预言："不嗜杀者能于一。"②断言战国纷争局面终将被统一所取代，而且预见最终由"不嗜杀者"来统一。孟子表达的对历史前途的看法，正好被战国至西汉历史的发展所证实。

汉代的董仲舒和司马迁都是孔孟大一统主张的继承者。董仲舒（以及公羊学派儒生）主要是进行经义的阐发。司马迁则整理史料，撰成一部中华民族不断走向统一的信史，使之流传后世。

从纵向说，记载中华民族自古以来不断加强的统一趋势，构成了《史记》"通古今之变"的重要内容。《史记》首篇《五帝本纪》载：轩辕之时，诸侯相侵伐。黄帝打败侵凌诸侯的炎帝，又擒杀"作乱不听帝命"的蚩尤，"而诸侯咸尊轩辕为天子"，是为黄帝。"天下有不顺者，黄帝从而征之，平者去之"。司马迁根据《五帝德》等儒家典籍和传说材料整理成这段历史，称黄帝为"天子"，显然是后世"天子号令天下"这种统一局面在传说时代的投影。司马迁又整理出，自传说中的颛顼、帝喾、尧、舜，至夏、商、周，这些古帝王都出于一个共同的祖先——黄帝。从社会史角度看，如此整齐的古帝先王系统无疑是后人排比加工而成的，但它恰恰反映出后人对统一的愿望。诚如郭沫若所说："如五帝三王是一家，都是黄帝的子孙，那便完全是人为。那是在中国统一的前后（即嬴秦前后）为消除各种氏族的畛域起见而生出的大一统的要求。"③

司马迁之所以具有远远高于俗儒的见识，高度评价秦的历史功绩，撰写"近代史"的出色篇章，就因为他确实做到"察其终始"，把秦实现帝业放在

---

① 引文均见《孟子·离娄上》。
② 《孟子·梁惠王下》。
③ 郭沫若：《郭沫若全集》历史编1，人民出版社1982年版，第222–223页。

中国统一的历史长过程中来考察，看到由商周王权到秦的中央集权是统一之规模和程度的飞跃，又看到秦的统一为西汉更大规模的统一奠定了基础。同样值得注意的是，把《史记》有关汉代的几篇表合起来看，即表达出中央集权制越来越加强、中华民族的统一越来越发展的趋势。《秦楚之际月表·序》认为汉高祖"拨乱诛暴，平定海内"，实现西汉统一，是建立了"轶于三代"的空前功业。《汉兴以来诸侯王年表·序》概述自汉初至武帝时朝廷一步步战胜封国势力，强干弱枝之势已成，"尊卑明而万事各得其所矣"。《建元以来侯者年表·序》则肯定汉武帝解除边境少数民族对内地的威胁，"以中国一统，明天子在上，兼文武，席卷四海，内辑亿万之众"。《货殖列传》《太史公自序》等篇也对西汉实现经济上、政治上空前统一局面表示由衷赞美："汉兴，海内为一，开关梁，弛山泽之禁，是以富商大贾周流天下，交易之物莫不通，得其所欲"；"至明天子……泽流罔极，海外殊俗，重译款塞，请来献见者不可胜道。"

从横向说，司马迁为春秋各诸侯国立了"世家"，表明春秋各诸侯国是兄弟或亲戚关系。鲁、晋、蔡、卫、郑各国原来都是周王室成员所传下，燕、陈、杞、楚、越等也都是黄帝之后。古代的荆楚是"蛮"，偏处于东南的吴也被视为落后居民，司马迁却说："余读《春秋》古文，乃知中国之虞与荆蛮、句吴，兄弟也。"[①]《史记》设有《匈奴列传》《南越列传》《东越列传》《朝鲜列传》《西南夷列传》《大宛列传》，背景极其广阔地描绘出周边民族围绕中原政权整齐有序的图画。司马迁大力肯定周边民族与汉政权关系的加强，《太史公自序》论述上述篇章的撰述义旨："汉既平中国，而佗能集杨越以保南藩，纳贡职。作《南越列传》。""燕丹散乱辽间，满收其亡民，厥聚海东，以集真藩，葆塞为外臣。作《朝鲜列传》。""唐蒙使略通夜郎，而邛、筰之君请为内臣受吏。作《西南夷列传》。""汉既通大夏，而西极远蛮，引领内乡，欲观中国。作《大宛列传》。"司马迁以其进步的观点和确凿的史实证明中华民族的向心力不断加强，表达了民族的共同心理，自然对推进国家的统一产生深远的影响。

"通古今之变"是司马迁著史最重要的撰写要求。通过分析《史记》中记述战国、秦、汉的有关篇章，证明司马迁对中国历史由周初的分封、春秋战国

[①] 《史记·吴太伯世家》。

各国分立到秦汉大一统国家的建立和巩固这样的发展大势，确实有深刻的洞察力，因此也推进了我们对"通古今之变"内涵的认识。司马迁提出的这一命题，包含两个层面的重要内容。一是"承敝通变，见盛观衰"，国家政治的成败，民心的向背，是导致朝代更迭、盛衰变化的根本原因。这一层是总结历史上治乱兴衰之"变"。二是中国由分封制向中央集权制发展，秦的统一天下是一大成功，而汉的文治武功又把中华民族的统一推向空前的规模。这一层是总结统一的趋势不断发展的"变"，揭示出中华民族强大凝聚力的久远源泉。

　　由于《史记》在这两个方面都取得出色的成就，因而才成为具有宝贵历史价值和高度思想价值的不朽巨著。白寿彝先生最近一再谈到：中国古代史书体例很多，但主要还是通史。司马迁的三句话，"通古今之变"为最重要。中国史学，以通史成就为最高，过去对这一点不大清楚。有些形式是断代史，但也是有通史的方法和见识，不做到"通"，怎样看出社会的发展变化？《汉书》的内容，一直写到当代，也是通史。唐初修八史，八史合起来是一部书，故也是通史。中国古代史学中"通古今之变"等辩证法，与马克思主义讲的道理接近，掌握其精华，接受马克思主义指导更容易，因为马克思主义是要求考察历史的发展运动。我们今天写通史，如何做到"通古今之变"是一个考验。不仅是体例问题，而且是如何体现历史发展趋势问题。认真地探讨和总结司马迁对历史发展趋势的洞察力，对于改进今天的历史编撰显然是大有启发作用的。

司马迁价值观与儒学

一、"继《春秋》"和确立孔子在文化史上崇高地位

探讨"司马迁价值观与儒学"这一课题,实则对于研究儒学史和中国史学史,均具有重要的意义。因为,儒学是传统文化的主干,孔子学说在长期封建社会中不仅世世代代被官方尊奉为指导思想,而且历代文人学者无不视之为圣贤之教,竭诚尽致地信仰它,实行它;史学则是中国传统学术中发达的门类。探讨这一课题,恰好是通过解剖《史记》这一典型,推进我们对儒学与史学双向关系的认识。再者,《史记》堪称是中华民族的骄傲、世界文化的瑰宝,深入地探讨这一课题,将使我们对于评价这部不朽的史学名著与时代的关系,评价司马迁的历史观点和学术成就诸项重大问题,得到更加准确的历史地位。

司马迁著史要"成一家之言",而当时儒学已上升到社会指导思想的地位。那么,他与儒学是什么关系呢?他能像有的论者所说"反儒",站在儒学对立面?司马迁是伟大的史学家,难道他会完全与时代相脱离?我们从《史记》中可找出大量证据,证明这种说法不能成立,结论适得其反。而《史记》中最能集中地体现尊儒倾向的主要篇章,则是《太史公自序》与《孔子世家》。

《太史公自序》是《史记》全书一百三十篇中居于最后的总结性文字,司马迁袒露心扉,极富感情地表达本人以"继《春秋》"为己任的著史宗旨,对《春秋》及全部儒家经典给以全面的推崇。司马迁对《春秋》的看法直接渊源于孟子。孔子修《春秋》,寓褒贬、别善恶,表达孔子的政治观点和社会理想,这个特点,被儒家巨擘孟子充分地阐扬。孟子视孔子修《春秋》是了不起的大事,其功可与"禹抑洪水而天下平,周公兼夷狄,驱猛兽而百姓宁"。他认为孔子目睹世道衰微,邪说暴行有作的局面,运用褒贬手法,是借针砭世事以垂法后人,具有极大的政治意义,所以称《春秋》是"天子之事",并说"孔子成《春秋》而乱臣贼子惧"。[①]孟子还强调《春秋》所重不是史事,

---

① 《孟子·滕文公下》。

而是孔子加进去的"义":"孔子曰:'其义则丘窃取之矣!'"①孟子的论述,大大提高了《春秋》在儒学总体系中的地位,阐释了《春秋》所包含的孔子的政治观点具有治理国家、纲纪社会秩序伦理的非凡作用,也说明了精深的义理乃是史书的灵魂所在这一深刻的道理。孟子的论述对后代影响至巨,首先直接影响到西汉时代的司马迁。

司马迁在《太史公自序》中非常强烈、鲜明地宣告自己直接继承了孔子的事业。他讲著《史记》以继《春秋》,是他父亲司马谈的郑重嘱托。司马谈因不能参加汉武帝封禅大典,发愤而卒,临终牵着司马迁的手而泣曰:"……幽厉之后,王道缺,礼乐衰,孔子修旧起废,论《诗》《书》,作《春秋》,则学者至今则之。自获麟来四百有余岁,而诸侯相兼,史记放绝。今汉兴,海内一统,明主贤君忠臣死义之士,余为太史而弗论载,废天下之史文,余甚惧焉,汝其念哉!"先父把著史视为直接继承孔子作《春秋》的神圣事业,且是时代的迫切需要,临终之时郑重地托付司马迁完成。司马迁又说:"先人有言:'自周公卒五百岁而有孔子。孔子卒后至于今五百岁,有能绍明世,正《易传》,继《春秋》,本《诗》《书》《礼》《乐》之际?'意在斯乎!意在斯乎!小子何敢让焉。"更确凿地表明,著史以"继《春秋》",是司马迁本人责无旁贷自觉担当的重任。故此,司马迁所著书本来定名为《太史公书》,而非后人所称《史记》。司马迁的定名,说明他以效法孔子为宗旨,要提出自己的思想体系,如《孟子》《荀子》等书一样,要拿出自己的一套独立见解。②

司马迁尊崇儒学的又一集中表现是:他突破《史记》著述体例的限制,破格撰写了《孔子世家》,同时撰有《仲尼弟子列传》《孟荀列传》《儒林列传》,它们有机地形成为系列文章,郑重地记载了儒家创立者的功绩,众多弟子和儒家巨子的生平,以及秦汉以来以儒学显于世的人物事迹,构成最早的儒学史,显示出儒学繁盛的特殊地位,令其他学派黯然失色。

---

① 《孟子·离娄下》。
② 此点,二百年前专重"史义"的章学诚曾敏锐地道及,他提出:"《太史》百三十篇,自名一子。(原注:本名《太史公书》,不名《史记》也。)"又云:"司马迁著百三十篇。自谓绍名(按,当作"明")世而继《春秋》,倍哉三代之后之绝作矣!"(见《文史通义·释通》及《匡谬》二篇)称赞司马迁以"继《春秋》"自任,故能写出整个中古时代独一无二的杰作。

最为重要而确凿的事实是，司马迁立孔子为"世家"，使孔子处于突出地位，他系统地记载孔子的言行事迹和学说，并推崇他为"至圣"。老子则只列入与庄周、韩非的合传中，称之为"隐君子"。《太史公自序》中揭示出两篇传记撰写的义旨，也形成了鲜明对照。"周室既衰，诸侯恣行。仲尼悼礼废乐崩，追修经术，以达王道，匡乱世反之于正，见其文辞，为天下制仪法，垂六艺之统纪于后世，作《孔子世家》。"这是褒彰孔子的学说具有拨乱反正、作为天下统纪和社会伦理准则的价值。"李耳无为自化，清净自正；韩非揣事情，循势理。作《老子韩非列传》。"则仅以寥寥数字点出老子和韩非学说的特点而已。这一切，都被他严肃地写进《史记》这部信史之中，所以在确立孔子作为中国古代文化代表人物、古代圣人的崇高历史地位上，司马迁的历史功绩是巨大的。

二、全书以儒家学说为主要价值标准

我们扩大观之，《史记》全书的指导思想，实则都明确地贯串了以儒家学说，尤其是孔子的言论作为价值取向的主要标准。无论是篇章的设立，对人物和事件的褒贬评价，以及取材的依据和史料的鉴别取舍，都有确凿无疑的证据。

《史记》五种体裁之开篇，都是司马迁的精心安排，都明显地以儒学作为设置或裁断的标准，以孔子表扬过的人物，或儒家典籍所载为依归。《史记》以《五帝本纪》开篇，列为十二本纪之首。战国至秦汉，学者多言五帝，"五帝"为谁？说法各不相同。司马迁断从黄帝开始，五帝为：黄帝、颛顼、帝喾、尧、舜。这是采用儒家典籍《大戴礼记》的说法，决定写上古史从黄帝开始，并整理出以儒家思想为指导的古史体系。司马迁此一以儒家思想为标准的裁制在中华文明史上有伟大的意义，两千多年来，中国人世世代代以黄帝为中华民族共同的祖先。当时，司马迁面对两类史料，一类是百家杂语，另一类是《左传》《国语》《五帝德》《帝系姓》这些儒家典籍。司马迁认为，前者，"其言不雅驯"，无法印证。后者，经过他在全国范围内调查访问，采访古老传说，都能得到印证。司马迁郑重其事写了篇末论赞，强调在荒远难以确考的上古历史中，儒家典籍的记载最足以凭信："孔子所传《宰予问》、《五帝德》及《帝系姓》,儒者或不传。余尝西至崆峒,北过涿鹿,东渐于海,南浮江淮矣,至长老皆各往往称黄帝、尧、舜之处,风教固殊焉。总之不离古文者近是。(《索隐》:"古文即《帝德》《五系》二书也。近是圣人之说。")予观《春秋》《国语》,其发明《五帝德》《帝系姓》章矣,顾弟弗深考,其所表见皆不虚。……余并论次,择其言尤雅者,故著为本纪书首。"这就清楚地表明,司马迁之"整齐百家杂语",是以儒家典籍为标准的。他以此统一当时互相矛盾歧异的诸多说法,形成了中华民族对于最早祖先的共同认识,促进了"大一统"局面的巩固,加强了民族向心力,此项贡献是极其巨大的。

  《史记》十表,以《三代世表》为第一篇。篇前的序说:"孔子因史文次《春秋》,纪元年,正时日月,盖其详哉。至于序《尚书》则略,无年月;或颇有,然多阙,不可录。故疑则传疑,盖其慎也。""余读谍记,黄帝以来皆有年数。稽其历谱谍终始五德之传,古文咸不同,乖异。夫子之弗论次其年月,岂虚哉!于是以《五帝系谍》《尚书》集世纪黄帝以来讫共和为《世表》"。司马迁的原则同样很清楚,若按百家杂说的谍记,黄帝以来都有年数,一概"乖异"不可信,因此他学习孔子整理《春秋》《尚书》的方法,疑则传疑,信则传信。孔子对黄帝至共和以前,不论年月,是诚实可靠的态度,为司马迁所服膺,故依据《五帝德》《帝系姓》《尚书》,作"世表"。《史记》八书,《礼书》为第一篇。其原因很显然,礼是儒家的重要部分,如《礼记·曲礼》言:"道德仁义非礼不成,教训正俗非礼不备,分争辨讼,非礼不决。"序中一再引用孔子的言论:"禘自既灌而往者,吾不欲观之矣。""必也正名"。表明以强调维护君臣朝廷尊卑贵贱之序为此篇著述的宗旨。"八书"是《史记》记载朝章国典、社会生活的重要篇章,司马迁将《礼书》置于其首,正是突出了儒家礼制对于维系君臣等级和人伦关系的重要作用。《史记》三十世家之首,是《吴太伯世家》,标准即是孔子对吴太伯的赞誉。司马迁在篇末论赞中有集中的表述:"孔子言'太伯,其可谓至德也已矣,三以天下让,民无得而称焉'。余读《春秋》古文,乃知中国之虞与荆蛮句吴,兄弟也。延陵季子之仁心,慕义无穷,见微而知清浊。呜呼,又何其闳览博物君子也!"首句引孔子的话,见于《论语·泰伯》。二句称"《春秋》古文",指的是相信《左传》的记载,且上升到理论认识的高度,概括出中原民族与被视为蛮夷的楚、吴本来是兄弟的关系。司马迁发挥了儒家典籍中的思想精华,形成了他本人开明的、有平等色彩的民族观和著史的开阔视野。最后称赞吴公子季札（即延陵季子），称赞他有"仁心"，"慕义无穷"，也是根据《左传》记载。《史记》七十列传之首，是《伯夷列传》。这固然是因为伯夷是第一个有事迹可记的著名人物，而更重要的是由于他受到孔子的大力表彰。序中说："孔子序列古之仁圣贤人，如吴太伯、伯夷之伦详矣。余以所闻由、光义至高，其文辞不少概见，何哉？"强调由于孔子记载、评论了吴太伯、伯夷，事迹才可考。不像尧时之许由、夏时之务光，什么传记资料也没有。篇末赞语，连续引孔子的话赞扬伯夷具有高尚的志节："子曰'道不同不相为谋'，亦各从其志也。故曰'富贵如可求，虽执鞭之士，吾亦为之。如不可求，从吾所好。''岁寒，然后知松柏之后凋。'"分别见于《论语》中《卫灵公》《述而》《子罕》篇。最后慨叹世情，引用孔子所言"君子疾没世而名不称焉"，《周易·象辞》："同明相照，同类相求"，"云从龙，风从虎，圣人作而万物睹"，表达太史公本人操行峻洁、发愤著述，以求扬名后世的志向；又突出伯夷、叔齐、颜渊，都是由于孔子表彰，才得传扬后世，"得夫子而名益彰"，"附骥尾而行益显"。《伯夷列传》还有一个特点，全篇以序、赞形式发表议论的部分远超过记载史实的部分，因此有的学者认为此篇具有作为整个七十列传总序的作用。如果这样看，则司马迁在此突出保持志节、坚贞不屈这类儒家学说的精华，显然又是揭示出他从此篇以下记载众多人物事迹的所恪守的重要指导原则。

不惟上述五种体裁开篇的创设体现了司马迁尊崇孔子和儒学的思想，《史记》还有许多篇章贯串了以儒学观点作为评价政治的成败兴坏、人物事件的善恶是非的标准。

《周本纪》记周代商而兴，全篇的主线是自周的先王以来如何实行"仁义"、"德政"，因此周逐步强大，得到人民和周围小邦的拥护，这正是儒家根本思想。司马迁突出地记载周的先王后稷教民稼穑，播种百谷，公刘"复修后稷之业，务耕种，行地宜，自漆、沮度渭，取材用，行者有资，居者有蓄积，民赖其庆。百姓怀之，多徙而保归焉。周道之兴自此始"。至古公亶父，"复修后稷、公刘之业，积德行义，国人皆戴之"。特别是周文王"，"笃仁，敬老，慈少。礼下贤者，日中不暇食以待士，士以此多归之"，因而逐步兴盛，得到诸侯拥护，最后周武王率八百诸侯战胜了暴虐无道的殷纣王。

汉文帝是司马迁理想的皇帝，他对汉文帝最集中的评价，就是"仁"——这一孔子的理想道德标准。《孝文本纪》中详细地、赞赏地记述文帝各项德政：宽刑，纳谏，重视农业，轻徭薄赋，节俭，露台计值百金而罢建，所幸慎夫人令衣不曳地。并推崇汉文帝"专务以德化民，是以海内殷富，兴于礼义"。篇末赞语说："孔子言'必世然后仁。善人之治国百年，亦可以胜残去杀'。诚哉是言！汉兴，至孝文四十有余载，德至盛也，廪廪乡改正服封禅矣，谦让未成于今。呜呼，岂不仁哉！"所引孔子的话，见于《论语·子路》篇。司马迁评价文帝当政时期的"德至盛"，认为他真正达到了"仁"的标准，这篇赞典型地做到通篇以儒家观点立论。

　　《商君列传》的赞，则属于另一类型。司马迁的赞语，主要是对商鞅思想性格的批评："商鞅，其天资刻薄人也。""亦足发明商君之少恩"，都是指责他用刑深刻，不施行仁义。赞语的批评，与传中肯定商鞅变法措施的巨大成效，是一个矛盾。《商君列传》中明载："行之十年，秦民大悦，道不拾遗，山无盗贼，家给人足。民勇于公战，怯于私斗，乡邑大治。"又说："居五年，秦人富强；天子致胙于孝公，诸侯毕贺。"由此可得出两点认识：一者，赞语中评价的标准，司马迁明显地以儒家观点批评商鞅之刻薄少恩；二者，司马迁又不以个人好恶歪曲或掩盖历史事实，故能克服主观好恶的影响，据实直书，这又从一个侧面说明司马迁不愧是忠实的史学家。

　　司马迁著史取材的依据和慎重考辨史料的态度，也是以儒家典籍为依归，以孔子为效法的榜样。他关于史料鉴别、取信的名言是："夫学者载籍极博，犹考信于六艺。"这是司马迁面对各种纷纭复杂的记载，作了认真的考辨工作之后得出的结论：儒家典籍是取材的可信依据。前文所论及司马迁对有关五帝的史料即是最好的说明。司马迁实际上作了三个层次的对照印证工作。第一层是将儒家典籍与百家杂语关于上古历史的说法相对照，得出"百家言黄帝，其文不雅驯，荐绅先生难言之"的结论，而相比之下，儒家典籍则是可信的。第二层，是他以本人历年行踪所至，在全国各地探求古迹，访问古老传说，所得到的上古历史的材料，与儒家典籍《五帝德》《帝系姓》能互相印证，说明儒家古文典籍所载近是。第三层，以儒家系统的《左传》《国语》的有关资料与《五帝德》等相比照，又证明它们能相互发明。以上诸项工作，就是司马迁"考证"的基础，他撰写的《史记》就是建立在这种认真、扎实的史料基础上。两千多年前的史学家著史有这样严格的态度，有如此明确的史料学主张，是非常难得的。《史记》这样一部中华文化史上伟大的信史所具有的高度史料价值，便是和儒家典籍提供的史料基础分不开的。司马迁"疑以传疑"这种富有理性精神的慎重考辨史料的态度，也直接受到孔子的影响。孔子修《春秋》，不仅寓含其政治理想，同时也创立了重视文献的传统。孔子生活在保存有大量宗周历史文献的鲁国，到三十多岁时，又到周王室观书，向担任守藏史（相当于王室图书馆或博物馆馆长）的老聃学习礼制，所以孔子掌握的制度文献十分渊博。他总结一生钻研历史文献的经验，一再告诫人们："多闻阙疑，慎言其余。"①"盖有不知而作之者，我无是也。多闻，择其善者而从之，多见而识之。"②"君子于其所不知，盖阙如也。"③讲出了根据确凿事实才能下结论，对于并不明白的事情，就先予保留这条重要真理。《史记》中一再讲"疑则传疑，盖其慎也"，就是直接秉承于孔子所强调的原则而来的。《春秋》在史料上的可靠性恰恰证明孔子认真贯彻了这些原则。近代天文学家的研究证明，《春秋经》关于日食、"星陨"、天象的记载，许多都跟近代科学方法推断的相符，是中国和世界天文学史上的珍贵史料，譬如《春秋》所见三十六次日食，经过近代天文学家用科学方法验证，基本正确可靠。司马迁在天文学上也有很高造诣，他根据西汉时代的天文学水平，对此也有正确的认识。

三、司马迁与董仲舒尊儒之异同

司马迁较董仲舒年龄、辈分低，他们都是汉武帝时代之思想文化巨人。司马迁之尊儒，与董仲舒这位"一代儒宗"有什么关系？他们的思想有何异同？对此笔者总的看法是，司马迁与董仲舒同是尊儒，司马迁还曾向董仲舒问学，但从思想体系来说，两人是对立的。

宗仰孔子，尊奉儒学，两人是共同的。关于评价儒家经典对政治的作用，特别是评价《春秋经》的特殊意义，司马迁明显地受到了董仲舒的影响。《史

---

① 《论语·为政》。
② 《论语·述而》。
③ 《论语·子路》。

记》中有四篇突出地强调孔子修《春秋》表达褒贬大义，具有纲纪天下、是正人伦的作用，因而是"行天子之事"，为后王立法。《太史公自序》先引董生之言曰："周道衰废，孔子为鲁司寇，诸侯害之，大夫壅之，孔子知其言之不用，道之不行也，是非二百四十年之中，以为天下仪表，贬天子，退诸侯（按：《汉书·司马迁传》引此无'天子退'三字，作'贬诸侯'，当是）以达王事而已矣。"然后极言"拨乱世，反之正，莫近于《春秋》"，"万物之聚散皆在《春秋》"，有国者，为人臣者，为人父者，为人子者皆不可以不知《春秋》，否则都将遭大祸，故"《春秋》者，礼义之大宗也"。《十二诸侯年表·序》云："孔子明王道，干七十余君，莫能用，故西观周室，论史记旧闻，兴于鲁而次《春秋》，上记隐，下至哀之获麟，约其辞文，去其烦重，以制义法，王道备，人事浃。"《孔子世家》尤有："推此类以绳当世。贬损之义，后有王者举而开之，《春秋》之义行，则天下乱臣贼子惧焉"诸要义。《儒林列传》亦云："故因史记作《春秋》，以当王法，其辞微而指博，后世学者多录焉。"上面引录的《史记》各篇中的精辟语句有力地证明，重《春秋》、尊孔子的确是司马迁的基本思想倾向，是经过深思熟虑而形成的，因而自成系统、诸篇互相印证。司马迁的春秋学观点乃是自董仲舒直接传授，其见解与《春秋繁露》中的论点相吻合。董仲舒著《春秋繁露》，构建了汉武帝时期成为"显学"的春秋公羊学说的理论体系，请看书中提出的下列基本观点，与司马迁的观点是如何相互呼应的：

《玉杯篇》："《春秋》正是非，故长于治人。""是故孔子之立新王之道，明其贵志以反和①，见其好诚以灭伪"。

《三代改制质文》篇："故《春秋》应天作新王之事……王鲁，尚黑，绌夏，亲周，故宋。""《春秋》上绌夏，下存周，以《春秋》作新王。"

《奉本》篇："《春秋》缘鲁以言王义"。

《王道》篇："诸侯来朝者得褒……王道之意也。"

这里特别指出，董仲舒所总结的"王鲁，尚黑，绌夏，亲周，故宋"，"以《春秋》作新王"的基本命题得到司马迁完全认同。"通三统"即董仲舒所论"王鲁，尚黑，绌夏，亲周，故宋"，"以《春秋》作新王"。不理解公羊学者视此命题为"非常异义可怪之论"，荒诞无稽之谈，实则是董仲舒对于

---

① 按，苏舆《春秋繁露疏证》云：和，疑利之误，"诚""伪"对文可证。

历史演进的概括和发挥，其根据，就是周朝建立时，曾封夏之后于杞，殷之后于宋。根据这一先例，他认为，每一"新王受命"，就追封二代之后为土。孔子作《春秋》，代表"一王之法"，"应天作新王之事，以鲁为王"，故"王鲁"。按照"黑统——白统——赤统"三统运行的规律，《春秋》继周的赤统，所以"尚黑"，故"正黑统"。夏离《春秋》新王远了，就不再享受先王后代的封赠，改称为"帝"，故"亲周"。宋作为殷之后，仍得受封，使服其服，行其礼乐，称宾而朝，但其位置离新王远了，所以称"故宋"。这一命题对于阐释公羊学说有两项极重要的意义：其一，从历史哲学的高度为公羊变易进化观提供了富有启发意义的根据。既然国家的重大礼制要随着时代变迁而变迁，那么，现实的实行"改制"就是必然的规律，这就成为汉武帝时"兴造制度"，要颁历法，定礼制，建明堂，立太学，实行荐举制度等提供理论的依据；其二，大大推进了《公羊传》"制《春秋》之义，以俟后圣"的观点，强化了公羊学说"以经议政"、讲"微言大义"的特色。司马迁深谙公羊学说的真谛，他一再倡言孔子"作《春秋》以当王法"，"以制义法，王道备，人事浃"，这正是武帝时代公羊学说的核心主张。特别是他讲孔子著《春秋》，"据鲁，亲周，故殷，运之三代"①。"据鲁"，即董仲舒所说"《春秋》缘鲁以言王义"，"亲周，故殷"，即绌夏、亲周、故殷，"运之三代"，即将夏、商、周三代因时代推移制度也要改变的理论恰当地运用；说明他接受公羊学"通三统"的命题，在历史哲学上吸收了公羊学朴素社会进化观的营养。司马迁如此善于提取时代哲学的精华，再一次有力地说明《史记》的产生同当时的社会思潮是紧密联系的。

董仲舒和司马迁都继承并发展了儒家大一统思想。董仲舒在向汉武帝对策中，论述"大一统"是天地最长久的普遍原则："《春秋》大一统者，天地之常经，古今之通谊。"言下之意，"大一统"当然也是指导国家政治的最高理论。他又论证皇权的神圣性和正确性："《春秋》之文，求王道之端，得之于'正'。'正'次'王'，'王'次'春'。春者，天之所为也；正者，王之所为也。其意曰上承天之所为，而下以正其所为，正王道之端云尔。"②在《春秋繁露·符瑞》篇中，他倡言"一统乎天下"，讲孔子"托乎《春秋》正

---

① 《史记·孔子世家》。
② 均见《汉书·董仲舒传》。

不正之间，而明改制之义，一统乎天下，是加忧于天下之忧也"。董仲舒主要是从经义对大一统进行阐发，司马迁则整理史料，撰成一部中华民族不断走向统一的信史，使之流传后世。司马迁继承、发扬了孔孟的大一统民族观，他以确凿的史实证明中华民族的向心力不断加强，表达了民族的共同心理，对于推进国家的统一和教育华夏子孙世世代代牢固树立民族统一的观念都产生了深远的影响。

然则，同样尊儒，司马迁与董仲舒又有很大差异。首先，是思想体系不同。司马迁尊儒，是认为孔子从倡导大一统和确立政治体制的原则上为后世制仪法，尤其是从文化和思想教化方面高度推崇孔子的贡献，放在当时的历史关系中来评价孔子的历史地位。司马迁立志著史以继《春秋》，旨在"成一家之言"，拿出自己一套独立的思想体系。其突出的特点，是以忠实的态度考察客观历史进程和社会情状，"稽其成败兴坏之理"，总结出民心向背对于政治成败的决定作用，因而把"安民"和"任贤"视为治理国家的最大关键，反映出平民阶层的政治要求，表达出自己的政治思想。司马迁发扬了先秦思想家的民本思想，认识到民众是国家政治的根本，以此为线索，总结商周以来的历史变局。《殷本纪》《周本纪》以具体史实，揭示殷纣王倒行逆施，遭到民众痛恨，逐步为其垮台准备了条件；而周的兴起，则是自后稷、文王历代"积德行义"，"民赖其庆，百姓怀之"。在《秦始皇本纪》篇末，对于秦的暴政作了有力的揭露："刚毅戾深，事皆决于法，刻削毋仁恩和义。"在项羽、刘邦两篇《本纪》中，则以对比手法，揭示项羽失败在于一贯实行杀戮政策，刘邦成功在于一向争取民心的深刻道理。这样一来，对于历史盛衰大事的解释，便完全置于政策的得失和民众的意志这些具体切实、容易明了的问题上。抓住真理就能所向披靡。所以正当董仲舒天人感应说风行一时、汉武帝拜神求仙执迷不悟的时代，司马迁却清醒地提出："国君强大，有德者昌；弱小，饰诈者亡。太上修德，其次修政，其次修救，其次修禳，正下无之。"[①]这实际即是对于"王权神授"、"天意决定人事"的神学观点作正面的否定。依靠"修德"、"修政"使国家昌盛又如何体现呢？司马迁最为重视的是"安民"和"任贤"。他针对武帝连年派兵征伐匈奴这一严重问题，明确反对大事征伐，反对长期造成民众不堪忍受的重负。当时武帝一心攻灭匈奴建其伟业，群臣一

---

① 《史记·天官书》。

味奉迎讨好，因此议论出兵征战的损失成为朝廷大忌。《平准书》却直书无隐，指出由于连年征战，造成"天下苦其劳，而干戈日滋。行者赍，居者送，中外骚扰而相奉，百姓抏弊以巧法，财赂衰耗而不赡"，故而成为由盛到衰的转折点！在《匈奴列传·赞》中，又特意以《春秋》微旨做比喻，表露他处在专制政治压力下，仍然要委婉地讲出以下真话："世俗之言匈奴者，患其徼一时之权，而务谄纳其说，以便偏指，不参彼己，将率席中国广大、气奋，人主因以决策，是以建功不深。"指出满朝文臣谄媚成性，一味附和武帝旨意，不顾敌我双方状况，置国家利益于度外，武将则滋生虚骄心，贪图多立战功，损失多少也不加顾惜。司马迁将这场费时数十载，动员人力物力无数的战争的总看法，铸成一句话："建功不深。"这四个字具有千钧之力，凝聚着司马迁的胆识，对于头脑发热的汉武帝不啻是当头浇了一盆冷水！这些话，是在他因李陵事件得罪武帝，屈辱受刑之后写下的，他在痛不欲生的心境下，仍然讲出自己对这一重大政治问题的看法，更加显示出他坚持独立见解的伟大人格。恰恰在这篇赞的最后，他深深感慨文武贤才对于治理国家的重要："尧虽贤，兴事业不成，得禹而九州宁。且欲兴圣统，唯在择任将相哉！唯在择任将相哉！"强调"任贤"对于国家安危存亡起着决定性的作用。

董仲舒的思想体系，则是儒学与阴阳五行学说相结合。他通过宣扬王权神授、"天人感应"等理论，为封建统治服务，其学说，虽然在巩固西汉政治"大一统"局面，及为武帝"改制"（即兴造各种制度）提供理论依据方面发挥了作用，但其宣扬灾异迷信方面却在历史上造成很大的负面影响。董仲舒把"天"看成是有意志、有目的的，主宰人世间万事万物，"天执其道为万物主"。[①]王道三纲，君臣、夫妇、父子关系，是由"天"派生的："是故仁义制度之数，尽取之天；天为君而覆露之，地为臣而持载之，阳为夫而生之，阴为妇而助之，春为父而生之，夏为子而养之……王道之三纲，可求之于天。"[②]封建统治要实行"德"、"刑"两手，也是由阴阳决定的："天以阴为权，以阳为经……以此见天显经隐权，前德而后刑。"[③]"阳出实入实，阴出空入空，天之任阳不任阴，好德不好刑，如是也。"[④]董仲舒还有大量用

---

① 《春秋繁露·天地之行》。
② 《春秋繁露·基义》。
③ 《春秋繁露·王道通三》。
④ 《春秋繁露·阴阳位》。

五行说来解释封建纲常伦理的神圣性、合理性的言论，如用五行相生解释臣对君、子对父必须尽忠尽孝的道理："诸授之者皆其父也，受之者皆其子也。常因其父，以使其子，天之道也。是故木已生而火养之，金已死而水藏之，火乐木而养以阳，水克金而丧以阴，土之事火竭其忠，故五行者，乃孝子忠臣之行也。"①作为汉武帝时代儒学"宗师"的董仲舒学说，其宣扬五权神圣，维护封建制度纲常伦理永恒的实质是十分清楚的。②

再者，在文化思想上，司马迁与董仲舒也是对立的。董仲舒在对策中向武帝提出，"今师异道，人异论，百家殊方，指意不同，是以上亡以一统"，主张"诸不在六艺之科孔子之术者，皆绝其道，勿使并进，邪辟之说灭息，然后统纪可一而法度可明，民知所从矣"③。视百家为邪说，要统统使其灭绝。汉武帝采纳其建议，罢黜百家独尊儒术，标志着封建文化专制局面的开始。司马迁则兼纳各家学说之长，具有拥抱全民族文化的广阔胸怀。《史记》中对道家（包括汉初黄老学说）、法家（包括管子学说）、纵横家都有适当的肯定，将各家各派的学术思想、各具智慧和光彩的历史人物都载入史册。

总的来说，司马迁著史正处于儒学自西汉初以来已逐步上升到社会文化舞台中心地位，并且成为国家政治和学术指导思想的时代，《史记》的尊儒倾向，是同此一时代之特征相吻合的。《史记》深深扎根于时代土壤之中，作为中国传统史学的楷模，它实同儒学这一传统文化的主干部分息息相关。从司马迁著史主旨以"继《春秋》"自任，从他对孔子的敬仰和礼赞，特别是《史记》五种体裁首篇的确立和对人物、事件的褒贬，以及取材和史料别择的依据，都证明《史记》以儒家学说为主要价值标准。而同时，司马迁的尊儒又与董仲舒不同。司马迁是以忠实地总结历史的发展和反映平民阶层的要求为其著述的基础的，他不仅发扬先秦儒学的优秀部分，而且充分地吸收了时代的营养而加以丰富——这正是《史记》一书具有永不衰竭的生命力的根源。

---

① 《春秋繁露·五行之义》。
② 董仲舒提出限制贵族豪强大量占有土地，提出"限民名田，以赡不足"的主张，谴责土地兼并严重，造成"贫民常衣牛马之衣，而食犬彘之食"，对民众的贫苦表示同情。他的"谴告说"，用"灾异"恐吓皇帝，要求他反省错误，施行仁政，在当时条件下也有某种积极作用。但这些都不能改变其学说体系为强化专制统治服务的实质。
③ 《汉书·董仲舒传》。

体圆用神：《史记》历史编纂和体例的匠心运用

《史记》在体裁、体例上的匠心运用凸显出司马迁雄奇的创造力，全书达到了丰富、详核的内容与高度的审美要求二者的完美统一。《史记》的体裁是司马迁的非凡创造，各体配合，互相补充，而又在体例运用上灵活变化，因而把历史写活了，不仅将历史事件、人物写得生动传神，而且读者凭借这活泼的历史，可以预见未来的发展。《史记》全书达一百三十卷，五十二万六千五百言，囊括了无数复杂的事件、人物，以及社会历史的各个方面，如此繁富、漫长的历史却被司马迁组织成为一个瑰玮精当的整体。因而章学诚概括其编纂风格为"体圆用神"。对司马迁所运用的匠心妙思，我们可以从三个方面窥见一斑。一是全书五体配合，达到浑然一体；二是全书记载人物事迹份量最重，列传的篇目设置和编次显示出以人物的事迹反映不同历史时期特色的旨趣，专传、合传、类传等的设置和处理，既有通盘考虑的严密体例，又能根据需要灵活变通；三是每一篇章的撰写均达到剪裁恰当，组织严密，具有高潮的技巧，读之过目不忘。

一、五体配合的杰出创造和十表的功用

司马迁创立的纪传体（完整地说是纪、表、书、世家、列传五体相兼的综合体）是中国历史编纂学史上的巨大飞跃，标志着中国史学达到成熟阶段。与先秦史籍主要体裁编年体相比较，《史记》体裁更能囊括社会史的丰富内容，这是司马迁在时代推动下实现的伟大创造。唐代史论家皇甫湜目光如炬，称司马迁为了详载以往历史，"将以包该事迹，必新制度而驰才力"，其论云：

> 司马氏作纪，以项羽承秦，以吕后接之，（今按，此处疑有缺句。当云："高祖肇汉，以吕后接之"，于义为安。）亦以历年不可中废，年不可阙，故书也。观其作传之意，将以包该事迹，参贯话

言，纤悉百代之务，成就一家之说，必新制度而驰才力焉。又编年纪事，束于次第，牵于混并，必举其大纲，而简于序事，是以多阙载，多逸文，乃别为著录，以备书之言语而尽事之本末。故《春秋》之作，则有《尚书》，《左传》之外，又为《国语》，可复省左史于右，合外传于内哉！故合之则繁，离之则异，削之则阙，子长病其然也，于是革旧典，开新程，为纪为传为表为志，首尾具叙述，表里相发明，庶为得中，将以垂不朽。自汉及今，代已更八，年几历千，其间贤人摩肩，史臣继踵，推今古之得失，论述作之利病，各耀闻见，竞夸才能，改其规模，殊其体统，传以相授，奉而遵行，而编年之史遂废，盖有以也。唯荀氏为《汉纪》，裴氏为《宋略》，强欲复古，皆为编年，然其善语嘉言，细事详说，所遗多矣，如览正史，方能备明，则其漏密得失章章于是矣。①

皇甫湜的评论实在精彩，他指出编年体按年记事，大小事件互相牵混，只能举其大纲，而事件叙述简略，因而造成史实多所阙漏等缺憾。而司马迁为了记载丰富复杂的客观历史，实现成一家之言的宏伟目标，就必须担当时代的责任，"革故典，开新程"，完成历史编纂的重大突破！这就是自《汉书》以下历代正史"传以相授，奉以遵行"的深刻原因所在。

近代史家梁启超也曾强调，《史记》的撰成是汉初出现政治大一统的时代条件推动的："史界太祖，端推司马迁。迁之年代，后左丘约四百年。此四百年间之中国社会，譬之于水，其犹经百川竞流波澜壮阔以后，乃汇为湖泊，恬波不扬。民族则由分展而趋统一；政治则革阀族而归独裁；学术则倦贡新而思竺旧。而迁之《史记》，则作于其间。"②《史记》的产生正好证明司马迁的创造魄力和杰出才华，与时代对史学提出的革新要求相适应。梁启超对《史记》书中几种主要体裁如何调和、互相联络，使全书成为一个互相构成有机联系、博大谨严的著作，也有过中肯的论述："其本纪及世家之一部分为编年体，用以定时间的关系。其列传则人的记载，贯彻其以人物为历史主体之精神。其书则自然界现象与社会制度之记述，与'人的史'相调剂。内中

---

① 皇甫湜：《编年纪传论》，《全唐文》卷六百八十六，中华书局1983年版。
② 梁启超：《中国历史研究法》，《饮冰室合集》专集之七十三，第15页。

意匠特出，尤在十表。据桓谭《新论》谓其'旁行斜上，并效《周谱》'，或以前尝有此体制亦未可知。然各表之分合间架，总出诸史公惨淡经营。表法既立，可以文省事多，而事之脉络亦具。《史记》以此四部分组成全书，互相调和，互保联络，遂成一部博大谨严之著作。后世作断代史者，虽或于表志门目间有增减，而大体组织，不能越其范围。可见史公创作力之雄伟，能笼罩千古也。"①

今天我们的认识当然应在前人成果的基础上向前推进。这里尤需强调两项。一是司马迁著史贯穿了"详近略远"的原则，因而《史记》既是一部通史著作，又具有当代史的性质。司马迁要贯通古今，记载"百代之史"，这是没有疑问的，但同时，他对于秦汉的历史尤为重视，书中记载最为详尽。其原因何在？首先，是因为时代离得近，能够利用的相关记载和档案材料更多，史家还能根据在全国范围内的亲身考察、访问之所得，作为印证和补充。其次，是因为秦汉时期是司马迁要记载的近代史和现当代史，对于了解当今政治经济社会状况，总结历史经验教训，解决面临的迫切问题，关系更加直接，意义更为巨大。司马迁在《六国年表·序》中，就曾经辛辣地讽刺那班轻视秦朝历史的俗儒，明确提出"法后王"的原则。他说："秦取天下多暴，然世异变，成功大。传曰'法后王'，何也？以其近已而俗变相类，议卑而易行也。学者牵于所闻，见秦在帝位日浅，不察其终始，因举而笑之，不敢道。此与以耳食无异。悲夫！"重视近现代史，就因为这些人物、事件和社会状况，离当下很近，情况类似，便于借鉴，同时由于时代相近而能看得更加真切，没有夸张粉饰的成分，能够从中获得直接的启示。在《史记》五个部分中，"十二本纪"记秦和秦始皇、项羽的各一篇，记汉代五篇；"十表"中自《秦汉之际月表》以下，共有六篇；"八书"中综论古今而独详汉事的有七篇，《平准书》专记汉代；"三十世家"中记陈涉及汉代王侯的共十三篇；"七十列传"中专记秦人物、史事者六篇，专记汉代者三十八篇，并记前代及秦汉人物、史事者四篇。若从专记汉代历史而言，共有六十二篇之多，其他还有并记前代及汉代的十一篇。因此，白寿彝先生指出，要十分重视《史记》的当代史性质，并认为《史记》写得最精彩的地方是在汉史："自公元前202年刘邦击溃项羽，灭楚之后，到《史记》成书，约一百年。这一百年的历史，在全书数量的比重上

---

① 梁启超：《要籍解题及其读法》，《饮冰室合集》专集之七十二，第20页。

要比过去的几个历史时代还要多。司马谈的遗言和司马迁的自序，都特别表示以汉史为重。这种详今略古的传统，是自《雅》、《颂》以至《左传》、《国语》以来就有了相当长的历史，《史记》更有意地加以发扬。《史记》的通史性质经常是受注意的，其实它的当代史性质是更应受到注意的。《史记》写得最精彩的地方，是在汉史。"①司马迁的这一著史指导思想和成功实践对我们今天同样有直接启示意义。我们今天撰写历史、研究历史，要不要贯彻"详近略远"的原则呢？显然答案是肯定的。

尤须强调的又一项，是对于《史记》十表的史学功能应有新的认识。后人读《史记》，往往对表并不重视，甚至忽略不读。著史者也往往不做年表，即使有，也仅作为补充或附录而已。实际上，从《史记》五体的安排，将年表紧接于本纪之后，而置于书、世家、列传之前，即可证明司马迁对这一体裁的重视。如此安排，直观地表明将十表与十二本纪一同作为《史记》全书的纲领，其作用实在非同小可。尤其是十篇表的序，都是司马迁所精心撰写。白寿彝先生真不愧为太史公的知音，他指出："《史记》十表是最大限度地集中表达古今之变的……司马迁写每一个表，就是要写这个历史时期的特点，写它在'古今之变'的长河中变了什么。"②这些见解，对于我们深刻认识十表在历史编纂上的价值实有重要的启发作用。首篇是《三代世表》，主要记夏、商、周（共和纪年以前）世系。如张守节《正义》云："言代者，以三代久古，传记少见，夏殷以来，乃有《尚书》略有年月，比于五帝事迹易明，故举三代为首表。"③司马迁记载上古史，面对两类史料，一类是儒家典籍《尚书》、《五帝德》、《帝系姓》等，记载较为可靠，另一类是百家杂记，互相矛盾、歧异。司马迁经过比较、甄别，乃采取《尚书》等儒家典籍的史料，同时效法孔子"信以传信，疑以传疑"的慎重态度。《三代世表·序》即揭示出其编纂的要旨："五帝、三代之记，尚矣。自殷以前诸侯不可得而谱，周以来乃颇可著。孔子因史文次《春秋》，纪元年，正时日月，盖其详哉。至于序《尚书》则略，无年月；或颇有，然多阙，不可录。故疑则传疑，盖其慎也。"

《十二诸侯年表》以下四篇，应是我们讨论的重点，因为司马迁精心撰

---

① 白寿彝：《司马迁与班固》，《史学史资料》1979年第2期。
② 白寿彝：《司马迁与班固》，《史学史资料》1979年第2期。
③ 见《史记》卷十三《三代世表》引《正义》注，第488页。

写的这四篇的序，即是论述四个历史时期演进大势的纲领。《十二诸侯年表·序》所讲西周末年至春秋时期的历史趋势是，周王室陵夷，"厉王以恶闻其过，公卿惧诛而祸作，厉王遂奔于彘，乱自京师始"，"是后或力政，强乘弱，兴师不请天子。然挟王室之义，以讨伐为会盟主，政由五伯"①。而春秋时期活跃在历史舞台上的主要角色齐、晋、秦、楚的共同特点是，它们分散在东、北、西、南四徼，地处偏僻，且原先力量微小，但能奋发有为，因而更番为霸："齐、晋、秦、楚其在成周微甚，封或百里或五十里。晋阻三河，齐负东海，楚介江淮，秦因雍州之固，四海迭兴，更为伯主，文武所褒大封，皆威而服焉。"②同时说明编纂这篇年表主要依据的史料，除孔子所修《春秋》之外，还有《左氏春秋》、《铎氏微》、《虞氏春秋》、《吕氏春秋》，以及荀卿、孟子、公孙固、韩非等书中的记载。并且交代编纂的方法，是删去夸张枝蔓之说，主要依据儒家典籍《春秋》、《国语》，著其"盛衰大指"。再看《六国年表·序》，同样提挈了战国时期历史演进的大趋势：先是"陪臣执政，大夫世禄，六卿擅晋权"；再经过田常杀简公而相齐国，三家分晋，田氏代齐，"六国之盛自此始。务在强兵并敌，谋诈用而从横短长之说起"。司马迁在序中又明确揭示出：春秋、战国时期的历史，应以秦由崛起西陲至统一全中国为总纲。这篇序首句言太史公读《秦记》，载秦襄公始封为诸侯，至文公逾陇、穆公修政，"东竟至河，则与齐桓、晋文中国侯伯侔矣"。司马迁对于秦国历代君主相继内修国政，外挫群雄，而最终统一六国表示慨叹："秦始小国僻远，诸夏宾之，比于戎翟，至献公之后常雄诸侯。……卒并天下，非必险固便形势利也，盖若天所助焉。"③《序》的末尾尖锐地针砭汉初俗儒极力抹杀秦朝所作贡献的偏见，对秦的历史功过，作出正确的评价："秦取天下多暴，然世异变，成功大"，而嘲笑俗士的迂腐之见是"此与耳食无异"！在《秦楚之际月表·序》中，司马迁高屋建瓴地概括秦汉之际巨大而急剧的历史变局："初作难，发于陈涉；虐戾灭秦，自项氏；拨乱诛暴，平定海内，卒践帝祚，成于汉家。五年之间，号令三嬗，自生民以来，未始有受命若斯之亟也。"④并且深刻地揭示出秦朝实行的严酷统治恰恰促成民众的猛烈反抗，加

---

① 《史记》卷十四《十二诸侯年表》，中华书局1959年版，第509页。
② 《史记》卷十四《十二诸侯年表》，第509页。
③ 《史记》卷十五《六国年表》，第685页。
④ 《史记》卷十六《秦楚之际月表》，第759页。

速其专制统治灭亡的历史辩证法："秦既称帝，患兵革不休，以有诸侯也，于是无尺土之封，堕坏名城，销锋镝，鉏豪桀，维万世之安。然王跡之兴，起于闾巷，合从讨伐，轶于三代，乡秦之禁，适足以资贤者为驱除难耳。故愤发其所为天下雄，安在无土不王。此乃传之所谓大圣乎？"①《汉兴以来诸侯王年表·序》更以"形势"二字为纲，论述汉初分封同姓王，再经过景帝和武帝相继实行"削藩"、"推恩"政策，强干弱枝，加强中央集权的历史大势。汉初根据天下初定的形势特点决定政策，广封同姓为王、侯，镇抚四海，以承卫天子："高祖子弟同姓为王者九国，唯独长沙异姓，而功臣侯者百有余人。"②自北至南，分封有燕、代、齐、赵、梁、楚、淮南及长沙国，"皆外接于胡、越。而内地北距山以东尽诸侯地，大者或五六郡，连城数十，置百官宫观，僭于天子。汉独有三河、东郡、颖川、南阳，自江陵以西至蜀，北自云中至陇西，与内史凡十五郡，而公主列侯颇食邑其中。何者？天下初定，而骨肉同姓少，故广强庶孽，以镇抚四海，用承卫天子也。"③经过景帝削藩、武帝实行推恩令，铲除了诸侯王借以对抗朝廷的力量，中央集权大大加强，奠定了国家一统，长期安宁的局面："吴楚时，前后诸侯或以谪削地，是以燕、代无北边郡，吴、淮南、长沙无南边郡，齐、赵、梁、楚支郡名山陂海咸纳于汉。诸侯稍微，大国不过十余城，小侯不过数十里，上足以奉贡职，下足以供养祭祀，以蕃辅京师。而汉郡八九十，形错诸侯间，犬牙相临，秉其阨塞地利，强本干，弱枝叶之势，尊卑明而万事各得其所矣。"④对于自汉初至武帝一百年间解决长期威胁全国统一局面的诸侯王问题的历史走向作了简洁、清晰的阐释，遂成为此后自班固以下史家论述这一重大政治问题的依据。总之，《史记》十表，与十二本纪相配合，构成全书的总纲领，其史学功能至为巨大！诚如宋代学者吕祖谦云："《史记》十表，意义宏深，始学者多不能达。《三代世表》以世系为主，所以观百代之本支也。《十二诸侯年表》以下以地为主，故年经而国纬，所以观天下之大势也。"⑤白寿彝先生则高度赞誉《史记》十表"同

---

① 《史记》卷十六《秦楚之际月表》，第760页。
② 《史记》卷十七《汉兴以来诸侯王年表》，第801页。
③ 《史记》卷十七《汉兴以来诸侯王年表》，第802页。
④ 《史记》卷十七《汉兴以来诸侯王年表》，第803页。
⑤ 吕祖谦：《大事记解题》卷一，武英殿聚珍本。

样显示了《史记》通古今之变的如椽的大笔"。①

十表又有收复杂事项、补充纪传体记载之未备、化繁为简的史学功用。清初学者顾炎武对此阐述尤详："盖表所由立,昉于周之谱牒,与纪、传相为出入。凡列侯将相王、三公九卿,其功名表著者即系之以传,此外大臣无积劳亦无显过,传之不可胜书,而姓名爵里、存没盛衰之迹,要不容以遽泯,则于表乎载之;又其功罪事实传中未悉备者,亦于表乎载之。年经月纬,一览了如。作史体裁,莫大于是,而范书阙焉。使后之学者无以考镜二百年用人行政之节目,良可叹也。……不知作史无表,则立传不得不多,传愈多,文愈繁,而事迹或反遗漏而不举。欧阳公知之,故其撰《唐书》有《宰相表》,有《方镇表》,有《宗室世系表》、《宰相世系表》,始复班、马之旧章云。"②顾氏诚深有体会之学者,举出年表有三项功用:表与传相配合,次要事项入表;补充功罪事项;记载简明,一目了然。因而他感叹《三国志》、《后汉书》以后无表,而盛赞欧阳修《新唐书》恢复设表,可谓见识过人。

这里仅举出年表记载复杂事项、表列分明两例,以见司马迁编纂之匠心。如《汉兴以来将相名臣年表》中有"大事记"一栏,自汉高祖元年起所记大事为:元年,春,沛公为汉王,之南郑。秋,还定雍。二年,春,定塞、翟、魏、河南、韩、殷国。夏,伐项籍,至彭城。立太子。还据荥阳。三年,魏豹反。使韩信别定魏,伐赵。楚围我荥阳。四年,使韩信别定齐及燕,太公自楚归,与楚界洪渠。五年,冬,破楚垓下,杀项籍。春,王践皇帝位定陶。入都关中。这里,以分年表列的形式,极其醒目地记载了楚汉相争五年间风云变化复杂局势下的大事,却仅用了不足一百字。又如,文、景之间封国置废、郡与国的设置、复置、国除为郡等情况甚为复杂,头绪纷繁,而《汉兴以来诸侯王表》将主要灾火和变化系于各年,记载一目了然。文帝三年载,济北国:"为郡。"淮阳国:"复置淮阳国。"代国(文帝子刘武所封国):"徙淮阳。"文帝十一年,城阳国:"徙淮南。为郡,属齐。"淮阳国:"徙梁。为郡。"文帝十五年,衡山国:"初置衡山。"城阳国:"复置城阳国。"淮南国:"徙城阳"。又分别载:"复置济北国";"分为济南国";"分为菑川,都剧";"分为胶西,都宛";"分为胶东,都即墨";"初置庐江国"。至景

---

① 白寿彝:《司马迁与班固》,《白寿彝史学论集》,第733页。
② 顾炎武著、黄汝成集释:《日知录集释》卷二十六"作史不立表志"条,第1446页。

帝三年，在吴、楚、济南、菑川、胶西、胶东、赵七国各栏之下，分别记载："反，诛。"在河间、广川、梁国各栏之下，则分别记载："来朝。"又载，济北国："徙菑川。"淮阳国："徙鲁为郡。"这样，就极其直观而简洁地显示出藩国问题在文景之世经历了复杂过程，至吴楚七国之乱平定后，才得到根本的解决。

二、列传的精心设置和灵活安排

《史记》人物传记不同类型的精心设置和匠心运用，同样应予特别的关注。以下依次讨论其中三个问题：七十列传篇目安排的旨趣；"合传"、"类传"、"附传"的灵活运用；列传篇目的安排，是司马迁"随作随编"，还是运用精思，深意存焉。

《史记》七十列传如何安排，堪称是一项复杂的工程，这对于司马迁是一个很大的考验。道理很明显，七十列传所包括的人物，其时代、身份、建树、风格和影响，迥然相异，如果处理不好，会成为许多史料的机械累积，呆板无味。由于人物传记是《史记》内容的主体部分，因而司马迁精心安排，将其高明的著史旨趣贯穿于篇章之中，因而展现在读者面前的是波澜起伏、丰富生动、曲折有序的历史画卷。《史记》全书的任务是要体现"通古今之变"，即要写出中华民族的历史自古到今如何演进变迁。而七十列传的总的要求，是要与"本纪"、"表"相配合，反映出不同历史时期的特点，故此，其篇章安排的第一项原则是按照时间顺序组织编次。七十列传以《伯夷列传》为首篇，显然占据着极为重要的位置，类似于十二本纪以《五帝本纪》为首篇，三十世家以《吴太伯世家》为首篇，司马迁的选择和设置是极为慎重的。那么，以此设置为首篇的理由何在？明显的理由是，立传的人物必须有史实可以记载，而伯夷正是西周初有事迹可以记载，而且是孔子表彰过的人物。传中记载伯夷是商末孤竹君的长子。起初孤竹君以次子叔齐为继承人。孤竹君死后，叔齐让位，伯夷不受，后两人都投奔到周。到周后，反对周武王伐商纣王，叩马而谏曰："父死不葬，爰及干戈，可谓孝乎？以臣弑君，可谓仁乎？"左右欲用兵器打击，太公曰："此义人也。"扶而去之。武王伐纣后，他们又逃避到首阳山，不食周粟而死。孔子《论语》有两处称赞伯夷，一为《公冶长》篇，云："伯夷、叔齐不念旧恶，怨用是希。"一为《述而》篇，云："求仁得仁，又何怨乎？"司马迁申明，时代较之伯夷早一点的传说人物，尧时有许由，夏时有卞随、务光。传说称，尧让天下于许由，许由不受，逃到颖水之北、箕山之下隐居。司马迁对此表示怀疑，因为据《尚书》中《尧典》、《舜典》等篇记载："尧将逊位，让于虞舜，舜、禹之间，岳牧咸荐，乃试之于位，典职数十年，功用既兴，然后授政。示天下重器，王者大统，传天下若斯之难也。"事情怎么会像传说中讲的尧让位于许由，许由不受，逃到山中隐居起来这么轻易呢？传说中又称夏时汤让天下于卞随、务光。卞随不受，投水而死；务光以为耻，因而逃隐。司马迁明确表示，这与将国家权力传位给德行和才能极高的人应有的隆重、复杂的过程和场面仪式相比，又是多么不相称！司马迁又认为，上古历史资料阙略，而且百家的说法互相歧异，经过他反复的考订、对比、探求，应以儒家典籍的记载为可以据信。于是他以发问的形式讲出自己否定的判断："孔子序列古之仁圣贤人，如吴太伯、伯夷之伦详矣。余以所闻由、光义至高，其文辞不少概见，何哉？"①

这样，就申明了《史记》设置列传的审慎态度和远大目光，司马迁是以有确实的史料依据并在历史上产生了影响的人物作为立传的标准，因此确定了以孔子表彰过的伯夷作为首篇。以下的篇章，就以人物活动的年代先后来组织编排，并且大体上以各个历史时期的人物形成单元，以凸显历史大势和时代的特点。如：卷六十二《管晏列传》以下，包括《老子韩非列传》、《司马穰苴列传》、《孙子吴起列传》、《伍子胥列传》、《仲尼弟子列传》六篇是春秋时期人物传记。卷六十八《商君列传》至卷八十二《田单列传》共十五篇，是战国人物传记，其中《苏秦列传》、《张仪列传》相紧连，《孟尝君列传》、《平原君列传》、《魏公子列传》、《春申君列传》四篇安排在一起，更凸显出战国时代的特点。以下，卷八十三《鲁仲连邹阳列传》至卷八十三《蒙恬列传》，共六篇，是记载楚汉之际历史人物。卷九十五《樊郦滕灌列传》至卷一百一十二《平津侯主父列传》等十七篇，均记载汉代人物。这一汉代人物的单元，堪称群星灿烂。其中有，因"攻城野战，获功归报，哙、商有力焉，非独鞭策，又与之脱难"，而作《樊郦滕灌列传》；因"结言通使，约怀诸侯；诸侯咸亲，归汉为藩辅"，而作《郦生陆贾列传》；因"徙强族，都关中，和约匈奴；明朝廷

---

① 均见《史记》卷六十一《伯夷列传》，第2121页。

礼，次宗庙仪法"，而作《刘敬叔孙通列传》；因"敢犯颜色以达主义，不顾其身，为国家树长画"，而作《袁盎晁错列传》；因"勇于当敌，仁爱士卒，号令不烦，师徒乡之"，而作《李将军列传》。①再加上《司马相如列传》、《汲郑列传》，以及世家中对萧何、曹参、张良、陈平、周勃、周亚夫等人事迹的生动叙述，更充分地证明司马迁对记载当代史的高度重视。

七十列传的组织和安排还遵循两项原则，一是先记载历史人物，再记载周边各少数民族的活动和社会状况；二是先以专传、合传形式记载对历史进程起重要作用、事迹丰富的人物，再以类传形式记载处于社会底层的人物，描绘他们的群体形象。这两项，同样显示出司马迁著史的杰出创造性。他具有极其深远的历史眼光和博大的胸怀，他要写全中国各族共同的历史。列传中以充足的篇章，记述各少数民族的活动，都是围绕主体部分"本纪"中的记载而展开的，互相形成紧密的联系。更为可贵的是，司马迁要着重反映的，是周边各民族与中原政权联系不断加强这一历史大趋势，因此对其所写民族史篇章的义旨作了明确的概括。云："汉既平中国，而佗能集杨越以保南藩，纳贡职。作《南越列传》第五十三"，"吴之叛逆，瓯人斩濞，葆守封禺为臣。作《东越列传》第五十四"，"唐蒙使略通夜郎，而邛笮之君请为内臣受吏。作《西南夷列传》第五十六"，"汉既通使大夏，而西极远蛮，引领内乡，欲观中国。作《大宛列传》第六十三"②。这些篇章汇合起来，构成了广阔地区边疆民族围绕中原政权、"引领内乡（向）"的格局，生动地显示出全中国各民族的统一不断加强的久远历史传统。司马迁在浓墨重彩描绘有作为的君主、贤臣和其他杰出人物事迹的同时，又创立了《儒林列传》、《游侠列传》、《滑稽列传》、《日者列传》、《龟策列传》、《货殖列传》等类传，表现学者群体和下层人物的作用和智慧，充分地肯定了他们对于历史发展所发挥的作用。从结构上说，人物专传是传记的主体，安排在前，而少数民族传和多篇类传紧随其后，章法分明，内在联系紧密，大大增强了《史记》作为一代"全史"的丰富内涵。这些，都卓有成效地提升了《史记》历史编纂成就的价值，因而为后代史家所自觉继承和发扬。

历史编纂要讲究体例的恰当、严密，只有这样，才能将分散的材料合理地

---

① 均见《史记》卷一百三十《太史公自序》，第3315—3316页。
② 均见《史记》卷一百三十《太史公自序》，第3317—3318页。

组织在全书的结构中，使全书成为一个统一的有机整体。然则，客观历史又是十分复杂、充满变化的，制定出体例的条条框框只能解决历史记载的一般性问题，而遇到特殊性问题，则需要作灵活变通，不能墨守成例。因此，高明的历史编纂学家不但要善于归纳和运用其"例"，在必要时又要勇于打破手定的"例"，这就是章学诚所说的运用"别识心裁"。列传的篇目，是按照时代先后来设置、安排的，这是司马迁创设的"例"；但对此又不应当刻板地对待，即在必要时可突破成例。所以，《史记》中设置有《老子韩非列传》、《屈原贾生列传》。刘知幾对此不理解，曾提出批评："又编次同类，不求年月。后生而擢居首帙，先辈而抑归末章，遂使汉之贾谊将楚屈原同列……此其所以为短也。"①这是由于拘守成例，而反对灵活变通。老子与韩非虽不同时代，但他们都是思想家；并且，前代曾有多位学者指出，从学术思想上讲，韩非的刑名学说即渊源于老子，将两人立为合传更有内在依据。如明人何良俊说："太史公作史，以老子与韩非同传，世或疑之。今观韩非书中，有《解老》、《喻老》二卷，皆所以明老子也。故太史公于论赞中曰：申韩苛察惨刻，'皆源于道德之意，而老子深远矣'，则知韩非原出于老子。"②屈原虽是战国人，贾谊是西汉人，但他们都是文学家，"作辞以讽谏，连类以争义"，③都有强烈的爱国思想，以词赋表达自己的深沉感情，而且两人都曾在湘江流域生活过。司马迁写屈原、贾谊的传，满怀着深厚的感情。他高度赞扬屈原深沉爱国，志行高洁，至死不渝。司马迁称赞他："其志絜，故其称物芳。其行廉，故死而不容。……观此志也，虽与日月争光可也。"④贾谊少年聪颖，熟习诗书及诸子百家之说。文帝召为博士，"每诏令议下，诸老先生不能言，贾生尽为之对，人人皆如其意所欲出。诸生于是乃以为能，不及也"。孝文帝对他极为赏识，"超迁，一岁中至太中大夫"。贾谊有极敏锐的政治眼光，深谙国之利病，时政得失。针对汉初加强中央集权和巩固大一统局面的需要，向汉文帝及时提出创设汉家制度和削弱诸侯王势力两项重大建议。"贾生以为汉兴至孝文二十余年，天下和洽，而固当改正朔，易服色，法制度，定官名，兴礼

---

① 刘知幾著、浦起龙释：《史通通释》卷二《二体》，第28页。
② 何良俊：《四友斋刊说》卷二十《子二》，中华书局1956年版。
③ 《史记》卷一百三十《太史公自序》所概括的该篇撰述义旨。
④ 《史记》卷六十四《屈原贾生列传》，第2482页。

乐，乃悉草具其事仪法，色尚黄，数用五，为官名，悉更秦之法。""诸律令所更定，及列侯悉就国，其说皆自贾生发之。"文帝本欲任贾谊公卿之位，但因遭老臣周勃、灌婴忌妒反对而作罢，后又将贾谊贬为长沙王太傅。他渡湘水，为赋以吊屈原。三年后召回，时"文帝复封淮南厉王子四人皆为列侯。贾生谏，以为患之兴自此起矣。贾生数上疏，言诸侯或连数郡，非古之制，可稍削之。"惟有出于爱国之至诚，才能这样犯颜直谏，而置个人利害于度外。虽然文帝未予听从，但后来爆发的吴楚七国之乱，恰恰证明贾谊一再提出的削藩之议是多么切中要害！故晚清学者李景星评论说："以古今人合传，一部《史记》，只有数篇。……此篇以遭际合也。""中谓'自屈原沉汨罗后百有余年，汉有贾生，为长沙王太傅，过湘水，投书以吊屈原。'此数句，是一篇关键，亦是两人合传本旨。得此，而通篇局势，如生铁铸成矣。"①以上的简略分析说明，设置两篇合传来记载不同时代的人物，确是司马迁的精心安排，或因其思想、学术互相关联，或因其人格、襟怀前后辉映，设立为合传更能体现出人物的共性，因而给予读者更加强烈的震撼，若果设为单篇专传则难以取得这样的效果。

概言之，《史记》中合传的设置，是司马迁依据客观历史的复杂性而在编纂上作灵活的安排。对于人物活动史实相关、联系紧密者，将之合写为一篇，使之互相补充，这是设立合传的最大优长所在。如《孙子吴起列传》、《樗里子甘茂列传》、《白起王翦列传》、《范雎蔡泽列传》、《廉颇蔺相如列传》、《张耳陈馀列传》、《魏豹彭越列传》、《韩信卢绾列传》、《袁盎晁错列传》皆然。这样做还可以减少篇目，避免过于分散，难以把握。对于同一类型的人物，也可跨时代写成合传，以显示其共性。除上面论及的《老子韩非列传》、《屈原贾生列传》外，还可举出两篇典型例证。

《田儋列传》实为田儋、田市（儋之子）、田荣（儋之从弟）、田广（荣之子）、田横（荣之弟）之合传。因田儋首称齐王，故以之为本篇篇名；而全篇的重点是记载田横事迹。并在篇末赞曰："田横之高节，宾客慕义从横死，岂非至贤！"②而《张丞相列传》则是记载西汉张苍以下多位丞相、御史大夫的合传。张苍在秦时为御史，主四方文书。后从高祖征战有功，汉初任赵

---

① 李景星：《史记评议》卷三《屈原贾生合传》。
② 《史记》卷九十四《田儋列传赞》，第2649页。

相、代相，封为北平侯。"是时萧何为相国，而张苍乃自秦时为柱下史，明习天下国书计籍。苍又善用律历。故令苍以列侯居相府，领主郡国上计者。"至汉十四年（前193），升为御史大夫。至诸吕被诛，张苍因奉立文帝有功，迁丞相。张苍年寿最长，历仕高祖、惠帝、吕后、文帝四朝，故此篇以张苍为主线，将汉初多位任职丞相、御史大夫的人物事迹组织起来，其叙事结构尽显司马迁的非凡史识和高超的编纂技术。中间写了周昌的忠直刚正；写赵尧年轻，原为周昌手下主符玺的属官，但因能揣摩高祖的心事，而超迁为御史大夫，周昌改任为赵王（高祖子如意，戚姬所生）之相；写吕后擅权时，赵尧遭其忌恨，被免职，以广阿侯任敖为御史大夫；写张苍为丞相十五年，至文帝时被免职，申屠嘉继为丞相，申屠嘉为人廉直，不徇私情，敢于处罚文帝宠臣邓通，表现了大臣的气节，但他不爱读书，素无学术，缺乏涵养，至景帝时，晁错为内史，贵幸用事，申屠嘉因与之有怨隙，反被算计，气愤而死。这些人物虽居高位，但周昌、申屠嘉的作为并不能构成一篇内容充实的传，赵尧、任敖的事迹更加简略，如果采取并列的办法每人各叙一篇，则势必涣散而无头绪。而张苍为汉初名相，功绩显著，仕宦年代又最长，司马迁乃以其经历作为总纲，将其他汉初身居丞相、御史大夫高位的人物事迹穿插其间，运用高明的编纂方法将分散的材料组织成为章法分明的篇章。这篇传虽以《张丞相列传》为篇名，实际上则是笔法灵活的合传，令人叹服！还有值得注意的，司马迁在篇末写了一段话，严肃批评身居高位，却无所作为，"为丞相备员而已"的庸碌之辈：

> 自申屠嘉死之后，景帝时开封侯陶青、桃侯刘舍为丞相。及今上时，柏至侯许昌、平棘侯薛泽、武强侯庄青翟、高陵侯赵周等为丞相。皆以列侯继嗣，娖娖廉谨，为丞相备员而已，无所能发明功名有著于当世者。[①]

不经意者或许以为这段话不过是篇末连带叙述而已，而实则蕴含深意。一是交代申屠嘉之后至武帝时，任丞相者还有陶青六人等，这是史册所应当述及的，而司马迁用一话带过，省去了许多笔墨；二是，司马迁借此说明他著史、立传的标准：对于历史有贡献的人物才能入史。他坚持"不虚美、不隐恶"的直笔精神，故此，职位虽高而碌碌无为、尸位素餐者，在《史记》是找不到位置的。

---
① 《史记》卷九十六《张丞相列传》，第2685页。

灵活地运用"附传"的编纂方法，也是《史记》人物传记写法的一个特色。"附传"是在主要人物事迹之后，连带记载相关次要人物的事迹，这样做，既可显示这些人物之行事、功业的彼此关联，收到互相补充、映衬之效，又可避免全书组织的芜杂枝蔓，做到纲举目张。譬如，《张仪列传》附载陈轸、犀首事迹；《樗里子甘茂列传》附载甘罗事迹；《乐毅列传》附载乐闲、乐乘事迹；《孟荀列传》则附载了战国时期多位思想家的事迹，有邹忌、邹衍、淳于髡、慎到、驺奭、公孙龙、墨翟等。《廉颇蔺相如列传》附载赵国另外三位将领，而且笔法极为灵活，先插叙赵奢、赵括父子事迹，然后又继续写廉颇晚年战功；写完廉颇，再写赵国后期名将李牧，直至赵亡。世家中写人物传记的篇章也有成功地运用"附传"写法的例证。如，《陈丞相世家》在记载陈平主要事功之后，插入王陵事迹，因孝惠帝时，以安国侯王陵为右丞相，陈平为左丞相。至惠帝卒后，王陵被免职，吕后任辟阳侯审食其为左丞相，徙陈平为右丞相，因而又穿插记载审食其。故这篇《陈丞相世家》实际连带叙述汉初在萧何、曹参之后继任丞相职位者数人。《绛侯周勃世家》前面记述周勃，后面即附载其子条侯周亚夫事迹。文帝后六年（前158），因匈奴大举侵边，朝廷令宗正刘礼为将军，军霸上，徐厉为将军，军棘门，周亚夫为将军，军细柳，以防备匈奴。文帝亲自劳军，见周亚夫治军极严，军吏士卒军纪整肃，防备极严，乃为之改容，连声赞曰："嗟乎，此真将军矣！曩者霸上、棘门军，若儿戏耳，其将固可袭而虏也，至于亚夫，可得而犯邪！"至景帝三年（前154），发生吴楚七国之乱，叛军西进。周亚夫任太尉，率军东击吴楚，他向景帝上陈对付叛军的战略："楚兵剽轻，难与争锋。愿以梁委之，绝其粮道，乃可制。"①得到景帝准许。周亚夫引兵东北走昌邑，坚壁而守，而派出轻骑绝吴楚军粮道，等其困乏，乃出精兵追击，大破之，遂平吴楚之乱。以上两项均为西汉前期军事史上的大事，因司马迁在《绛侯周勃世家》中采用附传的手法而得以详载。将周亚夫事迹附在周勃传记中记载还有一项好处，即能显示父子两代人相继担任太尉要职对于安定刘氏政权所起的重要作用，而父子行事、性格的关联与际遇异同，也能引发读者的思考。此外，父子事迹同传记载的编纂方法，也为中古时代史著大量设置门阀世家人物合传的做法开了先河。

以上我们已经提出了大量的史料和分析，证明司马迁对《史记》全书的总

---
① 均见《史记》卷五十七《绛侯周勃世家》，第2074—2076页。

体结构和体例处处作了精心安排，而七十列传的篇目设置和编次，也是明确体现了按时代的先后、以人物的行事反映不同历史时期的特色的旨趣。那么，又为什么有"随作随编"的说法呢？这是清代学者赵翼提出的看法，其论云："《史记》列传次序，盖成一篇即编入一篇，不待撰成全书后重为排比。故《李广传》后，忽列《匈奴传》，下又列《卫青霍去病传》，朝臣与外夷相次，已属不伦。然此犹曰诸臣事皆与匈奴相涉也。《公孙弘传》后，忽列《南越》、《东越》、《朝鲜》、《西南夷》等传，下又列《司马相如传》。《相如》之下，又列《淮南衡山王传》，《循吏》后忽列《汲黯郑当时传》，《儒林》、《酷吏》后，又忽入《大宛传》，其次第皆无意义，可知其随得随编也。"①其实赵翼的议论，也已道及《李将军列传》、《匈奴列传》、《卫将军骠骑列传》三篇连排，原因即在李广、卫青、霍去病三位将军均与攻伐匈奴密切相关。司马迁在编纂上的主要着眼点，是力求体现历史演进的大势，体现人物与历史事件的关系，即表达"史识"是第一位的，而编纂技巧是服务于如何更好地反映客观历史这一需要的；因此，对于体例应当灵活运用。在三位对匈奴作战的将领的传记中加入《匈奴列传》就是对体例的灵活运用，应当视为司马迁的成功创造。只有作这样的"破例"安排，才凸显出匈奴问题在汉武帝时期的特别重要性，以及司马迁对匈奴问题的格外重视。他因对情况不了解和好意劝慰汉武帝而替李陵辩护，结果受了腐刑，遭受奇耻大辱。在这种出言可遭更加严重不测的情况下，出于对国家民族的责任感，他仍然讲出忠直之言，批评朝臣不能知彼知己，"徼一时之权，而务谄纳其说，以便偏指"，批评权势极高的将帅头脑发热，"席中国广大，气奋"，而"人主因以决策，是以建功不深"，并且一再慨叹：国家要兴旺，"唯在择任将相哉！唯在择任将相哉！"②司马迁的这些种大胆而恳切的批评，也只有结合记载三位将领的行事才能很好理解。至于《平津侯主父列传》之下，编次《南越列传》、《西南夷列传》等篇，也因记事有相关联之处，因为公孙弘、主父偃、徐乐、严安四人都曾上书谏武帝停止大事四夷，要求吸取秦朝连年大事征战，致使海内困穷、百姓疲敝、相率反抗的严重教训。如严安上书言："今欲招南夷，朝夜郎，降羌僰，略濊州，建城邑，深入匈奴，燔其龙城，议者美之。此人臣之利也，非

---

① 赵翼著、王树民校证：《廿二史劄记校证》卷一"史记编次"条，第6—7页。
② 《史记》卷一百一十《匈奴列传赞》，第2919页。

天下之长策也。"① 而司马相如更是受武帝拜为中郎将、建节出使、通西南夷的关键人物，他奉使大获成功，因而西南夷之君"皆为内臣"，"除边关，关益斥，西至沫、若水，南至牂柯为徼"。②《西南夷列传》之后，次以《司马相如列传》，表明关系密切，内容互相补充。故此，总括《史记》内容、篇目安排编次的特点，应分为两个层次：第一个层次，全书之整体结构和七十列传的编排，均为精心构撰，体例严密，全局在胸，运用恰当；第二层次，司马迁尤重者，在于贯彻其高明史识，力求更好地反映客观历史实际，因而有的地方作灵活变通，不拘泥于形式上的整齐划一，必要时敢于突破常格，让"史例"服从于"史识"。《史记》记载的内容极其宏富多样，处理体例上的问题错综复杂，而全书构建的体裁体例格式完全为司马迁所首创，前人并未提供可资借鉴的经验，司马迁又是一个人著史，迫于时日，因此对某处问题的技术性处理可能略显粗糙。后人可以指出这些不够周全的地方，或加以改进，但不能因为局部地方的不够严密而忽视全书的精心经营，以及构成浑然一体的杰出功绩。赵翼是一个识力非凡的学者，对于包括《史记》在内的二十四史有极多精辟的论述，但他在指出《史记》编次的某些粗疏缺陷时，对于全书的精心安排和体例运用的高明未予强调，所言"随作随编"并不允当。

实则前代学者对《史记》体例、编次的匠心运用不乏心领神会、大为赞赏者，如宋人沈括云："凡《史记》次序、说论，皆有所指，不徒为之。"③另一位宋代学者吕祖谦亦言："（迁书）高气绝识，包举广而兴寄深，后之为史者，殊未易窥其涯涘也。"④ 两人所论用语不多，但含义颇深。清代章学诚的评论更为透彻："迁书纪、表、志、传，本左氏而略示区分，不甚拘于题目也。《伯夷列传》，乃七十篇之序列，非专为伯夷传也……《张耳陈馀》，因此可以见彼耳。《孟子荀卿》，总括游士著书耳。名姓标题，往往不拘义例，仅取名篇，譬如《关雎》、《鹿鸣》，所指乃在嘉宾淑女。而或且讥其位置不伦（自注：如孟子与三邹氏。）或又摘其重复失检（自注：如子贡已在《弟子传》，又见于《货殖》。），不知古人著书之旨，而转以后世拘守之成法，反

---

① 《史记》卷一百一十二《平津侯主父列传》，第2959页。
② 《史记》卷一百一十七《司马相如列传》，第3047页。
③ 沈括：《补笔谈》卷一。
④ 吕祖谦：《大事记解题》卷十二，武英殿聚珍本。

訾古人之变通，亦知迁书体圆而用神，犹有《尚书》之遗者乎！"①一针见血地指出不能以后人拘守之成法，去指摘《史记》体例之灵活变通，对我们几有深刻的启发意义。

三、史料剪裁和篇章组织匠心运用的极致

"体圆用神"，是章学诚对司马迁历史编纂卓越成就和鲜明特色的精辟概括。他是借用《周易》上"圆而神"和"方以智"的用语，来阐发中国史学名著在历史编纂上的两种风格。其论云：

> 《易》曰："筮之德圆而神，卦之德方以智。"间尝窃取其义以概古今之载籍，撰述欲其圆而神，记注欲其方以智也。夫智以藏往，神以知来，记注欲往事之不忘，撰述欲来者之兴起，故记注藏往似智，而撰述知来拟神也。藏往欲其赅备无遗，故体有一定而其德为方；撰述欲其抉择去取，故例不拘常而其德为圆。②

他将《史记》和《汉书》作为两种不同风格的代表："然圆神方智，自有载籍以还，二者不偏废也，不能究六艺之深耳，未有不得其遗意者也。史氏继《春秋》而有作，莫如马、班，马则近于圆而神，班则近于方以智也。"③所谓"藏往似智"，是指记注这一大类史书，作用在于记载历史知识，为了达到内容丰富，包容量大，必须讲究一定的体例，做到有规矩可循，整齐合理，所以说"藏往欲其赅备无遗，故体有一定而其德为方"。所谓"知来拟神"，是指撰述这一大类史书，目的在于通过记载人物的活动、事件的发展和时代的变迁，以展示未来的趋势，这就要求作者有高明的史识，按照自己的见解而有所轻重取舍，在体例上则注意灵活运用，做到融会贯通，互相配合，所以说"知来欲其抉择去取，故例不拘常而其德为圆"。司马迁有雄伟的创造力，他创设了合理、完善的体例，而又能根据需要灵活运用，巧妙变化，而且记述历史笔势纵放，不可阻遏，因此章学诚视之为"圆而神"的代表。班固《汉书》继《史记》而起，包含极其丰富的各学科知识，它继承了《史记》的体裁、体

---

① 章学诚：《文史通义》内篇一《书教下》，第13页。
② 章学诚：《文史通义》内篇一《书教下》，第12页。
③ 章学诚：《文史通义》内篇一《书教下》，第12—13页。

例,而又做到更加整齐合理,有规矩可循,后代修史者便一概以之为榜样,所以章学诚视为"班则近于方以智"。同时明确指出,"固书本撰述而非记注,则于近方近智之中,仍有圆且神者以为之裁制,是以能成家而可以传世行远也"。①

章学诚所高度评价的《史记》"体圆用神"的编纂特色,即具体体现在互有紧密联系的三个方面:全书"五体"配合,创造了记述一代"全史"的完善体裁;各大部分内部的篇章安排,章法分明,七十列传中专传、合传、类传、附传等的设立极具匠心,而又灵活变化,能根据需要突破成例;每一篇章的撰写均能对史料作恰当的剪裁,组织妥帖、重点突出,体现出极高的编纂技巧。前面两项,在上文中均已作了简要分析,这里就最后一项再作阐释。

《李斯列传》无论从李斯对历史进程的影响或是从记载史实的复杂程度而言,在七十列传中都占据着重要地位,司马迁对此篇的撰写尤其作了苦心经营。前半篇,集中记载李斯本人入秦前后的行事。他从荀卿学帝王之术,学已成,他判断当此列国纷争之际只有秦国才具备统一天下的条件,入秦游说秦王,才能获得干出一番事业的机会。李斯辞别荀卿时所言,即将其急切寻找机会的心理和贪慕权势、耻于贫困的人生观表达得淋漓尽致:"今秦王欲吞天下,称帝而治,此布衣驰骛之时,而游说者之秋也。处卑贱之位而计不为者,此禽鹿之视肉,人面而能强行者耳!故诟莫大于卑贱,而悲莫甚于穷困。久处卑贱之位,困苦之地,非世而恶利,自托于无为,此非士之情也。故斯将西说秦王矣。"②

李斯只身入秦,为何能平步青云,很快登上卿相高位呢?司马迁通过选取记述具有典型性的事件,对此作了令人信服的回答。李斯先求为秦丞相吕不韦舍人,吕不韦果然欣赏其才能,任以为郎。于是李斯有机会向秦始皇进说,其言辞确实具有打动君主之心的力量:"秦之乘胜役诸侯,盖六世矣。今诸侯服秦,譬若郡县。夫以秦之强,大王之贤,由灶上骚除,足以灭诸侯,成帝业,为天下一统,此万世之一时也!今怠而不急就,诸侯复强,相聚约从,虽有黄帝之贤,不能并也。"③怂恿秦始皇加强对六国进攻,采取各个击破策略,实

---

① 章学诚:《文史通义》内篇一《书教下》,第13页。
② 《史记》卷八十七《李斯列传》,第2539—2540页。
③ 《史记》卷八十七《李斯列传》,第2540页。

现统一大业。秦始皇先拜李斯为长史，李斯又献计策，"阴遣谋士赍持金玉以游说诸侯。诸侯名士可下以财者，厚遗结之；不肯者，利剑刺之"①。破坏各国君臣的计谋，派出良将强兵随之其后。于是秦始皇更视李斯为得力人物，任为客卿。

这时又发生李斯上书《谏逐客令》的事。事情的引起，是韩国的水工郑国受命到秦国作间谍，他劝说秦修灌溉渠，想大量耗费人力，延缓秦国东进。郑国的间谍活动被发觉，引起秦的宗室大臣一片哗然，借口"诸侯人来事秦者，大抵为其游间于秦耳"，纷纷向秦始皇进言，要求逐客！李斯反应快捷，立即上书秦始皇，这就是著名的《谏逐客令》。司马迁将它全文写入传中，成为一篇重要的历史文献。文章充分显示出李斯对时势的极高洞察力，举证确凿、充分，说理深刻有力。他举出，秦穆公所用五个名臣，由余出于西戎，百里奚是虞国人，蹇叔寓居于宋，丕豹是晋臣，公孙支游于晋，"此五子者，不产于秦，而穆公用之，并国二十，遂霸西戎"②。孝公任用卫国人商鞅从事变法，"移风易俗，民以殷盛，国以富强"。惠王任用魏人张仪为相，实行连横之计，拔三川之地，西并巴、蜀，北收上郡，南取汉中，东据成皋之险，"割膏腴之壤，遂散六国之从，使之西面事秦，功施到今"③。昭王任用魏国人范雎为丞相，采用其计策，废除了擅权的穰侯、华阳君，加强国君权力，杜绝势家豪门营私之路，因而逐步蚕食诸侯，使秦成就帝业。"此四君者，皆以客之功。由此观之，客何负于秦哉！向使四君却客而不内，疏士而不用，是使国无富利之实而秦无强大之名也。"④李斯以确凿的史实证明，客卿是秦逐步强大而对六国形成席卷之势的重要力量！奏书中进而提出，秦王宫廷中所赏玩珍用的宝玉明珠、骏马良剑，以及左右侍立的窈窕赵女，皆非秦国所产，而无一不出自外国。再如击瓮叩缶，弹筝拊髀，是秦国的本土音乐。"今弃击瓮叩缶而就郑、卫，退弹筝而取《昭虞》，若是者何也？快意当前，适观而已矣。今取人则不然：不问可否，不论曲直，非秦者去，为客者逐。然则是所重者在乎色乐珠玉，而所轻者在乎人民也。此非所以跨海内、制诸侯之术也。"⑤以此

---

① 《史记》卷八十七《李斯列传》，第2540—2541页。
② 《史记》卷八十七《李斯列传》，第2542页。
③ 《史记》卷八十七《李斯列传》，第2542页。
④ 《史记》卷八十七《李斯列传》，第2542页。
⑤ 《史记》卷八十七《李斯列传》，第2544页。

进一步强调，如果以"非秦者去，为客者逐"为标准，那就颠倒了珍玩与人才何者为重要的标准，削弱了统一海内、制服诸侯的力量。奏书由此自然得出结论，如果干驱逐外来人才的蠢事，就等于为敌国增强力量，而严重损害秦国实力，断送统一各国的大业，使秦处于空虚危险的境地："是以地无四方，民无异国，四时充美，鬼神降福，此五帝、三王之所以无敌也。今乃弃黔首以资敌国，却宾客以业诸侯，使天下之士退而不敢西向，裹足不入秦，此所谓'藉寇兵而赍盗粮'者也。""夫物不产于秦，可宝者多；士不产于秦，而愿忠者众。今逐客以资敌国，损民以益仇，内自虚而外树怨于诸侯，求国无危，不可得也。"①

司马迁所全文引录的《谏逐客令》堪称是脍炙人口的篇章，充分表现出李斯知识和辩才过人，善于把握关键时刻使自己由被动变主动的性格特点。果然奏书上达后被秦始皇所采纳，不仅平息了原先气势汹汹的逐客议论，而且成为李斯更加受到信任、为秦统一全国的功业发挥了重大作用的转折点，官升廷尉，又再升任丞相高位：

> 秦王乃除逐客之令，复李斯官，卒用其计谋，官至廷尉。二十余年，竟并天下。尊主为皇帝，以斯为丞相。夷郡县城，销其兵刃，示不复用。使秦无尺土之封，不立子弟为王，功臣为诸侯者，使后无战攻之患。②

李斯任丞相后的又一重要作为，是于秦始皇三十四年（前213），驳淳于越主张分封子弟之议，并上书曰："今陛下并有天下，别白、黑而定一尊；而私学乃相与非法教之制，闻令下，即各以其私学议之，入则心非，出则巷议，非主以为名，异趣以相高，率群下以造谤。……臣以诸有文学《诗》、《书》百家语者，蠲除去之。"③始皇依其议，收焚《诗》、《书》百家之语以愚百姓，实行以吏为师，制定法度律令，书同文。"明年，又巡狩，外攘四夷，斯皆有力焉。"④

由此证明，《李斯列传》上半篇展现了司马迁叙述人物性格行事的娴熟手

---

① 《史记》卷八十七《李斯列传》，第2545页。
② 《史记》卷八十七《李斯列传》，第2546页。
③ 《史记》卷八十七《李斯列传》，第2546页。
④ 《史记》卷八十七《李斯列传》，第2547页。

法，他对史料作了恰当的剪裁，所选取李斯辞别荀卿时的表白，向秦王进说对六国各个击破之策，谏逐客令，驳淳于越之议、建议收禁《诗》、《书》、加强专制统治等四项均为典型性材料。这些记述集中、紧凑，极其生动地刻画了李斯贪慕权势而又富有才能、善于判断时局作出正确应对的性格特点，以及其辅佐秦始皇实现统一大业的功绩。而到了后半篇，史家记述的格局却明显发生了变化。这是为什么呢？

这是因为，此前所记主要是李斯本人的活动，而后面则是李斯与赵高、秦二世三人的所为纠集在一起，史家组织材料的方法就由单线条叙述变为多线条结合的记述。后半篇的内容超出了李斯本人的传记，是写李斯、赵高、秦二世三人在秦帝国晚期阴谋策划、倒行逆施，最终覆灭的下场。既写李斯应负的历史罪责，又刻画了阴谋家赵高、暴君秦二世的面目。李斯后期的所作所为自然是其原先性格、行事在新的条件下的发展，而赵高和秦二世二人是最终葬送秦王朝的主要人物，由于无法单独写此两人，也无法放在《秦始皇本纪》中去写，而其行事与李斯紧密联系，因此采取多线条结合的手法，集中记载于此。司马迁这种剪裁和组织手法不但巧妙，而且使历史画卷内容更加丰富，情节曲折动人，蕴含极其深刻的教训。这样，《李斯列传》后半篇便与《秦始皇本纪》相辅相成，构成秦王朝由统一到走向灭亡的全景图。

构成全篇的高潮和转折的是秦始皇病死、李斯参与了赵高的阴谋。时为秦始皇三十七年（前210）十月，始皇出巡天下，丞相李斯、中车府令赵高及次子胡亥随从，行至河北沙丘，突发重病，令赵高立诏书发给在上郡监军的长子扶苏，令其"以兵属蒙恬，与丧会咸阳而葬"。诏书尚未交给使者，始皇已卒。于是，赵高、胡亥、李斯三人立即共同紧张活动，策划伪造遗诏立胡亥为太子的阴谋。赵高先将胡亥置于阴谋圈套之中，怂恿他说："顾小而忘大，后必有害；狐疑犹豫，后必有悔。断而敢行，鬼神避之，后有成功，愿子遂之！"①然后，又对李斯威胁利诱，称：长子扶苏刚毅武勇，"即位必用蒙恬为丞相"，"君侯终不怀通侯之印归于乡里"，"贬为庶人"。"方今天下之权命悬于胡亥，高能得志焉。"②如合谋废长子扶苏，立胡亥为帝，可以欺瞒天下。"中外若一，事无表里。君听臣之计，即长有封侯，世世称孤，必有

---

① 《史记》卷八十七《李斯列传》，第2549页。
② 《史记》卷八十七《李斯列传》，第2549—2550页。

乔松之寿，孔、墨之智。今释此而不从，祸及子孙，足以为寒心！"①李斯本来就以"贪慕权势，苟活求荣"为处世原则，至此乃"垂泪太息"表示实出无奈，而听从赵高的主意。于是三人共同炮制了一个大阴谋，"诈为受始皇诏丞相，立子胡亥为太子。更为书赐长子扶苏"，诬称其"为人不孝"，逼其自杀！

司马迁全局在胸，以多线条结合的手法，清晰地记述赵高、秦二世、李斯三人种种倒行逆施，生动地再现了当时的历史场景。立秦二世为皇帝之后，赵高为郎中令，"常侍中用事"，控制朝政，掌握大权。二世欲纵情享乐，"悉耳目之所好，穷心志之所乐"。赵高立刻奉承说：这正是"贤主"之所能行，办法是"严法而刻刑，令有罪者相坐诛，至收族，灭大臣而远骨肉"，则可高枕而享乐。"二世果然高之言，乃更为法律。于是群臣诸公子人有罪，辄下高，令鞫治之。杀大臣蒙毅等，公子十二人僇死咸阳市，十公主矺死于杜，财物入于县官，相连坐者不可胜数。"②残酷暴虐的统治达到令人发指的地步，"群臣人人自危，欲畔者众。又作阿房之宫，治直道、驰道，赋敛愈重，戍徭无已"③。终于激起全国性的反抗浪潮，起义军直逼关中。就在这行将灭亡的前夕，秦二世还对李斯宣扬其暴君纵情享乐的哲学："彼贤人之有天下也，专用天下适己而已矣，此所以贵于有天下也。……今身且不能利，将恶能治天下哉！故吾愿赐志广欲"④。李斯因其贪恋爵禄，奉迎求生的性格，竟上书讨好秦二世，为其暴君行为张目！其时，起义军已攻至三川郡，郡守李由是李斯之子，因抵挡不力，正受查问，还有人议论李斯作为丞相对局势负有责任。"李斯恐惧，重爵禄，不知所出，乃阿二世意，欲求容"⑤，在上书中反复陈述对臣下应当督责重罚，严加驾驭，实行极端的专制统治，一意孤行、暴戾恣睢的主张，云："夫贤主者，必且能全道而行督责之术者也，督责之，则臣不敢不竭能以徇其主矣。……是故主独制于天下而无所制也。能穷乐之极矣，贤明之主也，可不察焉！""以身徇百姓，则是黔首之役，非畜天下者也，何足贵哉！"又极言须排斥仁义之人，谏说之臣，死节之行！书奏，二世大悦。"于

① 《史记》卷八十七《李斯列传》，第2550页。
② 《史记》卷八十七《李斯列传》，第2552页。
③ 《史记》卷八十七《李斯列传》，第2553页。
④ 《史记》卷八十七《李斯列传》，第2553页。
⑤ 《史记》卷八十七《李斯列传》，第2554页。

是行督责益严，税民深者为明吏。二世曰：'若此则可谓能督责矣。'"①

赵高用计，让二世深居宫中，不坐朝廷，不见大臣。于是赵高一手操纵朝政，"事皆决于赵高"。赵高又预谋将李斯害死。他撺掇李斯说，你身为丞相，应向二世谏说到处频发反抗事件、赋税徭役过重的事啊。李斯相信了他。当二世燕乐之时，赵高又专门让李斯一再求见，引起二世对李斯的恼恨。至此赵高认为对李斯下毒手的时机已到，便诬告李斯有裂土为王的野心，又使人审问三川郡守李由与盗相串通的案件，欲牵连追查李斯。李斯感到本人受到严重威胁，只好企图侥幸一试，上书二世，告发赵高有谋反的危险。又面告二世，称赵高出身宦官，身份低贱，"无识于理，贪欲无厌，求利不止"，但为时已晚，李斯的上书和面谏，都已无法改变二世将其交给赵高审问的结局。"二世前已信赵高，恐李斯杀之，乃私告赵高。高曰：'丞相所患者独高，高已死，丞相即欲为田常所为。'于是二世曰：'其以李斯属郎中令。'"②李斯在狱中仰天长叹，他知道二世的种种暴政，已造成反抗烈火遍地地燃烧，秦朝灭亡即在眼前！"今反者已有天下之半矣，而心尚未悟也，而以赵高为佐，吾必见寇至咸阳，麋鹿游于朝也。"③赵高对李斯用尽酷刑，"榜掠千余，不胜痛，自诬服"。但李斯自负有功、善辩，对二世仍抱有幻想，希望上书后能获赦免。上书中自陈为丞相已三十余年，称其"谨奉法令，阴行谋臣，资之金玉，使游说诸侯，阴修甲兵，……故终以胁韩弱魏，破燕、赵，夷齐、楚，卒兼六国，虏其王，立秦为天子"④，此为第一项大功，还列举有其他六项。但寄托着李斯希望的上书，却被赵高扔到一边，说"囚安得上书！"最后，李斯被判具五刑，腰斩咸阳市，夷三族。

由于司马迁的精心剪裁的组织，《李斯列传》成为《史记》全书最具有史料价值和记述最为丰富、生动的篇章之一。尽管事件头绪甚多，但篇中叙事条理清晰，一波三折，李斯由身居丞相高位、助秦始皇统一全国立了大功，到结伙假造诏书，逼死公子扶苏、立二世为皇帝，到讨好二世，为其暴君行为张目，又接连遭到赵高暗算，而对二世表白己功、幻想赦免，最后难逃被腰斩的下场——复

---

① 《史记》卷八十七《李斯列传》，第2557页。
② 《史记》卷八十七《李斯列传》，第2558—2560页。
③ 《史记》卷八十七《李斯列传》，第2560页。
④ 《史记》卷八十七《李斯列传》，第2561页。

杂的事件、纷繁变化的场景，令读者紧绷着心弦，被全神吸引，心情随着情节的展开而起伏。读完后对接连出现的场面无法忘怀，而且从中得到深刻的历史启示。司马迁突破了"专传"即集中记载传主本人事迹的惯例，而作了灵活的处理，随着历史情势的发展和李斯所处环境的复杂化，因此需要运用多线条结合叙述的方法，确实做到了"体圆而用神"，体现出其历史编纂的杰出创造力。唯有这样做，才能完整地写出李斯"贪慕富贵，苟活求荣"这一典型性格的发展，也才能反映出统一了全国的秦帝国这座大厦为何会顷刻坍塌！

司马迁对篇章组织的匠心运用还可以举出多项，如：在上半篇记述李斯登上丞相高位、为统一全国建立大功之后，随之记载一事，李斯在咸阳家中摆下盛大的庆功宴，"百官长者皆前为寿，门廷车骑以千数"。此时的李斯却喟然叹息，曰："当今人臣无居臣上者，可谓富极矣。物极则衰，吾未知所税驾也！"看似闲写一笔，实则是以此巧妙地预示其走向下坡路的开始，并且将上半篇和下半篇紧密地联系起来。又如，写李斯被处死以后，又补写二世拜赵高为中丞相，赵高权势更加炙手可热，于是上演了"指鹿为马"的丑剧；二世被赵高用诡计赶出上林宫，三天后，赵高又令卫士诈称"山东群盗兵大至！"逼令二世自杀；子婴即位后，与宦官韩谈合谋擒杀赵高。分别交代了暴君和阴谋家的可耻下场。子婴立后三个月，沛公军入咸阳，子婴迎降。本篇记事的最后结束是："子婴与妻子自系其颈以组，降帜道旁。沛公因以属吏。项王至而斩之。遂以亡天下。"①恰恰证明《李斯列传》记载史实以李斯的活动为主线，而其发展则是记述秦王朝最后覆亡的历史。司马迁在结尾精心记述的这些史实足以说明：此篇设置的用意，正是与《秦始皇本纪》互相配合，以完整地写出秦王朝如何从成功的顶点，经由赵高、二世、李斯之手而迅速灭亡的！前代学者对《李斯列传》的内容独特性和文章组织的手法甚为关注，如明代学者茅坤评论说："《李斯传》传斯本末，特佐始皇定天下，变法诸事仅十之一二，传高所以乱天下而亡秦特十之七八。太史公恁地看得亡秦者高，所以酿高之乱者并由斯为之，此是太史公极用意文，极得大体处。学者读《李斯传》，不必读《秦纪》矣。"②另一位明代学者钟惺也指出："李斯古今第一热中富贵人也，其学问功业佐秦兼天下者皆其取富贵之资，而其种种罪过，能使秦亡天下

---

① 以上引文均据《史记》卷八十七《李斯列传》，第2539—2563页。
② 茅坤：《史记钞》卷五十五。

者，即其守富之道。……太史公言秦用李斯，二十年竟并天下，而于秦亡关目紧要处皆系之《李斯传》，若作《秦本纪》者。而结之口'遂以亡天下'，见人重富贵之念，其效足以亡天下。罪斯已极，而垂戒亦深矣。"①他们点明《李斯列传》突出其热衷富贵、苟活求利的性格，前面记载李斯本人行事、后面则详载赵高、李斯等人倒行逆施如何断送秦朝的天下，此篇足以与《秦始皇本纪》所载相互比照等，均不愧为有识之见。

篇末论赞，为全篇记述作了出色的总结和提升，赞语云：

> 李斯以闾阎历诸侯，入事秦，因以瑕衅，以辅始皇，卒成帝业，斯为三公，可谓尊用矣。斯知六艺之归，不务明政以补主上之缺，持爵禄之重，阿顺苟合，严威酷刑，听高邪说，废嫡立庶。诸侯已叛，斯乃欲谏争，不亦末乎！人皆以斯极忠而被五刑死，察其本，乃与俗议之异。不然，斯之功且与周、召列矣。②

司马迁极其精炼、全面地总结了李斯辅佐秦始皇统一全国的功绩，严肃地谴责他参与赵高、二世的阴谋、实行暴政、残害民众的历史罪责，指出李斯违背了儒学的宗旨，不能劝导秦始皇实行由武力兼并向德政治国的转变，本人因贪求权势而苟活奉迎，而导致最终惨死的悲剧，揭示了后人应当深刻记取的历史教训，并且严肃地批评以李斯为"极忠"的迂见。生动紧张、起伏变化的历史场景，鲜明的人物形象，与蕴蓄含深刻哲理、耐人寻味的论赞交相辉映，构成了史传作品的绝唱！

《史记》传记中鸿篇巨制的高度编纂技巧已如上述，那么，记载史实并不十分复杂的篇章的叙事手法又是怎样呢？这里仅举出一个典型例证作简要的评析。《孙叔通传》在书中是与刘敬传合设为一篇"合传"，因两人都曾就朝政大事向高祖提出重要建言，对于安定汉初社会秩序贡献很大。以往对《叔孙通传》作为史料引用者颇为常见，对于篇中所载叔孙通善于"面谀"的性格也有过诸多解释。实则《叔孙通传》的主要价值，是以确切的史实证明汉初制定礼仪乃是为现实政治的迫切需要，以及史家为再现当时历史场景而在篇章内容上所作的精心安排。司马迁对次要材料一概从略，篇中的记载集中围绕"制定朝

---

① 钟惺：《钟伯敬评史记》，明天启五年（1625）刊本。
② 《史记》卷八十七《李斯列传》，第2563页。

礼"这一核心事件而依次展开。先叙述制定礼仪的背景。汉五年（前202），高祖在定陶登帝位。初时为求简易，一概取消秦朝苛繁的礼节。不料却出现混乱局面："群臣饮酒争功，醉或妄呼，拔剑击柱"，高祖为之头痛！叔孙通进谏：现在天下初定，正是用得着儒家礼仪的时候了！又针对刘邦一向讨厌儒生的心理，告诉他，礼仪因时而设，与时变化，我要对古礼和秦朝礼制加以改造，尽量避免复杂。以此打消高祖的顾虑。进而用一月余时间排练演习，先由叔孙通带领征集来的鲁诸生与其弟子练习，然后是皇帝练习，再后是百官练习。最后，详细记载长乐宫成、诸侯群臣朝见皇帝的隆重仪式。极写当时场面的庄严肃穆，"先平明，谒者治礼，引以次入殿门，廷中陈车骑步卒卫宫，设兵张旗志。传言'趋'"。功臣武将和丞相文官分别列阵东西向，大行（司礼官）设九宾，胪传，于是皇帝乘辇出房，百官执帜传警，引诸侯王以下各级官员依次奉贺。"自诸侯王以下莫为振恐肃敬"，"以尊卑次起上寿"。有官员举止不合仪式者立即被御史带走。竟朝置酒，莫敢欢哗失礼者。于是高帝曰："吾乃今日知为皇帝之贵也。"这与前面诸将饮酒争功，高祖苦于无法对付的情景，形成多么鲜明的对照！

　　须知，在当时漫无秩序之中，皇权就是秩序的代表。叔孙通制定朝仪，为汉初建立起政治秩序立了大功，因此拜为太常，位居九卿。叔孙通也不是一味奉承，当汉十二年，高祖意欲将太子废掉，立宠姬戚夫人所生赵王如意为太子，叔孙通即以太子太傅身份坚决谏阻，说："陛下必欲废嫡而立少，臣愿先伏诛，以颈血污地。"高祖只好作罢。本篇篇末论赞云："叔孙通希世度务制礼，进退与时变化，卒为汉家儒宗。'大直若诎，道固委蛇'，盖谓是乎！"[①]强调他依据儒学制定礼仪的重大贡献，同时又肯定他善于运用道家以屈求伸的智慧，确是定评。

　　总之，通过分析李斯和叔孙通这两篇典型传记的编纂手法，我们有充分的理由得出如下结论：《史记》中无论是鸿篇巨制还是所载内容不甚复杂的篇章，司马迁无不惨淡经营，精心撰写，力求达到内容和编纂形式的尽善尽美。他从再现客观历史进程的需要出发，既通盘考虑使得体例严密，在具体运用上又根据情况作灵活变通，在必要时突破成例，堪称"体圆用神"，因而达到史料剪裁和内容组织匠心运用的极致。

① 以上引文均据《史记》卷九十九《刘敬孙叔通列传》，第2722—2726页。

《汉书》历史地位再评价

　　《汉书》是一部适应时代需要的、继《史记》而起的巨著。评价其历史地位，应在以往成果基础上，将《汉书》与《论衡》比较，探讨它与东汉初社会思想的关系，找到它时代的横坐标；并对《汉书》与《史记》作进一步比较，探讨它与司马迁史学传统的继承发展关系，找到其历史联系的纵坐标。王充与班固时代相同，《论衡》撰写的目的之一是批驳俗儒严重的尊古卑今意识，呼唤有一部叙述汉代功业的"汉书"供人诵习。班固正好以成功的史学实践回答了时代的要求。《汉书》固然有浓厚的正宗思想，然而，它又在编撰上取得突破，创立了断代为史的新格局，此后两千年沿用不改；内容上，班固发扬了司马迁的实录精神，"不为汉讳"；在对汉初历史变局和藩国由猖獗到废灭等历史问题的阐述上，具有唯物主义的因素；有一定的人民性；十志则在反映封建国家政治职能上提供了丰富材料和有价值的看法。由于它的成功，自东汉至唐六百年间被学者"共行钻仰"，成为一门发达的学问。

一、时代召唤"汉书"出世

　　历史现象往往有极相似之处。司马迁著《史记》，是在西汉皇朝鼎盛的武帝时代，班固著《汉书》，则是在东汉国力强盛的明帝、章帝时代。《史记》的成书，凝聚着司马谈、司马迁父子两代人的心血；《汉书》的撰写则是班固同父子兄妹一家学术的结晶。与司马迁同时代的有大思想家董仲舒，他的言论对于我们理解《史记》成书的社会条件、思想背景有极大帮助；与班固同时代的也有一位大思想家王充，他所著《论衡》一书，对于我们理解《汉书》产生的社会条件、思想背景，同样提供了很宝贵的资料。

　　以往我们评价《汉书》，对《汉书》撰写的目的是为了"宣扬汉德"，认为这是班固忠实地维护汉家统治的正宗史学思想的突出表现，而作了许多批评贬责。这个问题，涉及我们评价《汉书》将它放到什么基本点，关系颇为重大。然而，如果我们联系《论衡》一书中的有关论述，我们就可以获得有益的启示，产生新的认识。

王充（公元27—约97）是班彪的学生，[①]比班固（公元32—92）年长五岁，《论衡》中多次提到班固，两人当有交往，而且，他们的思想也确有互相沟通之处。《论衡》撰作的重要目的之一是"颂汉"。书中有《须颂篇》，篇名即揭示出对汉朝必须颂扬的著述宗旨。王充讲："夜举灯烛，光曜所及，可得度也。日照天下，远近广狭，难得量也。浮于淮、济，皆知曲折；入东海者，不晓南北。故夫广大从横难数，极深揭厉难测。汉德酆广，日光海外也。知者知之，不知者不知汉盛也。汉家著书，多上及殷、周，诸子并作，皆论他事，无褒颂之言，《论衡》有之。又《诗》颂国名《周颂》，与杜抚、班固所上《汉颂》，相依类也。"王充赞美汉德之盛，如阳光普照天下、如东海不可测量；批评当时许多学者都对此毫无认识，著书只言远古，对汉代之事不加涉及。他认为班固写有《汉颂》，别具识见，所以引为同调。

尤其值得注意的是：王充赞美汉代的言论是有的放矢，态度鲜明地同当时盛行的复古倒退的观点相对抗。《论衡·超奇篇》《齐世篇》等都一再尖锐地批评俗儒"好褒古而贬今""尊古卑今"的偏见。《超奇篇》批评他们迷信古代达到了是非颠倒的地步："俗好高古而称所闻，前人之业，菜果甘甜；后人新造，蜜酪辛苦。"《齐世篇》进一步列举倒退历史观的种种表现。一是认为人的相貌、体质、寿命，当今比古代普遍地丑化或退化了："语称上世之人侗长佼好，坚强老寿，百岁左右；下世之人短小陋丑，夭折早死。"二是认为古人与今人品质道德优劣悬殊："上世之人质朴易化，下世之人文薄难治。""上世之人重义轻身，遭忠义之事，得己所当赴死之分明也，则必赴汤趋锋，死不顾恨。……今世趋利苟生，弃义妄得，不相勉以义，不相激以行，义废身不以为累，行隳事不以相畏。"三是认为政治功业古今相比高下悬殊："语称上世之时，圣人德优，而功治有奇。……及至秦、汉，兵革云扰，战力角势……德劣不及，功薄不若。""画工好画上代之人。秦、汉之士，功行谲奇，不肯图今世之士者，尊古卑今也。"王充所概括的种种谬误说法，突出地表明人们头脑中尊古卑今的意识是多么根深蒂固，需要有见识的人物以社会进步的事实加以批驳，廓清迷误。王充提出了与世俗眼光截然相反的看法：

[①] 《后汉书·王充传》。

"大汉之德不劣于唐虞也。""光武皇帝龙兴凤举，取天下若拾遗，何以不及殷汤、周武？"汉代是封建社会的成长时期，当然比三代大大前进了，王充的结论自是具有进步意义的见解。那么，俗儒为什么会形成这种颠倒历史的看法呢？王充分析说，这是因为儒生们自生下来读的就是记述和颂扬三代的书，"朝夕讲习，不见汉书，谓汉劣不若"，所以识古而不识今。王充断言："使汉有弘文之人，经传汉事，则《尚书》《春秋》也，儒者宗之，学者习之，将袭旧六为七，今上、上王至高祖皆为圣帝矣。"为了驳倒复古倒退论者，迫切地需要一部记载汉史的著作。王充认为，若果有一位擅长著述的人修成这样一部"汉书"，记载汉代的政治功业，让读书人从小诵习，那么这部书的价值便可与《尚书》《春秋》相媲美，人们尊奉的"六经"也可增加而成七了。王充所言，深刻地反映了时代对"汉书"的召唤。《论衡》即是一部用政论形式"宣扬汉德"的作品，书中直接赞美汉朝功业的篇章，还有《恢国》《宣汉》《验符》《超奇》《齐世》等篇。

王充所论与班固的著史目的是相通的。班固恰恰也意识到撰写汉史的需要。《太平御览》卷603《史传》上引《后汉书》："班彪续司马迁后传数十篇，未成而卒，明帝命其子固续之。固因史迁所记，乃以汉代继百王之末，非其义也。大汉当可独立一史，故上自高祖，下至王莽，为纪、表、志、传九十九篇。"（按：这部《后汉书》作者未详。）班固《汉书·叙传》中也有类似说法："汉绍尧运，以建帝业，至于六世，史臣乃追述功德，私作本纪，编于百王之末，厕于秦、项之列。太初以后，阙而不录，故探纂前记，缀辑所闻，以述《汉书》。"班固不满意"以汉代继百王之末"，固然是正宗思想的表现。但这只是事情的一面。事情还有另一面，班固主张"大汉当可独立一史"，客观上具有破除当时浓厚的复古倒退思想的积极意义，而且以艰苦的史学实践，成功地回答时代对"汉书"的需要。因而，对班固"宣扬汉德"需要有新的看法，应该承认，班固这样做，在当时有其历史进步性。以史学实践满足社会思想前进的要求，是班固的一大贡献。

白寿彝教授在20世纪60年代初和70年代末对《史记》《汉书》作比较研究，独到地分析了班固的正宗思想及其在十志等方面的贡献，他所取得的学术成果为我们继续深入研究打下了坚实基础，并且在研究方法上给了我们宝贵的启示。今天，我们应该推进比较研究方法的运用，用《汉书》《论衡》的比较，使我们达到更深层的认识，更准确地确定《汉书》时代和历史的方位，从而提高对班固史学成就的评价。

与《汉书》撰写目的密切相联系的是：班固在《汉书·高帝纪》中叙述高祖之母"梦与神遇"而生高祖，高祖斩白蛇是赤帝子斩白帝子等神话，历来也因宣扬"皇权神授"、宣扬神怪迷信而一再受到贬斥。这一点，我们再拿《论衡》中相关的内容作比较，能有助于对问题的理解。

王充具有朴素唯物主义自然观。他认为"气"生万物，讲"天道自然，自然无为"，"使应政事，是有非自然也"，对于人死后变鬼的迷信说法，驳斥尤为有力。[①]然而，《论衡》书中又有许多地方讲"天命"，如讲到高祖的神怪故事的，书中就有《吉验》《初禀》《指瑞》《齐世》《宣汉》《恢国》等篇。仅举出《吉验篇》所载即略见一斑。篇中云："高皇帝母曰刘媪，尝息大泽之陂，梦与神遇。是时，雷电晦冥，蛟龙在上。及生而有美。性好用酒，尝从王媪、武负贳酒，饮醉，止卧，媪、负见其身常有神怪。每留饮醉，酒售数倍。后行泽中，手斩大蛇，一妪当道而哭，云：'赤帝子杀吾子。'此验既著闻矣。秦始皇帝常曰：'东南有天子气。'于是东游以厌当之。高祖之起也，与吕后隐于芒、砀山泽间。吕后与人求之，见其上常有气直起，往求辄得其处。后与项羽约：先入秦关王之。高祖先至，项羽怨恨，范增曰：'吾令人望其气，气皆为龙，成五采，此皆天子之气也。急击之。'高祖往谢项羽。羽与亚父谋杀高祖，使项庄拔剑而舞。项伯知之，因与项庄俱起。每剑加高祖之上，项伯辄以身覆高祖之身，剑遂不得下，杀势不得成。会有张良、樊哙之救，卒得免脱，遂王天下。初妊身有蛟龙之神；既生，酒舍见云气之怪；夜行斩蛇，蛇妪悲哭；始皇、吕后，望见光气；项羽谋杀，项伯为蔽，谋遂不成，遭得良、哙，盖富贵之验，气见而物应、人助辅援也。"举凡《汉书·高帝纪》所有的神怪故事，此篇全有，甚至讲得更集中，更活灵活现。王充在此篇中，还讲光武生时，"时夜无火，室内自明"，嘉禾生，"三本一茎九穗"，等等。《论衡》书中还讲明帝、章帝时祥瑞很多，"永平之初，时来有瑞，其孝明宣惠，众瑞并至。至元和、章和之际，孝章耀德，天下和洽，嘉瑞奇物，同时俱应，凤凰、麒麟，连出重见，盛于五帝之时"[②]。这类神怪、符瑞说法

---

① 以上分别见《论衡·自然篇》《寒温篇》《论死篇》。
② 《论衡·讲瑞篇》。

盛行的原因，一者，自西汉中期"天人感应"学说传播，至西汉晚期、东汉初期，更形成谶纬迷信的极度泛滥。王莽、刘秀都曾利用图谶迷信说法上台。建武中元元年(56)，还"宣布图谶于天下"①。章帝时，天下各郡国竞相献上符瑞，种种迷信说法弥漫于朝野。二者，汉高祖斩白蛇之类神话所以特别为人们所乐道，还出于刘邦平民出身，"无土而王"，古代帝王无此先例，这是汉代人无法解释的。于是把他神话化，在他头上添加层层光环。这种特殊的社会和思想的环境，造成《汉书》中大讲刘邦的神怪故事，也造成《论衡》中大讲天命符瑞，并不足怪。问题在于《论衡》中讲了那么多刘邦的神话，却并不影响我们称王充是中国历史上"杰出的唯物主义思想家"，而对于讲了刘邦神怪故事的班固，我们多年来却一味加以严厉的批评，这不是不大公平吗？对于同一时代人同样性质的问题，我们只能使用同一个标准来进行评价。班固神化了西汉皇朝，其目的在于神化东汉皇朝，这是他封建正宗思想的表现，指出其历史局限性是完全必要的。同时我们又应了解：即令在王充这样的代表时代思想最高水平的哲人身上也有类似的反映，说明在当时历史条件下难免产生出这样的思想，那么对于班固也就不应过分地责备。

二、继《史记》而起的巨著

《史记》产生于封建制度成长的前期，《汉书》产生于封建制度业已全面确立的时期，两部史书在历史思想上的不同特点，即是它们各自时代的投影。司马迁所处的时代，封建制度处于迅速上升阶段，就中国两千年封建社会来说，也是它最有生气的时期。司马迁在《史记》中讴歌"汉兴，海内一统"的局面，对于社会生活和上层建筑中处于发展阶段的封建等级关系，他表示赞成并加以维护。当时，文化上"独尊儒术"的政策刚刚提出，专制主义还没有充分控制各个思想领域，所以司马迁仍继承了先秦诸子百家的余波，要"成一家之言"，敢于提出与统治者不同的观点，思想比较自由。到东汉班固的时代，封建制度已经稳固化。在文化上，自武帝实行"独尊儒术"以后，经过西汉宣帝石渠阁会议，到东汉章帝白虎观会议，会集大儒讲论经义异同，皇帝亲临裁

---

① 《后汉书·光武帝纪》。

决，封建主义思想文化的控制达到强化的程度。①班固参加了白虎观会议，并被皇帝指定为整理会议记录的定稿人。这种时代特点及班固本人跟东汉皇室的密切关系，决定了他要站在朝廷的立场说话。《汉书》封建正宗思想之时代根源，正在于此。

不过，我们不能因《汉书》的正宗思想而忽视其进步面。也不能因班固有批评司马迁"是非颇谬于圣人"的话，而忽视他对司马迁优良史学传统的弘扬。无论从班固创立的修史格局，还是从他的实录精神，特别是从班固对历史问题的见识来说，《汉书》都不愧为继《史记》而起的成熟巨著，值得我们进一步认真地发掘和总结。

班固继承了《史记》的体裁，同时发扬了司马迁在构建史学体系上的创造精神，开创了纪传体断代史的格局。

《史记》成书以后，它的巨大成功吸引着许多学者继续司马迁的工作。人们对司马迁所载只止于汉武，太初以后没有记载，感到极大遗憾，希望一代代史家继续写下去，保持历史记载的连续不断。自司马迁之后一百余年间，续《史记》的作者，先有褚少孙，以后有刘向、刘歆、冯商、扬雄、史岑等十五人②，以及班固之父班彪。班彪续作成绩最大，他"才高而好述作，遂专心史籍之间"。他具有独到的眼光，认为以往那些续作者"多鄙俗，不足以蹈继其书"，于是"乃继采前史遗事，旁贯异闻"③，作"后传"六十五篇。当时学者对班彪续作给予高度赞扬，王充称他："记事详悉，义浅理备。观读之者以为甲，而太史公乙。"④说班彪的续作超过《史记》显然过分，但他的努力成为班固著《汉书》的重要基础，则应该肯定。

从褚少孙至班彪，尽管在推进司马迁以后的史学上作出了不同程度的贡献，但是他们所做的却只限于"续作"。即是说，他们自觉或不自觉地把所做的工作置于司马迁巨大成就笼罩之下，只限于修修补补，他们并未意识到需要构建新的史书体系。而这个问题若果不能解决，则"保存历史记载连续不断"

---

① 参阅白寿彝：《中国史学史》第一册《叙篇》第二章。
② 此据《史通·古今正史》。其余十人是卫衡、梁审、肆仁、晋冯、段肃、众丹、冯衍、韦融、萧奋、刘恂。此外，《通志·总序》还讲有贾逵。又，据《汉书·杨恽传》，言司马迁外孙杨恽"始读外祖《太史公记》，颇为春秋。"或者也有所补作。
③ 以上引文均见《后汉书·班彪传》。
④ 《论衡·超奇篇》。

的目的，是不能达到的。试看：在众多的续作者中，除褚少孙所补的若干段落由于附于《史记》，班彪所续的一些内容由于存在于《汉书》，因而得到保存外，其他作者所续之篇，早已统统湮灭无闻，便是明证。若无一个构建起来的体系，再好的内容也无从依托，既不能流布于社会，更不能传留给后代，这是很明显的道理。班固却有气魄创立了著史的新格局。他"断汉为史"，在内容上提供了时代所需要的历史教材，在构史体系上则取得了重大突破，使史学从司马迁的巨大身影笼罩下走出来，向前跨进了一大步。司马迁在先秦史书规模比较狭小、形式比较粗糙的基础上，经过综合和改造，创立了气魄宏大的纪传体史书，在历史编纂上表现出了不起的创造活力，这对班固是很大的启发。《汉书》的体裁，既是对《史记》的继承，又是一个影响深远的创造，以后历代修史者对此沿用不改。今天我们考察这个问题，还应该比前人有进一步的认识：它意味着班固创立的断代为史的格局，恰恰符合中国封建社会演进久远行程中皇朝更迭的周期性特点，所以才被相继沿用垂两千年。

班固撰《汉书》，还继承和发扬了司马迁的"实录"精神。首先是体现在班固对司马迁史学成就的评价上。

《汉书·司马迁传》赞语，内容大体采用班彪所写的《略论》[①]，代表了班氏父子对司马迁史学的看法。赞语对司马迁史学有表扬有批评："亦其涉猎者广博，贯穿经传，驰骋古今，上下数千载间，斯亦勤矣。又其是非颇谬于圣人，论大道则先黄老而后六经，序游侠则退处士而进奸雄，述货殖则崇势利而羞贱贫，此其所蔽也。"班固批评司马迁"论大道则先黄老而后六经"，这是拿"独尊儒术"以后将儒学神圣化的正宗观点，去衡量别一时代的思想而得出的偏颇结论。其实，司马迁并没有贬低孔子和儒学，正相反，他对孔子和儒学是多所肯定和表彰的。事实不胜枚举：司马迁认为孔子所修《春秋》，是"王道之大者"，"礼义之大宗"，"拨乱世，反之正，莫近于《春秋》"；司马迁宣称他撰史的目的，就是"继《春秋》"；[②]司马迁整理史事、考辨史实的

---

① 见《后汉书·班彪传》。
② 均见《史记·太史公自序》。

基本方法和标准，是"考信于六艺"；①司马迁为孔子及其儒家学派，修撰了《孔子世家》《仲尼弟子列传》《孟荀列传》《儒林列传》，特别是在《孔子世家》赞语中讲，许多生前地位显赫的人物死后都被人忘却，唯独孔子在思想史、学术史上的地位不朽，"学者宗之。自天子王侯，中国言六艺者折中于夫子，可谓至圣矣！"由此可见，司马迁对孔子学说非常尊奉，证据确凿，不可否认。所以直到近代，龚自珍仍称司马迁为"汉大儒司马氏"②。梁启超也说，"太史公最通经学，最尊孔子"③，"司马迁固汉代独一无二之大儒矣。"④司马迁与班固所不同处在于：司马迁是以比较符合历史实际的眼光表彰儒学，他不把儒学绝对化、神圣化，而他在推崇儒学的同时，吸取老庄、法家等学说的内容，并且批评俗儒、陋儒和谄媚之儒；班固则把儒学绝对化和神圣化，将儒学与老庄等学说对立起来，尊此抑彼，毫无调和余地。正宗思想使班固走得太远了，所以他要对司马迁作出"先黄老而后六经"的偏颇批评。

可贵的是，班固并没有因对司马迁的政治思想、哲学思想有所批评，而降低他在史学上的杰出成就。相反的，班固十分推崇司马迁的著史才华和品德："然自刘向、扬雄博极群书，皆称迁有良史之材，服其善序事理，辨而不华，质而不俚，其文直，其事核，不虚美，不隐恶，故谓之实录。"⑤称赞司马迁既具有善序事理的史学才华，又具有直笔无隐的高尚史德，实际上，是尊奉他为历史家的楷模。班固的这些精到评价对于确立司马迁在史学史上的地位起到了不可低估的积极作用。班固不被其正宗思想所蔽，公正地表彰司马迁的杰出史学成就，这本身就表现出班固忠实于历史的品格，他同样把"不虚美，不隐恶"，写出"实录"式的史书作为自己的治史准则。

其次，体现在班固对内容取舍和史料抉择的标准上。

前人曾批评《汉书》武帝以前"尽窃迁书"⑥，这个批评是极其不妥的。

---

① 《史记·伯夷列传》序。
② 龚自珍：《龚自珍全集·陆彦若所著书序》。
③ 梁启超：《读书分月课程》，《饮冰室合集》专集之六十九，第3页。
④ 梁启超：《中国学术思想变迁之大势》，《饮冰室合集》文集之七，第52页。
⑤ 《汉书·司马迁传》。
⑥ 郑樵：《通志·总序》。

既然司马迁对西汉历史的记述是"实录",那么《汉书》武帝以前的史实,当然绝大部分要以《史记》为依据,班固这样做正是忠实于历史,未可指责。况且,即令对武帝以前历史的记述,班固也在进一步占有材料的条件下,作了不少有价值的补充。我们对此可以归纳为三个方面。一是增设篇目,如《惠帝纪》及王陵、吴芮、蒯通、伍被、贾山、东方朔、李陵、苏武等传。特别是张骞事迹,《史记》是在《大宛列传》中叙述的,不是人物传记。《汉书》特为张骞立专传,给予他应有的历史地位。二是班固根据"掇其切于世事者著于传"①、"论其施行之语著于篇"②的原则,在有关篇章中记载了西汉一代重要的文章、言论。如《贾谊传》载其《治安策》,《食货志》载其《论积贮疏》;《晁错传》载其《教太子疏》《言兵事疏》《募民徙塞下疏》《贤良策》,《食货志》载其《论贵粟疏》;《贾山传》载其《至言》;《邹阳传》《枚乘传》各载其谏吴王书;《韩安国传》载其与王恢辩论对匈奴策略的言论;《公孙弘传》载其《贤良策》。③三是《汉书》对西汉前朝史实也有重要增补,如《萧何传》增项羽负约,封沛公于巴蜀为汉王,汉王怒,欲攻羽,萧何力言不可,乃之国。《韩信传》述韩信战功,《王陵传》述吕后王诸吕的复杂经过,也都有重要补充。④班固自己曾申明,凡是《史记》所无材料,决不随便添加,必须确凿有据,方予增补,否则阙疑。《张汤传》赞语云:"冯商称张汤之先与留侯同祖,而司马迁不言,故阙焉。"《东方朔传》称,朔以滑稽诙谐著名,"后世好事者因取奇言怪语附著之",考核的结果,凡属刘向著录的东方朔的言行才可靠,"世所传他事皆非也"。从班固申述的标准和他对材料的严格审核,确实说明他发扬了司马迁的"实录"精神。

第三,也是最主要的一点,体现在班固敢于秉笔直书,揭露汉代封建统治的阴暗面上。

《汉书》是以宣扬汉朝政治功业为撰写目的的,那么,敢不敢暴露汉代封

---

① 《汉书·贾谊传》。
② 《汉书·晁错传》。
③ 《廿二史劄记》卷2"汉书多载有用之文"条。
④ 参见安作璋:《班固》,陈清泉编:《中国史学家评传》(上),中州古籍出版社1985年版。

建统治的阴暗面，就成为班固是否具有"实录"精神的试金石。班固对此作出肯定的回答，他发扬了"不虚美，不隐恶"的传统，据事直书。有的学者称赞班固"不为汉讳"，是很中肯的。①这里举出以下四个方面。一，班固揭露西汉严重的土地兼并。《食货志》载有董仲舒上言，"富者田连阡陌，贫者无立锥之地"，因此建议"限民名田，以赡不足，塞兼并之路"。同篇又载：哀帝即位，师丹辅政，建言："今累世承平，豪富吏民訾数巨万，而贫弱愈困"，所以又提出限田。《哀帝纪》中也载皇帝的诏令承认土地兼并的严重："诸侯王、列侯、公主、吏二千石及豪富民多畜奴婢，田宅无限，百姓失职，重困不足。"二，揭露诸侯王及外戚集团奢侈纵欲，无法无天。《景十三王传》总括说："汉兴，至于孝平，诸侯王以百数，率多骄淫失道。"并载广川王刘去，"燔烧亨（烹）煮，生割剥人。距师之谏，杀其父子。凡杀无辜十六人，至一家母子三人，逆节绝理"。江都王刘建，纵狼杀人，或将人幽禁活活饿死，"凡杀无辜三十五人"。《外戚传》揭露外戚集团利用裙带关系盘踞高位，"穷富贵而不以为功"，骄奢淫逸，凶狠残忍，宫廷后妃之间、外戚之间因争宠争权，互置对方于死地，甚至杀人投毒。三，班固对于即使是他所盛赞的"文景之治"时代，也能不加隐饰地揭示当时的弊政。《贾山传》引其《至言》，谏文帝"功业方就，遂耽逸乐。今从豪俊之臣，方正之士，直与之日日猎射，击兔伐狐，以伤大业，绝天下之望"。《路温舒传》讲景帝时冤狱遍地，狱吏"上下相驱，以刻为明；深者获公名，平者多后患。故治狱之吏皆欲人死，非憎人也，自安之道在人之死，是以死人之血流离于市，被刑之徒比肩而立，大辟之计岁以万数"。班固对宣帝时期吏治修明也是大加赞扬的，同时他对当时地方豪强作恶多端也如实记载。《酷吏列传》载：宣帝时涿郡豪强西高氏、东高氏欺压百姓，为非作歹，"宾客放为盗贼，发，辄入高氏，吏不敢追。浸浸日多，道路张弓拔刃，然后敢行，其乱如此"。四，班固深刻地揭露独尊儒术之后，以儒学近身任官制度，是打开为利禄奔竞之门："设科射策，劝以官禄，讫于元始，百有余年，传业者浸盛，支叶蕃滋，一经说至百余万言，大师众至千余人，盖禄利之路然也。"②他总结自武帝以后"以儒宗居宰相位"那班人物，如公孙弘、蔡义、韦贤、韦立成、匡衡、张禹、翟方进、

---

① 冉昭德：《班固与汉书》，见《中国史学史论集》第一册。
② 《汉书·儒林传》赞。

孔光、平当、马宫等，都是"服儒衣冠，传先王语""持禄保位，被阿谀之讥"，①尖锐地抨击这些以儒学大师进身的显赫人物，都是庸碌自私、巧于饰己、专事谄媚之徒，根本不配居于宰相地位。在各人传记中，班固对他们的虚伪、贪婪多有揭露。如载公孙弘对武帝专事谄媚，对同僚则"外宽内深"，设计陷害，"杀主父偃、徙董仲舒胶西，皆弘力也"。匡衡假报所封临淮郡地界，侵占田地四百顷。张禹"内殖货财"，"多买田至四百顷，皆泾、渭灌溉，极膏腴上贾""内奢淫，身居大第，后堂理丝竹管弦"。②《陈万年传》载，身为御史大夫的陈万年，病重时召其子咸至床前，教至半夜，咸睡着了，万年怒不可遏，咸忙"叩头谢曰：'具晓所言，大要教咸谄也。'"对这位大官僚谄媚本质的讽刺可谓入木三分。"独尊儒术"是西汉的国策，班固的这些记载，是从一个重要侧面对西汉政治状况和官场风气作严肃批评。班固具有这种识见和史德，是值得称赞的。

  实录精神和历史见识，使班固能够深入考察历史进程，对于一些历史问题的阐述，提出了具有唯物主义因素的见解。

  《汉书》固然有浓厚的正宗思想和天命思想，这是时代打上的烙印。然而，我们又应肯定其中有重视历史时势的进步思想。

  刘邦为什么能"无土而王"，迅速建立起汉朝，这是西汉历史的一个重要问题。班固在《汉书·异姓诸侯王表》序中对此作了分析。他总结自虞夏至秦之得天下，有着共同的特点，即都经历了长期的艰难创业：虞、夏之兴，"积德累功"数十年；商汤、周武之王，乃由契、后稷"修仁行义"，历十余世，而后成功；秦的帝业，先由襄公崛起，经过文公、穆公、献公、孝公、昭襄王、庄襄王历代经营，"稍蚕食六国，百有余载"，至始皇乃并天下。刘邦得天下却与历代君主相去天壤，"无尺土之阶，繇一剑之任，五载而成帝业。书传所记，未尝有焉"。为什么会出现这样的历史大变局？班固认为，这是因为秦始皇的倒行逆施加速了自己的灭亡，为刘邦的迅速兴起准备了条件。秦始皇本来希望以取消分封制、销毁天下兵器、禁绝儒学、大事征伐等等，巩固其统治，"用壹威权，为万世安"，结果恰恰激起人民的反抗，"十余年间，猛

---

① 《汉书·公孙弘传》。
② 均见《汉书·匡张孔马传》。

敌横发乎不虞，适戍强于五伯，间阎逼于戎狄，响应熛于谤议，奋臂威于甲兵。乡秦之禁，适所以资豪杰而速自毙也"。这样，刘邦"无土而王"这一亘古未有的历史新格局，就完全可以用能够确切指明的时代条件来解释。班固用"势"的命题对此加以概括，云："古世相革，皆承圣王之业，今汉独收孤秦之弊。镂金石者难为功，摧枯朽者易为力，其势然也。"

值得注意的是，班固上述对于历史时势的看法，是在司马迁认识的基础上加以发展的。司马迁极为重视秦亡汉兴的历史教训，《史记·秦楚之际月表》序中，他论述刘邦得天下的原因云："然王迹之兴，起于闾巷，合从讨伐，轶于三代，乡秦之禁，适足以资贤者为驱除难耳。故愤发其所为天下雄，安在无土不王。此乃传之所谓大圣乎？岂非天哉，岂非天哉！非大圣孰能当此受命而帝者乎？"司马迁确已论及秦的暴政为汉的兴起准备了条件，表现出其卓识，他感慨"岂非天哉"，其中也确有历史时势的意味，但是不能否认，司马迁讲的"天"又含有命定论的意味，所以他称刘邦为"受命而帝"的"大圣"。换言之，司马迁的议论中重视历史时势与命定论二者兼而有之。相比之下，班固的认识明显地提高了，他完全以历史时势来解释，摆脱了命定论的影响。这是观点上的一大进步。与此相联系的是，班固批评司马迁引用贾谊的一个论点："向使婴有庸主之材，而仅得中佐，山东虽乱，秦之地可全而有，宗庙之祀，未当绝也"。班固认为，这是对历史的客观趋势判断错了，"不通时变"，不知"秦之积衰，天下土崩瓦解，虽有周公旦之才，无所复陈其巧"[①]，班固所论显然比较符合历史时势。

藩国问题是西汉史又一大问题。司马迁的时代，西汉朝廷与藩国斗争的过程尚未结束，过程中矛盾的各个侧面尚未充分暴露，因而他不可能作全面的总结。班固后来居上，他站在新的时代高度，能够俯瞰西汉初至武帝时朝廷与藩国斗争的全过程，从而在《史记》的基础上，对此作出较全面、深入的总结。这也是《汉书》的突出贡献。

《诸侯王表》序中肯地描述了藩国势力对西汉国家的危害："藩国大者夸州兼郡，连城数十，宫室百官同制京师"，"小者淫荒越法，大者睽孤横逆"，尾大不掉，构成对朝廷的严重威胁。对西汉朝廷与藩国势力作斗争所经主要阶段，班固也作出了正确总结："文帝采贾生之议分齐、赵，景帝用晁

[①] 《文选》卷48班固《典引》序，并见《史记·秦始皇本纪》附录。

错之计削吴、楚。武帝施主父之册，下推恩之令，使诸侯王得分户邑，以封子弟，不得黜陟，而藩国自析。"武帝以后，"诸侯唯得衣租食税，不与政事"，标志着严重的藩国问题得到解决。这些论述提纲挈领，接触历史的实际情形，向来成为后人论述西汉藩国问题最权威的依据。《汉书》贾谊、晁错两传，详载他们向文帝、景帝郑重提出的削藩主张，显然都是班固有意为之，使我们得以窥见当时重大事件的来龙去脉。这里还想讨论《汉书》有关篇章中所反映的藩国问题的曲折性、复杂性，限于篇幅不能展开，只能简略提出三点：一，班固论及汉初分封同姓王，在一段时间内对于韩信、彭越等异姓王起到制约作用问题。如讲"汉兴之初，海内新定，同姓寡少"，"尊王子弟，大启九国"。"高祖创业，日不暇给，孝惠享国又浅，高后女主摄位，而海内晏如，亡狂狡之忧，卒折诸吕之难，成太宗之业者，亦赖之于诸侯也"①。二，贾谊反复陈述侯国必然造成祸乱，危害朝廷："疏者必危，亲者必乱，已然之效也"，"臣窃迹前事，大抵强者先反"。他提出"众建诸侯而少其力"的方法，实际上成为解决西汉藩国问题的根本指导思想。而在具体做法上，贾谊甚至提出以藩国制藩国的策略。淮南王刘长谋反事发后，贾谊建议文帝封皇子武（淮阳王）为梁王，封国占有淮河以北、黄河以南大片地方，以起到"扞齐、赵"和"禁吴、楚"的作用。班固特别载明：至景帝三年吴、楚七国乱时，"合从举兵，西乡京师，梁王扞之，卒破七国"。班固还在《叙传》中概括《贾谊传》的撰写意旨："建设藩屏，以强守圉，吴、楚合从，赖谊之虑。"赞扬贾谊的预见性。《汉书》论述藩国问题，既从总体上看到藩国必乱的结局，又能有分寸地反映出特定时期特定封国的积极作用。包括藩国问题的解决在内，历史发展不可能是平坦的、笔直的，它只能走曲折的道路，这是历史辩证法的体现。笔者认为，《汉书》记载的这些问题，至今仍有丰富我们的认识、启发我们思维的作用。三，《汉书·晁错传》比《史记》更公正地评价了晁错主张削藩的贡献。晁错是景帝时期代表西汉朝廷对藩国坚决斗争的关键人物。他明知将由此立即引来杀身之祸，而毫不动摇，对于这样一个悲剧人物，班固作了公正评价："晁错锐于为国远虑，而不见身害"，"错虽不终，世哀其忠"。②肯定晁错为国尽忠，后人世代承认。比较《史记》《汉书》对晁错

---

① 均见《汉书·诸侯王表》序。
② 《汉书·晁错传》赞。

的评价即可发现：班固的评价，采用了司马迁的正确部分，而纠正了《史记》中自相矛盾的见解。《史记·晁错列传》赞曰："晁错为家令时，数言事不用，后擅权，多所变更。诸侯发难，不急匡救，欲报私仇，反以亡躯。语曰'变古乱常，不死则亡'，岂错等谓邪！"并没有肯定他主张削藩的积极作用，相反地，责备他的动机是"为报私仇"，做法是"变古乱常"。这些都是不恰当的。然则，司马迁毕竟要写出忠实于客观历史的"实录"，因此他记载了邓公称颂晁错和批评景帝的话，称他建议"削地以尊京师"是"万世之利"，是一个"忠臣"。在《吴王濞列传》中，司马迁也称晁错"为国远虑"。这样，司马迁对晁错的评价就自相矛盾。班固纠正了《史记》的矛盾说法，把其中正确部分吸收过来，并加以提高。《汉书·晁错传》中详载其事迹，并将他施行于世的言论采辑于篇，客观上讲，表现了一位有远见的政治家，为了国家利益不惜冒险犯难的可贵精神。班固这样做，就为那个时代，同时也为《汉书》增添了光彩。

班固评论武帝时期人才之盛也很精彩。他认为，武帝时期大批人才的出现是由历史时势造成的。这一观点见于《公孙弘卜式兒宽传》的论赞。班固讲，这三个人在武帝时分别身居丞相、御史大夫。可是他们都出身贫贱，或放猪，或放牛，或当伙头。这样低微的出身，"非遇其时"，能够上升到高位吗？班固认为，这正是时势造就人才的结果。汉初休养生息，到武帝时代，已经具有雄厚的经济实力，可以大有作为了。当时要做的有两件大事，一是开拓边境，奠定版图，二是需要建立一套礼仪、政治、法律等等制度。"上方欲用文武，求之如不及"。于是，"群士慕向，异人并出。汉之得人，于兹为盛"。时代需要大量人才，人才便成批涌现出来。当时各方面都有不平常的人物施展才智，如儒学大师董仲舒、公孙弘、兒宽，荐贤的韩安国、郑当时，制定法令的赵禹、张汤，文学家司马迁、司马相如，天文历算家唐都、洛下闳，音乐家李延年，理财家桑弘羊，外交家张骞、苏武，大将卫青、霍去病。

依靠这些特出人物，武帝时代国势达到强盛，"是以兴造功业，制度遗文，后世莫及"。班固认为，汉宣帝时代也颇有作为，"纂修洪业，亦讲论六艺，招选茂异"，举出当时在儒学、文章、将相、治民等方面"有功迹见述于世"的人物，如萧望之、刘向、赵充国、龚遂等。总的讲，班固认识到时代的需要造就了有作为的人物，人物的作为又推动时代前进，不但论述问题完全从时势着眼，而且体现出从许多个别事例中概括出共性的道理，一点也没有掺入天命、迷信的意识。班固所论述的，自然与历史唯物主义关于历史人物产生及其作用的原理无法相比，但其中有相通的地方，具有唯物主义的因素。一千九百年前的班固能达到这一认识高度，说明他有非凡的历史见识。

《汉书》还具有一定的人民性。

班固历史思想的人民性，首先表现在对西汉几个帝王功业的评论上。他最早提出"文景之治"这一著名的历史概念，此后一向成为恢复生产、爱惜民力、轻徭薄赋政治局面的象征。《文帝纪》赞语表彰文帝"敦朴为天下先"，不准在宫中建造费值百金的露台，从皇帝本人到宠爱的后妃都衣着简朴，是为历代帝王所罕见。班固特别强调文帝以"利民""恐烦百姓"为治国标准，他的不事征伐，采纳臣下谏议，都是由利民而不扰民的方针所支配的，因此在位期间，出现了"海内殷富"的局面。《景帝纪》赞高度评价汉初以来与民休息政策的成效："汉兴，扫除烦苛，与民休息。至于孝文，加之以恭俭，孝景遵业，五六十载之间，至于移风易俗，黎民醇厚。周云成康，汉言文景，美矣！"对于景帝尊奉文帝"利民"的功业衷心地赞美。

班固推崇武帝的雄才大略，多所设施，奖拔人才，但又批评他连年用兵，造成人力物力的大量虚耗，沉重地增加了人民负担。内容见于《武帝纪》《刑法志》《循吏传》序等。从班固对武帝时期弊政一面的批评，也反映出他对民众利益的关心。

其次，班固历史思想的人民性，还表现在以赞赏态度记述宣帝时期的吏治和考察制度。对于出身贫贱的汉宣帝，如何"五日一听事"，让丞相及各大臣报告履行职责情况；如何重视刺史一级地方官的任用，考察其政绩，了解其实情；对于好的地方官如何赏赐表彰，并从中选拔任用朝廷大臣，班固都予以详载。这套办法确实奏效，出现了一批有名的良吏，"所居民富，所去见思"。[①] 宣帝在位二十四年中，"吏称其职，民安其业"，被称为西汉"中兴"时期。[②] 班固对宣帝时期如何任用、考察官吏的记载，今天看来，不仅有

---

① 《汉书·循吏传》。
② 《汉书·宣帝纪》。

史料价值，而且有思想上的价值。

《汉书》十志在史学上的突出贡献——"将书志体完善起来"。

　　《汉书》十志是在《史记》八书基础上发展的。根据白寿彝教授的研究，十志"将书志体完善起来"。具体来说有两大贡献：一，十志"为史学上的有关学科的研究开辟了道路。十志为政治制度史、法制史、经济史、水利工程史、学术史、历史地理各科的学术源流，提供了开创性的著作"，"好多分支学科都是从十志开始有了记载"。二，从十志中，"可以看出封建社会统治集团的作用"，"要理解中国的封建社会，以及封建国家的作用，班固在十志中提供了很好的材料"①。发挥白寿彝教授上述论点，对十志作专题性探讨，是很有意义的工作。本节只能就《食货志》中班固如何论述经济生产活动谈点粗浅看法。

　　《食货志》中虽有生产活动是先王之教的唯心说法，但又认为：生产活动是社会生存的基础，食与货二者是"生民之本"，"食足货通，然后国实民富，而教化成"；借古今经济状况的变化，可以鉴知国家的"盈虚"。这些有唯物倾向的见解，后来明显地为杜佑等所发展。

　　全篇基本思想，则论述封建国家经济政策影响到生产的发展或破坏，决定了国家的盛衰。班固论秦的灭亡，实实在在地归结到经济上的原因："男子力耕不足粮饷，女子纺绩不足衣服。……海内愁怨，遂用溃畔。"他着意将汉初经济的凋敝与武帝初年的繁荣相对照，证明那些仿佛是从地底下呼唤出来的财富，乃是由六七十年间连续执行"约法省禁"政策取得的。而这种雄厚的经济实力，为武帝"外事四夷，内兴功利"提供了物质基础。又如论王莽的灭亡，班固认为，既有类似于秦亡的原因：王莽对匈奴征战，"发三十万众，欲同时十道并出"，"海内困矣"；又有不同于秦亡的原因：王莽由于慕古，任意变换各种"不合时宜"的措施，制造混乱，加上横征暴敛，刑罚严酷，造成"民愈穷困"，激起遍地农民起义。按照班固的论述，自战国至西汉末的历史变动，都可以用经济的升降、国家政策的成败得到确切的解释。这同历史唯物主义从经济条件去说明历史事变的终极原因，当然不能相提并论，但其中确有某些萌芽意识。班固还记载宣帝时，"善为算能商功利"的大司农中丞耿寿

---

① 《司马迁和班固》，见《司马迁研究新论》一书"代序"。

昌，建议从关内籴粟运京，以省关东漕运每年需卒六万的巨耗，大儒萧望之用阴阳感应说法反对。宣帝拒不采纳望之所议，结果"漕事果便"，耿寿昌并将籴粮筑仓之法推行到边郡。班固的记述，也是对唯物论主张的褒扬和对阴阳灾异唯心说法的深刻讽刺。

三、六百年间学者"共行钻仰"

《汉书》成书后所经历的命运跟《史记》很不相同。《史记》著成后并未被当时的人们重视，至宣帝时，才由司马迁的外孙杨恽"祖述其书，遂宣布焉"①。《史记》在东汉甚至被目为"谤书"，汉晋时期对它研究的学者很少。《汉书》成书后则受到普遍的推重，史称："当世甚重其书，学者莫不讽诵焉。"②邓太后临朝时，遍注群经、学生千人的经学大师马融，还"伏于阁下，从（班）昭受读"。这说明当时学术极重专门传授，也证明《汉书》一出世就享有很高学术地位。至唐司马贞，对《史记》《汉书》传习的不同情况作了这样的总结："《史记》汉晋名贤未见推重。"③《汉书》后"迁而述，所以条流更明，且又兼采众贤，群理毕备，故其旨富，其词文，是以近代诸儒共行钻仰"④。司马贞主要活动于唐开元年间（713—741）。据此可知：《汉书》从东汉起备受推崇，长达六百余年。学者们"共行钻仰"的情况可从以下几个方面见到：

视为《五经》之亚，尊为修史法式。南北朝时期刘勰在《文心雕龙·史传》篇中称赞《汉书》："宗经矩圣之典，端绪宏赡之功"，"十志该富，赞序弘丽，儒雅彬彬，信有遗味"。与刘勰同时的萧统（梁昭明太子）编《文选》，其中"史论"和"史述赞"所选的代表作，有《汉书·公孙弘传》赞、《高祖纪》赞、《成帝纪》赞、《韩彭英卢吴传》赞共四篇，《史记》却一篇未选。

刘知幾作为杰出的史评家，他对《史记》《汉书》这两部巨著在史学上的

---

① 《汉书·司马迁传》。
② 《后汉书·班固传》。
③ 《史记索隐序》。
④ 《史记索隐后序》。按，司马贞生卒年未详。他于开元初任国子博士、弘文馆学士。晚年撰成《史记索隐》。

贡献都有很高评价，而从编纂学角度和反映当时学者所喜爱说，他又较看重《汉书》。他认为，《史记》对纪传体有开创之功，诸体配合，优点很多；不过它是通史体裁，"疆宇辽阔，年月遐长"，不易做好。《汉书》继承了《史记》体裁，又断代为史，实在优胜得多："究西都之首末，穷刘氏之废兴，包举一代，撰成一书，言皆精练，事甚该密，故学者寻讨，易为其功。自尔迄今，无改斯道。"①他还概述学者尊奉《汉书》的情况："始自汉末，迄乎陈世，为其注解者凡二十五家。至于专门受业，遂与《五经》相亚。"②可见《汉书》在当时的地位仅次于《五经》。继《汉书》而起，历代修成断代"正史"并流传下来的，先后有《三国志》《后汉书》《宋书》《南齐书》《魏书》《梁书》《陈书》《北齐书》《周书》《隋书》《晋书》。刘知幾所讲"自尔迄今，无改斯道"，就是对这六百年间历史编纂上效法《汉书》的取向所作的概括。

传授注解的学者辈出。《汉书》在东汉末年，已有服虔、应劭等家注解。此后，历代专门研究的学者辈出，成为一门发达的学问。据《隋书·经籍志》著录，自汉至唐，注释《史记》的著作只有裴骃、徐野民、邹诞生三种。注《汉书》则多达十七种，作者有应劭、服虔、韦昭、刘显、夏侯咏、萧该、包恺、晋灼、陆澄、韦棱、姚察、项岱等。姚察对《汉书》研究尤精，一人所撰即有《汉书训纂》《汉书集解》《定汉书疑》三种。因此《隋志》概述说："《史记》《汉书》，师法相传，并有解释。……梁时，明《汉书》有刘显、韦棱，陈时有姚察，隋代有包恺、萧梁，并为名家。《史记》传者甚微。"唐初颜师古撰《汉书注》，是对注释《汉书》一次集大成的工作。据他所撰《汉书叙列》所列，共综合了二十三家注解。其中确知时代的，荀悦、服虔、应劭是东汉人，邓展、文颖、蔡谟③是晋人，臣瓒、崔浩是北魏人。此外注家能见到姓名的，梁时有刘孝标、梁元帝，唐时有颜游秦、刘伯庄、李善。六百年间传习注释《汉书》的学者如此众多，尤其能说明其地位在当时确实超过《史记》。

---

① 《史通·六家》。
② 《史通·古今正史》。
③ 司马贞《史记索隐序》云："蔡谟集解之时已有二十四家之说。"此二十四家何人未详。据姚振宗《隋书经籍志考证》：蔡谟《汉书集解》有115卷。

被当作必读的历史教科书。这里有两个典型例证。一是《三国志·吴主五子传》载：孙权立孙登为太子，张休为太子师傅。"权欲登读《汉书》，习知近代之事。以张昭有师法，重烦劳之，乃令休从昭受读，还以授登。"《汉书》所载是"近代史"，所以被这位江东霸主指定为太子必读的教科书。另一是《陈书·姚察传》所载，陈宣帝时，姚察任职史馆，以兼通直散骑常侍身份，出使北周。传中记载的这次出使的唯一史实，是"沛国刘臻窃于公馆访《汉书》疑事十余条，并为剖析，皆有经据"。由于当时双方是对立政权，官员之间的私人接触很受避忌。这位沛国人士竟为研读《汉书》而甘冒风险，偷偷前来找姚察请教，足见《汉书》对当时士大夫有何等的吸引力。

《汉书》如此盛行六个世纪，时间可谓漫长，究其原因，也应是多方面的。书中的正宗思想适合封建士大夫的胃口，自是重要一项。此外，它所载"近代史"为人们提供了一部很有价值的历史教科书，它包举一代的完整性，使研究汉史者极感方便，它开创的史书新格局成为后代修史"定式"，它囊括的丰富内容具有很高的、多方面的学术价值，这些也都应该是重要的原因。

今文公羊学说的独具风格和历史命运

一、理解公羊学说的钥匙

在中国学术文化史上，公羊学说作为今文经学派的中坚，曾经在思想领域和政治领域扮演过重要的角色，而其历史命运陡升陡降，近乎离奇。在西汉时代，今文公羊学说盛行于世，不但学者宗从，而且受到帝王的尊奉。到东汉末以后，它却消沉达一千余年。到了清朝中叶，才有学者重新提起，随之崛起，至嘉道年间，由于封建社会已到衰世，加上外侮的逼迫，今文公羊学说经过进步思想家的改造，成为批判专制、唤起人们危机意识的武器。晚清维新派人物更把它与西方政治学说相糅合，锻造成为倡导维新改革的理论纲领，公羊学在社会上风靡一时；而晚清"新学"的传播，也得力于公羊学说对旧思想体系的冲决作用至巨。

今文公羊学说在19世纪末最后一次波涛涌起后平息，距离今天并不算遥远。可是，近几十年来，对于这一在历史上曾两度成为"显学"、与中国历史进程和学术变迁曾经大有关系的学说，除了有一二学者加以探讨、评论外，其他则绝少有人提起，甚至还使人感到陌生得很。产生这种情况，固然与时过境迁、往事容易淡忘有关。而远为深刻的原因是，由于公羊学说在理论上具有独特性，如果以长期流行的古文经学的眼光对待，会感到不好理解甚至怪诞诡异。它的理论发端是极其古朴的，而经过长期的推演，却发展成为复杂的体系；它具有进步的、富有哲理性的学说精华，却包含在"非常疑义可怪之论"的外在形式之中，而且提出了一系列有独创性的命题。这就必须仔细地寻绎公羊学家的论著，深入地做具体分析，解开其内容与形式的矛盾，探究和诠释其独特的命题。近代著名的今文学大师康有为对此曾有过很恰切的比喻：如同不懂四元、借根、括弧等就无法解开算学题一样，若对公羊学的"大一统"、"张三世"、"通三统"等无所知，就无法理解公羊学说。[①]掌握、探究其理

---

① 见康有为：《春秋董氏学·春秋例第二》，中华书局1990年版，第26页。

论命题这把钥匙，结合不同时代条件的变迁，方能对这一联系中国古代和近代的儒家学派之演进脉络，以及它所经历的戏剧性命运，作出一番清理和总结。

二、公羊学主体的形成及其学术特色

公羊学说的源头，在于《春秋》之"义"，而《公羊传》对《春秋》大义的解释，便构成了公羊学说的核心。

《春秋》是儒家最重要的经典之一，又是我国最早的编年史，它记载自鲁隐公至鲁哀公共242年史事，只用了大约1万5千字，文字最少的一条只有1个字。传统的说法是孔子依据鲁国史册修成《春秋》，如司马迁所说：孔子"论史记旧闻，兴于鲁而次《春秋》，上记隐，下至哀之获麟，约其辞文，去其烦重"①。历来绝大多数学者对此没有怀疑。记载如此简略的《春秋》，在两千多年中国学术史、政治史上却有重大而深远的影响，原因在于人们普遍认为，《春秋》简略的文辞寓含着孔子的褒贬书法，孔子借此以表达他的政治观点和社会理想，这就是《春秋》重义的特点。如《史记》说，孔子"为《春秋》，笔则笔，削则削，子夏之徒不能赞一辞"②。《公羊传》即以口说相传，阐发《春秋》的"微言大义"。

与公羊学派的认识相通的，是儒家巨擘孟子，他对《春秋》重"义"作了精辟的评价，认为《春秋》的"义"具有纲纪天下的作用，孔子修《春秋》是"行天子之事"。孟子将孔子修《春秋》的事业与尧、舜、禹、文王、武王、周公这些人物对中国统一之历史功绩相并列，说："世衰道微，邪说暴行有作，臣弑其君者有之，子弑其父者有之。孔子惧，作《春秋》。《春秋》，天子之事也。是故孔子曰：'知我者其惟《春秋》乎！罪我者其惟《春秋》乎！'""孔子成《春秋》而乱臣贼子惧。"③这说明，《春秋》寄托着孔子的政治理想，孔子因目睹王室衰微，原有的政治秩序陷于崩坏紊乱，恐惧日后情形将越发不可收拾，他要挽狂澜之既倒，于是采取修《春秋》的方式，以褒贬为手段，重整纲纪，匡正君臣上下关系，明是非，别善恶，要使社会恢复到

---

① 《史记·十二诸侯年表》序。
② 《史记·孔子世家》。
③ 均见《孟子·滕文公下》。

他所希望的"礼乐征伐自天子出"的"天下有道"局面。孔子针砭世事以垂法后人，具有极大的政治威力，因此才使"乱臣贼子惧"。孟子又说："王者之迹熄而《诗》亡，《诗》亡然后《春秋》作。……其事则齐桓、晋文，其文则史。孔子曰：'其义则丘窃取之矣。'"进一步说明修《春秋》的意义在于继承"王天下"、实现中国统一的大事业，在史事、史文、史义三者之中，最重要的是"史义"，此乃行天子之事，为后世立法。

《春秋》具有如此重要的价值，但从其简略的文字难以理解。《春秋公羊传》专门解释其中的"微言大义"，凸现《春秋》纲纪天下的作用，并由此形成了公羊学说的核心，在儒学中独树一帜。《公羊传》阐释《春秋》的微言大义，按古人所极言，"其旨数千"。举其最为关键者，有如下四项。

首先，是把"大一统"观念放在全书的首要地位，上升为儒家的重要理论，因而在历史上产生了难以比拟的巨大影响。《公羊传》开宗明义提出"大一统"说，强调统一的王权具有绝对的权威，强调全中国范围的统一具有至高无上的意义。《公羊传》鲁隐公元年解释《春秋》何以首书"春王正月"，曰："元年者何？君之始年也。春者何？岁之始也。王者孰谓？谓文王也。曷为先言王而后言正月？王正月也。何言乎王正月？大一统也。"这一"大一统"理论纲领，贯穿在对《春秋》所载许多具体史实的解释之中。如僖公二十八年（公元前632年）践土之盟，实际上是晋文公召周天子赴会，《春秋》却讳之曰："天王狩于河阳。"《公羊传》于此揭示出孔子维护周天子的尊严、反对以臣召君做法的深刻寓意："公朝于王所。曷为不言公如京师？天子在是也。天子在是，则曷为不言天于在是？不与致天子也。""天王狩于河阳。狩不言，此何以书？不与再致天子也。"一再表示对晋文公不尊重王权的做法之严正谴责。经过《公羊传》的总结，"大一统"说成为《春秋经》的首要大义，成为孔子这位儒家圣人提出来的最高政治指导原则，要求全中国臣民和社会生活的各个方面都应绝对服从于统一的王权之下。以后董仲舒、何休、庄存与这些著名的公羊学家，都极其重视结合当时的政治现实，大力发挥"大一统"学说。

其次，《公羊传》从"大一统"观出发，在民族问题上有深入论述，体现了理智的态度。《公羊传》主张"内其国而外诸夏，内诸夏而外夷狄"，因为当时"诸夏"即中原地区处于较先进的社会阶段，应该阻止处于较后进阶段的

"夷狄"对中原地区的袭扰。因此,《公羊传》作者肯定齐桓公北伐山戎、南服楚,称赞是"王者之事",即有助于实行王者大一统的事业:"南夷与北狄交,中国不绝若线。桓公救中国而攘夷狄,卒荆,以此为王者之事也。"尤其值得注意的是,《公羊传》不是以种族、血统来区分"诸夏"与"夷狄",而是以文明道德来区分,所以,"夷狄"在文明上进步了,可以称"子",受到赞许,而诸夏在文明或道德倒退了则视为"新夷狄"。这是公羊学有利于多民族国家的形成和巩固、有利于民族文化交流和进步的很光辉的思想。《公羊传》宣公十二年载:楚庄王伐郑而舍郑、迎战晋军,大战之后又让其退走的过程,证明楚庄王能讲礼义,在文明和道德上远胜晋人,故赞许楚王"有礼,进爵为'子'",而对诸夏的晋国加以贬责。《公羊传》定公四年又记载:"冬,十有一月庚午,蔡侯以吴子及楚人战于伯莒。吴何以称子?夷狄也而忧中国。"赞扬原先落后的吴,现在"能忧中国",文明和道德大有提高,故进爵为"子"。至春秋尾声,吴北上取得中原盟主的地位,有利于诸夏局面的稳定,于是《公羊传》又明确表示"重吴"。此即哀公十二年所载:"公会晋侯及吴子于黄池。吴何以称子?吴主会也。……不与夷狄之主中国则曷为两伯之辞言之?重吴也。曷为重吴?吴在是,则诸侯莫敢不至也。"《公羊传》这种以文化和道德区分"诸夏"、"夷狄",是战国以后民族间的交流融合加快,特别是汉代民族关系发展这种社会现实的反映。经过《公羊传》的概括、阐释,不以种族,而以文化区分民族的先进和落后,就成为《春秋》大义,成为儒家思想宝贵精华之一。

再次,《公羊传》创造性地提出"三世说"——朴素进化观的重要命题。《公羊传》先后三次讲"所见异辞,所闻异辞,所传闻异辞"[1],这是后来学者推演的"公羊三世说"的雏形,其中包含着极其宝贵的历史变易观点,人们可以据以发挥、划分历史发展的不同阶段。"异辞"即用辞不同。亲见的时代、亲闻的时代、传闻的时代,为何用辞不同?这不仅因时代远近不同,还因史料掌握详略不同,文字处理也因而不同。不仅如此,《公羊传》又有特别的解释:"定、哀多微辞,主人习其读而问其传,则未知己之有罪焉尔。"[2]讲的是时代越近,孔子因惧祸而有所忌讳,故多采用隐而不显的"书法"。司

---

[1] 见于《春秋公羊传》隐公元年,桓公二年,哀公十四年。
[2] 《春秋公羊传》定公元年。

马迁接受了《公羊传》这一观点，并作进一步解释："孔氏著《春秋》，隐、桓之间则章，至定、哀之际则微，为其切当世之文而罔褒，忌讳之辞也。"①《公羊传》又解释《春秋》何以终于哀公十四年？作者的看法是："备也。"至此已完全齐备。后来何休解释说，因西狩获麟，瑞应显现，"见拨乱功成"。②以上所说，除证明《春秋》是一部重褒贬的政治书外，还有两层意思：一是，孔子著《春秋》，因所见、所闻、所传闻这三个时代的不同特点，采取了不同的态度和书法；二是孔子修这部《春秋》，起自隐公之时是不完备的，最后到哀公十四年才达到完备齐全。这样，《公羊传》再三强调"所见异辞，所闻异辞，所传闻异辞"，就包含着对历史的一个很宝贵的观点：不把春秋二百四十二年视为凝固不变或混沌一团，而看作可以拿一定的标准划分为各有特点的不同发展阶段。这种历史变易观点，在中国"述而不作"风气甚盛的文化氛围中，更显示出其独特的光彩和价值。此后在两汉和清代嘉、道以降，处在中国封建社会这两个变动最激烈的阶段，思想深刻的公羊学者，即能结合时代的感受，从中得到启迪，并且推演新说，使公羊学说对推进社会变革产生巨大的作用。

最后，拨乱反正、以待后圣，也是《公羊传》所阐发的一项极其重要的《春秋》大义。与首篇开宗明义讲"大一统"相呼应，《公羊传》的终卷突出《春秋》具有拨乱反正的政治威力，为后世立法。《春秋经》的终篇为何郑重地记载"西狩获麟"？《公羊传》解释说："曷为获麟大之？麟者仁兽也，有王者则至，无王者则不至。"意思是不寻常的"仁兽"麟的出现，是王者的瑞应、"受命之符"，表示新的天子要出现了，代周而起，所以孔子作《春秋》不是普通的史书，而是具有重新安排天下秩序的意义。《公羊传》进一步强调"为后王立法"的政治意义："君子曷为《春秋》？拨乱世反诸正，莫近诸《春秋》。则未知其为是与？其诸君子乐道尧、舜之道与？未不亦乐乎尧、舜之知君子也。制《春秋》之义，以俟后圣，以君子之为，亦有乐乎此也。"③强调这部《春秋》是孔子有意修成的政治书，通过明是非、别善恶，以绳当世，为后王制法，故是拨乱反正的最高准则。而倡导"大一统"、正君君臣臣

---

① 《史记·匈奴列传》赞。
② 《春秋公羊解诂》哀公十四年。
③ 《公羊传》哀公十四年。

的关系、夷狄而忧中国则进爵称"子"、诸夏倒退则为"新夷狄"等项，也无不具有拨乱反止的意义。

《公羊传》最早的传人是公羊高，为子夏门人。[①]先是经过长期的口头传授[②]，至汉景帝时由公羊寿、胡毋生著之竹帛。胡毋生和董仲舒二人都因通《公羊传》而同为汉景帝博士。[③]以后的传人有眭孟、严彭祖和颜安乐。[④]《公羊传》系用汉代通行的隶字写定，与汉初流传的齐、韩、鲁三家《诗经》、伏生所传《尚书》等经典，成为今文学派。《公羊传》以精深的哲理和密切联系社会现实，成为今文学派的主要代表。西汉又有《春秋左氏传》（即《左传》）及《毛诗》《逸礼》《古文尚书》等典籍，是经过秦焚书和秦末大乱之后，或散落于民间，或藏于屋壁，尔后发现的，因是用先秦文字书写，与用西汉通行的隶字书写的今文经传不同，被称为古文经传。今文和古文，最初是文字记载的歧异、训读的不同，以后又形成学派之间地位高下，不同的政治、学术指导思想和不同学风的激烈斗争。

从记载简明、褒贬书法不甚明显的《春秋》，到大力推演"微言大义"的《公羊传》，是从一个侧面反映了儒家学说的发展，形成了一个以发挥"义理"为特色的公羊学派。《公羊传》通过它所阐释的《春秋》大义和基本命题，形成了鲜明的独特风格，概括来说是为三项：（一）政治性。它视《春秋》为一部政治书，讲"改制"，尊奉王权，主张一统，拨乱反正，为后王立法；而作为古文学派的主要代表《左传》则视《春秋》是一部历史书，注重史实而少讲"义理"。（二）变易性。它有一套"三世说"历史哲学，认为历史是变易的，可以按一定的标准划分为不同的发展阶段，其思想内核是朴素进化观，为"改制"的主张提供哲学基础；而古文学派则往往与"尊古"、"信古"，甚至视三代为黄金时代的观点联系在一起。（三）解释性。它专门阐发"微言大义"，可以根据现实的需要，对《春秋》之义加以解释或比附，以这种解释经义的方式发挥自己的政治见解，在时代激烈变动时期更便于容纳新思想；古文学派则注重文字、训诂，学风迥然而异，对于公羊学派的大胆解释或比附，往往感到骇怪。

① 据陆德明《经典释文·序言》。
② 据《春秋公羊解诂·序》徐彦疏所云，自战国至汉初，经过六代口说传授，即：子夏—公羊高—公羊平—公羊地—公羊敢—公羊寿。公羊寿为汉景帝时人。
③ 《史记·儒林列传》。
④ 《汉书·儒林传·胡毋生传》。

三、两汉时期公羊学说的发展

西汉时期,经过秦末大乱以后,需要重建并巩固封建统一国家,需要创建适应封建生产关系成长和版图规模远远超过前代的制度。而《公羊传》倡导"大一统"、尊奉王室、拨乱反正、为汉代立法,作为孔子学说的根本大义,这就恰恰符合时代的需要,经过大儒董仲舒进一步发挥,成为西汉皇朝政治指导的学说,因而显赫于世。

汉武帝继承了其祖其父创建的基业,物质财富积累丰厚,国力达到强盛,客观上要求在巩固统一、兴建制度上有一番大的作为。汉武帝本人的雄才大略具备担当这一时代使命的主观条件,而他需要有指导行动的理论。董仲舒的春秋公羊学恰恰适时地为他提供了一件既有权威性又便于发挥的理论武器。在《天人三策》中,董仲舒发挥了公羊学"为后王立法"的观点,向武帝作出两项极其重要的建言:治国的办法需要"更张"、"改制"。他指出,汉朝是在推翻秦朝的基础上建立起来的,但治国的方针却继承了秦"任法以治",其结果,"法出而奸生,令下而诈起",致使秦朝实行严刑峻法的遗毒至今未灭。这是从根本上违反了孔子学说和《春秋》大义,因此需要"改制"。"改制"的内容,不仅包括改正朔、易服色、确定宫室旌旗之制等项,更为关键的是必须以"任德政"取代"任刑法"。他说,根据《春秋》大义,"王者承天意以从事,故任教而不任刑"。因此治国的方针应该改变到依靠实行德政、教化为主的方针上来,"教化立而奸邪皆止"。重视"教化",就要兴办教育,提高官员和士人的智识水平和道德修养。为此,董仲舒在对策中提出的具体办法有:其一,"兴大学,置明师",并要求废除按资产授任官吏、靠积日累久决定升迁的办法,改为实行按德行、才能,由全国各地荐举的办法,"使诸列侯、郡守、二千石各择其吏民之贤者,岁贡各二人以给宿卫,且以观大臣之能;所贡贤者有赏,所贡不肖者有罚。夫如是,诸侯、吏二千石皆尽心于求贤,天下之士可得而官使也。遍得天下之贤人,则三王之盛易为,而尧舜之名可及也。毋以日月为功,实试贤能为上,量材以授官,录德而定位,则廉耻殊路,贤不肖异处矣"。其二,要求根据《春秋》"大一统"的原则,实行思想文化领域的"大一统",确立儒学在封建意识形态中的"独尊"地位,"《春秋》大一统者，天地之常经，古今之通谊也。今师异道，人异论，百家殊方，指意不同，是以上亡以持一统；法制数变，下不知所守。臣愚以为诸不在六艺之科、孔子之术者；皆绝其道，勿使并进。邪辟之说灭息，然后统纪可一而法度可明，民知所从矣"①。董仲舒的建言和武帝的赞许，宣告了春秋公羊学说成为西汉国家指导思想地位的确立，武帝的改正朔、制太初历、立学校之官、罢黜百家、州郡举茂材孝廉，其议皆由董仲舒发之。而董仲舒以公羊学为指导提出的治国必须以教化为先、实行德政和任刑相结合的理论，对于汉代以后长期封建社会更有深远影响。

董仲舒又著有《春秋繁露》十七卷，大力推阐《公羊传》"微言大义"，与《天人三策》相表里，提出一整套大一统、皇权神授、德刑并举、维护等级名分、天人感应的理论，由此董仲舒的公羊学说俨然成为西汉封建大一统国家的官方哲学，司马迁著《史记》即称誉"学士皆师尊之"②。董仲舒先后任江都王相、胶西王相，晚年病免归家，然朝廷如有大议，常"使使者及廷尉张汤就其家而问之，其对皆有明法"③。董仲舒因精通公羊学而受到朝廷礼遇，公孙弘更因通《公羊传》而官至丞相。当时，瑕丘江公因通《春秋谷梁传》著名，欲与公羊学争高下，"上使与仲舒议，不如仲舒。而丞相公孙弘本为《公羊》学，比辑其义，卒用董生。"汉武帝推尊公羊学还有一个重要事实：他因本人喜爱公羊学说，而诏令太子向董仲舒学习《公羊传》，"由是公羊学大兴"④。

历西汉武、昭、宣各朝，公羊学说成为议定国家大事的重要依据和处理重大难题的标准。武帝元朔年间，淮南王谋反事发。武帝令董仲舒弟子吕步舒"持节使决淮南狱，于诸侯擅专断，不报，以《春秋》义正之，天子皆以为是"⑤。昭帝始元年间，曾发生有人假冒卫太子出现在长安城，引起吏民聚观达数万人，京城一时混乱的事件。京兆尹隽不疑精通《公羊传》，引用鲁哀公三年传文为依据⑥，当即喝令将假冒者抓进监狱，迅速平息了这场巨大

---

① 均见《汉书·董仲舒传》。
② 《史记·儒林列传》。
③ 《汉书·董仲舒传》。
④ 《汉书·儒林传》。
⑤ 《史记·儒林列传》。
⑥ 卫太子即原先武帝所立太子刘据，九年前在巫蛊之祸引起的混乱中自杀，但因太子受

的风波，令在场的数万吏民人人信服。汉昭帝和大将军霍光对隽不疑大加赞许，要求大臣们都仿效他，"用经术明于大谊"①。又此后，昭帝无子嗣而卒，朝臣先迎立昌邑王刘贺继位。刘贺荒淫昏乱至极，登位二十七日便做出一千一百二十七件错事。然而刘贺已立为皇帝，要由臣下废掉，事情非同小可。于是大将军、丞相与经学博士商议，联名向皇太后上奏，引用《公羊传》僖公二十四年所载"天王出居于郑"为理由，顺利地废掉昌邑王，解决了这个十分棘手的大难题，立汉宣帝（刘询）。②《公羊传》还被用来作为指导解决边疆民族问题的最高经典。宣帝五凤年间，值匈奴大乱，朝臣中有不少人提出：匈奴长期为害，正好乘其内乱出兵攻灭之。大儒萧望之举出《公羊传》襄公十九年所载，君子不乘人之危、"不伐丧"为依据，认为在匈奴单于愿意归附的情形下，伐之不义。应该派遣使者前往吊问，使之受感动，更加决意归附汉朝，宣帝遂采纳望之建议，导致此后呼韩邪单于决然内附，北部边境出现长达六十年安定的局面。③

以董仲舒为代表的西汉公羊学说对于巩固汉朝"大一统"局面和汉武帝"改制"，无疑有其历史功绩。但董仲舒学说是儒学和阴阳五行说的结合，宣扬"天人感应"的迷信思想，因而本身又孕育着走向衰落的因素。加上今文经学成为禄利之途，经师们竞相加上烦琐的解说，这种烦琐主义的做法也加速其走上末路。至哀帝时，古文经学派代表人物刘歆写了《移让太常博士书》，激烈地批评今文博士"专己守残，党同妒真"④，今文学大儒们感到怨恨愤怒，可是不敢正面与之论辩，这一事件实则显示出古文学派的第一次胜利。

王莽代汉，建立新朝，任刘歆为国师公，崇尚古文。东汉继起，恢复刘姓统治，废除新莽制度，《五经》博士仍沿西汉旧规，所立者均为今文学。但

冤而死，老百姓又有传言，说太子未死，尚流落民间，冒充者即企图借此招摇撞骗。隽不疑以熟习《公羊传》进身，他平息这场混乱的根据是，《公羊传》哀公三年载：卫国太子蒯聩与卫灵公夫人不和，出奔晋国。尔后被晋国护送欲入卫，其子、后立的国君辄拒纳。按《公羊传》解释，蒯聩为无道，灵公逐蒯聩而立辄，辄拒而不纳符合于"义"。故果断地喝令从吏将冒充者收缚。

① 《汉书·隽不疑传》。
② 《汉书·武五子传·昌邑王传》。
③ 《汉书·匈奴传》及《萧望之传》。
④ 《汉书·楚元王传》附刘歆传。

自东汉初年起，古文学派渐盛的趋势日益明显，相继出现了为数不少的声名显著的古文学家；而今文学家著名者前后仅有章帝时的李育和桓、灵间的何休二人而已。今文学派虽然逐渐失去优势，但何休所著《春秋公羊解诂》成为公羊学说的集大成著作。著名的古文经学家郑玄与何休同时，治学博采今古文，而以古文为宗。"当时学者，一则苦于今文家法的繁琐，一则震于郑氏经术的渊博，所以翕然宗从。"①何休对公羊学说的精髓有深刻的理解，他不随时俯仰，不顾今文学派已现颓势，以坚毅特立的精神，综合了西汉胡毋生、董仲舒的成果，创造性地加以发展，形成了旗帜鲜明的独特思想体系，当代学者杨向奎先生称许何休的著作是"比较完备的公羊学派义法的总结"②。故从学术思想体系的建构而言，何休的著作标志着公羊学说仍然向前取得重大发展。在东汉末年思想界比较苍白的情况下，何休的建树更是儒学所取得的极其难得的成果，值得高度重视。

何休发展公羊学说最突出的贡献，在于推进了"大一统"说和"三世说"，由此确立了公羊学说的两大主干。何休对大一统说的阐述更加理论化。他提出"元"即是"气"，是世界物质性的基础，"无形以起，有形以分"，由此构成天地万物。那么，"王"作为最高权力的代表，就赋有"养成万物"统理一切的职责。何休又论证要真正体现天子之"大一统"，就须自王侯至于庶人，以至山川万物，统统置于天子的治理之下，"故《春秋》以元之气，正天之端；以天之端，正王之政；以王之政，正诸侯之即位；以诸侯之即位，正境内之治。……五者同日并见，相须成体，乃天人之大体，万物之所系，不可不察也"。③这样，何休便进一步从哲理的高度，对于天子大一统权力从何而来和大一统权力如何体现这两个问题，作了更具理论深度和更加有力的论证。中国是一个幅员辽阔的国家，统一局面是历史长期形成的，也是历史进一步发展的需要。当东汉末年，世族豪强的势力正膨胀，分裂割据已出现苗头，何休这样突出地阐发"大一统"的政治观，并且抨击世卿豪强掌握重大权力、构成对君权的威胁④，就具有很强的现实针对性。

---

① 周予同：《经今古文学》四"经今古文的混淆"，见《周予同经学史论著选集》。
② 见氏著：《论何休》，《绎史斋学术论集》，上海：上海人民出版社1983年版，第163页。
③ 《春秋公羊解诂》隐公元年。
④ 《春秋公羊解诂》隐公三年。

公羊三世说在何休书中，更成为系统的历史哲学。何休进一步发展了《公羊传》、董仲舒的朴素历史进化观点，在儒学史上第一次系统地用"据乱世——升平世——太平世"作为描述社会进化的理论。他在《春秋公羊解诂》隐公元年注文中，系统地、多层次地阐发公羊学派对于历史变易的见解。第一个层次，从孔子修《春秋》对"所传闻世"、"所闻世"、"所见世"采用不同的书法，证明历史是变化的，不同阶段有不同的特点。第二个层次，论述孔子对所传闻世、所闻世、所见世，还寄托了不同的政治态度和理想。《春秋》"始于粗粝，终于精微"，因此终篇有"西狩获麟"之笔，何休解释说："上有圣明帝王，天下太平，然后乃至。""人事浃，王道备。"①这是孔子以此表示拨乱功成，理想实现。第三个层次，何休提出了"据乱——升平——太平"的"三世"历史进化学说。他论述说："于所传闻之世，见治于衰乱之中，用心尚粗觕，故内其国而外诸夏，先详内而后治外……于所闻之世，见治升平，内诸夏而外夷狄……至所见之世，著治太平，夷狄进至于爵，天下远近小大若一。"②何休的"三世说"，包含有国家统一规模、文明程度和民族关系都越来越发展的丰富内涵，到太平世，则达到空前的大一统，并且实现民族之间平等、和谐相处的理想，不再有民族的歧视、压迫和战争。在阶级压迫、民族压迫不断的封建时代，何休能提出这样美好的理想，这说明他眼光远大、思想深刻。他总结了孔子、韩非、司马迁等人肯定历史向前进步的思想而加以发展，从具体的社会现象概括出历史由低级向高级进化的哲理，在理论思维上实现了升华。"三世说"历史哲学成为儒家今文学派宝贵的思想精华，并以其对历史本质的哲理概括和对未来社会的信心，深深启发了清代进步的公羊学者，使他们各自结合本人的时代环境和迫切问题，发展了公羊学说。

四、公羊学说在清代的复兴和极盛

东汉以来，封建社会结构趋于稳定，主张"尊古"、倾向保守的古文经学更适合于作为封建政治的指导思想，势必取代主张"改制"、"变易"的今文学说的尊崇地位。郑玄遍注群经，主古文家说而兼采今文，实际上把今文家说

---

① 《春秋公羊解诂》哀公十四年。
② 《春秋公羊解诂》隐公元年。

统一于古文之中。于是古文学说盛行，以公羊学为主体的今文经学派，遂从西汉的显学地位一下子跌入谷底。自东汉末至清中叶长达千余年间，公羊学几乎无人问津，故像明清之际顾炎武这样渊博的学者，也对它无所了解，他从古文学派的立场，认为何休对"三世异辞"的解释，既费事，又不通，"甚难而实非"。① 因此，清代公羊学从重新提起到壮大，再到能结合现实社会的需要，成为倡导变革的思想武器，是经历了相当复杂、曲折的过程。大致可划分为三个阶段：

（一）**复兴，即从重新提起到壮大。主要人物有庄存与、孔广森、刘逢禄**。庄存与是清代公羊学的首倡者，并影响到其侄述祖、门人孔广森、孙绥甲，外孙刘逢禄，侄外孙宋翔凤，因庄氏及其亲属籍贯在常州，被称为"常州学派"。庄氏的公羊学著作《春秋正辞》，成为在乾嘉考证学盛行时期公羊学派的代表作。庄氏不满意用属辞归类的方法去求《春秋》的经义，而主张效法公羊学家董、何的路数，去求孔子的"微言大义"，认为这才是治《公羊》的正途。在《春秋正辞》中，大一统、通三统、张三世这些公羊学说基本命题，都有所体现。如他说："《春秋》所以大一统者，六合同风，九州共贯也。""据哀录隐，……拨乱启治，渐于升平，十二有象，太平已成。"② 尽管庄氏未能做到深入阐释，但他毕竟已经接触到公羊学说的要义，接续董、何的义法，这就能给后继者以宝贵的启示。不过，庄氏对公羊学说强调的变革观点，却不甚理解，而仍不遗余力宣扬"天无二日，民无二主。……治非王则革，学非圣则黜"③，坚决维护清朝专制统治。这种特点，与庄氏本人官运顺利有关，更与乾隆时期仍号称"盛世"，社会矛盾仍被掩盖着尤大有关系。故庄存与是清代第一个发现《公羊》的学者，但他却不理解公羊学的真谛。

孔广森是孔子后裔，著有《公羊通义》，所著直接用公羊命名，加上他"翩翩贵胄"的地位，引起了清代学者对公羊学说的注意。但是他不守何休对公羊三世说的解释，自立"三科九旨"。对于据乱——升平——太平、"以《春秋》作新王"等，不惟不理解，反而全加排斥，又把今文经主要代表《公

① 《日知录》卷4。
② 《春秋正辞·正奉天辞第一》。按，"十二有象"是指《春秋》十二公的数目与一年十二月相一致，符合于天数，也即何休《解诂》隐公元年注文所言："所以二百四十二年者，取法十二公，天数备足，著治法式。"
③ 均见《春秋正辞·正奉天辞第一》。

羊传》与古文经主要代表《左传》并列看待，认为"并出于周秦之交，源于七十子之党，学者固不得畸尚而偏诋也"①，抹杀今古文家法界限。故此书既不具进步色彩，也无甚学术价值。但有的学者（如章太炎）震于孔氏名气，又未细读其书，以至讲清代公羊学即举出此书为重要著作，是一种误解，应予纠正。

刘逢禄，主要活动在嘉庆至道光初年。他潜心公羊学的著述一二十年，著有《春秋公羊何氏释例》《公羊何氏解诂笺》等。特别是《释例》一书，创造性地发挥董、何的观点，将《春秋公羊解诂》的注文做深入的开掘和系统的整理，总结成三十例，即有关公羊学说三十个方面的问题，显示出公羊学说乃是有义理、有例证、自成体系和义法的学说，从而把公羊学的发展推向新阶段。梁启超称他"大张其军"，标志着公羊学派开始取代以古文经学为指导的乾嘉考证学的地位。其主要贡献是：第一，他很重视阐释公羊学以三世说为中心的变易观点，大胆解释，以求上下贯通。重新梳理和明确了公羊学的"统绪"，作了这样的总结：在春秋三传中，唯《公羊传》才得孔子真传；汉代董仲舒对公羊学大有贡献，"讲明而达其用，而学大兴"；东汉何休，则有"继绝辟谬之功"，"修学卓识，审识白黑"，"五经之师，罕能及之"。第二，纠正孔广森别立"三科九旨"的不当做法，强调对公羊学说必须以"张三世、通三统之义以贯之"。第三，培养了公羊学派两名健将龚自珍、魏源，大大壮大了新学派的力量。刘逢禄又主张："欲正诸夏，先正京师。"②这一方面已意味着要发挥公羊学说"以经议政"的力量，另一方面又表明刘氏仍一心希望维护封建的王纲法制。在他生前，清朝统治虽已明显衰落，社会危机已经显示却未充分暴露，更没有出现一股强大的力量推动他在阐发"变易"哲学的道路上走得更远。

（二）**改造、发展阶段**。**主要人物是龚自珍、魏源**。龚自珍是考证学大家段玉裁的外孙，但他没有按照外祖父的希望，走古文经学的道路，而是当了一个批判专制、讥议时政的今文经学家。原因是，他生活在嘉庆、道光年间，目睹清朝统治急剧地衰落，对于社会矛盾深重、危机四伏有敏锐、深刻的感受，故用公羊学说唤醒世人，倡导变革。他和魏源一样，对公羊三世说实行革命

---

① 《公羊通义叙》。
② 均见《春秋公羊何氏释例》。

性改造，论证封建统治的演变规律是治世——衰世——乱世，说："吾闻深于《春秋》者，其论史也，曰：书契以降，世有三等。……治世为一等，乱世为一等，衰世别为一等。"①大声疾呼衰世已经到来，"乱亦将不远矣"。从此，公羊学说同晚清社会的脉搏相合拍，成为鼓吹变革、呼吁救亡图强的有力武器。龚氏写有一系列政论，尖锐地揭露专制统治的黑暗残酷，他有力地论证："自古及今，法无不改，势无不积，事例无不变迁，风气无不移易。"②并且警告统治者，不改革就自取灭亡。他又形象地用"早时"、"午时"、"昏时"来描述三世，指出统治集团已经面临"日之将夕，悲风骤至，人思灯烛"③，到了日暮途穷的境地！预言"山中之民，将有大音声起"，时代大变动就要发生了！

龚自珍用公羊学来观察、分析清朝国内的危机。其挚友魏源则进而用公羊学说观察西方侵略者压境，使中华民族之生存面临严重威胁的新局势，以前他形成的"变古愈尽，便民愈甚"④的除弊、变革思想，进而发展到明确提出"师夷长技以制夷"⑤的主张。他又发挥公羊变易学说，提出了"气运说"，指出中国历史出现新变局，大力呼吁了解外国，学习外国技术，在沿海设厂造船造枪炮，以至发展民用工业。这些都表明：公羊学说使龚、魏成为近代史开端时期站在时代潮流前面的人物，成为中国近代维新改革的先驱者。

（三）**达到极盛，风靡海内。主要人物有康有为及梁启超、夏曾佑等**。康有为的经学思想曾受廖平很大的影响。廖平的主要著作是《今古学考》《古学考》。其学风特点矜奇多变。第一变：平分今古；第二变：尊今抑古。前二变，基本上尊崇今文家法，故其学说影响了康有为，使他由古文经学转向今文经学。至第三变，迫于张之洞的压力，变成称今、古学是"小大之学"，自卖其说，置自相矛盾于不顾，以后越变越离奇。廖平的学术经历证明了：离开关心国家民族命运这一根本问题，便离开清代进步公羊学说的主流，注定没有前途。

康有为是戊戌维新运动领袖、近代向西方寻找真理的著名代表人物之一。著有《新学伪经考》《孔子改制考》《论语注》《中庸注》《孟子微》等。

① 《龚自珍全集·乙丙之际箸议第九》。
② 《龚自珍全集·上大学士书》。
③ 《龚自珍全集·尊隐》。
④ 《魏源集·治篇五》。
⑤ 《海国图志叙》。

1890年至1893年，康有为在广州万木草堂聚徒讲学，改造和发挥公羊学说，便是他建构变法理论、培养维新力量的重要途径。他的巨大贡献，是将公羊三世说与西方资产阶级新学说结合起来，用"据乱—升平（小康）—太平（大同）"的新三世说，来论证人类社会走"封建专制—君主立宪—民主共和"的三个阶段，由此形成资产阶级维新运动的理论纲领，掀起维新运动。公羊学说解释"微言大义"、便于发挥新思想的特点，在他手里得到充分发挥。当时，列强瓜分中国的危险迫在眉睫，而旧的正统思想长期禁锢人们的头脑，必须用猛烈的手段，才能冲破万马齐喑的局面。《公羊传》既是儒家经典，又长期居于非正统地位，运用它"议政"和解释性的特点，与西方社会学说结合起来，在当时便是适合的思想武器，使之具有动摇旧的思想体系的力量。因此，晚清公羊学说促使了维新运动的发动，起到了思想解放的作用，推动了社会前进，这一历史功绩是不可埋没的。自龚自珍至康有为，都代表社会进步力量，利用、改造公羊学说，跟处于统治地位的顽固派的僵死观点作斗争。这是中国哲学观点演进的一个层次；因为在当时，没有更先进的思想，只能利用它作为武器。但事情的另一面是，康有为学风武断，他提出的刘歆伪造今文经、孔子改制等观点，本身就是有争议的问题，故引起一些人的疑惧，更给顽固派以诟骂的口实。有的学者认为，今文学说的可争议性是变法失败的原因之一。

夏曾佑在他撰于20世纪初的《中国古代史》中说："好学深思之士，大都皆通今文学。"[①]戊戌前后公羊学说风靡于世的情形，还可以从以主持学术风气自命的保守派大官僚张之洞当时所写的诗句、顽固派代表叶德辉在辛亥革命后痛心疾首的评论，以及历史学家周予同、陈寅恪的中肯论述之中，得到确凿的证明。[②]当时的爱国志士，如康有为、梁启超、谭嗣同、夏曾佑、唐才常、黄遵宪等，都共同地经由喜谈公羊、投身变法运动、传播西方进化论学说这一思想历程。[③]对于晚清公羊学说的盛行，我们应该分别从政治层面和文化层面考察。从政治层面说，公羊学对推动晚清社会前进起到积极作用，这是主要的，同时它又造成一定程度的消极影响。这些都随着戊戌变法的结束而成为过去。晚清公羊学的盛行又是一股学术思潮，它的影响并未因戊戌时期的过去而

---

① 《中国古代史》第一章第六十二节，三联书店1955年版。
② 参见拙作：《晚清公羊学的发展轨迹》，《历史研究》1996年第5期。
③ 参见拙著：《史学与中国文化传统》，上编第八章《公羊历史哲学的形成和发展》。

消失，相反，戊戌之后仍在哲学、史学领域发生影响。概括来说有两项。从哲学领域说，晚清公羊朴素进化观的盛行，为20世纪初西方进化论在中国的广泛传播准备了条件。从史学领域说，晚清今文学盛行形成了重新研究古代典籍和历史的普遍认识，从而促进了20世纪初"新史学"思潮的兴起，并且对于五四前后"古史辨"派考辨古史、探究可信的古史体系产生了直接的影响。

至此我们可以得出结论：专重发挥"微言大义"的今文公羊学说，在儒家经典中确实独树一帜。它在中国封建社会的前期和后期两度大盛，中间澌灭殆尽达千余年，其历史命运看似离奇，但只要我们做深入、系统的考察即可清楚，其原因在于公羊学本身具有政治性、变易性、解释性诸特点，而西汉和晚清社会正处于转折时期，因此被有远见的思想家大力发挥，演出政治上的活剧，掀起学术上的波澜。在公羊学说中，精华与糟粕并存，需要我们作历史的、辩证的分析，细心地作剥离工作，"在这荒诞丛中觅取最胜义"①。公羊朴素进化观成为接受西方近代进化论的内在基础，它推进了19世纪中国学术实现向近代学术的飞跃——揭示这一事实，对于我们进一步认识并正确评价传统文化中的优秀部分具有应变力、近代文化是经由对传统文化批判继承而产生，尤其具有哲理上的启示。

---

① 杨向奎：《清儒学案新编》第四册《鹿门学案》，济南：齐鲁书社1994年版，第280页。

王鸣盛史学：朴学家的理性探求

18世纪中叶至19世纪前期盛行的乾嘉朴学，是我国学术文化在特殊条件下出现的一次繁荣。王鸣盛（1722—1797）所著《十七史商榷》一百卷，历来公认是朴学名著。书中有关典章制度、历史地理、文字校勘等方面的大量考辨成果，在近代以来的历史著作、历史工具书和史籍整理中均被广泛地采用。王氏还有不少富有思想性的议论和创见，每每使近代学者获得有益的启迪，一二百年后仍被视为有价值的研究课题，这些尤其显示出其学术思想的生命力。王氏所具有的治史通识和独到见解，是儒家实用理性在乾嘉时期取得的积极成果。以往把他作为单纯考据家的看法显然失于偏颇，需要从更高的层次发掘其思想性成就，这对于恰当地评价王鸣盛的学术贡献，以及丰富我们对乾嘉史学内涵的认识，都是有意义的。

一、取得突破的途径何在？

近几十年来，对王鸣盛史学的研究相当冷落，主要由于存在两大难题：一是整个乾嘉朴学尚未得到公允的评价；二是对于王氏史学的特点未能准确地把握。据我看来，克服障碍取得突破的途径，在于拓宽我们研究的视野，并向更深处开掘。

王鸣盛是朴学家的一员，从总体上，对乾嘉朴学不适当地加以贬抑，势必低估王氏的学术贡献，水落自然船低。长期以来，我们对乾嘉学术批评过多而肯定甚少，认为这一时期虽在整理文献上做出成绩，但从学术方向上来说，朴学家逃避研究现实问题，走向烦琐考证的道路，比起清初经世学风来是一种倒退。同时，把朴学家统统视为同一规格、同一货色，似乎凡朴学家皆以专搞烦琐考证为癖好，都属思想平庸、眼光短浅之辈，这里存在着几个亟须澄清的问题：

——从朴学兴起的历史条件看，它有无进步的意义？

——当时学者避开研究现实问题的倾向，能否归罪于学者本身？

——同样搞朴学，见识有无高下之分？其中是否可找到有思想、有见识、体现了理性精神的佼佼者？

显然，解决这些共性的问题，即可把评价王氏史学成就放到一个恰当的基点上。乾嘉时代以严密考证为特点的学术之兴起，是多方面历史条件推动和制约的结果。从学术文化发展的源流看，有其近因和远因；从时代社会条件来说，既存在有利于学术发展的积极因素，又存在限制其发展的消极因素。清初大学者顾炎武、黄宗羲、王夫之等，由于经历了"天崩地解"的大事变，总结明亡的教训，认为理学盛行、文人沉溺于心性空谈直接导致了亡国惨剧，因而对"束书不观，游谈无根"的空疏学风痛加针砭，大力提倡崇实致用的新学风。其具体主张是，认为欲经世必先通经，欲通经必先考订经书的文字音义，把考证功夫结合在经世学术之中。这种务实黜虚的学风，正如梁启超所说，是对于"宋明理学一大反动"①，在学术思想史上具有重大的进步意义。乾嘉学者由考经而考史，蔚为大观，在一个方面把清初务实的学风进一步发展了。不仅如此，朴学的兴起在学术上还有更深远的渊源，中国文化经过漫长发展过程之后，客观上需要来一次全面的整理。中国的经学和史学，从先秦产生以来已有两千多年，各个时代流传下来的丰富典籍，成为后人的宝贵财富，然则也因流传久远，典籍本身存在文字上、内容上的错讹，以及史实记载上的歧异等诸多问题，必须有专门学者从事整理考证的工作，然后宝贵的古代典籍才能被读懂、被利用，历史记载的歧误伪托才能被指明。早在两宋时期，考证工作已为许多著名学者所重视，即清楚地反映了这一需要。司马光撰《通鉴考异》，详考各书史事记载的差异、说明去取的理由，其他如沈括《梦溪笔谈》、洪迈《容斋随笔》、叶适《习学记言》、王应麟《困学纪闻》、黄震《黄氏日抄》等书，都有许多涉及考证的内容。宋代学者启于前，顾炎武等人倡于后，加上时代提供了适宜的社会气候土壤，考证和整理文献之学至清初才得以勃然兴起，朴学的盛行是符合于中国文化发展的内在需要出现的。康熙中期以后的社会政治经济条件，则从积极和消极两方面促使这种趋势发展。其积极方面是，康熙中期以来，清政权得到巩固，统治秩序安定下来，朝廷采取兴修水利、蠲免田赋、奖励垦荒等政策，有利于农业生产的恢复和发展，耕地面积超过以前

---

① 梁启超：《清代学术概论》，《饮冰室合集》专集之三十四，第6页。

任何朝代，城市也出现繁荣。①社会经济的发展为学术工作提供了物质条件，从而相继成长出为数甚多的专门学者，竞相著述。乾隆时开四库馆，修《一统志》，纂《续三通》《清三通》，修《会典》诸举，都集合了大批文人参与其事，对整理文献起到提倡作用。统治者以"稽古右文"相标榜，但骨子里则是实行文化专制主义，这又成为严重地限制学术文化发展的消极因素。清廷借修《四库全书》的机会，查禁、销毁、删改许多所谓"悖逆"和"违碍"书籍。清廷实行文化专制的主要手段是屡兴文字狱，对敢于表达一点不满思想的读书人残酷迫害。康熙朝有庄廷鑨案、戴名世案，至雍正、乾隆两朝案件尤多，罪名苛细，治罪严酷，株连甚广，一被发现有涉及嫌疑的文字，即会招来杀身灭族之祸，甚至捕风捉影，任意罗织罪名。在这种专制淫威逼迫下，读书人为了避罪免祸，只好不谈现实问题，转向学术考证。可以说，清朝统治者从好的和坏的方面，都对朴学的盛行起了促进和制约作用。

探究朴学兴起的学术趋势和社会条件，即可证明：把乾嘉朴学简单地看作是清初学术的倒退是片面的。在朴学时代，清初学风经世致用的一面固然因受时代的限制而褪色了，但是大规模经史考证的兴起，仍然是学术文化向前发展的标志。从传统学术文化发展的需要看，从摒弃理学空谈的恶劣倾向看，朴学兴起都具有进步的意义，同时也是由于当时生产发展、有了物质基础才能取得的，笔者称它是传统学术在特殊条件下出现的一次繁荣，理由即在于此。朴学家的研究成果为后人阅读研究古籍扫除了障碍，而从学术研究方法说，也具有进步意义。当时有不少学者重视研习数学和天文历法，这种风气对整个学术界的影响，是训练和讲求逻辑推理方法。乾嘉考证方法所形成的特点是：实事求是，无征不信，广参互证，追根穷源。比起前人来，方法更加严密，更具科学因素。它同近代由西方传入的实证方法有相通之处，所以被近代史家所继承和发展。乾嘉学者回避谈论现实问题的倾向，是统治者的专制淫威、文字狱的残酷迫害造成的。如郭沫若先生所说："平心而论，乾嘉时代考据之学颇有成绩。虽或趋于烦琐，有逃避现实之嫌，但罪不在学者，而在清廷政治的绝顶专制。聪明才智之士既无所用其力，乃逃避于考证古籍。此较之于埋头于八股文或饱食终日无所用心者，不可同日而语。……欲尚论古人或研讨古史，而不从事考据，或利用清儒成绩，是舍路而不由。就稽古而言，为考据，就一般而

---

① 参见戴逸主编：《简明清史》第一册第六、七两章，人民出版社1980年版。

言，为调查研究，未有不调查研究而能言之有物者。故考据无罪，徒考据而无批判，时代使然。"① 郭老肯定了乾嘉学者巨大的学术贡献，指出其缺陷，并认为应该归罪于"清廷政治的绝顶专制"，这种看法是公允的。朴学家按其见识高低，客观上是居于不同层次的。确有不少人专重细小问题的考证，陷入烦琐主义，诚然不足为训。但不能因此而忽视其中具有通识的人物，其著名者可以举出：戴震阐述了反理学的唯物主义哲学思想；洪亮吉重视探究人口与民生问题，提出了进步主张；赵翼研究历史上盛衰治乱的教训以及王鸣盛和钱大昕治史的通识。他们是朴学家中的佼佼者，他们著作中的进步观点和新鲜思想，应该得到认真的发掘和总结。历史上哪些应视为进步思潮或学风，在不同时代条件下应有不同的表现，我们不能只凭一种固定不变的标准来评判各个时代条件下进步或落后的思潮。马克思主义讲"要把问题提到一定的历史范围之内"②来考察，中国传统学术讲"知人论世"，我们在评论乾嘉朴学家学术成果时应进一步贯彻这些原则。

研究工作取得突破的又一关键问题是作深层开掘，超越以往把王鸣盛史学视为单纯考史的表层认识，去探究其学术主张的真谛，发掘其思想性成果。

王鸣盛一生治学的路数是，前期偏重经学，后期深研史学。关于他的学术特点，前人有两种不同的评论。一种以王氏生平好友钱大昕为代表，认为：王氏史学"主于校勘本文，补正讹脱，审事迹之虚实，辨纪传之异同，于舆地职官、典章名物，每致详焉。独不喜褒贬人物，以为空言无益实用也"③。他认为王氏精于考证舆地职官、典章制度是正确的，而所说独不喜褒贬议论，则未能究其底蕴。但因钱大昕的学术名望和他与王氏知交的身份，这种看法影响极大，常常被人称引。另一种看法是清末李慈铭提出："此书（《十七史商榷》）与钱先生《廿二史考异》、赵先生《廿二史劄记》，皆为读史之津梁。赵先生意主贯串，便于初学记诵；此书与钱书则钩稽抉摘，考辨为多，而议论淹洽，又非钱之专事考订者比矣。"又说："此书考核精审，议论淹通，多足决千古之疑，著一字之重。"④ 李慈铭指出王氏既精于考辨，又善于议论，可

---

① 《读随园诗话札记》第七十七"考据家和蠹鱼"，作家出版社1962年版。
② 列宁：《论民族自决权》，《列宁全集》第2卷，第512页。
③ 《潜研堂文集》卷48《西沚先生墓志铭》。
④ 见王利器辑：《越缦堂读书简端记》，天津人民出版社1980年版，第171页。

谓独具慧眼。可惜他只是点到而已，并无具体论述，因而一向并未引起人们的注意。

钱大昕讲王氏史学独不喜褒贬议论，跟王氏讲过的一段学术自白很有关系。王鸣盛《十七史商榷序》反复申明治史的要义是"务求切实"，对于凭空议论和任意褒贬一再指责，他说："读史者不必以议论为法戒，但当考其典制之实；不必以褒贬为予夺，而当考其事迹之实。""大抵史家所记典制，有得有失，读史者不必横生意见，驰骋议论，以明法戒也；但当考其典制之实，俾数千百年建置沿革，了如指掌，而或宜法、或宜戒，待人之自择焉可矣。其事迹则有美有恶，读史者亦不必强立文法，擅加与夺，以为褒贬也；但当考其事迹之实，俾年经事纬，部居州次、纪载之异同、见闻之离合，一一条析无疑，而若者可褒、若者可贬，听之天下之公论焉可矣。书生胸臆，每患迂愚，即使考之已详，而议论褒贬尤恐未当，况其考之未确者哉！盖学问之道，求于虚不如求于实，议论褒贬皆虚文耳。作史者之所记录，读史者之所考核，总期于能得其实焉而已矣，外此又何多求邪？"王氏所论，诚有其真意也，切不可只从字面了解。

乍看来，王氏在序言中表述的这种主张，似乎与书中包含的明确的议论内容自相矛盾。只有联系清代务实学风对宋明理学空谈的批判这一学术背景，联系王鸣盛同时代人的议论，才能明白其中真义。王氏强调"求于虚不如求于实"，力斥"议论褒贬皆虚文"，乃是有的放矢，是针对宋明以来存在的弊病而发。宋明时期出现了大量所谓"史论"、"史评"，它们跟《史记》《汉书》等在篇后论赞，对人物或事件作画龙点睛式的评论不同，也跟《过秦论》等篇高瞻远瞩论述历史时势有别，这类"史论"由宋人开其先，论史专重所谓义理、道德，只取史实的某一点而横生议论，借题发挥。譬如苏轼在文学上有很高成就，但所写的一些史论却不去分析事件的原委，只拈出其中某一点铺陈己说。他写的《六国论》，并不论及秦国商鞅变法加强了国力，奠定了统一的基础，不论及秦与六国运用"合纵"、"连横"策略的得失成败，也不论及当时已出现的倾向统一的历史趋势，而只讲六国养士风气之盛，因士人"各安共处"，才使六国得以"久存"。全文的立意是为劝说北宋统治者优遇士人，对于人们认识六国时期的历史并无帮助。苏轼所写的《贾谊论》，并不论及贾谊卓越的历史眼光和匡救时弊的进步主张，也不论及当时旧臣对他的排斥，而是借贾谊"不能自用其力"立论,力陈士人应该讲"忍"和"待",以等待统治者的重用。宋明两代还有为数不少的"史论"专书接踵出现,如宋胡寅撰《读史管见》,宣扬理学家"存天理,遏人欲,崇王道,贱霸功"的伦理观念,不顾历史时势,专凭主观臆断评论历史,早被王应麟讥为"但就一事诋斥,不究其事之始终"。又如明唐顺之撰《两汉解疑》《两晋解疑》,议论专欲与前人不同,务求标立异说、新奇胜人,如"贾充"条中,称秦桧有"息民之功"。这类著作至明代大有泛滥之势,流弊极大。因此《四库全书总目》直斥这类史论为"百家谰语",尖锐地加以讥评:"《春秋》笔削,议而不辨;其后三传异词。《史记》自为序赞,以著本旨,而先黄老、后六经,退处士、进奸雄;班固复异议焉。此史论所以繁也。其中考辨史体,如刘知幾、倪思诸书,非博览精思,不能成帙,故作者差稀。至于品骘旧闻,抨弹旧迹,则才缅史略,即可成文。此是彼非,互滋簧鼓,故其书动至汗牛。又文士立言,务求相胜。或至凿空生义,僻谬不情。……故瑕类丛生,亦惟此一类为甚。"①反映了乾隆时期学者对专凭主观驰骋己说的"史论"泛滥成灾的强烈不满。史学中凭主观予夺、凿空议论的另一表现,是模仿《春秋》巧立书法,示褒贬之意,这类书有欧阳修《新唐书》《新五代史》、朱熹《资治通鉴纲目》等。腾空议论和任情褒贬两种有害偏向的共同本质,是违背实事求是的准则,主观歪曲历史事实。

史学有进步,就必须从宋明人的流弊中解脱出来。王鸣盛相当自觉地担负了这一时代责任,这是他的可贵之处。他竭力反对的"横生意见,驰骋议论"正是针对宋明人离开史实本末的空论而发的,这种空论非反对不可。在他看来,结合史实评论事件和人物的是非曲直,即是属于"考其事迹之实"的工作。他并没有抹杀史家识断的重要性,限制史家只在校勘文字、考订史实上下功夫。以往我们以为王鸣盛反对"空论"即是反对史家必要的表达自己观点的分析评论,实在是极大的误解,原因在于未加深究王氏的主张所提出的背景,结果弄错了他所批评的对象,混淆了不同的时代内容。王鸣盛反对"强立文法,擅加与夺,以为褒贬",同样是针对宋明人模仿《春秋》的主观做法,他明确提出:"《春秋》书法,去圣久远,难以揣测。学者但当阙疑,不必

---

① 《四库全书总目》卷88"史评类"总序。

强解，惟考其事实可耳。"①他以远而难考为理由，巧妙地将别人视为神圣的"《春秋》笔法"从根本上否定掉，突出地反映了从理学空谈的羁绊中摆脱出来这一时代进步趋势。

因此，研究王鸣盛史学，只是论及他在校正文字和考订史实方面的成就远远不够，需要更深入地开掘更有价值的内容，即他探究历史问题的通识和他独到的议论，珍视他所提出的课题对后人的有益启发。《十七史商榷》中最有光彩的地方，在于王氏对一系列历史事件和人物的评论，从论楚汉相争策略的得失、司马谈父子学术思想的异同、汉代的刺史制度、口赋和常平仓，直至晋唐间若干重要的政治史问题、陈寿和范晔等重要史家的思想倾向，以及总结著史的直笔要求和史料运用等等。由于以往的研究停留在表层认识的缺点，以致在涉及王氏这些议论时，轻易地用"自相矛盾"或"体例不纯"的话遮盖过去，不加深研究，实则这些地方正是将研究工作向前推进的突破口。作为一个朴学家，他自觉地寻求历史记载的真实正确和历史记载的明晰可信，这就是理性精神的表现。在当时，要做到这一点殊非易事。第一，他身处于清廷文化专制的压力下，却具有独立的意识，发扬了前代史家把治史与关心社会问题联系起来的传统。虽然专制淫威使他不能做到直接关心现实问题，但他毕竟借助历史问题寄托对国计民生的关注，赞扬历史上的革新人物，以此表现其历史家的责任感和正义心。第二，他具有与陈规旧见斗争的勇气。由于千百年来唯心思想的流行和科学水平的限制，史书中大量存在主观臆断和曲笔伪托，因世代相仍而成为人们顽固的偏见，王氏却具有破除传统旧见的勇气，去探求历史的真相。第三，他没有像同时的另一些学者那样走向烦琐主义，而能注重思想性，探求和阐发有意义的历史问题。王氏的成就不唯完全可以同钱大昕、赵翼相并提，而且就其兼具专深的功力和宝贵的识断而言，他在整个乾嘉一代学者中也应居于特出人物之列。

二、探究一代大事 关注"经国养民"

重视对历代重要制度、事件的探究，注重论述国计利害，同情人民疾苦，并且大胆地摒弃封建顽固人物的偏见，肯定革新派的历史作用，因而从多方面

---
① 《十七史商榷》卷71 "李昭德来俊臣书法"条。

为推进封建时期政治史的研究作出贡献，这些无疑是王鸣盛史学中值得我们珍视的积极内容的一个重要方面。

王氏考辨制度的特点是，他往往能选择在历史上关系甚大而被人忽略的问题，从分散的材料中钩稽贯串，加以分析，揭示出这一制度的沿革和影响。他第一个重视研究汉代十三部刺史职掌的问题。西汉文帝已觉察控制藩国问题不容忽视，至景帝时吴楚七国乱后局面更加严重，故武帝元封以后即常置十三部刺史。有关刺史的职掌，《汉书·百官公卿表》称："掌奉诏条察州"，颜师古注引《汉官仪》云部刺史按六条察问，仅一条察强宗豪右，其余五条察二千石。王鸣盛把《汉书》《后汉书》《续汉志》有关篇章的记载联系起来，论证部刺史有一项重要的职掌，是"督察藩国"。他指出：吴楚乱后，朝廷对藩国"防禁益严，部刺史总率一州，故以此为务"。举出《汉书·高五王传》载青州刺史奏淄川王刘终古罪；《文三王传》载冀州刺史林劾奏代王刘年罪；《武五子传》载青州刺史隽不疑获知齐孝王孙刘泽等谋反，收捕泽以闻。这些都是刺史督察藩国的明证。他进而论述刺史一级官职具有"权甚重而秩甚轻"的特点，"盖所统辖者一州，其中郡国甚多，守、相二千石皆其属官，得举劾，而秩仅六百石。治状卓异，始得擢守、相"①。因而对汉代刺史制度及朝廷与藩国之间斗争的复杂性作出新解。王鸣盛又锐敏地探讨了汉代公卿大臣与宫廷中秘尚书、中书的权力矛盾，西汉宣、元以后宦官掌管机要，致使政治腐败，弘恭、石显为皇帝所宠信，先后任中书令，权力超过公卿，结果排挤、杀害大臣萧望之②，这实际上揭露了两千年封建社会宦官为祸的起源。王鸣盛还注重研究汉代经济问题。他根据《汉书·贡禹传》《食货志》及《周礼·天官》疏引汉法等材料加以考辨，得出汉代口赋是农民极沉重的负担的结论③，此项已成为近代史家的共同看法。关于西汉的常平仓，他指出：这一制度本来于民于官有利，但实行中"猾吏贪胥上下其手"，结果造成弊端："自古积粟之法莫善于在民，莫不善于在官。"④

王鸣盛这种注重政治制度大事和关心民生的史识在他论述魏晋以降历史问

---

① 王鸣盛有关部刺史的考辨，见于《十七史商榷》卷14"十三部""刺史察藩国""刺史权重秩卑""刺史隶御史中丞"各条。
② 《十七史商榷》卷37"台阁"条。
③ 《十七史商榷》卷9"口赋"条。
④ 《十七史商榷》卷12"常平仓"条。

题中有明显的发展。九品中正制是曹魏以后长期实行的选举制度，但对其渊源和实行情况史载不详。王鸣盛钩稽多方面的材料，探讨这一制度的渊源和实质。他上溯东汉末，当时荐举人才为清议所左右，"名士互相品题，遂成风气，于时朝廷用人，率多采之"。曹操想改变这种状态，几次下令破格用人，但清议不为衰止。魏文帝曹丕即位之初，陈群始请立九品中正之法。至晋武帝时下诏规定，诸郡中正按"忠"、"孝"、"友"、"谦"、"信"、"学"等六条荐举人才，"豫诠定为九品，以待司衡者之采择"。王鸣盛着重指出：所谓举荐论品行不过是表面文章，其实质则是，"中正所重门第，自魏晋至六朝皆然"。州郡中正官皆由著姓士族担任，他们握有重任，品藻人物实以门第为标准，重高门而卑寒士。历东晋、南朝，"中正之设，专以门第定人才高下矣。"①王氏所引《文选》中所载沈约的言论就是突出例证，他竟以中正官名义，上疏奏劾一个不严格遵守门第界限的官员是"蔑祖辱宗"。②

王鸣盛对晚唐政治史的研究尤有建树。他分析唐代宦官掌握兵权是酿成祸乱的根源，对于历来备遭唾骂的革新派人物王叔文，大力加以褒扬，表现出非凡的胆识。王氏论述唐代宦官企图掌握兵权，早在唐肃宗时已露出端倪，宦官李辅国借口京师多盗，要设羽林郎五百名，以对抗执金吾。大臣李揆以本朝南北衙之制不能改易滋乱为理由，加以反对。但至"代、德两朝，兵权尽入宦官。……自宪宗以下，愈不可问。"元和以后，朝政腐败，宦官王守澄任神策中尉，更立穆宗、文宗二帝。当时宦官掌握兵权，是为"北司"，外胁群臣，内侮天子，在唐晚期已成牢固之势，无法改变。"要而言之，则祸根总在中人得兵。""宦竖挟君以制群臣，天下有不乱者乎！"③王鸣盛对晚唐祸乱频繁的根源作了鞭辟入里的分析。

王叔文是顺宗朝与宦官势力作斗争的正直朝臣，他领导进行了一场改革。这样一个革新派，却遭到历代封建保守人物的嫉恨，骂他"以邪名古今"、"千古之败类"！《资治通鉴》笔下的王叔文，也加上诸多恶名："奸诈"、

---

① 以上均见《十七史商榷》卷40"州郡中正"条。
② 参见《文选》卷40《沈约奏弹王源一首》。沈约当时身份是"结事黄门侍郎兼御史中正、吴兴邑中正"。王源本门第甚高，是晋右仆射王雅之曾孙，嫁女于吴郡满璋之子鸾，而满璋姓族，士庶莫辨，故被中止官沈约奏劾。
③ 《十七史商榷》卷89"南衙北司"条。

"朋党专恣"、"弄权纳贿"、"欲夺兵权以自固"①。王鸣盛以充分的史实、深刻的分析,肯定了王叔文的进步作用。第一,褒扬王叔文的革新措施具有"改革积弊,加惠穷民"的意义。认为:"(叔文)用心则忠,世恶之太甚,而不加详察。《旧书》亦循众论,然《顺宗本纪》所书,一时善政甚多。考顺宗在东宫,叔文被知遇,及即位,遂得柄用。……然则叔文之柄用仅五六月耳,所书善政皆在此五六月中。"并且一一列举王叔文的革新措施:二月,贬京兆尹李实为通州长史;同月,诸道除正敕率税外,诸色杂税并宜禁断,除上供外,不得别有进奉;又罢五坊宫市。三月,出宫女三百人于安国寺,又出掖廷教坊女乐六百人于九仙门,召其亲族归之。五月,以右金吾卫大将军范希朝为神策统军,充左右神策、京西诸城镇行营兵马节度使。六月,诏令凡贞元二十一年十月以前百姓所欠诸色课利租赋钱帛,共五十二万六千八百四十一贯、石、匹、束,并除免。七月,赠故忠州别驾陆贽为兵部尚书,赠故道州刺史阳城为左散骑常侍。总起来,王鸣盛对王叔文"永贞新政"作了很高的评价:"黜聚敛之小人,褒忠贤于已往,改革积弊,加惠穷民,自天宝以至贞元少有及此者!"②第二,王鸣盛针对司马光错误指责王叔文"欲夺兵权以自固",论述王叔文此举是为挽救唐后期的危难局势。他强调宦官掌握兵权是造成唐后期政治混乱的关键问题,认为:由于德宗委任宦官掌握左右神策、大威等军,又置护军中尉、中卫军分提禁兵,是以"威柄下迁,政在宦人,举手伸缩,便有轻重。至鬻士奇材则养以为子,巨镇强藩,则争出我门",祸乱由此而生。因此王叔文谋夺宦官兵权绝不是企图稳固私位,而是忠于唐室、忠于国家的行动。王鸣盛进而指出:王叔文任用范希朝,确是当时掌握兵权的合适人选,他治军严毅,屡有安民御侮保塞之功,名闻军中,当世比之赵充国。所以王鸣盛论定:"叔文用希朝,举贤为国,可为忠矣!"并且称赞王叔文所任用的"八司马"也皆一时之选:"无论刘禹锡、柳宗元,才绝等伦。即韩华亦有俊才;陈谏警敏,一阅簿籍,终身不忘;凌准有史学;韩泰有筹画,能决大事;程异居乡称孝,精吏治,厉己竭节,矫革积弊,没无留赀。"还举出柳宗元是受王叔文牵连而废黜的,但他在写给友人的书信中却称道王叔文的才能品格,自谓"与负罪者(指王叔文)亲善,奇其能,谓可共立仁义、裨教化",

---

① 《资治通鉴》卷236德宗贞元十九年—顺宗永贞元年。
② 《十七史商榷》卷74"顺宗纪所书善政"条。

又为王叔文之母刘夫人作墓志铭，称赞叔文"坚明直亮，有文武之用"。王鸣盛认为，柳宗元的评论"特为具服"，"道其实耳"！①

王鸣盛敢于肯定革新派的历史作用，在当时是很进步的思想。他一扫千年来各种守旧人物加在革新派领袖身上的诬枉不实之词，赞扬了正直人物对邪恶势力的斗争。视野涵盖唐代后期政治、经济、军事各方面，显示出开阔的眼光。可以说，王鸣盛的有关论述是18世纪晚唐政治史研究的一个突破。对比17世纪中叶王夫之对王叔文的评论来，二者有相通之处。王夫之也肯定王叔文："革德宗末年之乱政，以快人心、清国纪，亦云善矣。"但又贬责他的动机和品德："器小而易盈，气浮而不守"，"胶漆以固其类，亢傲以待异己，得志自矜"。②这又跟保守派观点部分妥协。王鸣盛则说："叔文行政，上利于国，下利于民，独不利于弄权之阉宦，跋扈之强藩。"③他支持历史上革新派的态度何等鲜明！在这个问题上，王鸣盛的见解超过王夫之。况且王夫之《读通鉴论》当时并未流传，王鸣盛所论更具有力辟众议的勇气。王鸣盛对李训、郑注夺取宦官权力的肯定，同样是他对晚唐政治史研究的贡献。他称李、郑二人是晚唐难得的"奇士"。李训被擢为翰林学士、兵部郎中、知制诰，行使宰相权力，所以能够设谋杀死宦官王守澄及陈宏志等人。对此，王鸣盛的评论说："元和逆党几尽，功亦大矣！传（《旧唐书·李训传》）言'训本挟奇进'，及权在己，锐意去恶，欲先诛宦竖，乃复河湟，攘却回鹘吐蕃，归河朔诸镇，志大如此，非奇士乎！"旧史诋斥李训枉杀宦官，王鸣盛却称赞他的行为"忠于为国"，"脱令具功得成，乱本拔矣！天不祚唐，俾王叔文一不成，训、注再不成，以至于不可救"。他认为后人读史，应该为他们计划未成而惋惜，而不应当责备他们。④王鸣盛以是否改善政治为标准，明确表示自己的爱憎褒贬，丝毫不含糊其词。熟悉唐史的李慈铭对"顺宗纪所书善政"条表示激赏，说："此论千古巨眼"。他赞成王氏对王叔文、李训夺取宦官兵权的评论，因为："中人久统两军，将校皆已帖伏，惟知有中尉，不知有天子。……尔时宦将已中外蟠结，牢不可破。"⑤

① 《十七史商榷》卷89"王叔文谋夺内官兵柄"条。
② 《读通鉴论》卷25"顺宗"。又，王夫之的著作是在道咸年间才由邓显鹤搜集刊印的。
③ 《十七史商榷》卷74"顺宗纪所书善政"条。
④ 《十七史商榷》卷91"训、注皆奇士"条。
⑤ 王利器辑：《越缦堂读书简端记》，第195、201—202页。

应该着重指出，王氏论史以改善政治为标准，而他尤其关心国计民生，关心减轻民众的重负。他对王叔文当政后立即罢官市之事论列甚详，即因为宫市"乃宦官所为害民之事"。①这一思想，更突出地贯穿在他对《宋书》和《南史》有关记载的比较之中，明确地把史书能否反映民生疾苦，作为衡量史识高下的重要原则。王氏赞扬沈约《宋书》中同情农民负担沉重赋税、受商贾剥削之苦的议论，称之为"卓然至论"，批评李延寿撰《南史》，往往删掉有关"民生疾苦、国计利害"的内容和议论，是缺乏史识，斥之为"无学浅陋儒"，褒贬十分鲜明！《宋书》有良吏传，载孔传恭、孔灵符、羊玄保、羊希、沈昙庆等人事迹，立传之宗旨，是取其"治民有惠政者"。如《孔灵符传》，载有关山阳湖田议，十三人的议论全载；《羊玄保传》载吏民亡叛罪同伍议；《羊希传》载占田泽以盗论议。王鸣盛称赞这些篇章"皆因其有关于小民生着之计，载之极详"，又特意引述沈约一段议论，他同情农民负担之苦，认真探求赈救灾荒的办法，又以元嘉、大明年间的灾情和措施相比较，"见仓储之为急，而欲行常平，常平行，则商贾不得操其奇赢，而无粜贱籴贵之患"。王氏对这番议论极表赞赏。同时批评《南史》对上述记载和议论的处理极为不当："既迁移其篇次，而于湖田议竟尽削去。羊玄保、羊希二议亦仅存十一。其论赞每袭取旧文，而于此篇之卓然者反弃不用。《南史》意在以删削见长，乃所删者，往往皆有关民生疾苦、国计利害。偶有增添，多谐谑猥琐，或鬼佛诞蔓。李延寿胸中本不知有经国养民远图，故去取如此。"②乾隆年间号称天下升平，考证学风方炽于世，在此情况下，王鸣盛却能借论史来表达自己"经国养民"的志趣，足见其思想之深刻、见识之宏远。从上述讲汉代口赋和常平仓制度，以至论南北朝和唐代史事，都共同体现出这种宝贵志识。王鸣盛不以考史为限，在乾嘉特殊的社会条件和学术风气中，能够继承历代儒家优秀人物的经世思想和忧患意识，这在当时确属更高的思想境界。他的诗集中有的篇章也表达了与此相通的感情。如《采煤叹》一首，写他对处于社会底层的采煤工的深切同情，和对权贵奢侈生活的谴责，诗云："小车轧轧黄尘下，正是西山采煤者。天寒日暮采不休，面目黧黑泥没踝。南人用薪劳担肩，北人用

---

① 《十七史商榷》卷74"顺宗纪所书善政"条。
② 《十七史商榷》卷60"宋书有关民事语多为南史删去"条。

煤煤更难。长安城中几万户，朱门金盏酒肉腐，吁嗟谁怜采煤苦！"①联系到这些敢于直面社会不合理现实的诗句，我们更能体会到王鸣盛在考史形式下所寓寄的"经国养民"的情怀，他外表似乎平静而内心却是炽烈的。

三、追求历史真实性的可贵努力

探究兴废大事、关心国计民生都不能离开历史的真实性。历史学是通过史家的主观认识来表达客观历史的，史家的记载与客观历史之间总存在有不能符合之处，有的是因认识能力的限制而造成的差距，有的甚至是主观有意加以歪曲。因此，世代进步史家对历史真实性的不断追求，就构成史学进步的重要阶梯。王鸣盛在他的时代所提供的条件下，继续了前代史家的这种努力。他相当自觉地做到把"直书其事"和"史事明晰"作为论史的标尺，辟除关于古史年代的各种伪托，提倡直笔，反对曲笔，大力针砭宋明人主观蹈空学风的流弊。这些是我们所应重视的其史学积极内容的又一重要方面。

古史年代问题曾长期聚讼纷纭，存在着极大的混乱。本来，司马迁曾对上古年代做过一次清理。当时他面对两类极不相同的材料，一是经过孔子编次的儒家典籍，如《尚书》记西周以前史事采取阙疑态度，不杜撰年代，有确切年代记载的自《春秋》始。一种是所谓百家"谍记"，记"黄帝以来皆有年数"，②与战国秦汉之际流行的五德终始说相糅合。司马迁"考信于六艺"，剔除百家杂说，断定古史的确切年代自共和元年始。但是，后代儒生却嗜古成癖，总想把古史往上拉远，于是编造出虚假的古史帝系和年代，真假混淆，讹误相传。系统地考辨古史传说与可信历史界限的工作，是要等到20世纪才由古史辨派和其他学者进行的。王鸣盛则早于一个多世纪前，即在年代问题上开其先河。他的出色贡献在于：划分共和元年是古史可信年代的界限，肯定司马迁"《十二诸侯年表》断自共和庚申始，以前三代但作《世表》"的处理，肯定他考信、阙疑的审慎态度。又对司马迁之后诸家之说第一次做了认真梳理，证明汉人尚少附会，如：刘歆《三统历》（载于《汉书·律历志》）采《尚书》所说，只讲尧即位七十载，舜即位五十载；郑玄《诗谱序》则云："夷、厉以

---

① 《西沚居士集》卷8。
② 《史记·三代世表》序。

上，岁数不明，太史年表自共和始，历宣、幽、平王而得《春秋》。"到晋皇甫谧以下，则大量出现伪托杜撰。皇甫谧所撰《帝王世纪》已佚，但其荒诞说法却多被后人采用，造成混乱。如《史记·五帝本纪·索隐》引其文云：炎帝神农氏至黄帝，中间凡八帝，五百余年，等等。王鸣盛斥之曰："至荒远事，岂得凿凿言之！""《律历志》于黄帝、颛顼、帝喾皆无年，而谧又追之，此其妄也。"又北魏时有张彝其人，向宣武帝上《历帝图》五卷，竟编造出起庖牺、终晋末，历十六代，一百二十八帝，历三千二百七十年之数。宋代以后，伪托上古年代几成风气。王鸣盛一概指出其杜撰的实质而加以廓清："司马光《稽古录》、刘恕《通鉴外纪》和《外纪目录》、邵雍《皇极经世书》、金履祥《纲鉴前编》、陈桱《通鉴续编》、薛应旂《甲子会纪》、南轩《通鉴纲目前编》、顾锡畴《纲鉴正史约》、钟渊映《历代建元考》，虽各互异，而皆有三皇五帝下至周初，历年久近之数，列其甲子，此皆皇甫谧为之作俑也。愚谓直当概阙其疑，略而不道。"①王鸣盛划出古史年代的正确界限，摒弃种种伪托，确实合乎科学对待古史的态度，因而这一研究成果，自近代以来已被学术界普遍采用。②

王鸣盛还按照"直书其事"和"史事明晰"为标准，对《汉书》以下的重要史书作了评论，提出了很有价值的看法。

首先，他赞扬班固、范晔的直笔精神和史识。《汉书·匡张孔马传》写了一批以儒学进身、专以阿谀取容为能事的典型人物，他们身居高位而无所匡建，甚至依附外戚势力，利禄熏心，广殖产业。班固设立这一合传，等于给这类人物来一次大曝光。他写张禹广占膏腴上田数百顷，奢侈享乐，身为丞相，却阿附外戚王氏，以谋位固宠。又写孔光历任尚书令、光禄勋等职，凡典枢机十余年，却从不敢对皇帝谏诤，最后被王莽利用来翦灭异己势力。王鸣盛极为推崇班固的这种直笔精神，称："孟坚于张、孔，直笔诋斥，尽丑描摹，洵不愧良史矣！"王氏还表彰范晔以直笔记载奸佞人物的另一种手法，指出《后汉书·胡广传》表面上叙述胡广如何步步高升，实则刻画其依附权奸的小人面目，"冷讥毒刺，寓于褒颂夸奖中"，"鄙夫情状，曲曲道破"，"读之辄为击节叹赏，亦不觉捧腹绝倒"，并称赞范晔的史笔达到了"肆而隐，微而彰"

---

① 《十七史商榷》卷3"共和庚申以前无甲子纪年"条。
② 参见白寿彝主编：《史学概论》第三章，宁夏人民出版社1983年版。

的境界。①由此也可看出，王鸣盛提倡直笔精神的一项重要内容，是要对危害国家人民的邪恶势力无情地揭露鞭挞。

其次，王鸣盛用比较《三国志》和《晋书》有关内容的方法，指责《晋书》对司马氏曲笔回护。他举出《晋书》载太和四年司马懿对蜀进兵，"（诸葛）亮望尘西遁逃"，又称"亮宵遁，追击破之，俘斩万计"②。而据《魏志·明帝纪》载，太和四年之役，"遇大雨，诏（曹）寞等班师"。《蜀志·后主传》载，建兴八年（即魏太和四年）之役，"大雨道绝，（曹）真等皆还"。证明《晋书》所述乃是为了美化司马懿而有意矫饰。王鸣盛进而分析当时双方情势："彼时，亮正大举北伐，虽马谡小挫于街亭，而斩王双，走郭淮，遂平武都、阴平二郡，安得被魏俘斩万计耶？懿从不敢与亮交锋，屡次相持，总以按兵不动为长策"。可见击破大胜云云，显属晋人夸词。王氏进而指出：晋人所修国史，对司马懿作战有夸饰，尚不为怪，"今《晋书》成于唐人，犹仍其曲笔，不加删改"，就更要受责备了。③他还批评《晋书》在记载司马氏与曹魏政权关系时也有不少回护。如《宣帝纪》云："正始九年，（曹）爽、（何）晏谓帝（司马懿）病笃。遂有无君之心，与黄门张当密谋，图危社稷。"当时是曹魏政权，却说曹爽、何晏"有无君之心"，这是为了掩盖司马氏代魏。王鸣盛反驳说："此马图曹，非曹图马！即或有谋，亦但欲危懿耳，非欲危社稷也！"④

再次，王鸣盛尖锐批评了《南史》的迷信内容，表现出唯物的进步思想。李延寿删削南朝诸史而成《南史》，往往删去原书中反映国计民生的材料，而增添了许多神怪荒诞的故事，王鸣盛对此做了严肃批评，说："《南史》最喜言符瑞，诡诞不经，疑神见鬼，层见叠出。"他指出，《南史·宋武帝纪》所载刘裕寒微时遇到的种种祥瑞大多源于《宋书》，而宣扬更加卖力："沈约亦好言符瑞者，故此诸事，虽不采入纪，而别作《符瑞志》述之。射蛇事则《符瑞志》亦无，却见于任昉《述异记》上卷。"⑤再如《南史·齐高帝纪》内容系删节《南齐书·高帝纪》而来，却在篇末附上符瑞荒诞故事一千余字，甚至

---

① 《十七史商榷》卷36"刺广寓于褒颂"条。
② 《晋书·宣帝纪》。
③ 《十七史商榷》卷44"曲笔未删"条。
④ 《十七史商榷》卷44"曹马构衅"条。
⑤ 《十七史商榷》卷54"宋武帝微时符瑞"条。

还模仿王莽时杜撰图谶的拙劣做法。① 王鸣盛从唯物思想出发痛斥史书中迷信荒诞的内容，今天读来仍使人感到犀利有力。

宋明时期因理学盛行而滋生了主观空疏的恶劣学风，在史学范围的表现则是，或从主观臆测解释历史，极尽穿凿附会之能事，或模仿"圣人《春秋》笔法"，对史事大加褒贬。王鸣盛对这种习气痛加贬斥，他说：宋明人"略通文义，便想著作传世，一涉史事，便欲法圣人笔削"②，"动辄妄为大言，高自位置，蔑弃前人，而胸驰臆断，其实但可欺庸人耳！"③ 由于王鸣盛对"历史的真实性"有相当程度的自觉追求，这就决定了他在力矫空疏学风的流弊上，比起同时代其他学者更为坚决。他敢于对康熙、乾隆皇帝推崇的《通鉴纲目》，提出直率的批评。四库馆臣对于《读史管见》之类也敢讥评，但一遇到经过"御批"的《通鉴纲目》立即匍匐于地，吹捧《纲目》"权衡至当，衮钺斯昭"，"足以昭垂千古，为读史之指南矣"④。王鸣盛则说：《纲目》行世时，距朱熹卒已二十年，属朱熹未定之稿，且赵师渊所注未必尽朱子之旨。尤其是，王氏拿《纲目》与《通鉴》原书对比，认为：朱熹的立纲与司马光修史自订提纲根本不同，司马光的做法是"记事之常体"，他的用意，"惟在乎按年编次，据事直书，而不在乎立文法以为褒贬。至《纲目》方以此为事"⑤。实际上，王氏是把"据事直书"的修史方法，跟"立文法以为褒贬"的做法对立起来，肯定了前者，而对后者本身加以否定。他还说："愚观诸古，周公称召公力君奭，子思称圣祖为仲尼，左氏书'孔邱卒'而不及其尝为司寇，则名字与官又曷足为重轻哉！"⑥ 这同他借口"去圣久远"而巧妙地否定"《春秋》笔法"含意一样地明显。他还将《通鉴纲目》同《通鉴纪事本末》比较，说："《纲目》不作无害，而此书似不可无。"⑦ 王氏敢于这样公开贬低《通鉴纲目》，其勇气即来自一个正直史家对于"历史真实性"的追求。

欧阳修撰《新五代史》把"褒贬义例"放在首位，是模仿"《春秋》笔

---

① 《十七史商榷》卷55"齐高帝纪增添皆非"条。
② 《十七史商榷》卷92"唐史论断"条。
③ 《十七史商榷》卷38"马融从昭受汉书"条。
④ 《四库全书总目》卷88"史评类"。
⑤ 《十七史商榷》卷100"通鉴纲目"条。
⑥ 《十七史商榷》卷93"欧法春秋"条。
⑦ 《十七史商榷》卷100"通鉴纪事本末"条。

法"写史的又一典型。由于欧阳修是一代名儒,《新五代史》自宋至清一直被封建朝廷颁列为"正史",当时学者未敢直指其失,《四库提要》还推崇说,欧氏"褒贬祖《春秋》,故义例谨严"①。王鸣盛则对欧氏专尚褒贬的做法加以严肃批评:"欧公手笔诚高,学《春秋》却正是一病。《春秋》出圣人手,义例精深,后人去圣久远,莫能窥测,岂可妄效?且意主褒贬,将事实壹意删削,若非旧史复出,几叹无征!"②这等于宣布"意主褒贬"导致了失败的结果,因为它删削了史实,违背了撰史"书事但取明晰"的根本原则。

王鸣盛还选择了一个很有说服力的例子,就同一史事,不同史书的不同记载作对比,说明专在书法上弄笔毫不足取。其例证是唐武则天万岁通天二年六月丁卯,李昭德、来俊臣二人同被处死一事。王鸣盛认为,二人死因不同,李昭德被冤死,来俊臣罪有应得,可是新旧《唐书》专从书法上做文章,为了示褒贬、求简古,两书作二人"以罪伏诛"或"杀",都无法使史实明晰,反而掩盖了其情。对比《资治通鉴》"平平叙述"的记载:六月丁卯,昭德、俊臣同弃市,时"人无不痛昭德而快俊臣"。王氏称赞《通鉴》记载的恰当:"二人一柱死,一伏罪,千载而下,自是显然别白,即今读者展卷之下,孰不一痛之一快之乎!此真叙事良法。"《通鉴纲目》则削昭德不书,独书"周来俊臣伏诛",结果遂使李昭德遭奇冤、武则天施滥杀这些史实都掩盖了。王鸣盛归结说:"如此,则何贵乎有纲,不如仍《通鉴》旧贯之妙矣!……是非千载炳著,原无须书生笔底予夺。若因弄笔,反令事实不明,岂不两失之!"③王鸣盛所作的分析,有力地证明巧立褒贬书法必然对史学造成巨大的损害。为力矫宋明人的积弊,他明确提出"作史不可拟经"的进步命题。王鸣盛把追求"历史的真实性"视为史家的根本责任,所以敢于彻底抛弃千百年来使许多史家误入歧途的"《春秋》褒贬书法"。称他在这一点上反映出一种觉醒的意识,这样评价并不过分。

四、"通识"的运用　生命力的显示

史学研究中"通识"的运用,是指史家有纵向和横向联系的眼光,善于将

---

① 《四库全书总目提要》卷46"史部·正史类二"。
② 《十七史商榷》卷93"欧法春秋"条。
③ 《十七史商榷》卷71"李昭德来俊臣书法"条。

表面上分散孤立的材料加以归纳贯串，发现其内在联系，作出合理的分析，从而弄清历史问题的真相，发前人之所未发。这是史家取得突破性成就的关键。前述王鸣盛对于一些重要问题的阐释，即已显示出其"通识"的眼光，而更能说明这一特色的还在于：他注重研究一些著名史家的思想倾向，纠正了前人的误解；对于历史地理的考辨和总结、采用史料的方法都具有卓见；他所提出的看法引起了后人的研究兴趣，证明理性精神所具有的生命力。这些同样值得我们给以足够的重视。

陈寿所撰《三国志》历来在受到推崇的同时，又一直蒙受着曲笔的恶名。问题的引起，是《晋书·陈寿传》对陈寿有褒有贬："撰魏吴蜀《三国志》，凡六十五篇。时人称其善叙事，有良史之才。夏侯湛时著《魏书》，见寿所作，便坏己书而罢。张华深善之，谓寿曰：'当以《晋书》相付耳。'其为时所重如此。或云丁仪、丁廙有盛名于魏，寿谓其子曰：'可觅千斛米见与，当为尊公作佳传。'丁不与之，竟不为立传。寿父为马谡参军，谡为诸葛亮所诛，寿父亦坐被髡，诸葛瞻又轻寿。寿为亮立传，谓亮将略非长，无应敌之才，言瞻惟工书，名过其实。议者以此少之。"尽管《晋书》在索米之前加了"或云"，表示事属传闻，但其说法却被刘知幾加以渲染："……陈寿借米而方传。此又记言之奸贼，载笔之凶人，虽肆诸市朝，投畀豺虎可也。"①把《晋书》原来未肯定的语气变成肯定的说法，加以严辞谴责。由于刘知幾是史评权威，《史通·曲笔》篇是讨伐有意歪曲历史之辈的檄文，故此说影响更大，后人遂不再核问由来，几乎视为定论，陈寿就长期被误为曲笔的典型。王鸣盛感到史德问题是史家能否取信于人的关键，因而对此认真加以考辨。他指出陈寿受诬的症结在于"《晋书》好引杂说，故多芜秽"，而"索米"的无根之说，又被北周柳蚪、唐刘允济和刘知幾误信，结果错讹相传。王氏吸收了清人朱彝尊、杭世骏的考辨成果，先就丁氏兄弟应否立传问题加以深究。他以为：魏国文士中在《三国志》立传的有王粲、卫凯数人，取其有"兴造制度"一类的贡献，而像徐幹、陈琳、阮瑀、应场等名士，则仅在《王粲传》中附及。丁仪、丁廙在当时被视为人品低劣，充当陈思王羽翼，在废立问题上陷入很深，对毛玠、徐奕等魏国耿直大臣屡加谮陷，像这样的人，何有立传资格！但陈寿对丁氏兄弟也未曾一笔抹杀，《王粲传》中提到"沛国丁仪、丁廙，弘

---

① 《史通·曲笔》。

农杨修，河内荀纬等并有文采"，《刘异传》中提到刘异与丁仪共论刑礼。此即把丁氏兄弟放在与名士徐幹、陈琳等人相同看待，陈寿这样做已算客气。再对比其他史家记载：王沈《魏书》既斥二人奸于事君，又论其果以凶伪败。鱼豢《魏略》称：文帝欲丁仪自裁，仪向夏侯尚叩头哀求。张骘《文士传》称：丁廙盛誉临菑侯，欲以劝动太祖。相比之下，陈寿对待丁氏兄弟的态度更显宽厚，索米之说不攻自破。对于陈寿挟父私怨而贬抑诸葛亮的说法，王鸣盛也提出有力的反驳：街亭之败，陈寿据事直书"马谡违亮节度，为张郃所破"，并未归咎于诸葛亮。至于称诸葛亮"将略非长"，当时袁准、张俨均有这种看法，俱见裴松之《三国志注》所引，可见绝非陈寿有意贬低。尤其是，陈寿入晋以后，编成《诸葛亮集》，向晋武帝"表上之，推许甚至，本传特附其目录并上书表，创史家未有之例，尊亮极矣！"①且陈寿一再称誉诸葛亮"科教严明，赏罚必信，无恶不惩，无善不显"，当然也意味着对他父亲本人的执法也属公正，挟持私怨又何来之有！至此，陈寿受诬的两条罪名都被驳倒，读者的疑惑得以冰释，确信陈寿史德高尚，著史堪称"实录"。然则王氏的考辨犹未至此止步，他进而提出：《晋书·陈寿传》后论中本来对陈寿极表推崇，称"丘明即没，班马迭兴，奋鸿笔于西京，骋直词于东观。自斯已降，分明竞爽，可以继明先典者，陈寿得之乎。江汉英灵，信有之矣！"既然如此诚心地赞扬陈寿是难得的良史，为什么又有索米一类记载呢？其原因，即在《晋书》作者有"好引杂说，故多芜秽"的大毛病，索米云云，正是"好采稗野，随手掇拾，聊助谈资耳！"这也告诫人们著史非持严肃态度不可。王氏考辨一事而两得，既推倒加在一个优秀史家身上的诬枉不实之词，恢复陈寿高尚史德的真正价值，同时又指明《晋书》的弊病以示告诫，充分显示出他思辨的智慧。

王鸣盛论范晔的思想倾向也很精彩，他为范晔辩诬，澄清了历史疑案，并且揭示出范晔所以能写出不朽之作的原因，表彰其志向和史识。他的评论显示出一种博大的眼光。

范晔博涉经史，擅长文章，撰写有流传后世的名著《后汉书》；在刘宋官场中身居显贵，却突然坐谋反罪，与其三子同死于市。王氏没有讳言范晔的性格弱点，认为他"轻躁不谨"，与妄人孔熙先相往还，遂与闻义康谋反之事，又因心怀顾虑而迟疑未报。他的过错，在于"知情未报"。但范晔被告为"首

---
① 《十七史商榷》卷39"陈寿史皆实录"条。

乱"之罪，并且不容其辩诬立即处死，则属不白之冤。王鸣盛提出了千余年前的疑案，缕析可疑之点和当时的复杂关系，有力地论证称范晔谋反与情理不合。如：范晔受到刘宋朝廷的优遇，为右卫将军，掌禁旅，参机密，而义康则曾因细故黜逐范晔，像这样，他竟会突然对文帝反目成仇，操戈相向，若不是狂乱，则为情理所无。孔熙先以宗室不与范晔联姻来挑起范晔的不满，范晔终不回复，却被视为谋逆之意遂定！范晔向朝廷言义康欲反，又被说成"欲探时旨"。本来孔熙先之谋，人人皆知，却反称范晔为"首乱之人"。所有这些，都是悖于情理的冤枉之词。王鸣盛眼光锐敏，尤在于他将范晔的被枉杀，与当时朝廷政治斗争的复杂背景联系起来，指出官僚徐湛之、庾炳之、沈演之忌恨范晔，蓄意陷害。王氏对此有中肯的分析："（晔）序香方，一时朝贵，咸加刺讥，想平日恃才傲物，憎疾者多，共相倾陷。"据《宋书·沈演之传》，说明沈演之因与范晔同被知遇而心怀忌恨。据《何尚之传》，说明何尚之擅权而与卑鄙小人朋比陷害范晔。又据《徐湛之传》，刘湛伏诛、殷景仁卒之后，太祖委任沈演之、庾炳之、范晔三人，说明这种情况正引起沈、庾等人为争权而倾陷。这样，王氏的分析便澄清了历史真情：范晔怀才自傲，出言招怨，缺乏政治斗争经验，处在权贵排挤的恶劣环境中而不自知，最后酿成惨剧。王氏的分析是切中肯綮的。

更有意义的是王氏论述了范晔著史的旨趣，赞赏他"以意为主"，"志在根本之学"。这种治学志趣和性格气节，同谋反事格格不入。这样做，从考证史家的生平遭遇引到论述史家的思想倾向，因而达到更加深层的认识。王鸣盛说："蔚宗《与甥姪书》自序其读书作文之法甚备，甘苦囿味，千载而下可以想见。……观其所述，旨在根本之学，六朝文士，罕见及此。""今读其书，贵德义，抑势利，进处士，黜奸雄，论儒学则深美康成，褒党锢则推崇李杜，宰相多无述而特表逸民，公卿不见采而惟尊独行。立言若是，其人可知。"[①]王氏所论，中肯地道出范书的精华所在，认为范晔著史把立意放在首位，乃是他的成就高出于同时代人的根本原因。王氏还论述范晔史学在后代产生的积极影响，如"《党锢传》首总叙说两汉风俗之变，上下四百年间了如指掌。下之风俗成于上之好尚，此可为百世之龟镜。蔚宗言之切至如此，读之能激发

---

① 《十七史商榷》卷61"范蔚宗以谋反诛"条。

人。"①并拿袁宏《后汉纪》中所论相比,说明范晔的史识更高。王氏论史这样重视阐述思想性方面的贡献,而且见解深刻,在乾嘉诸老中堪称独具慧眼。这再次说明:以前认为王氏只重视具体问题的考证,史识上无甚可取,确与事实出入甚远。

王氏对历史地理的考证同样显示出"通识",其特点可用"动态考察"四字概括。他考证西汉淮阳一地由郡到国所经历的曲折变化即是突出一例。《汉书·地理志》有淮阳国无淮阳郡。但王氏广引《汲黯传》《高五王传》《文三王传》诸篇,从中勘破了解西汉政区地理的关键:西汉郡与国的建制是变动的,《地理志》所据是汉平帝元始年间的资料,不能以此误认为西汉一代固定的行政区划。用变动的观点考察,史籍上零星的记载可得到合理的解释,早被掩盖的复杂过程重新被认识:淮阳一地,高帝时封刘友为淮阳王,置国,惠帝时徙王赵,淮阳国除为郡,高后封刘强为淮阳王,置国,文帝时除为郡……最后在宣帝时置国,经六七十年,至王莽乃绝。王鸣盛总括说:"此郡始为国,改为郡,后复为国,如此展转改易,凡八、九次,终为国。《地理志》以最后之元始为据,故言'国',而中间沿革则俱略去也。"他还上升到研究方法加以强调:"读书贵贯串,今人惯眊善忘,顾此失彼,又性懒畏考核,宜乎史学之无人也!"②此言"贵贯串",即是以通识的眼光去分析,所以才能发千年未发之覆,收到左右逢源之效。

由于重视研讨方法,使王鸣盛还能对丰富史料学理论作出贡献。旧史家采用史料可分官方记载(实录国史)与私人撰述(野史笔记小说)两大类。一般认为,前者系有官府正式文献档案为依据,史料价值高,后者依个人见闻写成,无正式记录为据,未足凭信。明代王世贞提出各类史料互有短长之说:"国史人恣而善蔽真,其叙典章、述文献,不可废也;野史人臆而善失真,其征是非、削讳忌,不可废也;家史人谀而善溢真,其赞宗阀、表官绩,不可废也。"③所论确属创见,但讲得过于简略。王鸣盛则对前人采用史料的得失作了相当深入的比较分析。他认为:"大约实录与小说互有短长,去取之际贵考核斟酌,不可偏执。""采小说未必皆非,依实录未必皆是",应互相参核,

---

① 《十七史商榷》卷38"党锢传总叙"条。
② 《十七史商榷》卷24"淮阳郡"条。
③ 《弇州史料》后集卷61《史乘考误》。

斟酌去取。他举出，薛居正引《旧五代史》大都本于实录，"而各实录亦多系五代之人所修，粉饰附会必多"。梁末帝朱友贞时令修梁太祖（朱温）实录，为颂扬其父，多加虚美。而"今薛史以温为舜司徒虎之后，令人失笑。又言生时庐舍有赤气，熟寐化为赤蛇。居然以刘季等话头作装缀"。又杂有许多图谶迷信说法，都是因为采用实录致误。对比之下，欧阳修《新五代史》尽管在专弄褒贬书法上弊病明显，而在史料选择上，他将赤气、化蛇等等虚妄说法一概删去，并从私人记载选择可信者补充入史，则是高明之处。再如《张全义传》，薛史对张效力于藩镇势力的行为极为赞赏，欧史则采王禹偁《五代史阙文》尽写其罪恶。[1]王鸣盛又对比新旧《唐书》，认为旧书黄巢传记载缺漏很多，连黄巢行军路线都无交待。新书则采宋无名氏《平巢事迹考》，补充记载行军路线和其他史实。[2]新书《宦官传》对鱼朝恩滋肆骄横之状，揭露得淋漓尽致，也多为旧书所无，是从苏鄂笔记《杜阳杂编》采来。由此王鸣盛得出结论："新书好采小说，如此种采之却甚有益。"[3]这些主张明显地具有朴素的辩证因素。王氏本人考史还能不局限在文献范围之内，以碑刻资料或实地见闻与史籍互证[4]，与近世重视以考古和实地调查材料证史的趋势相符合。

王鸣盛所提出的课题和看法，二百年来曾一再引起人们研究的兴趣，这是他所从事的理性探求具有生命力的证明。近代以来有不少研究者，重视王氏的学术成果，在此基础上继续对汉代政治制度，唐后期的政治改革和政治斗争，陈寿和范晔的学术和生平，以及历史沿革地理等课题深入探讨，取得了新的成绩。[5]这里还可再举出若干例子。关于司马迁的学术倾向，自从班彪班固父子提出"论大道则先黄老而后六经"的非难以后，很多人未加详察，以为司马迁

---

[1] 《十七史商榷》卷93"欧史喜采小说薛史多本实录"条。
[2] 《十七史商榷》卷92"黄巢传二书详略甚远"条。
[3] 《十七史商榷》卷92"鱼朝恩传新旧互异"条。
[4] 参见《十七史商榷》卷41"山越"条、卷88"王忠嗣两传异同"条、卷94"周世宗大毁佛寺"条。
[5] 如劳榦：《两汉刺史制度考》（载《中央研究院历史语言所研究集刊》第十一本，1944年）是在王氏对十三部刺史研究基础上的发挥。又如对范晔的生平和学术，清代陈澧著《申范》（载国粹学报社1923年刊行《古学汇刊》第二集第十八册）及傅维森《缺斋遗稿》重申此说。当代学者论述此问题者，有束世澂《范晔与<后汉书>》（载《历史教学》1961年第11—12期）、陈光崇《关于范晔之死》（收入《中国史学史论丛》）、张述祖《范蔚宗年谱》(《史学史研究》1981年第2期）、均在王氏论点基础上继续讨论。

的思想宗旨是崇道而反儒，甚至今天有的哲学史教科书上也持此看法，可见班氏父子所论影响之深。王鸣盛则第一个明确提出"司马氏父子异尚"的论点，以为《论六家要旨》论述"孔不如老"，只代表司马谈的学术思想，"而迁意则尊儒，父子异尚，犹刘向好《谷梁》而子歆明《左氏》也"。并举出司马迁称引董仲舒之言，正是"隐隐以上承孔子，其意可见"。①王鸣盛这一卓识，对于评价《史记》这部不朽名著和研究两汉思想史具有重要的意义。司马迁表彰孔子和儒学的论据不胜枚举，近代以来一些好学深思之士，沿着王氏这一思路继续探求，进一步提出很有价值的看法，如龚自珍和梁启超即是。可见对王鸣盛符合理性精神的论点所具有的价值不可低估。又如，魏收《魏书》历代蒙受"秽史"的恶名。王鸣盛则是敢于对它作肯定评价的第一人，提出：《魏书》"未见必出诸史之下"，"千载而下……收书岿然特存"。②这一创见今天已为学术界普遍接受。《十七史商榷》卷92又有"高祖称臣于突厥"条，根据《贞观政要·任贤》篇和《旧唐书·李靖传》等资料，论定："高祖起事之时，倚仗突厥，屈体称臣，乃其实也。"唐朝史臣特因有辱于高祖而有意讳饰。近代史家陈寅恪先生对此撰有专文，可以视为对王氏论点之发挥。③

最后还有一点需要说及的，王鸣盛以二十余年的精力钻研十九部正史，提出了许多有价值的看法，为此付出了极其艰苦的劳动，吾人不应目为"文儒老病销愁送日之具"或"有闲"者的消遣之作。他曾真切形象地讲自己探索的甘苦："暗砌蛩吟，晓窗鸡唱，细书蚁格，夹注跳行，每当目轮火爆，肩山石压，犹且吮残墨而凝神，搦秃豪而忘倦。时复默坐而玩之，缓步而绎之，仰眠床上而寻其曲折，忽然有得，跃起书之，鸟入云、鱼纵渊，不足喻其疾也。顾视案上，有藜羹一杯，粝饭一盂。于是乎引饭进羹，登春台、飨太牢，不足喻其适也。"④他的真知灼见是经过长年累月的艰苦劳动获得的，他表达的是正直学者在学术领域中追求真理的执着感情。自然，王氏的见解也有明显属于非理性的错误，如，同在《十七史商榷序》，他提出对汉儒训注绝对不能违背："若于古传注凭己意择取融贯，犹未免于僭越。但当墨守汉人家法，定从一

---

① 《十七史商榷》卷6"司马氏父子异尚"条。
② 《十七史商榷》卷65"魏收魏书"条。
③ 参见陈寅恪：《论唐高祖称臣于突厥事》，载《寒柳堂集》，上海古籍出版社1980年版。
④ 《十七史商榷序》。

师，而不敢他徙。"这完全是与"通识"相违背的保守观点。又如，他批评宋儒也有过头的地方，张融重视义例创造，反对因循，主张不应"寄人篱下"，王氏对这种正确主张却大加贬责："愚谓六朝便有此等妄人，何况唐宋以下！去孔子愈远，学问不寄人篱下，便是乱道！"[①]显然也是迂腐之见。一个时代的学者对真理的追求都难免存在时代的和自身的局限，但同时我们又应承认各个时代学术的积极成果又都具有真理性的因素，由此构成人类认识向上的阶梯。综观《十七史商榷》全书，王鸣盛耗尽心力，获得了对于许多历史问题的新鲜见解，并且在史识上和治学态度上也给后人以宝贵的启发。这就是王氏史学的理性价值之所在。

---

① 《十七史商榷》卷61"张融不寄人篱下"条。

钱大昕：历史考证的精良方法及其影响

20世纪中国学术文化史上值得大书特书的一件大事，是历史学获得重大的发展，包括新历史考证学和马克思主义史学，都取得了堪称辉煌的成就。以新历史考证学而论，出现了王国维、陈寅恪、陈垣、顾颉刚等著名大师和其他一批出色学者。人们都承认，乾嘉历史考证学是20世纪新考证学发展的重要基础，郭沫若评价王国维的贡献即讲过很有权威性的话，称他"承继了清代乾嘉学派的遗烈"，"严格地遵守着实事求是的态度"，成为"新史学的开山"。① 然而迄今为止，对此都只停留在笼统印象的阶段，对于乾嘉历史考证学与20世纪新考证学的关系这一很有理论价值的研究课题，一直未有作专题探讨者。这显然是一个亟待弥补的缺陷。

作为乾嘉史学最重要的代表人物，钱大昕的学术成就和治学精神对于20世纪考证学者的影响是巨大的。单从几位著名的新考证学大师有过的评论就能看出，他们都把20世纪实证史学与18世纪的杰出学者钱大昕的名字相联系。王国维称誉钱大昕是清朝三百年学术的三位"开创者"之一，他说："我朝三百年间学术三变：国初一变也，乾嘉一变也，道咸以降一变也。……国初之学大，乾嘉之学精，道咸以降之学新。窃于其间得开创者三人焉，曰昆山顾先生，曰休宁戴先生，曰嘉定钱先生。国初之学创于亭林（顾炎武），乾嘉之学创于东原（戴震），竹汀（钱大昕），道咸以降之学，乃二派之合，而稍偏至者，其开创仍当于二派中求之焉。"② 既然钱大昕开创的乾嘉学派直接影响了晚清学者，那么钱氏即是20世纪学术的源头之一。陈寅恪同样推崇钱大昕是清代考证学的杰出代表，他评价陈垣的考证学成就时说："近二十年来，国人内感民族文化之衰颓，外受世界思潮之激荡，其论史之作，渐能脱除清代经师之旧染，有以合于今日史学之真谛，而新会陈援庵先生之书，尤为中外学人所推服。

---

① 郭沫若：《历史人物·鲁迅与王国维》，中国人民大学出版社2005年版，第227页。
② 王国维《观堂遗墨》卷下，《沈乙庵先生七十寿序》，转引自袁英宪、刘寅生：《王国维年谱长编》，1919年。

盖先生之精思博识，吾国学者，自钱晓徵以来，未之有也。"①这段话，明显地指"精思博识"的钱大昕代表了清代考证学的高峰，认为他的学术与新考证学最出色的成就是直接相联系的。陈垣则总结他一生学术思想发展道路为"钱——顾——全——毛"，即以效法钱大昕的严密考证为起点，经由服膺顾炎武提倡经世之学和全祖望表彰民族气节，最后走上确立以毛泽东思想为指导的道路。②上述三位著名史学大师的言论，集中地揭示出钱大昕与20世纪新考证学之间深刻的联系。本篇冀图就此做个案分析，以对"乾嘉历史考证学与20世纪新考证学的关系"这一理论问题，提出初步的思考。

一、近世扭转"重经轻史"偏向的一位关键人物

钱大昕（1728-1804）对20世纪历史学的第一个直接影响是，在学术风尚上，他开创了近世以来重视史学的新风气，冲破了长期笼罩士林的"经尊史卑"的旧局面，从此考史、著史成为对士人具有吸引力的事业，终于至20世纪结出了硕果。

钱大昕是清代开国以后以治史名家的第一人。清初曾出现了几位杰出的学者，有顾炎武、黄宗羲、王夫之等，他们治学领域宽广，气象宏大。如顾炎武著有的《日知录》《音学五书》《肇域志》等，在史学上也有其地位，但他最大的志向是"通经以致用"，首先重视的是经学，以提高先秦经学的地位与宋明理学相对抗，故并不以专门治史知名。黄宗羲、王夫之二人虽有史学方面的著作（黄著有学案史，王著有史论），但他们仍以"穷经"作为治史的主要旨趣。黄宗羲的撰述最著者为《易学象数论》《明夷待访录》《诗案》等书，王夫之主要著作有《张子正蒙注》《问思录内外篇》《周易外传》《读四书大全说》《尚书引义》等书，因他四十余年栖伏僻乡，潜心著述，而不为当时学者所知，乾隆中，开四库馆，船山所著诸经稗疏得以著录，其姓名方为世人闻知。

乾隆时期考证学盛行，首先是由考经开始的，当时士林风气，是"经尊史

---

① 陈寅恪：《金明馆丛稿二编·陈垣元西域人华化考序》，上海古籍出版社1980年版，第239页。
② 参见白寿彝：《纪念陈垣校长诞生一百周年》，《白寿彝史学论集》，北京师范大学出版社1994年版，第375页。

卑"，史学普遍地不受重视。江藩著《汉学师承记》，论述清代朴学兴起的标志是："至本朝，三惠之学，盛于吴中，江永、戴震诸君继起于歙，从此汉学昌明，千载沉霾，一朝复旦。"①三惠即惠周惕、惠士奇、惠栋祖孙三代，其学术之共同特点是"精深于绝学"。周惕著有《易传》《春秋问》《三礼问》《诗说》等。士奇则著有《易说》《礼说》《春秋说》。惠栋治学自经史诸子百家杂说无不习，年五十后专治经术，尤精于《易》，著有《周易述》《易例》《易汉学》及《古文尚书说》《九经古义》。清代朴学以吴门惠氏为大宗，恰恰反映出经学在学术上的尊贵地位。江永是戴震的老师，深于礼学及音韵，又通天文历算，著有《礼经纲目》《周礼疑义举要》《古韵标准》《推步法解》等。戴震是清代朴学与吴派并峙的另一派——皖派代表人物，著有《经考》《仪礼正误》《声韵考》《声类表》等，以及天文历算和哲学著作。戴震名震一时，学者咸尊为大师，受业学生有王念孙、引之父子、段玉裁、孔广森等人，也都成为经学、小学的名家。

吴、皖两派双峰并峙，共同构成了考证学极盛的局面。但在这"极盛"的背后，却掩盖着学术趋向存在着严重的偏差：经学独盛，史学不振。最具典型的是，惠栋治学，尊信汉人经说，主张"凡古必真"，"惟汉是从"。戴震治学的特点，按江藩所概括的，是"以肄经为宗，不读汉以后书"。②江藩在论及凌廷堪治学既肄经，又习史，于大事本末、名臣事迹、地理沿革、官制变置、元史姓氏等均所熟悉时，极其感慨这在乾嘉之际众多的朴学之士中实在稀有难得，说："近时讲学者喜讲六书，孜孜于一字一音，苟问以三代制度，五礼大端，则茫然矣。至于潜心读史之人，更不能多得也。先进之中，惟钱竹汀、邵二云两先生。友朋中则李君孝臣，汪君容甫，及君三人而已。"③这些典型性材料指明：当时绝大多数学者都专注于先秦儒家经典的训诂考订，不读汉以后书，成为士林的共同心态。如此风尚，造成了学术的严重偏向，史学成为低一等的学问，对于祖国的历史不做研讨，特别是对汉以后历史黯然无知。陈寅恪有一段评论，也相当中肯地分析了当时学术的偏向："往昔经学盛时，为其学者，可不读唐以后书，以求速效。声誉既易致，而利禄亦随之。于是一

---

① 江藩、东方树：《汉学师承记》卷1，三联书店1998年版。
② 《汉学师承记》卷3。
③ 《汉学师承记》卷7。

世才智之士，能为考据之学者，群舍史学而趋于经学之一途。其谨愿者，既止于解释文句，而不能讨论问题。其夸诞者，又流于奇诡悠谬，而不可究诘。虽有研治史学之人，大抵于宦成以后休退之时，始以馀力肆及，殆视为文儒老病销愁送日之具。当时史学地位之卑下若此，由今思之，诚可哀矣。此清代经学发展过快，所以转致史学之不振也。"①

在乾嘉时期，有志于救治这种学术偏向、开始扭转"经尊史卑"局面的学者，是钱大昕、王鸣盛、赵翼三位考史大家和史学评论家章学诚。在三位考史名家中，钱氏虽非年岁最长，却最先专心于史学研究和最早完成了卷帙浩繁的考史著作。自乾隆二十二年（1757）起，钱氏即开始编纂自己所撰写的考史札记，至乾隆四十五年（1780）撰成《廿二史考异》。继其后，王鸣盛于乾隆五十二年（1787）撰成《十七史商榷》，赵翼于嘉庆五年（1800）撰成《廿二史劄记》。这三部名著都有总结性的特点，纵贯中国历史上下两千年，不仅在研究史籍的版本、文字考订、编撰体例等方面是集大成之作，而且涉及各个时代的事件和人物、典章制度、历史地理、氏族、民族、社会状况、风俗变迁等广阔领域，提出了丰富的研究课题，大大开阔了人们的视野，启发人们的思考。钱氏所撰成的史著，还有《三史拾遗》《诸史拾遗》《元史氏族表》《元史艺文志》《潜研堂金石文跋尾》等，《十驾斋养新录》和《潜研堂文集》中也包含有不少考史成果。由此，以钱大昕为代表的乾嘉史家首开了近世学术研究的新风气，吸引了此后许多学者继续从事史学的研究。

我们还应当注意，钱大昕为了纠正"经尊史卑"的偏向，不仅在著史实践上作了长期卓绝的努力，而且在理论上提出有明确的主张。此点非常重要，说明他对倡导研治历史有自觉的认识。钱大昕为赵翼《廿二史劄记》写了序言，通篇议论的重点，即批评当时流行的"经精而史粗，经正而史杂"的见解。他指出，古代经史不分，中古以后经史分途，但未见有陋史而荣经者。自宋元之后，才有重经轻史的风气，"道学诸儒，讲求心性，惧门弟子之泛滥无所归也，则有诃读史为玩物丧志者，又有谓读史令人心粗者。此特有为者言之，而空疏浅薄者托以借口，由是说经者日多，治史者日少。彼之言曰，经精而史粗也，经正而史杂也。予谓经以明伦，虚灵玄妙之论，似精而实非精也。经以致

---

① 陈寅恪：《金明馆丛稿二编·陈垣元西域人华化考序》。

用，迂阔刻深之谈，似正而实非正也"。[①]这段重要议论，从学术发展的源流和评论学术的价值标准两方面，严肃批判当时支配士人头脑的思想定势，指出空洞的议论、穿凿的说法，即使依附于经，也毫无价值，而轻视史学的风气是极不正常的，应予扭转。同时，钱大昕对赵翼的史著作了高度评价："先生上下数千年，安危治忽之几，烛照数计，而持论斟酌时势，不蹈袭前人，亦不有心立异，于诸史审订曲直，不掩其失，而亦乐道其长。""读之窃叹其记诵之博，义例之精，议论之和平，识见之宏远，洵儒者有体有用之学，可坐而言，可起而行者也。"正是由于钱、赵、王三人共同究心于史学，所完成的著作以考证精审、见识过人饮誉于士林，这才开始改变了长期的学术偏向，为史学争得了应有的地位。此项贡献对近世学术史的影响是极其深刻的。

章学诚与三位考史大家时代相同，他在《文史通义》中提出"六经皆史"的主张，其实质是要将经书作为史料看待、把"经"置于"史"的范围之内，其议论足与钱氏的见解相应和。此后，龚自珍写了《尊史》《古史钩沉论》等名文，他进一步批评"号为治经则道尊，号为治史则道绌"的价值取向，并提出"六经为周史之大宗"、"史存而周存，史亡而周亡"、"史与百官莫不联事"、"欲知大道，必先知史"[②]等一系列新颖的看法。自钱大昕以来批评"经尊史卑"，倡言"六经皆史"、"六经为周史之大宗"，都并非单纯地为了争"经"与"史"地位的高下，而有着深刻得多的意义，因为他们的观点反映出近代学术的一种重要趋势：把经书和各种学问都置于历史考察眼光之下。至20世纪初王国维，他在治学方法上继承了乾嘉考史方法，取得了巨大成就，而且明确地主张由前清学者"由经治经"，转入"以史治经"。[③]这一主张，明显地继承了自钱大昕以来的进步看法并加以发展，表明20世纪考证学者彻底打破了过去视经书为神圣的旧观念，摆脱了逐字逐句作训诂考订的注经、考经的方法；而代之以将古代经典平等地作为史料，从社会历史演进的视角，结合考古学、社会学等成果来作客观的研究，以求说明社会演进之真相的近代方法，且对经学本身也要考察其历史的演变。这种观念和方法的深刻变化，是推

---
① 钱大昕：《廿二史劄记序》，《廿二史劄记校证》附录二，中华书局1984年版，第885－886页。
② 均见《龚自珍全集·尊史》。
③ 王国华：《海宁王静安先生遗书序》，转引自《中国史学家评传》下册，中州古籍出版社1985年版，第1239页。

动20世纪历史学发展的重要原因之一。诚然，促成20世纪实证史学发展的重要原因，还有传统史学蕴积深厚、新史料大量发现、西方史学方法的输入等项。而从风气演变的渊源来说，18世纪末以钱大昕为代表的学者在史学实践上和理论上的努力，则无疑是导致近世学术变迁的重要源头。

二、严密精审、符合近代理性精神的考证方法

钱大昕治史具有严谨的态度和严密精审的方法，与近代科学方法和理性精神相符合，他的丰富考证成果和精良的治史方法，为20世纪考证学的崛起打开广大法门，成为传统学术向史学近代化演进之重要中介。——这是钱大昕被20世纪考证学家视为传统考证学杰出代表人物的主要原因，也是我们考察钱大昕学术对20世纪历史学产生直接影响更为重要的方面。

20世纪新考证学发展的根基，是中国传统考证学业已达到很高的成就，钱大昕则是传统考史方法的集大成者。他远绍宋代学者注重考证的渊源，近承清初顾炎武开创的考证学风。中国历史文化经过长期的发展，大批典籍经过久远的流传，存在许多记载抵牾、版本歧异以及散佚或作伪等问题，客观上早有加以整理、考订的需要。在宋代，已有一些著名学者重视考证的工作，如司马光专门撰著《通鉴考异》，详载各方面记载的歧异，说明其去取的理由，其他如叶适《习学记言》、黄震《黄氏日抄》、王应麟《困学纪闻》、沈括《梦溪笔谈》、洪迈《容斋随笔》等书，也都涉及考证史事、文字、版本等项问题。清初顾炎武既提倡学术经世，又提倡考证方法，开创了清朝一代注重考证的学风。他的名著《日知录》中，既有大量考证经书的条目，又有许多涉及官制、科举、国计民生及风俗变迁等历史学的内容。这种学术文化发展的客观趋势，至乾嘉时期，因与特殊的政治、经济、文化诸方面条件相结合，遂导致考证学的极盛，产生了钱大昕等多位考史名家。由于考证学蔚成风气，学者日夕研习、训练有素，加之经常互相探讨、切磋，因而方法的精审超过前人。

这里还应着重提出，在当时有一批学者注重研治天文、历算，他们因之受到严格的数学逻辑方法的训练，使考证学达到更高水平，更加符合于近代科学方法，钱大昕在这方面也是出色的代表。实际上，这是18世纪自然科学方法对于文献考证之学的一次渗透，推进了人文科学的发展。在今天，这个问题对

我们仍有启发的意义。清儒喜习天文、历算之学的风气，始于明末清初的徐光启、李之藻，他们学习当时来华的传教士传入的西方历算学，并融合中西算法，分别译著有《几何原本》《同文算指》等书。康熙年间，王锡阐、梅文鼎继起，王氏著成《晓庵新法》，梅氏著成《勿庵历算全书》（共30种）。他们的著作，因求会通西方历算印证本国古籍，由此引起知识界对我国固有算学的重视。康熙帝以帝王之尊和天资的聪明，笃嗜历算之学，更增强了历算学的吸引力，于是研习者云起。乾隆年间，四库馆开，尤促使对古代历算著作作一次集中的搜集整理，戴震即负责此项整理工作。戴氏中年以前已成《勾股割圜记》等极有价值的著作，受聘为四库馆纂修后，长期究心于子部天文历算的整理编校和撰写提要的工作。阮元对他有很高的评价："戴庶常……网罗算氏，缀辑遗经，以绍前哲，用遗来学。盖自有戴氏，天下学者乃不敢轻言算数，而其道始尊，功岂在宣城（梅文鼎）下哉！"①钱大昕亦精于天算学，著有《三统术衍》《元史朔闰表》《算经答问》等。他注目之重点与戴氏有别，戴虽遍注古算经，而自著之历算书，仍主宗西法，钱氏则专以提倡中法闻名。咸丰年间著名的历算家罗士琳对钱氏推崇备至，谓"宣城（梅文鼎）犹逊彼一筹"。②要之，戴、钱以学术大师而精于历算，遂使这门学问成为积学之士必修之业，如孔广森、焦循等人，都著有天文、历算的著作。研治历算学对于促进考证方法的严密大有关系，因为研究数学、天文、历法，讲求充分的证据、严密的判断，训练了严格的归纳和演绎的方法，从而更能自觉地遵守实证研究的原则，力求排除主观臆测、穿凿附会、夸大其词的蹈空习虚的作法。诚如康熙年间历算家王锡阐所云："其合其违，虽可预信，而分秒远近之细，必屡经实测而后得知。合则审其偶合与确合，违则求其理违与数违，不敢苟焉而已。"又云："学之愈久则愈知其不及，人之愈深而愈知其难穷。……若仅能操觚而即以创法自命，顺心任目，撰为卤莽之术，约略一合，傲然自足，胸无古人，其庸妄不学未尝艰苦可知矣。"③仔细体味这两段论述，则可知乾嘉时期历算之学受到学者的重视，其性质，实属自然科学方法与传统的文献考证之学的交叉，训练考证学者树立重客观、重实证、严格缜密的科学态度，反对无

---

① 《畴人传》卷42，丛书集成本，中华书局1991年版。
② 《续畴人传》卷49，丛书集成本，中华书局1991年版。
③ 分别见王锡阐：《推步交朔序》《测日小记序》。

根据的臆测。钱大昕既以严谨的态度从事历史考证，又在历算学上卓有建树，因此，逻辑方法的训练促进考证的严密，在他身上得到最有说服力的体现。近代著名考证学者王国维和陈垣，早年曾分别学习过物理学和近代医学，也同样证明了这一道理。

钱大昕考证学的卓越成就，在当时即备受推崇。卢文弨恭誉他"品如金玉，学如渊海。国之仪表，士之楷模"[①]阮元更高度评价他："国初以来，诸儒或言道德，或言经术，或言史学，或言天学，或言地理，或言文字音韵，或言金石诗文，专精者固多，兼擅者尚少，惟嘉定钱辛楣先生，能兼其成。"并恭誉他兼有"九难"。前二难，称赞他的品德；三、四难，指其经学、史学的成就，做到"洞澈原委"，"订千年未正之讹"；从五难到八难，说他兼治天算、地理沿革、文字音韵、金石、官制等，均能"观其会通"，"考核尤精"；最后九难，称他擅长诗古文辞，冠于士林。"合此九难，求之百载，归于嘉定，孰不云然"[②]。以阮元这样身兼大学者和封疆大吏、主持士林风气的显赫人物，如此称誉钱大昕在诸多学术领域均能"洞澈原委"，"考核尤精"，求之百载而难得，足见钱氏的学术成就和考证方法是如何令士林倾服。段玉裁也盛赞"先生于儒者应有之艺，无弗习，无弗精"，凡所著述，"中有所见，随意抒写，而皆经史之精液"。[③]

20世纪考证学者景仰钱大昕的学术，继承他的治史方法，当然绝不是简单的重复或模仿。惟其钱大昕的治史精神和方法代表了传统考证学的精华，故其所包括的基本原则和路数是任何从事考史工作者不能违背也不能绕过的。他为20世纪学者打开了广大法门，使他们结合20世纪许多重要新史料的发现，结合他们面临的新的课题加以发展，而大显身手。钱大昕严密精良的考证方法可以概括为以下四项，都为20世纪学者奠定了基础，提供了极其宝贵的启迪。

第一，实事求是，无征不信。

钱大昕治史，自觉地以"实事求是"为最高原则。他为"求真"而殚精竭虑，以数十年之精力，潜心于考辨史籍文字之错讹，地理、制度之误载，史实之歧异，目的即在恢复历史之"真"。基于"实事求是"的原则，他自觉地做

---

① 《抱经堂文集》卷19《与钱辛楣论熊方<后汉书年表>书》。
② 阮元：《十驾斋养新录序》。
③ 段玉裁：《潜研堂文集序》。

到了一不为古人所蔽，二不为门户之见所蔽，三不为主观看法所蔽。作为考证家，他重视最早出现的证据，认为古人的说法不应轻易否定，故说："前之古人无此言，而后之古人言之，我从其前者而已矣。"①但是如果后人的说法有确凿的证据，能驳正前人的误见，则毫无疑问要采用后人的正确说法："后儒之说胜于古，从其胜者，不必强从古可也。"②这就避免了惠栋一派学者墨守"凡古必真"以定是非，而容易陷于胶固、褊狭、盲从的毛病。钱大昕又明确提出反对门户之见，反对主观臆测。他批评某些学者："性情偏僻，喜与前哲相龃龉，说经必诋郑、服，论学先薄程、朱，虽一孔之见非无可取，而其强词以求胜者，特出门户之私，未可谓善读书也。"③他要求自己做到"择善而从，非敢固执己见"。又强调致力于考异证误的工作，目的在于存历史之真和事实之真："史非一家之书，实千载之书。祛其疑，乃能坚其信；指其瑕，益以见其美。"④

钱大昕在《廿二史考异》中汇集的考证成果，按条列出，形式上接近于琐碎，实则他所考之异，无论是校勘文字错讹，或订正史实、地理、典章制度记载的舛误，都是长期读书思考所得，引证大量材料而审慎得出的结论，在近于琐碎的形式下，寓含着渊博的学识和精良的方法，故被学者誉为碎金散玉，决千载之疑。例如，《汉书·地理志》是我国最早的关于古代行政区划和地理沿革的文献，具有极高的价值。但其中也有误载或难以理解的地方。钱氏运用纪传表志互校，辨证了几个重要问题，直破千百年之谬。汉武帝新开河西四郡（武威、酒泉、张掖、敦煌）的确切年代，是西汉历史上关系不小的问题。《汉书·地理志》记载云："武威郡，故匈奴休屠王故地，武帝太初四年开"；"张掖郡，故匈奴昆邪王地，武帝太初元年开"；"酒泉郡，武帝太初元年开"；"敦煌郡，武帝后元年，分酒泉置"。而据《武帝纪》所载，四郡设置时间均与志不同。纪、志之所载，必有一是一非。钱氏根据周密的考证解决了这一问题。武威、张掖两郡，志中明言故匈奴王地。钱氏引证《武帝纪》所载：元狩二年，"秋，匈奴昆邪王杀休屠王，并将其众合四万余人来降，置

---

① 《潜研堂文集》卷16《秦四十郡表》。
② 《潜研堂文集》卷9《答问》。
③ 《潜研堂文集》卷25《严久能娱亲雅言序》。
④ 《廿二史考异》自序。

五属国以处之。以其地为武威、酒泉郡。"据此，纪已明言此二郡设郡时间为元狩二年，因昆邪王来降，以某地置此二郡，此于事于理均相符合，无可怀疑。钱氏再引证《武帝纪》元鼎六年载："又遣浮沮将军公孙贺出九原，匈河将军赵破奴出令居，皆二千余里，不见虏而还。乃分武威、酒泉郡置张掖、敦煌郡，徙民以实之。"据此，钱氏进一步考证张掖、敦煌二郡设置时间应为元鼎六年。并认为："敦煌为酒泉所分，则张掖必武威所分矣。四郡之地，虽皆武帝所开，然先有武威、酒泉，而后有张掖、敦煌。以内外之词言之，武威、酒泉，当云'元狩二年开'；张掖、敦煌，当云'元鼎六年分某郡置'，不必云'开'也。昆邪来降在元狩间，而志以为太初，张掖乃武威所分，而志以张掖属元年，武威属四年，皆误。"①河西四郡设置时间及先后关系长期存在的疑问至此冰释。②

钱氏对三国两晋南北朝地理沿革也有精深之研究，他纠正了《晋书·地理志》记载的错误，得出"晋侨置州郡无'南'字"的重要结论。东晋南渡之后设置许多县，以安置北方流民，这里州郡都以流民的原居地命名。南朝刘宋为了将这些州郡与北方同名者区别开来，在地名前加上"南"字，如南青州、南兖州。但唐初修《晋书》却以为侨置州郡在东晋一开始就有"南"字，造成沿袭千年的错误。钱氏为研究地理沿革专家洪亮吉所著《东晋疆域志》作序，特别就此问题批评《晋书·地理志》的纰漏："侨置州郡，本无'南'字，义熙收复旧土，因至北徐、北青。永初受禅，始诏去'北'加'南'，而志已先有南兖、南琅邪、南东平等县，岂非误仍《宋志》追称以为本号乎！"③钱氏本

---

① 《廿二史考异·汉书考异二》。
② 钱大昕对河西四郡设置时间的考证，一问为历史地理研究者所推重。另外，20世纪初叶以来，在中国西北地区的敦煌、居延等地出土了大批汉代简牍，劳榦、陈梦家等学者利用汉简作考释、研究，对河西四郡的设置年代提出了新看法，也值得注意。劳榦据居延汉简编号313.12A（《居延汉简释文合校》，文物出版社1987年版，第196-197页）简文列举了河西其他三郡，唯独没有武威郡等史料，推测武威郡设置年代介于元凤三年十月与地节三年五月的十年间。陈梦家则据居延地节二年六月简，考证后来作为武威郡治的姑臧当时尚属张掖管辖，推定武威置郡至少在地节二年之后（见陈梦家：《河西四郡的设置年代》，《汉简缀述》，中华书局1980年版）。钱大昕根据对文献的严密考证，对河西四郡设置年代已取得令人瞩目的成果，而随着新的考古文物的不断发现，对此问题尚需作进一步的考辨和论定。
③ 《潜研堂文集》卷24《东晋疆域志序》。

人对此项纠正长期相沿成习的错误十分重视，在《廿二史考异》卷19、《十驾斋养新录》卷6、《潜研堂文集》卷35、《与徐仲圃书》等处都一再讲到这个问题，今天的历史地理研究者同样认为此项是钱氏运用精良考证方法所得到的重要成果。

第二，广参互证，追根求源。

善于广搜各种证据，作纪、志、表、传互证，或诸史互证，或引正史之外笔记、小说等史料互证，追根穷源，务使史实真相，昭然若揭，这是钱大昕考史极受20世纪学者所称道的又一特点。梁启超在《清代学术概论》中论述清代朴学家优良的方法所言："孤证不为定说。其无反证者姑存之，得有续证则渐信之，遇有力之反证则弃之。""盖无论何人之言，决不肯漫然置信，必求其所以然之故；常从众人所不注意处觅得间隙，既得间，则层层逼拶，直到尽头处；苟终无足以起其信者，虽圣哲父师之言不信也。此种研究精神，实近世科学所赖以成立。"①梁启超的概括和评价，正符合钱大昕广参互证、追根穷源的考证特点。兹略举数例：

《后汉书·光武帝纪》载：建武十三年，"省并西京十三国：广平属钜鹿，真定属常山，河间属信都，城阳属琅邪，泗水属广陵，淄川属高密，胶东属北海，六安属庐江，广阳属上谷。"此即为东汉初根据西汉末年"郡大国小"的情况，而对封域甚小的王国进行"省并"即撤销，将其属县归入邻近的郡国。但这段记载所列举的只有九国，与"十三"之数不符。李贤注《后汉书》，于此即注云："据此惟有九国，云'十三'，误也。"至于错在哪里，李贤指不出来。千年之后，至钱大昕才考辨出致错的原因，他指出应改成："省并西京十（三）国：广平属钜鹿，真定属常山，河间属信都，城阳属琅邪，泗水属广陵，淄川属高密、胶东属北海，六安属庐江，广阳属上谷。"去掉"三"、"属"，即豁然贯通。钱氏以本纪与《续汉书·郡国志》互证，据《郡国志》，北海国下云建武十三年省淄川、高密、胶东三国，以其县属②，据此证明高密与淄川同在省并之内，非以淄川属高密也。《郡国志》另一处又称，世祖省并郡国十。现将高密计入省并之列，正合十国之数。可知是在唐初之前传抄过程中，将十国误衍"三"字，"淄川"下又误衍"属"

---

① 梁启超：《清代学术概论》，《饮冰室合集》专集之三十四，第35、25页。
② 按，其时以高密四县封邓禹，胶东六县封贾复，故不立三国而并属北海。

字。①钱氏成功地运用他广参互证、缜密分析、追根求源的考证方法，勘破千年之误，使问题真相大白。

钱大昕又擅长于广泛搜集杂史、笔记、小说之外的材料与正史互证。汉初大封诸侯王，但是诸侯王国之国都在《汉书·地理志》中仅记载了寥寥几处，余者阙如，读史者也感到茫然。钱氏则据《史记》有关的纪、书、表、传各篇，以及《水经注》《元和郡县志》《太平寰宇记》等相互参证，考得楚王韩信都下邳，梁王彭越都定陶，济南王都东平陵，济川王都济阳等三十四个诸侯王国都所在地。②又如，《三国志·诸葛亮传》载"亮与徐庶并从"。裴松之对此注云："《魏略》曰，庶先名福，本单家子。"有的人将"单家"错误地理解为姓单（音善），而全不明白这是反映当时门阀观念已经形成的史料。钱氏连举了裴注其他四处称"单家"，及《后汉书·赵壹传》所称"单门"，证明"凡云单家者，犹言寒门，非郡之著姓耳。……流俗读单为善，疑其本姓单，后改为徐，妄之甚矣"③。

《辽史·道宗纪》有"寿隆"年号，钱氏据洪遵《泉志》所引《东北诸蕃枢要》《北辽通书》，又本人家藏碑刻多通，以及《东都事略》《文献通考》等书，证明年号应为"寿昌"。最后又用反证法：若道宗用"寿隆"年号，则违反圣宗名讳（耶律隆绪）。辽人谨于避讳，据此也可断为绝对没有的事。又如，钱氏据《金史·郭蝦蟆传》来考证《元史》中记载的错误。《元史·汪世显传》所载称，金之绥德州帅汪世显在蒙古军队进攻之下，不顾邻近郡县望风款附，独自坚守城池，最后才勉强投降，并自诩"臣不敢背主失节"。钱氏据《金史·郭蝦蟆传》与之对照，实际情况却与此大相径庭。汪世显身为金朝将领，早已决计向元朝迎降，他遣使约郭蝦蟆，欲并力攻破金城巩昌。此一背金降元计划被郭蝦蟆所拒，"世显即攻巩昌，劫取完展（按，驻守巩昌之金将粘割完展），送款于大元。复遣使者二十余谕蝦蟆以祸福，不从"。以两史互勘，显然《金史·郭蝦蟆传》所载为实。钱氏通过考证明确下了结论："是世显以偏战将戕主帅，背主嗜利，乃小人之尤者。且久通款于蒙古，何待阔端兵至始率众降乎！"又进一步指出《元史》所载的错误，是因为所据家传文饰

---

① 《廿二史考异》卷10《后汉书一》。
② 《潜研堂文集》卷12"答问九"。
③ 《诸史拾遗》卷1。

事实美化传主，"苏天爵《名臣事略》误信其家传书之，明初史臣又承天爵之误，不加订正"①。由此而得出对于家传碑志谀美失实，需慎重采择这一具有普遍性意义的结论。

第三，义例法——逻辑方法的熟练运用。

推求义例以决疑难，是乾嘉考证学成熟的标志之一。乾嘉卓越学者重义例是共同的，戴震区分《水经注》经与注混淆问题，即是著名例子。钱氏有"读书当求义例所在"的名言②，他考史自觉地运用义例法，即通过大量个别事例之分析、归纳，得出研究对象之规则；然后以掌握之义例，推而求之，解释史实，考订错误。换言之，义例法即是钱氏对于分析、归纳之逻辑方法的自觉运用，这也表明钱氏考史方法与近代科学方法相符合，故为近代学者所继承和发展。

钱氏精通西汉历史地理的考证，即赖于运用"义例法"。他分析、归纳《地理志》，得出三项义例：（一）"志所载郡国，以元始二年户口为断"。由此，说明志所载西汉行政区划、建制是前后变动的，并非固定不变。凡武、昭以前所封侯国，而至西汉末国已除者，志均不载。（二）钱氏又拿志与《王子侯表》《外戚恩泽侯表》相对照，成帝绥和以后所封（按，共十四侯国），志均未载，这证明"志中所书侯国，盖终于成帝元延之末"。即，一篇志内，不同时期的行政区划状况并存，故不能认为志所反映是整齐划一的。（三）《汉书》武帝以前人物的传，所涉及的地点和区域建制，均据武帝以前之郡县。故同一《汉书》中，志与各传所载地名、行政区划并非完全一致，各反映了不同时期的地理、政区状况，必须具体而论，不能固执一端而认为此是彼非。钱氏为此写了《侯国考》③，表明他以动态观点研究汉志，善于总结其"义例"，故对近代治历史地理者以深刻的启发。

钱氏又重视总结古籍避讳的义例，被陈垣称誉为"以避讳解释疑难"而最突出者。陈垣因受其影响而著成《史讳举例》《校勘学释例》两书，在前书序言末行，陈垣特意写上："1928年2月16日，钱竹汀先生诞生二百周年纪念日，新会陈垣。"表达对钱氏考证学成就的崇高敬意和继承钱氏学术的明确态度。

钱氏运用避讳义例，解决了有关古籍版本或内容的诸多疑难问题。一类

---

① 《诸史拾遗》卷5《元史》。
② 《十驾斋养新录》卷4 "《说文》连上篆字为句"条。
③ 《廿二史考异》卷9《侯国考》。

是因明避讳之义例，断定版本年代。《潜研堂文集》卷34《答卢学士（文弨）书》，辨正卢氏所校《太玄经》认为是北宋刻本之不当。主要理由是，此书署衔："充两浙东路提举茶盐司干办公事张寔校勘"。钱氏考定，宋高宗建炎年间，避高宗赵构名讳，始改勾当公事为干办公事。据此署衔，即是南宋刻，非北宋刻。

又一类是以避讳义例，断定古籍因避讳而改前朝年号，或辨正他人之错误说法。此举他辨正惠栋称《仪礼》因避讳改字之误。《仪礼·士婚礼》中父醮子辞云："勖帅以敬。"勖字在《荀子》中作"隆"。惠栋认为，这是《仪礼》为避东汉殇帝刘隆之讳而改字，一如《毛诗》改"隆衝"为"临衝"。钱氏辨正云："礼家传闻，文字不无异同，要当从其长者。勖帅以敬，于义为长。且信诸子，不如信经。若云避讳更易，则无是理。《士冠礼》称'弃尔幼志'，志为桓帝讳；'受天之祜'，祜为安帝讳，皆未改易。即以《毛诗》徵之：'四月秀葽'，秀为光武讳。'思皇多祜'，祜为安帝讳，亦未改易也。临衝，《韩诗》作隆衝，《韩诗》在汉时立于学官，何尝避隆字！"①

钱氏还从总结裴松之注的义例，辨正《三国志》流行版本中将《杨戏传》末注文与正文混淆之误。因杨戏撰有《季汉辅臣赞》，所赞颂人物，大多在《三国志》中有传，故陈寿摘载赞文以相补充。有赞辞而无事迹者，陈寿简单补记了事迹。裴松之为《杨戏传》作注，又引了《益都耆旧杂记》载王嗣等三人事迹作补充。乾隆年间流行的版本，则误以这段注文作为正文。钱氏考史，总结出裴松之注往往连带附录相关材料以传异闻之义例，指出此是裴松之引《益都耆旧杂记》注李孙德、李伟南，连及将陈寿原文中所未载之王嗣等三人事迹，也引而作注。运用义例法之成功，使钱氏发前人未发之覆，纠正了《三国志》版本中一个不应有的失误。

第四，以多种辅助学科作治史基础。

历史学的内容是记载以往社会丰富多彩的活动，史书记述的范围包罗万象，涉及诸多学科领域的问题。钱大昕学识渊博，对于文字、语言学，版本学，天算学，地理沿革学，经学等都很擅长，他熟练地运用诸多学科知识作辅助，是他能够正确地解决考史中大量疑难的关键。诚如当代学者所评论的："钱氏历史考据学之精神缜密，卓绝千古，即由于钱氏历史辅助知识之博

---

① 《潜研堂文集》卷8"答问五"。

雅。"①此项同样预示着近代学术发展的一种趋向。钱氏有大量运用多种辅助学科知识、解决考史难题的成果，限于篇幅，这里只能举出几个最有代表性的例证。

钱氏精于文字、音韵之学，多所发明。他重视古声母的研究，证明古无轻唇、重唇音的区别；由这一规律可以解决古籍上的许多疑难。如：古音文如门，《尚书》"岷山导江"，《史记·夏本纪》作汶山；古音微如眉，《春秋》庄二十八年，"筑郿"，《公羊传》作微；古音无如模，《汉书·功臣侯表序》："靡有孑遗耗矣。"注："孟康曰，耗音毛。师古曰，今俗语犹谓无为耗"；古音房如旁，《史记·六国年表》："秦始皇二十八年为阿房宫。"宋本作旁；古音务如牟，《左传》莒公子务娄，徐音莫侯反②。今案，上述钱氏所举各例，至今广东潮汕话、广州话中都可以找到证据，这些正是古音的遗留。钱氏又以古无轻唇、重唇的区别，考证中古时期史事。他考证《魏书》所载"秃发"与"拓跋"、"佛佛"、"勃勃"均同义，云："秃发之先，与元魏同出，'秃发'即'拓跋'之转，无二义也。古读轻重音加重唇，故'赫连佛佛'即'勃勃'。发从发得声，与跋音正相近。"③

《汉书·高帝纪》："其有意称明德者，必身劝，为之驾。"此处"有意称明德"五字难解，颜师古因不懂古音，此未加注。钱氏据《文选》注引《汉书》"意称"作"懿称"，美称也，与"明德"对文，是当以"懿称"为正。又据《诗·大雅·抑》篇，《国语》却引作"《懿》戒"，韦昭云："懿读曰抑。"《尚书·金縢》"噫公命"，马融本"噫"作"懿"，云懿犹亿也。根据上述各项证据，钱氏得出结论："盖古书'懿'、'抑'、'意'相通，故本或作'意'。"④"有意称"之疑遂得到圆满的解决。

钱大昕习蒙古语，他运用蒙古语的知识以解释史籍上诸多歧疑。《元史·太祖纪》：九年春，"猎于揭揭察哈之泽"。夏四月，"筑埽邻城，作迦坚茶寒殿"。钱氏考证云："揭揭察哈即迦坚茶寒也。译音无定字，史家不能考正，后世遂以为两地矣。"⑤他在《十驾斋养新录》卷九中，特别撰有"蒙古

---
① 杜维运：《清代史学与史家》，中华书局1988年版，第303页。
② 《十驾斋养新录》卷5"古无轻唇音"条。
③ 《廿二史考异》卷22"秃发乌孤载记"。
④ 《潜研堂文集》卷12"答问九"。
⑤ 《诸史拾遗》卷5"元史"。

语"条目，考释元人以本国语命名的意义，或取颜色，或取数目，或取珍宝，或取吉祥，或取部族。如察汗，白也；孛罗，青也；伯颜，富也，等等。

钱氏谙熟版本之学，极重视经史考证当以善本为依据。《十驾斋养新录》卷3有"经史当得善本"条，云："经史当得善本。今通行南北监及汲古阁本，《仪礼》正文多脱简，《谷梁》经传文亦有溷错，……《宋史·孝宗纪》阙一页，《金史·礼志》《太宗诸子传》，各阙一页。皆有宋元椠本，可以校补。若曰读误书，妄生驳义，其不见笑于大方者鲜矣。"①他读《汉书》北宋景祐本，恰恰获得了证据，以证实自己撰《汉书考异》所考订的十几处错误。如《哀帝纪》"元寿二年春正月"，元寿二字为衍文；《景武昭宣元成功臣表》孝成五人，成乡当作成都等，都从景祐本证实他所考正确②。钱氏又以嘉靖闽本《后汉书》证实他所考订的刊误。通行本《后汉书·陈王羡传》："遗诏徙封为陈王，食淮南郡。"钱氏考证淮南当为淮阳之误。他先以纪、传参证："《和帝纪》改淮阳为陈国，遗诏徙西平王羡为陈王，是其证也。淮阳王昞以章和元年薨，未为立嗣，故以其地改封羡。参考纪传，左验明白。"但这是逻辑推理而得，尚未获得刊本的确实证据。故有人提出可能应作"汝南"。钱氏后获善本嘉靖闽本，果然作"淮阳"，得到了确证，故云"私喜予言之不妄"。③

钱大昕又十分重视地理沿革学知识对于研究历史的重要作用，曾形象地做比喻："读史而不谙舆地，譬犹瞽之无相也。"④历史是一幕活剧，而地理是演出的大舞台，这个大舞台的各处位置和名称不断演变，故若不懂地理沿革，则有如盲人出门不辨位置、东西，研史将无所适从。在乾隆时期，钱氏之精于地理沿革为学者所共同推崇，故有不少研治舆地之学的学者，如洪亮吉、徐仲圃等人，都经常向他请教、切磋，撰成著作请他写序。钱氏以其精湛的学识和严密的考证往往能辨析疑难，辟千年之谬。钱氏在此方面考证精彩之处不胜枚举，前文已涉及一些，现再举一成功的例证。《续汉志·郡国志四》载："乐安国，高帝西平昌置，为千乘。"这段文字与该志前后所载"平原郡，高

---

① 《十驾斋养新录》卷3"经史当得善本"条。
② 见《廿二史考异》卷6"汉书一"，《十驾斋养新录》卷6"汉书景祐本"条。
③ 《廿二史考异》卷11。
④ 《潜研堂文集》卷24《东晋南北朝舆地表序》。

帝置"、"北海国，景帝置"等体例显然不相符合。惟前人对此未予论及。钱氏以丰富的地理沿革知识和敏锐目光，对此做了详审的考证："案，文当云高帝置，不应有西平昌三字，其为衍字无疑。后读《宦者列传》，彭恺为西平昌侯，注云，西平昌属平原郡。乃悟此三字当属上文平原郡，而平原郡九城当为十城。因此三字错入乐安注中，校书者遂改十为九，以合见存之数。"钱氏以志、传互证，考辨一个地名而改正两处错误，故被校勘学专家张森楷称为"精确"。

三、运用新史料和开拓新领域的直接先导

钱大昕考史不限于文献范围，而是注重发掘新的史料，引用大量金石文字与史籍相印证，扩大了史料范围，使他考史的视野更开阔，成果超过前人，而且因此开创了近代王国维"二重证据法"之先河。钱氏生平又对《元史》领域下功夫最大，成就卓著，成为晚清和20世纪蔚成大国的元史、蒙古史研究风气之直接先导。这两项合起来，构成钱大昕对20世纪新考证学产生深远影响的又一重要方面。

著名学者王鸣盛十分赞许钱大昕在金石文字上搜求既博且精，运用在考史上成就特出。王氏认为，中古时代学者已开始注重考释金石。"专著为一书者，自欧阳修始，此后著录甚多。论其完备者凡六家。自欧阳外，则赵氏明诚，都氏穆，赵氏崡，顾氏炎武，王氏澍，斯为具体而以跋入文集者……朱彝尊始足并列为七焉。最后余妹婿钱少詹竹汀《潜研堂金石文跋尾》乃尽掩七家，出其上，遂为古今金石学之冠。"又称钱氏最出色者，"以治金石，而考史之精博，遂能超轶前贤"[①]。王氏的看法很有见地，钱大昕给别人的最大启发，是运用金石文字证史。从学术发展看，王国维把碑刻文字扩大到甲骨文、金文，以之与历史文献互证，便成为在20世纪享有盛誉的"二重证据法"。

譬如，钱氏以碑刻文字考证年代和历史上的称谓。《元史·太祖纪》载乙亥（1275）张致叛于锦州。而钱氏据《史进道神道碑》考证，应为丙子（1276）。《元史·史枢传》《何实王珣传》所载也为此提供了旁证。再如，钱氏以碑刻考证监本《北史·齐宗室诸王传》改"史君"为"使君"之误。他

---

① 王鸣盛：《潜研堂金石文跋尾序》，《潜研堂金石全集》第三十册。

认为六朝人多称"刺史"为"史君",举出家藏东魏兴和二年《敬显儁碑》为证:"额题敬史君,字画分明。高湛为沧、定二州刺史,并在东魏时,传称史君,与石刻正合。监本改'史'为'使',所谓少所见多所怪也。"①钱氏还从肯定碑刻文字价值的角度纠正顾炎武的一则证据不足的记载。《新唐书·突厥传》有云:"可汗者,犹古之单于,其子弟谓之特勒。"顾炎武《金石文字记》中引此条及史传中其他称"特勒"者多处,据以证明《凉国公契苾明碑》及柳公权《神策军碑》各称"特勤",断定"斯皆书者之误"。钱大昕则认为,碑刻文字对此项的记载实具更高的史料价值,应据以订正史书的误载,"予谓外国语言,华人鲜通其义,史文转写,或失其真。唯石刻出于当时真迹,况《契苾碑》宰相娄师德所撰,公权亦奉敕书,断无讹舛。当据碑以订史之误,未可轻訾议也。"②

正因为钱大昕善于以碑刻文字与史籍相参证,故能发掘出很有价值的史料,订补了文书的缺漏。他发现东汉永和年间《敦煌太守裴岑纪功碑》记载敦煌太守裴岑率郡兵打败北匈奴呼衍王,使边境得保安宁的史实,碑文云:"惟汉永和二年八月,敦煌太守云中裴岑将郡兵三千人,诛呼衍王等,斩馘部众,克敌全师,除西域之灾,蠲四郡之害,边境艾安,振威到北,立德祠以表万世。"钱大昕加了跋语:"按,汉自安帝以后,北匈奴呼衍王常展转蒲类海间,专制西域,共为寇钞。及班勇为长史,破平车师,西域稍通。顺帝阳嘉四年春,呼衍王侵车师后部,敦煌太守率兵掩击于勒山,汉军不利。其秋,呼衍王复将二千人攻后部,破之。时呼衍之势日张,而岑能以郡兵诛之,克敌全师,纪功勒石,可谓不世之奇绩矣!而汉史不著其事,盖其时朝政多秕,妨功害能者众,而边郡之文簿壅于上闻故也。"钱氏深深地感慨,千载之后,此碑却能历经风霜冰雪、烟尘沙砾,经久不坏,"功虽抑于一时,而名乃彰于后代!"③指出裴岑为保卫西部边境立了大功,而由于当时朝政多弊,有功者受掩抑,史册上得不到记载,正有赖此碑文,才使这一重要史实得以彰明。再如,南宋末年,原守将赵祥以邓州叛,乃导致赵范失襄阳。但《宋史》对此讳而不书。《元史·太宗纪》云:"八年,命应州郭胜、均州孛求鲁九

---

① 《廿二史考异》卷40"齐宗室诸王传"。
② 《十驾斋养新录》卷6"特勤当从石刻"条。
③ 《潜研堂金石文跋尾》卷1《敦煌太守裴岑纪功碑》。

经、邓州赵祥，从曲出充先锋伐宋。"对赵祥叛宋始末亦不详载。钱氏在《诸史拾遗》中，乃引姚燧所撰《邓州长官赵公神道碑》的详细材料，予以补述。末云："所述背宋归元事极分明。汉上五州迁徙事（按，指邓、均、唐、襄、樊五州曾因避兵迁往洛阳及豫西，以后又徙回之事），又可补《地理志》之缺漏。"①钱氏极为重视姚燧所撰此碑之史料价值，在《廿二史考异》卷86"太祖纪"条，以及《十驾斋养新录》卷9"邓州移复"条也一再引用。

如果说，钱大昕运用金石文字考史，以现存碑刻实物与文献相参证，是为后来的研究者提供了治学的新观念、新思路。那么，他在《元史》这一范围长期辛勤耕耘，发现了大量问题，则是为近代学者开辟了新的有发展前途的研究领域。

段玉裁对钱大昕的学术曾有过中肯的评论："生平于元史用功最深。"而研治元史，难度是很大的。元朝是少数民族建立的王朝，其特有的语言、文字很难理解，人名、地名佶屈难记，常易混淆。元史的基本史料《元朝秘史》《元典章》连训诂学家都感到棘手，所以对《元史》的考订一向更少有人问津。而《元史》由于修撰时间匆促，错误、缺漏很多。洪武元年（1368），元朝灭亡的当年，明太祖就下令编撰《元史》。第二年，设局第一次修撰，仅用188天便修成除元顺帝一朝以外的本纪、志、表、列传共159卷。第二次设局修撰在洪武三年（1370），用143天续修53卷。然后将前后两次合并整理编排，共成210卷。全书的修撰，总共只用331天。正如钱大昕所批评的："时日促迫，则考订必不审"，"本纪或一事而再书，列传或一人而两传；宰相表或有姓无名，诸王表或有封号无人名"②，如此等等，错误百出。钱大昕就选择这一困难的领域深入钻研，抱着求真的目的，对《元史》的错误详加抉摘考证。《廿二史考异》100卷中，《元史考异》占有15卷，为各部正史之冠。他还补撰了《元史艺文志》《元史氏族表》，《诸史考异》《十驾斋养新录》中还有为数可观的有关元史的条目。

钱大昕对元史的事件、人物活动、地理、氏族、兵制等项都提出许多创见。他指出，《元史·地理志》叙述自唐至元地理的沿革，存在两大错误：第一，唐朝天宝年间曾经一律改州为郡，十余年后又恢复州名。而《元史》中

---

① 《诸史拾遗》卷5"元史"。
② 《十驾斋养新录》卷9"元史"条。

只记载"某地，唐时为某郡"，随意删掉后来又改郡为州的事实；第二，在宋代，每州又附有郡名，郡是虚名，作为王公封爵之用，州才是实际的地方建置。《元史》又误以为州在宋代升为"郡"。由于"明初修史诸臣昧于地理"，几乎"涉笔便误"。① 钱大昕补撰的《元史艺文志》是对元朝一代文献的综合考订整理。他吸收了焦竑《国史经籍志》、王圻《续文献通考·经籍考》等的研究成果，又纠正了他们的错误。有一书两见的，有因书名错字将一书的作者和作序者都看成作者分为两书的；书的作者，有误以宋人为元人、元人为宋人的；有因译音不同而误分为二人的，一概予以纠正。钱大昕作的《元史氏族表》也是一篇名作，此表从起稿到完成，前后历30年，取材于正史、杂史外，兼及文集、题名录、碑刻和各种史料。这个表，解决了《元史》中同名甚多、无从辨别的难题。因为，元朝任官，一般以蒙古、色目人为正副，中书省、御史台、枢密院的长官，必须由功臣世家子弟充任。他们虽属不同氏族，但平时只称名，不带姓氏，故史籍中人物同名甚多。钱大昕认为，"非以氏族晰之，读者茫乎莫辨"。所以他汇集了各种史料，凡蒙古、色目有族姓可考的，皆顺序胪列。似异而实同的，加以归并；似同而实异的，则加以厘正；同一族姓之下，每支按世系分列成表，使读者一目了然。后来魏源撰《元史新编》，柯劭忞撰《新元史》都袭用钱大昕这篇表，成为书中不可缺少的部分。钱大昕有大量关于元史的考证成果：有考证《元史》中年代、人名、地名错误的；有考证其官制或史实错误的；有用其他正史、杂文与《元史》互证的；有纠摘《元史》其他严重舛误的，他的大量研究成果，表明元史是一个大有可为的研究领域。晚清及20世纪的一批学者，除魏源、柯劭忞外，还有李文田、洪钧、沈曾植、屠寄、王国维、陈垣、陈寅恪，都闻风而起，长期致力于元史、蒙古史的研究，使之成为学术史上的新热点，而究其开辟创始之功，则应归功于钱大昕。

---

① 《十驾斋养新录》卷9"元史不谙地理"条。

《廿二史劄记》：乾嘉学术创造性思维的出色成果

> 百年史学推瓯北，万首诗篇爱剑南。①

这是近代著名史家陈垣的诗句，他将赵翼的史学造诣与陆游的爱国诗歌成就相并提，推崇备至。清朝乾嘉朴学盛行约有百年，学者辈出，其中被推为考史大家者即有王鸣盛、钱大昕、赵翼三人。唯独赵翼在近代史学家陈垣心目中占有如此重要地位，原因何在呢？

最根本的原因，是赵翼史学在朴学时代显示出鲜明的学术个性，并且随着时间的推移，尤其到了近代，更具多方面的启迪意义。赵翼以数十年的精力，广泛搜集资料，爬梳剔抉，考证史籍著述体例的演变和历史事实的真相，所著《廿二史劄记》一书，涉及自《史记》至《明史》共二十四部"正史"（唐书和五代史都包括新、旧两部），旁及杂史和其他典籍，还有赵氏所著另一考证笔记《陔馀丛考》中许多条目足资互相发明，充分表现出赵翼的精深功力。而在治史旨趣和学风上，赵翼尤为出类拔萃，他有开阔的视野，深刻的历史观察力，又有优良的治学方法。《廿二史劄记》一书，堪称是乾嘉朴学时代创造性思维的出色成果，书中的多方面成就还需要我们运用现代眼光深入地发掘和诠释。

一、进化史观和治史旨趣

赵翼（1727-1814）在史识上比同时代人明显高出一筹，成功地运用联系和变易发展的观点来研究历史，此乃得力于他有朴素进化的哲学观作指导。处在当时崇尚考据、不喜议论的时代，赵翼的朴素进化观点不是在史著中直接论述，而是在诗句中以形象的手法表达。他写有两首有名的诗作：

---

① 李瑚：《励耘书屋受业偶记》，《励耘书屋问学记》，三联书店1982年版，第127页。

满眼生机转化钧,天工人巧日争新。预支五百年新意,到了千年又觉陈。

李杜诗篇万口传,至今已觉不新鲜。江山代有才人出,各领风骚数百年。①

这两首脍炙人口的诗作,本是针对当时文坛上的复古倾向而发,但它们却以清新生动、浅显易懂的诗句揭示出一种哲理,一种变革的历史观点:新陈代谢是社会发展变化的普遍规律,人类总是后代胜前代,不断地追求变革、创新,古人的东西再好,如果泥古不变,也必然要陷于陈腐,被前进的时代所淘汰。赵翼生在考据盛行、"唯古为贵"的乾嘉时代,这些诗作所表达的提倡变革创新的观点,无疑是理论思维的一次激动人心的闪光!

赵翼充满着探求新知的热情,善于从所接触的事物获得哲理的启示,因而他的认识领域保持着源头活水。他有诗句记述每游一次西湖都能获得新的观察之体验:"独兹西子湖,我来亦已屡,一到一回新,不厌三四五,始识无尽藏,今览非昔睹。"②总结出人们对客观事物的认识能不断推向新境的深刻哲理。他又因观望海景而悟出宇宙空间无限广远,有诗云:"中原水皆地所包,至此始信水包地,不识此水又用何物包,六合以外真难议。"③尤应提及的是,他由于见到西洋自鸣钟、时辰表,认识到西洋人制造之机巧、技术之先进,进而领悟天地之大,到处有开辟之圣人的道理,这在当时更堪称是冲破千百年封建时代闭塞眼界之伟论。见于《簷曝杂记》中一条札记:"自鸣钟、时辰表皆来自西洋。钟能按时自鸣。表则有针随晷刻指十二时,皆绝技也。今钦天监中占星及定宪书,多用西洋人,盖其推算比中国旧法较密云。洪荒以来,在璿玑,齐七政,几经神圣,始泄天地之秘。西洋远在十万里外,乃其法更胜。可知天地之大,到处有开创之圣人,固不仅羲、轩、巢、燧已也。"④他听了西洋音乐,更意识到西洋文化确有先进之处,引申出中国士人应该克服保守和自大的成见,努力探索域外新事物的深刻道理,有诗云:"始知天地

---

① 《瓯北诗抄》绝句二《论诗》,商务印书馆1936年版。
② 《瓯北集》卷32《同乡陆蓬蓬庵观察招游天竺、龙井诸胜,午后泛舟游湖即事》。
③ 《瓯北集》卷41《杨舍城北登望海楼》。
④ 《簷曝杂记》卷2"钟表"条。

大，到处有开辟。人巧诚太纷，世眼休自窄。域中多墟拘，儒外有物格。"①赵翼自觉地认识到迫切需要破除士人根深蒂固的狭隘意识，阐述儒学以外有先进文物、中国之外有圣人的道理，代表乾隆末年认识的最高水平。这种开阔的视野和不断探求新知的态度，诚与其朴素进化历史观有极其密切的联系，同样是赵翼治学创造性思维的源泉。惟其赵翼在理论思维上达到这样的高度，才使《廿二史劄记》一书在乾嘉时期众多考史著作中脱颖而出，显示出特有的经世意识和对大量历史问题的深刻见解。

赵翼的治史旨趣，在其《廿二史劄记·小引》中有含蓄而深沉的表述，并且，饶有意味的是，他的旨趣得到同时代考证学大家钱大昕的由衷嘉许。赵翼所概括的本人著述宗旨值得我们仔细体味：

> 此编多就正史纪、传、表、志中参互勘校，其有抵牾处，自见辄摘出，以俟博雅君子订正焉。至古今风会之递交，政事之屡更，有关于治乱兴衰之故者，亦随所见附著之。自惟中岁归田，遭时承平，得优游林下，寝馈于文史以送老，书生之幸多矣，或以比顾亭林《日知录》，谓身虽不仕，而其言有可用者，则吾岂敢。②

赵翼揭示出他研史的重要目的，是探讨历史时势的变化，并且要究明治乱兴衰的内在原因，这种治学志识，在乾嘉朴学时代实为凤毛麟角，难能可贵。尤应注意的是，赵翼自认他是顾炎武经世学风的继承者。清初顾炎武的主张，实际上包括倡导经世致用和重视考据两个方面。他经历了明清之际朝代鼎革、"天崩地解"的大事变，因而呼吁学术应当发挥"经世"作用，主张研究历史的目的，在于总结兴亡治乱的教训，以匡救当今社会的弊病。《日知录》中有不少条目，是揭露理学空谈造成明朝的灭亡，以及揭露明代封建剥削之沉重，政治之腐败。顾炎武又吸取明代士人"束书不观，游谈无根"的教训，主张从文字、音韵、训诂入手，求得对儒家经典的准确了解，把"经术"与"治道"结合起来。他本人对音韵、文字、金石等项学问很精通，《日知录》中也有相当数量的条目就属于考证方面，显示出其考据兴趣和深厚功力。从清初到赵翼

---

① 《瓯北集》卷7《同北墅漱田观西洋乐器》。
② 《廿二史劄记小引》，据王树民《廿二史劄记校证》，中华书局1984年版，以下引《廿二史劄记》本文者均据此。

的时代，相距已有百余年，社会状况和学术风气发生了巨大变化。朝代更迭的动荡局面早被清朝统治的相对稳定所代替，伴随而来的是清廷对汉族士人采取压制与笼络两手并用的政策，最令士人震惊畏惧的是统治者屡兴文字狱，康熙时即有庄廷鑨案、戴名世案，雍正、乾隆两朝案件尤多，治罪更加严酷，甚至捕风捉影，任意罗织罪名。在这种专制淫威逼迫下，士人为了避罪，只好闭口不谈现实问题，转向细小问题的考证。统治者对于这种在故纸堆中讨生活的烦琐考证工作也有意加以鼓励提倡。龚自珍的有名诗句："避席畏闻文字狱，著书都为稻粱谋。"①便是当时士人心态的真实写照。因此，在考证学"如日中天"的乾嘉时代，专重考证、忽视"经世"成为流行的价值取向，原先由顾炎武开创的学风只继承了一半，而丢掉了另一半。在此情形下，赵翼却以继承"经世致用"学风自任，在书的卷首公开亮出探求盛衰治乱和求实致用的旗帜。这深刻地说明，赵翼不媚俗，不随波逐流，他清醒地认识到，一个史学家应该以探求历史上治乱盛衰的演变和缘故，作为治学的根本目的。在认为考据即学问的全部的众多朴学家中，赵翼诚不愧是具有特识的人物。无怪乎当嘉庆五年（1800）《廿二史劄记》书稿完成之时，七十四岁的赵翼带着它专程从家乡常州到嘉定，送给比他小两岁、但名气很大的钱大昕征求意见，钱氏为他作序，作了极高评价：

> （先生）所撰《瓯北诗集》《陔馀丛考》，久已传播士林，纸贵都市矣。今春访予吴门，复出近刻《廿二史劄记》三十有六卷见示。读之窃叹其记诵之博，义例之精，论议之和平，识见之宏远，洵儒者有体有用之学，可坐而言，可起而行者也。②

钱氏推许此书"有体有用"，即发扬了儒学经邦治国之体，具有经世之用。又盛赞赵翼探究中国历史上治乱兴衰的变化，显示出宏远的见识，因而使年老衰病的他，读后精神为之振作。这些话，完全符合赵翼著史的宗旨和书中的内容，绝非虚夸客套，这是钱大昕这位在考证学领域具有通识的学者对于赵翼过人的史识，衷心的敬佩。当时另一位学者李保泰，也极为赞叹赵翼书中所具有的特识："方先生属稿时，每得与闻绪论，及今始溃于成，窃获从编校之

---

① 《龚自珍全集·咏史》。
② 钱大昕：《廿二史劄记序》，见《廿二史劄记校证》附录二。

役，反复卒读之。嗟夫！自士大夫沉湎于举业，局促于簿书，依违于格令，遇国家有大措置，民生有大兴建，茫然不识其沿革之由，利病之故，与夫维持补救之方。虽使能辨黄初之伪年，收兰台之坠简，于以称博雅，备故实足矣，乌足以当经世之大业哉。"并热情地褒扬赵翼"得史学之大且重者"①。对于考证学者在整理文献上取得的成就，我们是充分肯定的。然则从学术的层次说，一般的治名物训诂的考据家只求知其然，志在探讨有关治乱兴衰之故的学者是求知其所以然。因此，后者比前者居于更高的层次。经世目标和探求治乱盛衰变化的治史旨趣，正是赵翼取得卓著成就的根本原因。

王、钱、赵三家考证的对象都是历代"正史"，王鸣盛《十七史商榷》止于新、旧五代史，钱大昕《廿二史考异》缺少《明史》与《旧五代史》。相比较之下，赵翼研讨了全部"正史"，范围最广。从内容上说，王氏主要考证制度、地理等项，钱氏主要详于校勘文字、解释名物，赵书考证的范围则包括史例和史事两个方面，三人的侧重点并不相同。由于赵氏有朴素进化观和经世主张为指导，史识上居于更高层次，因而决定《廿二史劄记》最有光彩的地方在于下述两个方面：探求古今时代风会的变化，表达对于国家命运和民生的关切，因而超出一般考据著作的格局，抒发出对历史上许多重大问题的深刻见解，具有史论的色彩；赵翼尤其重视总结明代治乱盛衰的教训，对其进行了深刻的历史反思，显示出鲜明的经世意识，这与同时代文人的粉饰太平之作大异其趣。以下即对这两个方面分别加以讨论。

二、史论的特色

乾嘉朴学在训诂、考据、校勘等文献学范围成就显著，这是微观研究发达的时代，但在宏观研究方面却大为逊色，就学术界整体而言，理论思维相当薄弱。梁启超对于朴学家治学路数非常熟悉，他在广州学海堂受到严格的朴学训练，对于朴学家的成就作过高度评价。又由于梁氏有近代眼光，因而洞悉朴学家沉醉于细小问题的考据、缺乏思想创造力的弱点，曾一再有过切中要害的批评。他称考据学"支离破碎，汩殁性灵"②，"昔传内廷演剧，触处忌讳，乃

---

① 李保泰：《廿二史劄记序》，见《廿二史劄记校证》附录二。
② 梁启超：《论中国学术思想变迁之大势》，《饮冰室合集》文集之七，第87页。

不得已专演《封神》《西游》牛鬼蛇神种种诡状，以求无过，本朝之治经术者亦然，销其脑力及其目力于故纸之丛，苟以遒死而已。……近汉学之昌明，禀兹例也。流风既播，则非是不见重于社会，幽眇相竞，忘其故也。呜呼，斯学之敝中国久矣！"①梁氏又总括说："乾嘉以后，号称清学全盛时代，条理和方法虽比前期致密许多，思想界却已渐渐成为化石了。"②

在此"思想界渐渐成为化石"的时代，却有赵翼的议论放射出异彩！他以独具的识力，另辟蹊径，注重从宏观角度探求历史时势的变化和盛衰之故，每能把大量分散材料加以综合，从而揭示出一个时代具有特别意义的问题，分析其对社会所产生的正面或负面作用。此类条目从形式上看是札记，实际内容却有如今日一篇篇极有分量的论文。其中所蕴含的高明史识和精彩议论，二百年后读来仍然感到具有活跃的生命力。

《劄记》的史论特色，首先表现在赵翼注重探究历史的"势"和"变"，发掘隐藏在大量分散史实背后的深刻意义和教训。他总结了这样的警句："读史者于此，可以观世变也。"③从西汉初政治局面的特点，东汉的党锢，魏晋南北朝实行九品中正制，南北朝时期的门阀制度，一直到明代政治腐败和民众沉重负担等多方面重要问题，都在他探讨和分析的范围之内。他论述汉初布衣将相局面的变化，就是"善于捉住一时代有特别意义之问题"的典型。他首先归纳概括出，汉初政治局面出现了由世侯世卿贵族到"布衣将相"的重大变化。汉初众多文武大臣都出身低下，萧何、曹参等曾任下级属吏，其余陈平、王陵、陆贾、郦商、郦食其、夏侯婴等都是来自乡里的平民。樊哙、周勃、灌婴更加贫贱，分别以屠狗、织薄、贩缯为业，娄敬则是挽车的戍卒。"一时人才皆出其中，致身将相，前此所未有也"。紧接着，赵翼分析这个变化经历了渐变，始于战国，定于汉初。"盖秦、汉间为天地一大变局。自古皆封建诸侯，各君其国，卿大夫亦世其官，成例相沿，视为固然。其后积弊日甚，暴君荒主，既虐用其民，无有底止，强臣大族又篡弑相仍，祸乱不已。再并而为七国，益务战争，肝脑涂地，其势不得不变。"在激烈的兼并战争中，秦、晋、齐、楚各国为了加强自己和削弱别国，遂广招贤士，破格用人，于是有范雎、

---

① 梁启超：《论中国学术思想变迁之大势》，《饮冰室合集》文集之七，第92页。
② 梁启超：《中国近三百年学术史》，《饮冰室合集》专集之七十五，第176页。
③ 《廿二史劄记》卷20"店前后米价贵贱之数"条。

蔡泽、苏秦、张仪等徒步为相，孙膑、白起、乐毅、廉颇、王翦等白身而为将，"此已开后世布衣将相之例"。至秦末群雄并起，高祖以匹夫起事，"其臣亦以平民立功而致身将相，天下变局，至是乃定"。赵翼还进一步分析，布衣将相定局之后，旧的残余依然存在，故有分封异姓王，以后又分封同姓王之举。至平定七国之乱以后，王国内任命官吏的权力收归朝廷。至是，"三代世侯、世卿之遗法始荡然净尽"，征辟、选举之势成①。赵翼史识高明之处，是认识到这是客观条件规定的必然趋势，即使"人情犹狃于故见"，也改变不了客观趋势，最后将旧法扫荡净尽。他又讲"天意已换新局"，"岂非天哉"，在这里，"天"是与人情对举的，实则是"历史必然趋势"的代名词。他的视野上起战国，下至两汉以后，爬梳了大量分散的材料，加以概括、分析，挖掘出具有本质意义的东西，因此被后来的通史和断代史著作普遍地采用。

像这样显示出深刻历史观察力的论述，书中为数不少，这里再举出几个能给以有益启迪的例证。魏晋以降曾长期实行过"九品中正"的选举制度，这是人所共知的。赵翼却能对"九品中正"实行之前的酝酿，实行中的利与弊，以后当权者为何长期不予变革的原因，层层深入地分析。赵翼首先论证实行"九品中正"的缘起，是因为汉代察举孝廉制度产生了明显的弊端，"贪缘势利，猥滥益甚"，因而需要有新的荐举方法代替。实行"九品中正"制，是在魏文帝时采纳吏部尚书陈群的建议而规定的。赵翼又从《晋书》分散的列传中撷取材料，论述从提出建议到制度化的发展过程。在曹操时，已有何夔、杜恕提出建议，用人要在乡间选拔，州郡考士要看其行为。然后分析九品中正实行之后固然出现弊病，但并非一无是处。他举出《晋书》中何攀、卞壶、张辅、孔愉等人的传，证明"乡邑清议有主持公道者，中正官有秉公不挠者"。进而指出九品中正制流弊所在，是中正官评高下"全以意为轻重"，"高下任意，荣辱在手"，"据上品非公侯之子，即当道之昆弟"，造成上品无寒门，下品无世族。赵翼以激愤的语调揭露说："高门华阀有世及之荣，庶姓寒人无寸进之路，选举之弊，至此而极！"那么，自魏晋迄南北朝三四百年，积弊至极而不予改革，是什么原因呢？赵翼回答说，原因即在"当时执权者即中正高品之人，各自顾其门户，固不肯变法，且习俗已久，自帝王以及士庶皆视为固然，

---

① 《廿二史劄记》卷2"汉初布衣将相之局"条。

而无可如何也"①。透过表象，指出当权的既得利益者为其门户私利而顽固不变法，确是一针见血之论。

《劄记》卷12"江左世族无功臣"条，集中论述东晋南北朝门阀制度的种种特点，与《陔馀丛考》书中"六朝重氏族"、"谱学"两条相互照应、补充，同样是脍炙人口的精彩议论。赵翼遍引魏、晋、南北朝、唐、五代史书中的记载，论述前后达五百年的历史现象，既典型、又具体。赵翼揭示出门阀制度盛行的根源是：六朝最重氏族。当其入仕之始，高下已分。"是以矜门第者高自标置，其视后门寒素，不啻如良贱之不可紊越。""而单门寒士亦遂自视微陋，不敢与世家相颉颃。""当时风尚，右豪宗而贱寒畯，南北皆然，牢不可破。……其至习俗所趋，积重难返，虽帝王欲变易之而不能者。"②赵翼提炼出大量典型史料，描绘出门阀制度下畸形的社会现象。其时，高门与寒族有严格的界限，不能通婚。琅邪王源，嫁女于富阳满氏，遭到沈约弹劾，称："王、满联姻，实骇物听。……此风弗剪，其源遂开，点世尘家，将被比屋。宜置以明科，黜之流伍。"③庶族普遍的心理，是即使不能通婚，也愿与世族交际，甚至偶有接触的机会，也以为荣幸。如纪僧真曾向齐武帝请求："臣小人，出自本州武吏，他无所须，惟就陛下，乞作士大夫。"齐武帝回答说："此事向江斅、议定，我不得措意，可自诣之。"纪僧真乃奉旨去求见江斅，刚登榻坐定，江斅命左右："移吾床，让客。"纪僧真丧气而归，告诉齐武帝："士大夫固非天子所命也。"甚至极凶恶狡诈的军阀，凭借其驰骋战场的气焰，也不能勉强求得，如侯景请娶于王、谢，梁武帝回答说："王、谢门高，可于朱、张以下求之。"赵翼综合了这一类典型材料，得出结论说："可见当时门第之见，习为固然，虽帝王不能改易也。"并进而指出，历宋、齐、梁、陈各朝，"立功立事，为国宣力者，亦皆出于寒人。"世族出身的人物，养尊处优，惯于以门第、服饰、风度相夸耀，却几乎不见为国家立功的人物。如王弘、褚渊等，在国家、政权改易之时，只求自保家庭门户的尊荣地位，"虽市朝革易，而我之门第如故，以是为世家大族，迥异于庶姓而已。此江左

---

① 《廿二史劄记》卷8"九品中正"条。
② 《陔馀丛考》前编卷37"六朝重氏族"条。
③ 《文选》卷40沈约《奏弹王源》。

风会习尚之极弊也"。①

《劄记》卷19"贞观中直谏不止魏徵"条，层层深入地论述唐太宗纳谏作风与极其重视吸取隋亡教训的关系，总结封建统治"多难兴邦"的规律，此篇尤为乾嘉时代的大议论。赵翼首先肯定贞观直谏之臣首推魏徵，表达对贞观君臣间开明的政治风气的由衷向往："太宗尝谓徵曰：'卿前后谏二百余事，非至诚何能若是。'又谓朝臣曰：'人言魏徵举止疏慢，我但觉其妩媚耳。'徵以疾辞位，帝曰：'金必锻炼而成器，朕方自比于金，以卿为良匠，岂可去乎。'至今所传十思十渐等疏，皆人所不敢言，而帝悉听纳之。此贞观君臣间直可追都、俞、吁、咈之盛也。"称赞贞观君臣可说是实现了古人对开明政治的理想。赵翼接着推进一层，指出其时直谏者不止魏徵，遍举新旧唐书中各传，说明其时薛收、孙伏伽、温彦博、虞世南、马周、王珪、姚思廉、高季辅、戴胄、张玄素、褚遂良、李乾祐、柳范、刘洎等，都曾对唐太宗直谏面争。其中，虞世南谏田猎，谏山陵之制不宜过厚，谏宫体诗不宜作，谏无以功高自矜，无以太平自息，都针对比较重要的问题，不留情面地提出谏阻意见，太宗嘉许说："群臣皆若世南，天下何忧不理。"张玄素谏修建洛阳宫耗费民力，而且毫不客气地说这种举动比大兴土木、造成天下怨叛的隋炀帝更甚，太宗问他，那我比桀、纣怎么样？玄素回答："若此役卒兴，同归于乱耳。"由于玄素无顾忌地讲出事情的严重后果，才终于使太宗醒悟过来，感叹："我不思量，遂至于此。"太宗还在宴请虞世南诸位大臣的酒宴上，称赞这些诤谏大臣敢于"批逆鳞"，赵翼由此引出论断："诸臣之敢谏，实由于帝王之能受谏也。"中肯地分析了在专制主义体制之下，官员是否敢于建言，开明政治局面能否出现，掌握最高权力的君主实处于矛盾的主要方面。这是论述的第三层。第四层，赵翼再深入一步提出，唐太宗是平定天下、智力过人的君主，按常理应该自视甚高、惯于随意驱使臣下，然而事实恰恰相反，"乃虚怀禽受，惟恐人之不言，非徒博纳谏之名。实能施之政事，其故安在哉？"赵翼回答说，根本原因是"亲见炀帝之刚愎猜忌，予智自雄，以致人情瓦解而不知，盗贼蜂起而莫告，国亡身弑，为世大僇。……此太宗所亲见也。唯见之切而惧之深，正张廷珪所云，多难兴邦，殷忧启圣。"赵翼所总结的这一客观规律是极其重要而深刻的。唐的兴起正是建立在吸收隋亡教训基础之上，魏徵等贤臣告诫唐

---
① 《廿二史劄记》卷12"江左世族无功臣"条。

太宗：隋炀帝恃其富强，不虑后果，驱天下以纵己欲，导致身死国亡，"陛下应以隋为鉴"。赵翼真正做到能从历史动因总结唐初开明政治局面形成的时代条件："此当时君臣动色相戒，皆由殷鉴不远，警于目而惕于心，故臣以进言为忠，君以听言为急。"读者随着赵翼层层深入的分析，由魏徵直谏而认识群臣诤谏形成风气，又进而认识关键在帝王能受谏，又进而认识由于特殊的时代条件才产生这一局面。不仅获得关于隋末唐初政治人物的大量感性认识，更在哲理上受到深刻的启示。论述至此，本已相当完满。但赵翼犀利的议论却一发不可收，至文末又向前逼近。由于条件变化了，唐太宗纳谏的态度也起了变化，"其后勋业日隆，治平日久，即太宗已不能无稍厌"。故魏徵作了言简意赅的描述，贞观之初是导人以言，态度主动恳切，三年后见谏者悦而从之，主动性已有不同，近一二年则勉强受谏，心中却有老大不愉快。"是可知贞观中年，功成志满，已不复能好臣其所受教。"有功而产生志满，志满而听不进去别人的话，曾以开明形象出现的唐太宗也逃脱不了这一规律。最后，赵翼笔锋一转，更尖锐地提出具有现实意义的论点：艰苦创业的人物尚且如此，那么对于生活在太平逸乐环境的君主来说，受谏就更困难了。"惧生于有所惩，怠生于无所儆，人主大抵皆然。若后世蒙业之君运当清泰，外无覆车之戒，而内有转圜之美，岂不比太宗更难哉！"赵翼的这些话，实际上暗示着统治者骄傲疏怠，即孕育着行将到来的危险。这里生当太平时期的"人主"当然也包括在逸豫环境中做皇帝的"十全老人"乾隆，细心的读者于此不难体会出赵翼"经世"的微旨。

他如"党禁之起"（卷5）、"六朝清谈之习"（卷8）、"六朝多以寒人掌机要"（卷8）、"唐节度使之祸"（卷20）、"元初诸将多掠人为私产"（卷30）、"明初吏治"（卷32），以及《陔馀丛考》中的"谱学"、"明中叶天子不见群臣"等，也都是揭示一个时期历史特点的重要条目，这里不再一一论列。

揭露、抨击历代封建统治者的弊政，是《劄记》史论特色的又一重要体现。

赵翼怀有正直史家关心国家民族命运、同情民众疾苦的责任感，因此对封建统治者的暴政和罪行深恶痛绝。同时代的朴学家孙星衍有见于此，他赞誉《劄记》一书"于前代弊政，于一篇之中三致意焉"[①]。稍后的张维屏也认

[①] 孙星衍：《赵瓯北先生墓志》。

为，赵氏"所撰著均能使人增益见闻，通知时事，较之断断考据于无用之地者，似为胜之"①。譬如，赵翼批评汉武帝时治狱案件繁多，治罪严酷，株连极广。诏狱所系二千石官员不下百余人，其他大案一年多至千余宗，株连多者数百人，捕人范围达数百里，以严刑逼供定罪，致使百姓一闻有罪案发生，远近逃亡一空。有的案件几起几落一再捕人，十多年了仍互相告发治罪。廷尉和中都诏狱逮捕至六七万人，受牵连者以至十余万。"是可见当日刑狱之滥也，民之生于是时何不幸哉！"②汉武帝时代是封建统治的盛世，赵翼却能揭露其阴暗面，这同样说明其历史见识高明之处。他又论述历代宦官为害朝政，日在人主耳目之前，以逸媚而售其奸，昏庸之主则妄加信用，于是阉人出入宫廷，口衔天宪，俨然权势在握。"迨势焰既盛，官府内外悉受指挥，即亲臣重臣竭智力以谋去之，而反为所噬，当其始，人主视之，不过供使令效趋走而已，而岂知其祸乃至此极哉！"③赵翼从两个层次总结东汉宦官害民之酷烈。一是宦官自为苛虐。宦官单超、徐璜、左悺等五人，以诛梁冀功皆封侯。单超死后，四侯更盛，皆竞起第宅，穷极壮丽，金银毡毯施于犬马，仆从乘坐牛车，列骑随从。故刘瑜上疏言："中官邪孽，比肩裂土，皆竞立子嗣，继体传爵……又广娶妻室，增筑第舍，四处霸占民间田舍田产。民无罪而辄坐之，民有田而强夺之，贫困之民，竟有卖其首级，父兄相代残身，妻孥相视分裂。"二是更有倚宦官之势，而鱼肉小民者。因其时人仕之途，惟征辟、察举二事，宦官既据权要，则负责征辟、察举者，望风迎附，非其子弟，即其亲知，并有贿赂宦官以辗转于请者。"是以天下仕宦无一非宦官之兄弟姻戚，穷暴极毒，莫敢谁何。"如单超之弟为河东太守，侄子为济阴太守，徐璜为河内太守，左悺之弟为陈留太守，都是害民之贼。徐璜侄子宣为下邳令，尤为暴虐，求故汝南太守李嵩女不得，则劫取以归，戏射杀之。因宦官子弟宾客肆为民害，"由是流毒遍天下"。④再如卷11"宋齐多荒主"条，论述南朝宋、齐独多荒淫凶残的君主，"统计八九十年中，童昏狂暴，接踵继出"，"是以一朝甫兴，不转盼而覆灭"。赵翼以憎恶的笔调，列举了宋少帝、前废帝、后废帝、齐废帝、郁

---

① 《国朝诗人徵略》卷38"赵翼"。
② 《廿二史劄记》卷3"武帝时刑狱之滥"条。
③ 《廿二史劄记》卷5"东汉宦官"条。
④ 《廿二史劄记》卷5"宦官之害民"条。

林王、东昏侯、陈后主等荒主的种种丑行和罪恶。如宋后废帝刘昱立为皇帝几年以后，无日不与恶棍解僧智、张五儿四出游荡，从者手执凶器，见人便杀，借以取乐。致使京城附近"人间白昼不开门，道无行人"。刘昱又备有棍棒及钳凿等刑具几十种，"为击脑、槌阴、剖心之诛，日有数十，至尸卧流血然后快"。陈后主陈叔宝即位后，荒于酒色，不问政事，大建宫室，奢靡无度，日与妃嫔、文臣游宴，制作艳词，如《玉树后庭花》《临春乐》等；定各种苛税，榨取百姓，滥施酷刑，牢狱常满。隋兵攻至，后主藏匿井中，仓皇间竟还不忘带着张、孔二妃下到井中逃命。隋大臣高颎进入宫中，见其臣下所启军事犹在床下，尚未启封。①赵翼经过认真筛选后所揭示的这些典型材料充分说明，这种荒淫无道的君主，不亡国实天理难容！

　　赵翼深切地同情民众的苦难。他以翔实的史料，犀利的笔触，论述唐德宗一朝纵容官吏虐民。德宗因用兵河南、北，为了征集浩巨的军费，任用李实等暴敛苛索，告讦纷起，民不聊生。又听宦官主宫市，纵五坊小吏，肆毒于外，简直把小民逼向死路。②赵翼还深刻地论述南宋的灭亡是由于残酷榨取民力所致。宋代设官分职滥而且杂，"日积月益，遂至不可纪极"，所有皇室、官府、军费等项庞大的开支，都落到民众身上。"民力既竭，国亦随亡"。③值得注意的是，赵翼还敢于正视封建统治阶级残酷压榨激起农民起义的某些史实，卷34"明乡官虐民之害"，讲官府横征暴敛，乡间缙绅视细民如弱肉，民无所控诉。邓茂七事件"激变之由"即是"势家欺凌"。尽管赵氏站在封建统治阶级立场对农民使用了"恶佃"、"奸民"一类侮辱性语言，但他承认是由官府欺压榨取而激起，这也是从愤恨封建弊政、同情民众疾苦出发而持有的客观态度。

　　《劄记》史论特色第三个显著体现，是赵翼对历史上一些有争议的人物勇于提出自己的独到见解。如对武则天，既讲其残忍滥杀，"千古未有之忍人"，又讲她"纳谏知人，自有不可及者"。④书中具列刘仁轨、姚璹、王方庆、杜景俭、王求礼、张庭珪、朱敬则、桓彦范等先后奏事，武后均采纳照

---

① 《廿二史劄记》卷11"宋齐多荒主"条。
② 《廿二史劄记》卷20"间架除陌宫市五坊小吏之病民"条。
③ 《廿二史劄记》卷25"宋冗官冗费"条，"南宋取民无艺"条。
④ 《廿二史劄记》卷19"武后之忍"条。

办。历代封建文人认为武后女主称制，违反男尊女卑的封建伦理，因而痛加詈骂，对于武后在历史上有贡献的一面完全抹杀。赵翼则能敢于超越封建伦理的局限，有充分根据地对武后的政治才能和积极作用作了很高评价："其能别白人才，主持国是，有大过人者，其视怀义、易之等，不过如面首之类。人主富有四海，妃嫔动至千百，后既身为女主，而所宠幸不过数人，固亦无足深怪，故后初不以为讳，并若不必讳也。至用人行政之大端，则独握其纲，至老不可挠撼。陆贽谓后收人心，擢才俊，当时称知人之明，累朝赖多士之用。李绛亦言后命官猥多，而开元中名臣多出其选。《旧书》本纪赞，谓后不惜官爵，笼豪杰以自助，有一言合辄予次用，不称职亦废诛不少假，务取实才真贤。然则区区帷薄不修，固其末节。而知人善任，权不下移，不可谓非女中英主也。"①冲破封建伦理的偏见，完全从政治家的作为作出评价，这不止在当时堪称是石破天惊的言论，而且至今读来也仍有深刻的启迪意义。再如王安石变法，在北宋以后招致了许多谤议，赵翼则认为王安石青苗法的施行"本以利民"，王安石本人"操履峻洁"，实行新法是为了有益于国计民生。新政推行失败的原因，在于任用官员不得人，卑污的官吏更借机侵夺人民，"干进者以多借为能，而不顾民之愿否，不肖者又藉以行其头会箕敛之术，所以民但受其害而不见其利"。从而总结封建时代本来一些具有积极意义的改革措施，一经不肖官吏推行，辄百弊丛生，所谓"有治人无治法"的教训。②赵翼对冯道的评论也耐人寻味。冯道在五代历四姓十君，视丧君亡国，未尝屑意，而自称"长乐老"。对于这样一个人物，历代以"忠臣不事二主"的封建伦理为标准，都斥之为"不知人间有羞耻事"，赵翼则以如何使民众在乱世中减轻苦难为价值标准，提出异于流俗的新看法：处在五代战乱频仍，政权更迭如走马灯的局面下，百姓求生而不可得，冯道借助这种处世哲学，却能稍稍减轻百姓的灾难，所以他有"劳来安集之功"。"道死年七十三，论者至谓与孔子同寿。此道之望重一世也。以朝秦暮楚之人，而皆得此美誉（按，指冯道及张全义二人），至身后尚系追思，外番亦知敬信，其故何哉？盖五代之乱，民命倒悬，而二人独能以救时拯物为念"。"冯道在唐明宗时，以年岁频稔，劝帝居安思危。以春雨过多，劝帝广敷恩宥。对耶律德光则言，此时百姓，佛出救不得，

---

① 《廿二史劄记》卷19"武后纳谏知人"条。
② 《廿二史劄记》卷26"青苗钱不始于王安石"条。

惟皇帝救得。论者谓一言而免中国之人夷灭。""是道之为人，亦实能以救济为心，公正处事，非貌为长厚者。"①赵翼所论含意颇为深刻，不仅深合知人论世、设身处地评价历史人物的原则，而且能超越封建伦理说教和抽象的气节观念，因而蕴涵着近代理性意识，读史者于此是不可轻轻放过的。

三、对明代历史的反思

明代历史是清朝的近代史，距离最近，也最有借鉴意义。当明朝灭亡、大厦倾塌之时，清初顾炎武曾对明代朝政的腐败提出尖锐的批评，但涉及范围不广，也有待深入。此后因考证学风盛行，一般士人对政治兴坏已不再措意。然则，由于三百三十二卷的《明史》在乾隆年间修成并刊行，明朝的历史事实已更清楚，随着时间推移，人们对明朝盛衰教训的思考也有可能更深入。赵翼正是考证学派中关心国家治乱兴亡的学者，必然重视对明朝历史的反思，即从整个清朝一代二百五十年学林而论，他对这一具有现实意义的领域之探讨也是最为深入的。《廿二史劄记》中关于明史的占了六卷，分量最重。赵翼主要从四个方面，对明代兴亡教训作很有深度的总结。

一是明朝言路先后不同。明朝初年有颇好的政治风气。明太祖开国时，明令百官布衣皆得上书言事。赵翼对此极其重视，他称赞："太祖开基，广辟言路，中外臣僚建言，不拘职掌，草野微贱亦得上书。沿及英、宣，流风未替，虽升平日久，堂陛深严，而缝掖布衣，刀笔掾吏，朝陈封事，夕达帝阍，所以广聪明防壅蔽也。"故在明初，言臣责任专而权力重。赵翼根据《明史》大量列传所载史实，总结明代言路先后不同：自洪武以至成化、弘治间，朝政风气淳实，"建言者多出好恶之公，辨是非之正，不尽以矫激相尚也"。至正德、嘉靖间，还有谏官敢于争朝政得失。万历中，张居正专权日久，斥逐异己，言路风气遂大变，谏官一味献媚取悦于张居正。此后又曾有变化，万历末，谏官与阁臣如水火。至魏忠贤专权时，谏官之操守志节丧失殆尽，堕落成为魏之鹰犬，最后各以门户相争，而至亡国。②明代谏官言路习气前后变化，又与政治风气是否尽责与清廉相表里。赵翼指出，明太祖出身民间，深知百姓饱受贪官

---

① 《廿二史劄记》卷22"张全义冯道"条。
② 《廿二史劄记》卷35"明言路习气先后不同"条。

之苦，屡次对墨吏施以酷刑。"凡守令贪酷者，许民赴京陈诉，赃至六十两以上者，枭首示众，仍剥皮实草。"①同时，每旌举贤良以示劝导，奖罚分明，"故一时吏治多可纪"。沿及成祖以下至宪宗、孝宗，吏治澄清者百余年。"当英宗、武宗之际，内外多故，而民心无土崩之虞，由吏鲜贪残故也。"官吏清明，必然民心安定，使社会保持着强大的凝聚力，这是赵翼从总结明代历史而得出的深刻道理，对于后人是有宝贵教益的。而明的灭亡，也正由于后期吏治腐败，民生日蹙，社会基础动摇，"而国亦遂以亡矣"！②赵翼还批评清人对明朝政治的误解，举出明前期崇尚循良的大量史实，恰恰从一个侧面总结了封建王朝周期性危机这一规律。

二是明中叶天子不见群臣。赵翼指出，前明中叶以后诸帝罕有与大臣相见者。宪宗成化七年，召见彭时、商辂等，刚奏一二事即令退出，以后不再与大臣相见。至孝宗弘治十年，召见徐溥、刘健等议事，因两朝皇帝已有二十五六年未与廷臣相见，故举朝诩为盛事。武宗专用宦官刘瑾等人，荒淫纵乐，更不见大臣。世宗临政未久即与大臣疏远，以后二十多年，因俺答军队逼近都城，礼部尚书徐阶固请，乃勉强一见廷臣，却"不发一词"。神宗初年有召见，以后长达二十四年间，群臣仅得"一望颜色"。"统计自宪宗成化至天启，一百六十七年，其间延访大臣不过弘治之末数年，其余皆帝远堂高，君门万里。无怪乎上下否隔，朝政日非……倦勤者，即权归于奄寺嬖幸，独断者，又为一二权奸窃颜色为威福，而上下不知。主德如此，何以尚能延此百六七十年之天下而不遽失？诚不可解也。"③赵翼所揭露的封建社会衰老时期这种极端腐败荒唐的现象同样很有价值，证明君主制度已经无可救药，赵翼也已对它存在的合理性表示怀疑。

三是宦官专权，为害酷烈。《廿二史劄记》集中了大量史实，使我们更加触目惊心地看清宦官这一封建政治机制上滋生的毒瘤的危害。在此基础上，赵翼又总结了明代宦官干预朝政的特点。明宣宗以前，宦官还不敢放肆作乱。英宗正统以后，宦官汪直、刘瑾等擅权，又有一批腹心充当帮凶，"戕贼善类，征责贿赂，流毒几遍天下"。"公侯驸马途遇内官，反回避之，且称以翁

---

① 《廿二史劄记》卷33"重惩贪吏"条。
② 《廿二史劄记》卷33"明初吏治"条。并参见本卷以下各条。
③ 《陔馀丛考》卷37"有明天子中叶不见群臣"条。

父,至大臣则并叩头跪拜矣。"至魏忠贤专权,卑劣奸邪之徒群起投靠依附,借以倾轧逼害正直人物,爪牙遍地,号称五虎、五彪、十狗、十孩儿、四十孙等。官员敬称魏忠贤为九千岁,又在京城及各地遍立魏忠贤祠,文武将吏皆对之行五拜三稽首。"自内阁六部至四方督抚,无非逆党,浸浸乎可成篡弑之祸矣"。王振、魏忠贤的肆虐,都在正直大臣相继病殁去位之后。赵翼由此总结出一条重要历史经验:"然则广树正人,以端政本而防乱源,固有天下者之要务哉!"①

四是贪污猾獭和对民众残酷压榨。赵翼描绘出明代宦官和权奸骇人听闻地聚敛财富的情景。武宗时,文武大臣为贿赂宦官李广,称馈赠黄米、白米各千百石,实际上是因数额惊人地巨大,用黄白米隐指黄金、白银。刘瑾失败后没收其财产,黄金计二百五十万两,白银五千万两。严嵩是明代大权奸,败后籍没之数,按《明史》所记,黄金三万余两,白金二百余万两,其他珍宝不可数计。"此已属可骇,而稗史所载,严世蕃与其妻窖金于地,每百万为一窖,凡十数窖,曰不可不使老人见之。及嵩至,亦大骇,以多藏厚亡为虑。凡史传所载,尚非实数。"赵翼又引朝臣沈𬘭疏劾严嵩之文谓,文武迁擢,不论可否,但问贿之多寡。将弁贿嵩,不得不朘削士卒,官员贿嵩,不得不掊克百姓。户部发边饷,朝出度支之门,暮入奸嵩之府,输边者四,馈嵩者六。边镇使人伺嵩门下,未馈其父,先馈其子;未馈其子,先馈家人,家人严年已逾数十万。赵翼进而总结出"贿随权集"的规律:"权在宦官则贿亦在宦官,权在大臣则贿亦在大臣,此权门贿赂之往鉴也。"②后人记取这些历史教训,当能从中引申出"没有制约的权力必定产生腐败"的结论。

赵翼又论述明代官吏与乡绅恶霸残酷剥削压榨,使农民无法生存。"不特地方有司私派横征,民不堪命。而缙绅居乡者,亦多倚势恃强,视细民为弱肉,上下相护,民无所控诉也。"他列举杨士奇之子、梁储之子、焦芳等为害乡里的凶残行径,一次杀人达二百余口,或刺入臂股取乐③,令人发指!万历年间,在通都大邑设矿监、税监,更激起各地民众的愤恨。"或专或兼,大珰小监,纵横绎骚,吸髓饮血,天下咸被害矣"。天津税监马堂,掠夺民财,致

---

① 《廿二史劄记》卷35"明代宦官"条。
② 同上。
③ 《廿二史劄记》卷34"明乡官虐民之害"条。

使一半以上民户破家，激起"远近罢市。州民万余纵火焚堂署，毙其党三十七人"。荆州税监陈奉，鞭笞官吏，剽劫行旅，激起商民数千人抛掷瓦片石块攻击。赵翼总括说："是时廷臣章疏悉不省，而诸税监有所奏，朝上夕报可，所劾无不曲护之，以故诸税监益骄，所至肆虐，民不聊生，随地激变。"对民众凶残压榨的结果，已导致全国瓦解的局面，故赵翼论断"明之亡不亡于崇祯，而亡于万历"。①

卷帙浩巨的二十四史，记载着中国悠久历史中丰富复杂的内容和问题。与赵翼同时代的其他学者，对于古代典籍中的文字错讹和若干具体史实的记载歧异，加以考订，将它们爬梳清楚，这在文献学上固然是很有价值的工作，但也应承认，对于认识我们民族历史的由来和吸取历史的智慧来说，赵翼所做的论述治乱兴衰，探讨一代大事，无论如何，是更有深层思想价值，更有启发意义的创造性工作。他以三十余年精力孜孜不倦地探索，成就是异常卓著的。他曾写有这样的诗句："搅肠五千卷，纵目廿二史。复将三寸毛锥尖，妄拟一柱中流砥。"把自己的史笔比作中流砥柱，自信地揭示出历史上的重要问题。《廿二史劄记》书成，他又作诗云："敢从棋谱论新局，略仿医经载古方。"②更表明他研究的重点，是通过总结历史寻求救治社会弊病的药方。经过历史的考验，证明赵翼完全有理由这样充满自信。赵翼在若干引文、引用书目和叙述某些史实上有不准确或粗疏之处③，指出其中疏漏之处自有必要，但这是大瑕小疵，因为赵翼以一人之力而论述二千年范围的历史，总计达三千二百四十卷的史籍，存在若干不准确的地方，是完全可以理解的。从著述规模、历史视野、观察的深度和学术价值等大的方面而言，赵书确是乾嘉时代创造性思维的结晶。赵翼继承了中国史学的优良传统而又有所超越，因而使其著作蕴涵着值得重视的近代价值。故梁启超在比较乾嘉考史三大家时指出，王鸣盛、钱大昕、赵翼三家著作"体例略同，其职志皆在考证史迹，订讹正谬。惟赵书于每代之后，常有多条胪列史中故实，用归纳法比较研究，以观盛衰治乱之原，此其特长也"。④梁氏又说："钱、王皆为狭义的考证，赵则教吾侪以搜求抽象的史

① 《廿二史劄记》卷35"万历中矿税之害"条。
② 《瓯北集》卷21《再题〈廿二史劄记〉》。
③ 参阅王树民《廿二史劄记校证》一书，及杜维运《清代史学与史家》一书中"拾贰赵翼之史学"，中华书局1988年版。
④ 梁启超：《清代学术概论》，《饮冰室合集》专集之三十四，第39页。

料之法。"①赵氏"不喜专论一人之贤否一事之是非,惟捉住一时代之特别重要问题,罗列其资料而比论之,古人所谓'属辞比事'也。清代学者之一般评判,大抵最推重钱,王次之,赵为下。以余所见,钱书固清学之正宗,其校订精核处最有功于原著者。若为现代治史者得常识助兴味计,则不如王、赵。王书对于头绪纷繁之事迹及制度为吾侪绝好的顾问,赵书能教吾侪以抽象的观察史迹之法"。②当代西方学者蒲立本则评论说:"十八世纪迄于十九世纪初……史学界最驰名之史家为王鸣盛(1722—1798),钱大昕(1728—1804)与赵翼(1727—1814)。前二人局促于狭义之考证,纠史籍原文之误,或以新资料补其不足。赵翼虽其学不逮二人渊博,然或为最令人感兴趣者。盖彼已致力于克服中国史学之传统缺陷。……能触及使近代史家真正感兴趣之问题,近代史家读其作品,确能获得益处。""赵翼能超越孤立之繁琐事实之上以观察,自其中归纳出社会史与制度史发展趋势之通则,此类通则,则近代史家所试图建立者也。"③对赵翼史学的评价无疑应该提高。《廿二史劄记》在研究方法上也有新的突破,书中成功地运用比较研究法,对于史例演变和史事的义蕴,都提出一系列独到的见解,对近代学者同样产生了深刻的影响。

---

① 梁启超;《中国历史研究法》,《饮冰室合集》专集之七十三,第26页。
② 梁启超:《中国近三百年学术史》,《饮冰室合集》专集之七十五,第291-292页。
③ 见《中国与日本的历史学家》一书。转引自杜维运《清代史学与史家》一书中"拾贰 赵翼之史学",第378页。

《文史通义》：传统史学后期的理论探索[①]

  章学诚（1738-1801）生于考据学盛行的乾嘉时代，由于他的学术主张不投时好，生前备受冷落，甚至被视为"怪物"，诧为"异类"。但是他毫不气馁，勇敢地"逆于时趋"，独树一帜，有力地针砭当时学风的流弊。从29岁开始直到去世，呕心沥血，撰成了《文史通义》这部史学评论名著。他毫不怀疑：他的主张"实有开凿鸿蒙之功"，[②]"自信发凡起例，多为后世开山"。[③]历史的进程证实了章学诚这种自信。进入20世纪以后，《文史通义》一再受到近代学者的推崇，并由于1921年《章氏遗书》的刊布而普遍受到重视，甚至被称为"显学"。造成学术史上这一扬抑升降的巨大反差现象，原因何在呢？

  其原因，即在《文史通义》一书所具有的探索性特点。章学诚活动的时代，一方面，衰老的封建社会已走到它最后的路程，乾隆朝的表面强盛只不过是回光返照，在学术上，尽管文献学取得许多成就，但考据学的末流却陷于烦琐，学术界充斥着因循守旧的沉闷风气；另一方面，则是近代社会行将到来，巨大的社会变动正在酝酿。这两方面的特点结合起来，驱使着有识之士思索怎样冲破这种学术的困境，重新唤起创造、拓展的精神。《文史通义》一书鲜明的探索性特点，即是这种时代要求的体现。章学诚正确地把握住史义、史识、别识心裁对于史学具有指导和决定作用这一关键问题，并从这里出发，探索了二千年史学的演变，尖锐地批评因袭守旧、烦琐考据的学风流弊，提出了史学改革的方向。《文史通义》在章学诚生前受到的冷落、歧视，不仅不能降低其价值，恰恰相反，证明了这部著作蕴涵着许多符合近代史学观念的宝贵内容，

[①] 《文史通义》有两种版本，一是章学诚次子华绂所编大梁本（1832），一是章学诚之友王宗炎编定、后由刘承幹刊刻之《章氏遗书》本（1921）。《章氏遗书》本中，《文史通义》内篇篇目无缺漏，外篇所选文章均与内篇相发明，较大梁本为胜。本文引用的《文史通义》篇目，均据《章氏遗书》本。
[②] 《文史通义·再答周筼谷论课蒙书》。
[③] 《文史通义·家书二》。

预示着学术风气转变的新趋向。

一、探索二千年史学的演变

在中国史学史上，自孔子起，就提出"史义"的问题，但从理论上对"史义"着重进行阐述，章学诚实为第一人。《文史通义》把对史学发展的总结检讨推进到新的阶段，达到了更加深层的认识。其标志是：特别重视从"史义"，即从观点、内容着眼，总结史学发展的利弊得失。《文史通义》的写作目的，就是为挽救史义被淹没的严重积弊而作。对此，他说得很明确："获麟而后，迁、固极著作之能，向、歆尽条别之理，史家所谓规矩方圆而谓也。魏、晋、六朝，时得时失，至唐而史学绝矣。其后如刘知幾、曾巩、郑樵皆良史才，生史学废绝之后能推古人大体，非六朝、唐、宋诸儒所能测议。余子则有似于史而非史，有似于学而非学尔。然郑樵有史识而未有史学，曾巩具史学而不具史法，刘知幾得史法而不得史意。此予《文史通义》所为作也。"①史义被淹没，便是"史学废绝"。因此他大声疾呼：由于长期因循保守的风气盛行，史家的别识心裁和创造力被窒息，造成了史学的灾难。史学要存在、要发展，必须恢复并发挥"史义"的指导作用。把"史义"、"史识"作为决定史学存亡兴衰的关键问题来论述，这是传统史学后期理论探索的显著特点，比起《史通》来是重大的发展。

章学诚以纵贯的眼光分析了几千年史学的演变。他认为，史学是发展进化的。由《尚书》变为《春秋》的编年体，由编年体到纪传体，都是史学的重大进步："《尚书》一变而为左氏之《春秋》，《尚书》无成法而左氏有定例"；"左氏一变而为史迁之纪传，左氏依年月，而迁书分类例"。纪传体本是三代以后之良法，司马迁发凡起例，具有卓见绝识，纪表书传互相配合，足以"范围千古，牢笼百家"，具有很大的包容量。又因为司马迁对体例的运用能够灵活变通，不愧为撰述的典范。加上《汉书》《后汉书》《三国志》，都是"各有心裁家学"的上乘之作。降而《晋书》《隋书》《新唐书》等，"固不出于一手，人并效其能"，所以能够修成有价值的史书。后来的修史者墨守成规，不知根据需要变通，结果史才、史识、史学都反过来成为史例的奴隶，

---

① 《章学诚遗书》卷16《和州志·志隅自叙》。

"斤斤如守科举之程式，不敢稍变；如治胥吏之簿书，繁不可删"。"纪传体之最敝者，如宋元之史，人杂体猥，不可究诘，或一事而数见，或一人而两传，人至千名，卷盈数百"。"溃败决裂，不可救挽，实为史学之河、淮、洪泽，逆河入海之会，于此而不为回狂障隳之功，则滔滔者何所底止！"以上论述集中见于《文史通义·书教下》《史学别录例议》《答邵二云论修宋史书》等篇。这些论述，相当中肯地总结了中国史学演变的主要趋势。尤其是，章学诚指出由于后代修史窒息了史家的别识心裁，造成祸患无穷，更是打中了传统史学后期严重积弊的要害所在。

章学诚认为，要挽救后代修史这样严重的弊病，就必须明确和贯彻史义对史事、史文的指导、统帅作用。正像迷路的人，为了找到正确方向，必须回到原来的出发点一样，章学诚要求返璞归真，回到对史学创始时期加以分析。如他所说："经为解晦，当求无解之初；史为例拘，当求无例之始。"①书中反复地以孔子修《春秋》为例，论证"义"对于史书的决定作用。在《答客问上》篇中，他以"史之大原本乎《春秋》，《春秋》之义昭乎笔削"为重要命题，分析"史义"的作用，不仅用来剪裁材料、删削文字，更重要的是"推明大道，所以通古今之变而成一家之言"，这样才能撰成一部有观点、有特色的史书。强调"史义"即史家的观点、见识对史书的决定作用，这是章学诚在理论上的重要建树。

章学诚探索史学演变的又一重要理论建树是，他独创性地把几千年浩如烟海的史籍，直截了当地区分为"撰述"和"记注"两大类，也即区分为两个不同的层次。他说："撰述欲其圆而神，记注欲其方以智也"，"记注欲往事之不忘，撰述欲来者之兴起，故记注藏往似智，而撰述知来拟神也。"②"撰述"居于较高层次，它体现了高明的史识，抉择去取，灵活变通，对历史作出阐释，帮助人们预见未来。"记注"则居于较低层次，它的任务是汇集丰富的历史知识，有一定的体例，兼备各方面的记载。章学诚这种崭新的独创的分类法，突出地说明历史家的见识高低决定了史书不同的价值。同样体现这一指导思想，他在别的地方具体的提法略有不同。在《报黄大俞先生》一文中，他又用"著述"与"比类"对两大类加以概括，指出二者相辅相成，"本

① 《文史通义·书教下》。
② 同上。

《文史通义》：传统史学后期的理论探索

自相因而不相妨害","盖著述譬之韩信用兵，而比类譬之萧何转饷，二者固缺一不可"①。其标准，同样以是否体现了"史义"、"史识"来衡量。章学诚认为史部著作中能称得上"史学"者是不多的，而更有意义和更加需要的正是"史学"。所以他曾一再强调区分"史学"与"史考"、"史选"、"史纂"之间的不同："整辑排比，谓之'史纂'；参互搜讨，谓之'史考'，皆非史学。"② 只有贯串了"史义"、"史识"作为指导，才能称为"史学"，否则，只能属于较低的层次。章学诚反复申述这一点，正是对忽视"史义"的"积学之士"和"能文之士"的严肃批评。

　　章学诚探索史学演变的卓识，还突出地表现在他对不同史书体裁的特点和作用的评析上。一是他主张撰修通史，称赞郑樵"慨然有见于古人著述之源"，"独取三千年来遗文故册，运以别识心裁，盖承通史家风，而自为经纬，成一家言者也"③。他所讲的"通史家风"，总结了自司马迁以后通史修撰的成就，揭示出中国史学上一个优良传统。二是对于晚出的纪事本末体的优点有精当的评论。他说："本末之为体也，因事命篇，不为常格"，"文省于纪传，事豁于编年，决断去取，体圆用神。"④ 而这种优点正好补救纪传体后期出现的严重弊病。三是对纪传体中几种体裁的不同作用和互相配合，有中肯的论述。《永清县志舆地图序例》中云："史部要义，本纪为经，而诸体为纬，有文辞者曰书曰传，无文辞者曰表曰图，虚实相资，详略互见。"这是讲几种体裁互相配合的作用。《礼教》篇中认为史志体来源于《周礼》，应以《史记》八书、《汉书》十志为榜样，做到能记载大量史料，又"典雅可诵"，也都是针对后代文书的缺陷而发。四是他重视史表的作用。章学诚认为，恰当地使用表，可使"文省事明"，避免"文繁事晦"。他设想纠正后代史书人物繁多的办法，是用人物表与列传配合，做到："人分类例，而列传不必曲折求备；列传之繁文既省，则事之端委易究。"⑤ 那么像马班那样的名著就有重新产生的可能。

　　在探索几千年史学演变和辨析体例的基础上，章学诚针对传统史学后期的

---
① 《文史通义·报黄大俞先生》。
② 《文史通义·浙东学术》。
③ 《文史通义·申郑》。
④ 《文史通义·书教下》。
⑤ 《文史通义·史姓韵编序》。

严重弊病，提出了改革史书编撰的方向，总的主张是："仍纪传之体而参本末之法。"①并且提出过两种设想：一种是设立包含多种内容、具有多种功能的"传"，可用来记人，用来记事，用来代替书志；一种是采用"别录"，在全书前面标出一个时代最主要的事件，在每一事件之下将有关的篇注明。其主张，详见《书教》篇和《史学别录例议》。

这是章学诚很大胆的设想，实是综合了他一生辨析体例的真知灼见。他将表面上似乎不相干的两大体裁打通了，让它们互相补充。既保留了纪传体范围广阔，兼备几种体裁，包容量大，可以反映社会各方面情状的优点；又发挥了纪事本末体线索清楚，起讫自如，记载方法随着历史事件的变化而伸缩变化的优点，而用来补救后期正史体例庞杂、历史大势难以贯通的弊病。因此是在史学发展上打开了一条新路。章学诚的见解，很符合近代史家探索的需要：既要求史书反映历史的主线清楚，又使它能囊括丰富的内容。20世纪初年章炳麟曾计划撰写《中国通史》，当时他已确立了资产阶级革命立场，撰写通史的目的，一是为了用进化论解释历史，一是为了振奋士气，鼓舞斗志。他苦于找不到可以表达这种进化论观点的通史体例，最后在章学诚的论述中得到很大启发，认为他改革史书编撰的办法，是"大势所趋，不得不尔也"②。

总的说，章学诚探索史学演变的各项主张，共同贯串的一个核心问题是重视"史义"、"史识"。刘知幾所述的主要问题则是体例的运用，虽也讲到史识而未着重论述。章学诚本人曾概括两家的不同特点："自信发凡起例，多为后世开山，而人乃拟吾于刘知幾。不知刘言史法，吾言史意，刘议馆局纂修，吾议一家著述；截然两途，不相入也。"③强调"史义"，是章学诚史学理论探索的特点，比起刘知幾是大大前进了。不过，章学诚的观点与刘知幾仍是相联系的，是继承和发展的关系，并非截然两途，章学诚对于彼此不同是强调得过分了。

二、对考据学风的有力针砭

---

① 《文史通义·与邵二云论修宋史书》。
② 《訄书·哀清史》五十九附《中国通史略例》。
③ 《文史通义·家书二》。

章学诚立志于探索史学演变，作为本人治学的途径，这决定了他跟当时的流行学风格格不入，以至直接冲突。当时的学术风气，是考证盛行，由考经而考史。大多数学者穷年累月，所做的是版本校勘、训诂注解、考证排比材料、辨伪辑佚等一类工作。他们所重视的是古音古义，搜集材料，考证是非。如果不同的书上，或同一书的不同版本上，记载有分歧，就认为有学问可钻研，反之，若无差异，许多人就没有什么学问可做。由于崇尚古人，而汉代经注，离古人最近，所以处处迷信汉代学者说法，称为"专门汉学"。如梁启超云："家家许郑，人人贾马，东汉学烂然如日中天矣。"① 而章学诚所确立的原则，是治学要别出己见，"不为训诂牢笼"，他注重的是"史义"，讲纵贯分析，讲别识心裁，强调观点、思想，强调变通、改革，因而在学术方向上，治学方法上，价值认识上，都与当时的学术风气相对立，"颇乖时人好恶"。但是他不随波逐流，顶住了风气的压力，并且旁观者清，看准了烦琐考据的弊病而大力针砭，以挽救学风流弊为己任。

　　当时社会上存在一种无法改变的观念，认为考据就是学问的目的、学问的全部，舍此别无他求。对于章学诚探究学术源流、辨析体例的治学路数，则加以排斥和歧视。这种沉闷委琐的学术氛围，反而促使章学诚深入地探讨，淬厉了他思想的战斗锋芒。

　　——究竟治学的根本目的是什么？

　　——究竟考据在治学中应占据什么地位？

　　围绕这些根本性问题，章学诚从多方面针砭了烦琐考据学风的流弊，鲜明地提出一系列与流行观念对立的价值认识。

　　首先，他倡导学术经世的思想。对于治学的根本目的何在的问题，章学诚作出精辟的回答："君子苟有志于学，则必求当代典章，以切于人伦日用；必求官司掌故而通于经术精微；则学为实事，而文非空言，所谓有体必有用也。不知当代而言好古，不通掌故而言经术，则鞶帨之文，射覆之学，虽极精能，其无当于实用也审矣。"② 他明确主张学术要密切联系当代社会生活，坚持反对脱离实际的无用空谈，是对清初进步思潮的继承。清初顾炎武等思想家，痛责明代理学空谈，主张经世致用，提倡"实学"。顾炎武提出"经学即理

---

① 梁启超：《清代学术概论》，《饮冰室合集》专集之三十四，第74页。
② 《文史通义·史释》。

学",号召人们从研读古代经书中去推究经世治国的大法,以此反对理学家天人性命的空谈,开创了清朝一代实事求是的学风。乾嘉时期学者们崇尚考据,治学讲求无微不信、广参互证,他们只是继承了顾炎武治学"实事求是"的一面,却抛弃了他经世致用的进步精神。章学诚接过清初学者的经世旗帜,批评当时学者埋头考据,"尊汉学,尚郑许,今之风尚如此,此乃学古,非即古学也,居然唾弃一切",是自炫所得寸木,以为胜过别人的高楼,满足于细小的收获,忘记了根本的目的,形式上学古而抛弃了古人学术的精华。

章学诚进一步把文章著述比作"药石",必须针对社会的弊病而发:"学问经世,文章垂训,如医师之药石偏枯,亦视世之寡有者而已矣。以学问文章,徇世之所尚,是犹既饱而进粱肉,既暖而增狐貉也。"①他反对逐于时趋,人云亦云,贬斥沽名钓誉,私心胜气。他在书中反复提出告诫:"学业将以经世,当视世所忽者而施挽救焉,亦轻重相权之义也。"②到他晚年所写《上尹楚珍阁学书》中,对自己一生"经世"和"救弊"的宗旨作了这样深刻的总结:"学诚……谈史著文,耻为无实空言,所述《通义》,虽以文史标题,而于世教民彝,人心风俗,未尝不三致意,往往推演古今,窃附诗人义焉。"③"耻为无实空言",正是他与脱离实际学风相对立的独特风格。

其次,章学诚提出区别功力与学问的著名命题,确切地说明考据只是做学问的基础,它在学术工作中只能居于较低的层次。

章学诚认为,同是治学,按其性质和造诣,有两种不同的境界。"学与功力,实相似而不同;学不可以骤几,人当致攻乎功力则可耳,指功力以谓学,是犹指秫黍以谓酒也。"④考据家们搜集、考订材料固然有一定的价值,但只是罗列现象,属于表层的东西,只能称之为"功力";不能停留在这一步,还要从材料中提出独到的见解,这才是真正的"学问"。他的分析深刻地说明了搜集原始材料与加工提炼出精品二者质的不同。他进而指出,真正的学问,是在掌握丰富材料之后,再深入进去,以求明白其所以然的道理。他说,"记诵名数,搜剔遗逸,排纂门类,考订异同,途彻多端,实皆学者求知所用之功力

---

① 均见《文史通义·说林》。
② 《文史通义·答沈枫墀论学》。
③ 《章学诚遗书》卷29。
④ 《文史通义·博约中》。

耳。即于数者之中，能得其所以然，因而上阐古人精微，下启后人津逮，其中隐微可独喻，而难为他人言者，乃学问也。"①他指出误把功力当作学问，造成了学术方向的迷误，告诫人们不要盲目地跟着风气跑，都切中了当时学风弊病的症结所在。

再次，章学诚郑重地指出：如果沉溺于烦琐考据而忘掉治学的目的，那么下功夫越大，离开正确的方向也就越远。《申郑》篇云："记诵家精其考核，其于史学，似乎小有所补；而循流忘源，不知大体，用功愈勤，而识解所至，亦去古愈远而愈无所当。"他认为必须冲破琐屑考订的束缚，发扬《史记》《汉书》成一家之言的传统，史学才能发展。他把考证恰当地比作治学的舟车。"记诵者，学问之舟车也。人有所适也，必资乎舟车，至其地，则舍舟车矣。"人要达到目的地需要乘坐车船，但是人不能一辈子无目的地永远坐在车船里。同样道理，做学问需要以考据作为手段，但是不能沉溺于考据而忘记经世的目的。他辛辣地嘲讽把烦琐考据误认为是最高学问的人：你们把搜求、考证古代零星材料当作"足尽天地之能事"，你们算是幸运，生在秦焚书以后，有这些"襞绩补苴"修修补补的工作可做，如果生在焚书以前，古篇完整保存下来，那你们还有什么事情可干呢！②

清代学术的发展充分证明：章学诚上述从学术方向、价值认识、治学方法等方面对脱离实际的考证学风的针砭，都切中肯綮，具有巨大的进步意义。章学诚对烦琐学风的斗争很坚决，批评又是讲道理的，因而打中要害。更为难得的是，他对学风流弊的针砭，已达到自觉的程度，他是有意识地以逆时趋而持风气为己任。他曾写信给钱大昕，很深沉、很痛切地披露自己的心迹：

> 学诚从事于文史校雠，盖将有所发明，然辩论之间，颇乖时人好恶，故不欲多为人知。所上敝帚，乞勿为人道也。……惟世俗风尚必有所偏，达人显贵之所主持，聪明才俊之所奔赴，其中流弊必不在小。载笔之士不思救挽，无为贵著述矣。苟欲有所救挽，则必逆于时趋，时趋可畏，甚于刑曹之法令也。③

---

① 《章学诚遗书》卷29《又与正甫论文》。
② 以上均见《文史通义·博约中》。
③ 《章学诚遗书》卷29《上钱辛楣宫詹书》。

章学诚是把挽救风气流弊视为不可推卸的时代责任，自觉地担负起来。在考据的习尚风靡于世、人人倾倒的情况下，他却看到危害，所以不顾从达官显贵到整个学者社会所构成的巨大压力，即使感到像刑狱那样的威胁，他也毫无顾惜。烦琐考据的学风既然脱离实际的需要，违反学术发展的规律，那么它终将被抛弃。章学诚的批判针砭，毕竟预示着学术风气变化的新趋势。所以，《文史通义》一书的价值超过史学的范围，对于整个思想史和文化史都有重大的意义。

　　章学诚观察当时学术问题眼光之敏锐，见解之深刻，还从他对戴震的评论中突出反映出来。戴震（1723-1777）是乾嘉汉学中皖派代表人物，名望很高。他的学问实际包括考证和反理学的哲学著作两部分。当时人们的评价很有出入。章学诚与戴震在修地方志和评论郑樵等问题上存在分歧，但他对戴学之"绝诣"确有卓见，评论中肯。章学诚对戴震的总体评价是："戴君学问，深见古人大体，不愧一代钜儒。""一时通人，而求能识古人大体，进窥天地之纯，惟戴可几比。"给予充分的推崇，毫不顾及个人的恩怨。

　　但许多考据家认为，考据才是戴学的"绝诣"。而戴氏著《原善》《论性》一类哲学著作，则"空谈义理，可以无作"，甚至指责为"精神耗于无用之地"。这正说明当时学术界的偏见是多么根深蒂固！大学者朱筠、钱大昕也持这种看法，"群惜其有用精神耗于无用之地"。[①]戴震《原善》等篇与《孟子字义疏证》相联系，都是反理学进步著作，揭露"以法杀人者人犹怜之，以'理'杀人者有谁怜之"，是对理学杀人爆发出来的抗议。戴震对自己的学问精髓反遭轻视很感气愤，说：考证是我学问的舆夫，《原善》等才是坐舆的主人，"当世号为通人，仅堪与余舆隶通寒温耳"，讥笑称赞其考据的硕儒们只配与他学问的奴仆打交道。章学诚恰恰是戴震的知音，他认为《原善》诸篇，"于天人理气者，实有发前人之所未发者"，"能识古人大体，进窥天地之纯"。围绕评价戴震这些事实，说明了两个很紧要的问题：一，乾嘉时期那种崇尚考据的风气怎样把最有进步意义的学问精华掩盖了，把成就卓著的学者的形象扭曲了。二，充分说明章学诚见识卓越，比起当时众多的考据家们来不知要高出多少倍。章学诚有关戴震的评论，见《文史通义·书朱陆篇后》《章学诚遗书·佚篇·答邵二云书》等篇中，很值得再作深入的研究。

---

① 《章学诚遗书·佚篇·答邵二云书》。

三、探讨学术与社会史的关系

章学诚批判当时学风的流弊，实质是要论证烦琐考据脱离实际，离开了正确的方向，违背了社会的需要和学术的规律。而这个实质问题的解决，仅限于对实际分析评论还是不够的，还应该在理论上和历史上作更深入的探讨。探究源流本是他思考和治学的特点。因此他进一步的理论探索，是把探求史学之本原，扩大到探求整个学术的本原。他著名的"六经皆史"说，对"道"的本原和"道"、"器"关系的论述等等，都是围绕深入一步解决学术与社会的关系而展开的，其核心，是讲学术必须"经世"。这个问题，从学术的整体讲，是探讨学术的发生、发展与社会史的关系；从学者个人所应做到的来讲，则是论述学者应有的修养和社会责任。

（一）"六经皆史"说的意义。

"六经皆史"，是章学诚探求学术本原所得出的重要命题。他认为，两千年来被顶礼膜拜的六经，实际上是先王的政典，是当时历史的记录，所以说"六经皆史"。《文史通义·易教》（上中下）、《经解》（上中下）等篇对此都有阐述。《易教上》开宗明义说："六经皆史也。古人不著书，古人未尝离事而言理，六经皆先王之政典也。"他论学术的本原，在先秦时代，官府职掌、典章文献、治国的道理三者本来合为一体。古代官府部门各分其责，这些部门的典章文献保存下来，就是后代所称的"经"，一向被视为高深莫测、无比神圣的"道"，就在这些治国的文献之中，所以古代圣人并没有离开这些先王政典，另外著书去讲什么神秘的道理。他还指出，就拿颇有点神秘意味的《易经》来说，它的产生也同阴阳历法有关，同政事有关，并非圣人有特殊用意而"离事物而特著一书"。因此，学术从它起源，就同社会人事密不可分，就是"经世"的。这是学术史上一个很重要的原理。章学诚追根求源论证学术与社会史的关系，就为批评当时学风脱离实际，离开社会人事去治经、去讲道的不良倾向，进一步提供了理论和历史的依据。

有的文章争论"六经皆史"是谁首创的问题，这并不重要。章氏以前，确有人讲过类似的话。王阳明回答学生徐爱说："以事言谓之史，以道言谓之经，事即道，道即事，《春秋》亦经，五经亦史。"①此外，明代及清代讲类似的话者，有王世贞，见《弇州山人四部稿》卷144；李贽，见《焚书》卷5《经史相为表里篇》；何景明，见《大复集》卷32《经史皆记事之书》；潘府，见《明儒学案》卷46《诸儒学案》；顾炎武，见《日知录》卷3。有的论著还追溯到更早，提出可追溯到元代郝经甚至东汉。②

即使能找到很早的出处，也不会降低章学诚这一命题的意义。因为前人都只是行文中涉及，并无专门论述。章学诚是作为重要命题提出来，深入地加以论证，并且是针对时弊而发，是与他强调学术必须"经世"的主张密切联系的。他吸收了前人的提法，把它提高了，发展了，赋予了时代的内涵。这是意义之一。意义之二，是扩大了史学的范围，提高了史学的地位。他还讲："愚之所见，以盈天地之间，凡涉著作之林，皆是史学。"六经即其中同圣人有关系的六种。③明确提出包括六经在内的，都是史料，所以扩大了史料范围。而且，当时风气，经书是被当作偶像受到崇拜，史只能居于附庸地位，"号为治经则道尊，号为学史则道诎"。④现在按照章学诚的理论，六经也是史，可以平起平坐了，六经皆史的命题之所以在近代受到重视，还在于它符合近代学术的一个大趋势：把所有各种学问都置于历史考察范围之内。"六经"过去只能顶礼膜拜，现在也要作为研究对象了。所有这些，都包含有冲破封建教条的积极意义，包含着可贵的近代科学意识。

（二）探求"道"的产生和"道"、"器"关系的哲理。

章学诚认为"道"是随着人类社会的进化，从无到有，从简单到复杂发展起来的。他说："道者，非圣人智力之所能为，皆其事势自然，渐形渐著，不得已而出之。"否定了上帝创造或圣人有意安排的唯心说教，坚持了唯物主义的观点。具体说来，他把"道"看作是有阶段的发展："天地生人，斯有道矣，而未形也；三人居室，而道形矣，犹未著也；人有什伍而至百千，一室所不能容，部别班分，而道著矣。仁义忠孝之名，刑政礼乐之制，皆其不得已而后起者也。"章学诚所讲的，好像猜测到一些由原始公社、氏族公社到形成国

---

① 王守仁：《传习录上》，《王阳明全集》，上海古籍出版社1992年版，第10页。
② 两说分别见：陶懋炳：《中国古代史学史略》；陆宗达：《从旧经学到马列主义历史哲学的跃进——回忆吴承仕先生的学术成就》，《北京师范大学学报》1984年第2期。
③ 《文史通义·报孙渊如书》。
④ 《龚自珍全集·古史钩沉论二》。

家的演变。① 如对于封建国家各项制度职能的产生，就有相当接近于历史进程的大才猜测："至于什伍千百，部别班分，亦必各长其什伍而积至于千百，则人众而赖于干济，必推才之杰者理其繁，势纷而须于率俾，必推德之懋者司其化，是亦不得不然之势也，而作君、作师、画野、分州、井田、封建、学校之意著矣。"② 由于社会的复杂而推动各项秩序的治理，促进国家制度的形成。他论证"道"的产生和形成的不同阶段，都由客观的"不得不然之势"、"事势自然"所推动，乃是符合唯物史观存在决定意识原理的进步观点。

同时，章学诚发挥了中国思想史上"道不离器"的正确命题，从哲理高度批驳理学空谈的错误倾向。他说："道不离器，犹影不离形。"孔子撰述六经，则以书中的典章制度体现了治国的"道"。六经既是载道之书，同时六经又皆是器，这就叫"道器合一"，或"道寓于器"。他强调指出："夫天下岂有离器言道，离形存影者哉！彼舍天下事物人伦日用，而守六籍以言道，则固不可与言夫道矣。"③ 理学家违背了"道器合一"的根本哲理，结果陷入了性理空谈，"于学问文章、经济、事功之外，别见有所谓'道'耳。以'道'名学，而外轻经济事功，内轻学问文章，则守陋自是，枵腹空谈性天，无怪通儒耻言宋学矣。"④ 理学空谈虽与烦琐考据形式不同，但其共同弊病是脱离实际，违背了经世的目的。章学诚认为，正确的做法，应该是发挥"道"产生于"事势自然"的原理，研究当今变化了的制度事物，总结出符合当今状况的"道"来。他对著作家提出的要求是："事变之出于后者，六经不能言，固贵约六经之旨而随时撰述以究大道也。"⑤

以上是章学诚从历史的发展，论证学术不能与社会生活、经世大旨相脱离，著述的文辞不能与义理相脱离。再从现实中作为来讲，章学诚强调著作者应该具备的修养和责任。章学诚在后一方面的理论贡献，是论述了"言公"和"史德"。

《言公》篇的主旨是讲著作家应该坦诚无私、严格律己。章学诚认为，著述的出发点必须是"诚"，抒写真情实感和真知灼见，文辞是用来恰当地表达

---

① 侯外庐：《中国思想通史》第5卷第13章《章学诚的思想》。
② 以上引文均见《文史通义·原道上》。
③ 《文史通义·原道中》。
④ 《文史通义·家书五》。
⑤ 《文史通义·原道下》。

这种"诚"的形式。"学者有事于文辞，毋论辞之如何，其持之必有其故而初非徒为文具者，皆诚也。"①怎样做到坦诚无私呢？章学诚论述了两项，一是摒弃猎取名誉的虚荣心，二是根绝表里不一的虚伪心。他说："仆于学文辞，不知于古有合与否；惟尺寸可自信者，生平从无贰言歧说，心之所见，口之所言，笔之所书，千变万化，无不出于一律。""而窃怪今之议学问者，往往不求心术，不知将以何者为学为问，而所为学问者又将何用也！"②章学诚现身说法，强调树立了"经世"的目的和责任心，才能力戒私心胜气和虚饰欺瞒，对于著述者何等重要，今天读来仍然发人深省。

章学诚还强调历史学家应具有"史德"。他说："能具史识者，必知史德；德者何，谓著书者之心术也。……盖欲为良史者，当慎辨于天人之际，尽其天而不益以人也。"③刘知幾论史家应具"才、学、识"三长时，已讲到"犹须好是正直，善恶必书，使骄主贼臣所以知惧，此则为虎傅翼，善无可加，所向无敌者矣"④，其中已包含有"史德"的思想。章学诚加以大大发展，作为三长以外的一个重要问题提出来，并专门写了文章，此项贡献，诚如白寿彝先生所评价的，"在中国史学史上是一件具有很重大意义的事"⑤。章学诚讲"尽其天而不益以人"，是强调史书记载要符合历史事实，不要掺杂私人感情和偏见。因为，史书要靠人写，而人是有意识有感情的，这些很容易受到外界条件的刺激影响，"其中默运潜移，似公而实逞于私，似天而实蔽于人，发为文辞至于害义而违道，其人犹不自知也。故曰心术不可不慎也"⑥。章学诚又讲，评论古人应设身处地，包含有结合历史条件去考察的意思。他针对有人称司马迁"为讥谤之能事"，"百三十篇皆为怨诽激发"的片面说法，强调司马迁著史的主旨，是"究天人之际，通古今之变，成一家之言"，肯定其高尚志趣和卓越史识。又指出他因遭遇不幸而"不能无所感慨"，但跟"怨诽"⑦根本不同，得出了相当公允的结论。

---

① 《文史通义·言公中》。
② 《文史通义·补遗续·与史馀村》。
③ 《文史通义·史德》。
④ 《旧唐书》卷102《刘子玄传》。
⑤ 《说六通》，《史学史研究》1983年第4期。
⑥ 《文史通义·史德》。
⑦ 以上引文均见《文史通义·史德》。

四、朴素的辩证分析——《文史通义》的精髓

总结《文史通义》的贡献，还应该特别讲到书中朴素的辩证分析的因素。我认为，此项是章学诚的见识高于同时代学者之原因所在，也是他理论探索的进步性和真理性之精髓所在。《文史通义》论述史义与史事、史文、史例的关系和演变，论述撰述和记注的关系，论述功力与学问的关系，论述"经"和"史"、"道"和"器"的关系，历史的客观因素（"天"）和史家的主观因素（"人"）的关系，对戴震学术的评价，等等——都符合辩证法关于分析矛盾普遍存在的观点，关于用互相联系的、发展的眼光观察事物的观点，关于具体分析具体事物，既要看到事物的正面、又要看到事物的反面的观点，因而鞭辟入里，具有很强的说服力。

《文史通义》中出色地运用辩证分析的例证还有不少。譬如：

论"立言之士"与"专门考索"的关系。章学诚大力针砭烦琐考据学风的流弊已如前述。他还形象地指出："今日学者风气，征实太多，发挥太少，有如蚕食桑叶而不能抽丝。"①深刻地揭露出烦琐考据不切实用的本质。那么，章学诚对于考据是不是完全否定呢？不是的。他反对的是把考据当作学问的全部、学问的目的，反对的是学者不顾自己的条件而盲目跟着风气跑，与此同时，他对考据的作用又有所肯定。他认为，考据家的专门知识不应当忽视和抹杀。"考索之家，亦不易易，大而《礼》辨郊社，细若《雅》注虫鱼，是亦专门之业，不可忽也。"因此他不同意友人的看法，认为阮元《车考》只研究一车之用，无甚意义，指出"治经而不究于名物度数，则义理腾空而经术因以卤莽，所系非浅鲜也"。进一步，章学诚又精辟地论述理论发挥与专门考据二者互相补充的关系。他说："人生有能有不能，耳目有至有不至，虽圣人有所不能尽也。立言之士，读书但观大意；专门考索，名数究于细微；二者之于大道，交相为功，殆犹女余布而农余粟也，而所以不能通乎大方者，各分畛域而交相诋也。"②这段话，批评了把注重理论与注重考据二者完全对立的形而上学观点，透彻地论证了二者既互相对立、又互相补充的辩证关系。章学诚还有

---

① 《文史通义·与汪龙庄书》。
② 以上引文均见《文史通义·答沈枫墀论学》。

很难得的见解，他认为有识之士把握学术的正确方向，应该做到："非特能持风尚之偏而已也，知其所偏之中亦有不得而废者焉；非特能用独擅之长而已也，知己所擅之长亦有不足以该者焉。不得而废者，严于去伪而慎于治偏，则可以无弊矣；不足以该者，阙所不知而善推能者，无有其人，则自明所短而悬以待之，亦可以无欺于世矣。"①这些话实在符合于辩证地具体分析的态度，在不好的倾向中，要能发现其中合理的东西，而对正确的应该发扬的一方，又要看到其中不足之处而加以弥补。采取这种实事求是的、有分析的态度，才能做到"无弊"、"无欺于世"。他本人也确实做到这一点，他曾多次声明自己不擅长考据，所以要从考据家的长处得到弥补。

  论博与约的关系。怎样处理渊博与专精的关系，是学者经常碰到的大问题。章学诚对此有精到的辨析。他认为，博与约互相依存，博是约的基础；但是做不到约也谈不上真正的博。在广博与专精二者之中，章学诚强调专精，称它是学者"自立之基"。如果务博而不求精，就不可能有真正的学问。天下的知识无涯，材料不计其数，若想穷尽天下的材料，只不过是无法实现的妄想，"尧舜之知所不能也"。②只满足于搜罗材料，不做专精的钻研，那只是材料的杂凑而已，谈不上学问。这既全面论述了博与约二者的关系，在当时又有很强的针对性。因为当时考证之风正盛，学者普遍的毛病是夸多矜博，沉溺于浩繁的材料之中。章学诚进一步指出，没有专门研究，材料再多也不过像乱摊在地上的散钱一样。只有用自得之学作为线索贯串起来，分散的材料才能成为有系统的学问。③那么，已经达到专深的人，是否可以忽视博呢？不是的。他认为，专了以后，还要重视广泛地吸收营养，得到启发，"博详反约，原非截然分界。及乎泛滥渟蓄，由其所取愈精，故其所至愈远。"④章学诚对博与约的辩证关系的不同层次，论证透彻，在今天也仍有其生命力。

  论文章的内容与文辞的关系。章学诚反对片面追求文辞华丽的倾向，强调内容才是根本，内容的需要决定文章的表达形式。他说："文章之用，或以述事，或以明理。……其至焉者，则述事而理以昭焉，言理而事以范焉，则主适

---

① 《文史通义·说林》。
② 《文史通义·博约中》。
③ 《文史通义·与林秀才》。
④ 《章学诚遗书》卷22《与族孙汝楠论学书》。

不偏，而文乃衷于道矣。迁、固之史，董、韩之文，庶几哉有所不得已于言者乎！不知其故而但溺文辞，其人不足道已。"[1]但他又明确反对走到另一极端，即借口重视内容而忽视文辞的运用，他指出："不文则不辞，辞不足以存，而将并所以辞者亦亡也。"[2]强调文辞的准确优美对于史书发挥社会作用有重要意义。针对宋明理学盛行而产生的鄙薄文辞的倾向，他指出文辞粗劣、面目可憎的作品，令人生厌，连他所要表达的内容也无人理会。[3]在《文理》篇中，他反复论述写文章要言之有物，要有充实丰富的内容，有真知灼见而在文字上要发挥尽致，力求佳胜。堪称是一篇辩证地解决内容与文辞关系的精彩文章。

辩证分析的态度，是正确探求事物本质联系的、唯一符合科学的态度，章学诚在他的时代所能达到的水平上，出色地运用了辩证分析的方法，因而取得了卓越的理论成果，并且足以启迪后人的智慧。

章学诚史学理论的主要局限，则已有学者提出其"卫道和泥古"[4]。前者如《妇学篇书后》宣扬"男女授受不亲"的封建伦理，表现出浓厚的道学习气。后者如书中每每夸大古代学术的作用。但从总体上评价，则是大醇小疵。《文史通义》全书在编排上无完整系统，使人感到它"散"。其原因也是明显的，章学诚处在当时学术条件下，他需要探讨和辨析的问题很多，因而来不及构成一个完整的体系。值得注意的是，章学诚的理论探讨在一定程度上已经具备自觉的特点。他说："学必求其心得，业必贵于专精，类必要于扩充，道必抵于全量，性情喻于忧喜愤乐，理势达于穷变通久，博而不杂，约而不漏，庶几学术醇固，而于守先待后之道，如或将见之矣！"[5]这段话，实则从包含全面的观点、历史变易的观点、自得之学、重视材料等方面，申明了他在学术上所自觉追求的目的，也是他对自己治学道路自觉的总结。正是这种自觉地追求真知的精神，支持他顶住被周围人们视为"怪物"、诧为"异类"的巨大压力，支持他忍受一辈子的困苦磨难，晚年的贫病交加，辛勤地撰述，反复地修订，以毕生心血浇灌出这株传统史学理论的奇葩。章学诚所言"守先

---

① 《文史通义·原道下》。
② 《文史通义·说林》。
③ 《文史通义·答沈枫墀论学》。
④ 李宗侗：《中国史学史》，中国友谊出版公司1984年版，第199页。
⑤ 《文史通义·博约下》。

待后之道"，即以在学术上继往开来自任。他还预言，后人将会懂得他的文章都是有所为而发，有深刻的思想蕴涵，"尝谓百年而后，有能许《通义》文辞与老杜歌诗同其沉郁。"① 到20世纪初期，处在学术近代化进程中感觉敏锐的人物，结合切身体会重读《文史通义》，果然受到极大的触动，认为：《文史通义》"实为乾嘉后思想解放之源泉"，"为晚清学者开拓心胸，非直史学之杰而已。"② "自从章实斋出，拿这种'遮眼的鬼墙'（按，指学术上迷信古人的风气）一概打破，说学问在自己，不在他人。" "这实在是科学的方法了。"③ 这是《文史通义》对近代学者产生过极大的启迪作用的明证。但我们以往对这部名著的研究还很不够，实有必要更深入进行发掘。

---

① 《文史通义·补续遗·又与朱少白》。
② 梁启超：《清代学术概论》，《饮冰室合集》专集之三十四，第69–70页。
③ 顾颉刚：《中国近来学术思想界的变迁观》（作于1919年），载《中国哲学》第十一辑。

崔述古史新说及其价值观

清代，是中国传统史学久远行程的最后阶段。这一时期史学所呈现的复杂纷纭的现象，长期使人难以把握其趋势和实质。如果我们在深入研究的基础上努力加以概括，则大体上可以认为，清代史学的动态过程包含着两个矛盾的方面：一方面是相对停滞，旧史学进一步暴露出其因袭的惰性，如作为封建社会"正史"的纪传体史书，此时增加了一部《明史》，完全袭用以往的体例格局，封建气味十足；典制体史书继"三通"（《通典》《通志》《文献通考》）之后，又增加了"续三通"（《续通典》《续通志》《续文献通考》）和"清三通"（《清通典》《清通志》《清文献通考》），陈陈相因，绝少创造。另一方面，史学却又酝酿着更新，如清初杰出学者顾炎武、黄宗羲、王夫之的著作在历史思想上闪耀着批判封建专制主义的异彩，以及乾嘉时期史学方法的趋向严密，就是其中突出的例子。前者，反映出封建社会后期文化衰老的特点，比较明显。后者，是转折时期行将到来以前酝酿滋长的因素，处在演进过程的深层，以往深入探讨不够。依笔者看来，这种内在趋向的价值不应忽视——它显示出中国史学蕴积深厚，虽然旧机体已经老化，但在这母体中却逐渐成长着更新的机制。这是中国史学长期的优良传统和生命力的一种体现。崔述古史学说及其方法论中所蕴含的近代价值观，就是清代史学复杂行程中孕育着更新动向之又一例证。

一、消沉百年后的巨大反响

崔述古史学说在百年中经历了一场曲折的悲喜剧。

崔述字东壁，直隶大名人，生于乾隆五年（1740），卒于嘉庆二十一年（1816），与乾嘉时期著名学者王鸣盛、钱大昕、赵翼均是同时代人。崔述与他们同属考史，但领域不同，治学路数不同。王鸣盛等人致力于历代正史，主要考证秦汉以下的史实和制度，崔述所致力的是上古史范围，上起远古传说时代，下至春秋、战国。王鸣盛等人是当时著名的"汉学家"，对于古代的经传、注疏的说法，诸子百家的记载都完全相信，对于汉代大儒郑玄、贾逵等人推崇备至，认为汉儒近古，讲的定有根据，他们的著作是当时学术风气的代表，人们交口称誉，享有很高的学术地位。崔述则对古代记载采取审查态度，他不盲目相信，而要"考而后信"，他的力作就叫《考信录》。他以儒家经书为标准，对于战国秦汉以后关于上古历史的各种方法一概要细加考查，立志要廓清其中的大量附会和谬误。他以这种治学态度和抱负，一生辛勤著述，共写下二十一种著作，其中《考信录》计十二种，包括《考信录提要》《补上古考信录》《唐虞考信录》《夏考信录》《丰镐考信录》《洙泗考信录》《孟子事实录》等。其他著作有《读风偶识》《古文尚书辨伪》等九种。但崔述当时处在"家家许郑，人人贾马，东汉学灿然如日中天"[①]、学者趋之若鹜的时代风气下，人们却不理会他的著作，"见此说而大骇，却步而走"[②]。崔述的研究成果这样遭到冷落，跟王鸣盛、钱大昕等人生前享有显赫名声形成了鲜明的对比。

崔述的治学志向是在困顿的生活和被冷落的环境中磨炼出来的。他少年读书，就怀疑典籍上关于古帝王史事的记载往往相歧异。他二十四岁考中举人，以后屡试不中进士，遂潜心治学。自称从三十岁起，改掉原来读书泛杂的毛病，立志"究心六经"，用传说、笺注与经书对比，将其中不同的说法分类抄录，考究其本源和变化，越加发现经书以外的百家杂说、经注传疏并不可信。当时他就决心著一部书，辟除众说的谬误，纠正传注的误会。由于上古史料问题复杂，他长年作刻苦的钻研整理。崔述在贫困生活中治学的情景和志趣，从他夫人成静兰所写的诗中得到反映。成静兰能诗，《二馀集》中《赠君子》一首云：

> 崔郎卓荦志不群，胸藏经济人莫闻。有时慷慨论时务，沛如黄河向东注。近来学古益成癖，独坐搔首常寂寂，唤之不应如木石。忽然绝叫起狂喜，数千余言齐落纸。五行三正细剖分，创论惊天思入云。直欲扫除千载惑，岂效小儿弄笔墨。半生辛苦文几篇，才高可惜无人

---

① 梁启超：《清代学术概论》，《饮冰室合集》专集之三十四，第6页。
② 崔述：《考古续说卷一·读书馀论七则》，见顾颉刚编订《崔东壁遗书》，上海古籍出版社1983年版。

识。长安虽去每空还,十年憔悴长途间。且同煮酒开心颜,一朝飞腾遂厥志,平尽人间不平事。①

对崔述考辨古史表示了充分的理解与支持。陈履和撰《崔东壁先生行略》中说:"外人未有好先生书者,独成孺人为闺中老友,尽悉生平著书耳。"② 这对在贫穷与寂寞中奋斗的崔述当然是一大助力!

崔述还有一件准备工作,他为使自己在文章中把考辨古史的观点表达得准确透彻,还在锻炼写作能力上下功夫。他不仅悉心揣摩韩、柳、欧三大家文章,还向当时古文家汪师韩请教,有《上汪韩门先生书》,诚恳地问他如何"自抒己见","使文不烦而意毕达",从这里也可以看出崔述对著述的认真态度。这段时间,他屡遭家庭变故的打击:父亲病殁,房屋遭大水冲毁,无栖身之处;四十一岁时,出生刚一年、全家视为命脉的独子早夭,接着老母哀伤而亡。次年,崔述治学的伴侣、弟弟崔迈又病死。一连串的打击,使他几次得了大病差点丧命。但他从这些灾难挫折中挺了过来,"益发愤自励",开始撰写第一部著作《洙泗考信录》。从此以后到他七十七岁卒前,二十余年间,勤苦著述不辍。

乾隆五十七年(1792),崔述五十三岁,写了《洙泗考信录》《补上古考信录》初稿。这一年吏部通知他参加候选,崔述到北京,后来被授福建罗源知县,曾先后任罗源、上杭县官六年。

这次在北京,崔述有一段极重要的奇遇。陈履和是云南石屏人,当年三十二岁,来北京参加会试,在客店中偶然认识了崔述,得读崔述所携带的《洙泗考信录》《补上古考信录》两部书稿,十分倾倒。他在信中向崔述表达敬意:"旬月以来,捧读大著,辨古书之真伪,析群言之是非,期于尊经明道,无所淆乱而已。比于武事,可谓敌忾御侮之师。……生平谒见所及,一人而已。"③并再三再四要拜崔述做老师。崔述被他的诚意所感动,推辞不去,便受了他的弟子之礼。他们在北京相聚只有两个多月,此后便没有再见面。但这次认识,却结下了三十多年师生情谊,从此陈履和心悦诚服地崇拜他,以传播他的著作为自己的志愿。这三十多年中,陈履和先是陪随他父亲在江西、云

---

① 见《二馀集》,《崔东壁遗书》附录。
② 见《崔东壁遗书》附录"传状"。
③ 《考信附录》附陈履和《寄京师时致书》。

南做知县等小官，以后陈履和本人被授浙江东阳知县，在长久的岁月中他和崔述只有书信来往，但他千方百计地陆续刊印了崔述的著述，为此付出了全部心血。

崔述在福建任县官期间，一面为职事操劳，一面又时刻惦记著述的事业。他当县官一直办事认真，开始时一些差役见他凡事都仔细询问，认为是个无能的老学究，但以后亲见他办理案件细致准确，对上司的错误处置敢于辩驳，而且很有政绩，结果这班狡猾的差吏也不得不佩服他。但崔述觉得当县官不能正直做事，处处受妨碍受掣肘，"无罪不能救，有罪不能惩"，"地方事一毫不能整顿"，"每日卯起亥眠，无一刻之暇"①，杂繁的事务和为难的处境使他无法看书写作，后悔出来做县官，只盼望赶快辞职回家完成自己的著述志愿。嘉庆七年（1802），六十二岁的崔述辞掉县官之职，携眷回到大名，几度迁居，最后定居彰德府。在他卒前十四年中，完成了《考信录》全书和其他著作。

由于贫穷，崔述所写大量著作自己无力刊刻，假若没有陈履和，崔述的著作便不能流传。嘉庆二十二年（1817）闰六月，陈履和到河北大名找他老师时，崔述已在半年前去世，留下遗嘱将全部书稿交陈履和。在崔述死后八年，陈履和终于以独人之力，在浙江东阳刻完崔东壁遗书，次年便病死了。他死后"宦囊萧然，且有负累；一子甫五龄，并无以为归计"，幸亏金华知府设法替他弥补亏空，把《东壁遗书》的版本二十箱留存金华府学作欠款抵押，并由金华府各县同官捐款，凑够陈履和眷属返回云南的路费。清人张维屏评论说："（东壁）先生所著书，履和一人刊行。先生之书不朽，履和为弟子，其笃于师弟之谊若此，亦当附之以不朽矣。"②这是很恰当的评价。崔述学说在近代的传播，陈履和有很大的功劳，他们师生的交谊也是学术史上极感人的事。

崔述《考信录》一书虽然幸运地刻成了，但他的学说在整整一个世纪中一直几乎不被人知。这是因为，崔述的学说不投时好。当时的风尚，除了讲理学、求科举外，在考据范围内，则是讲求如何恪守汉儒的经注。而崔述所做的，却是要推翻战国以后经传、笺注对古史的附会与假托，这对当时读书人来说是不可思议的。所以崔述在给友人信中曾一再感慨说，当地除有一二人看过

---

① 崔述：《蓏田剩笔残稿》《与朱松田》。
② 张维屏：《松斋随笔》。

他的著作外,别人"非惟不复称之,抑且莫肯观之"。因此连他的姓名都长期不被人知。他死后,有个叫张澍的人写《辟崔氏说》一文,把《考信录》当作"邪说"来"辟",却把作者名字误为"崔应榴",即是明证。

在整个19世纪中,中国重视崔述学说的只有张维屏一人。他是道光年间,鸦片战争时期的爱国诗人,编有《国朝诗人徵略》,指出:"二百年来,考据之学盛矣,然大都就制度名物辨论之,未有合唐、虞、三代圣贤君臣之事而考究之者。"《考信录》却做到了。这番话意味着崔述开辟了新的领域,填补了空白。并且赞扬他的方法:"每事必究其原;每书必核其实。"①张维屏不愧是难得的有见识的人物,可是他的这些话在当时却如同旷野中的一声呐喊,并未引起回音。事实上,崔述学说在一个世纪中完全消沉无闻,无人问津。

到了20世纪初情形却迥然而异。随着东方国家史学近代化的展开,日本学者首先大力加以褒扬,而后在中国更引起强烈反响。20世纪初年,日本学者那珂通世读到《东壁遗书》,十分赞赏,称"著者议论高明精确"。为了使此书在日本学术界得以传布,他将全书校订标点,于1903年列入日本史学会丛书出版。那珂并撰写《考信录解题》一文,在日本《史学杂志》发表。他论述崔述学说的内容和价值说:"中国学者拘守汉儒之训诂,耽于宋儒之空理,其弊固不待言。尚古之念既深,对于古书皆如宗教徒之崇拜经文。……崔氏处于群学之中,独能建树己说","识通古今,考据辨析高出于汉、宋诸儒之上"。那珂通世如此表彰和传布,遂使崔述学说与近代史学产生了密切的联系。

20世纪国内最早重视崔述的学者是刘师培,他曾于1907年东渡日本,带回了日本史学界表彰崔述学说的新信息。约在1910年,他撰写了《崔述传》,介绍崔述生平和《考信录》主要内容。刘师培不仅重视崔述考辨古史的结论,而且重视他治史的方法:"浅识者流仅知其有功于考史,不知《考信录》一书自标界说,条理秩然,或援引证佐以为符验;于一言一事,必钩稽参互,剖析疑似,以求其真;使即其例扩充之,则凡古今载籍均可折衷至当,以去伪而存诚。"②此后,崔述的学说更引起胡适、钱玄同、顾颉刚、洪业等学者的极大研究兴趣,在1921—1936年期间,学术界先后校印《崔东壁遗书》,访问其故里,搜集其佚著,撰写其传记、年谱,并且直接开启了顾颉刚为代表的"古史

---

① 张维屏:《国朝诗人徵略二编》。
② 《国粹学报》第三十四期。

辨派"的探索可信的古史体系的研究热潮。胡适于1923年撰写《科学的古史家崔述》，认为："我深信中国新史学应该从崔述做起，用他的《考信录》做我们的出发点。"① 顾颉刚于1921年开始校点《崔东壁遗书》。他在1923年致友人信中说："崔述的《考信录》确是一部极伟大又极细密的著作。"② 并决心发扬崔述的治史方法，认为"他把难的地方已经做过一番功夫，教我们知道各种传说的所由始了，由此加功，正是不难"③。1926年，他又在《古史辨》第一册的《自序》中说："我弄了几时的辨伪工作，很有许多是自以为创获的，但他的书里已经辩证得明明白白了，我真想不到有这样一部规模宏大而议论精锐的辨伪大著作已先我而存在。"这说明：崔述的学说如同一颗长久埋藏在尘土里的史学明珠，现在突然放出光彩，被发现出其中具有近代科学的因素，成为刺激和推进史学近代化倾向的重要机制。这是《考信录》所显示的生命力和价值所在。

二、廓除前人附会 提出古史新说

崔述对史学研究的重要贡献，在于他发扬了古代伟大史学家司马迁的"考信"精神，以严密审查的态度对待两千年形成的古史传说，廓除了以往记载中大量的附会和谬误，开辟了探求可信的古史体系的道路。

《考信录》一书的得名，是从《史记》上"学者载籍极博，犹考信于六艺"④的名言来的。这句话，是司马迁治史的基本态度，也是《史记》取得伟大成就的重要条件之一。司马迁当时接触到的是各种各样的关于上古史的说法，"百家言黄帝，其文不雅驯，荐绅先生难言之"。对于各种歧义的说法，司马迁没有轻信，他将不同的记载加以比勘，且以实地访问调查相印证："余尝西至空桐，北过涿鹿，东渐于海，南浮江淮矣，至长老皆各往往称黄帝、尧、舜之处，风教固殊焉，总之不离古文者近是。"⑤反复比勘、印证的结果，他认为用先秦文字记载的儒家古文著作较为可信，以"考信于六艺"为基

---

① 见《崔东壁遗书》附录。
② 《与钱玄同先生论古史书》，《古史辨》第一册，上海古籍出版社1982年版。
③ 《论伪史例书》，《古史辨》第一册。
④ 《史记·伯夷列传》序。
⑤ 《史记·五帝本纪》赞。

本方法的理由即在于此。但他对"六艺"也不盲目相信，有时也有保留，"疑则传疑，盖其慎也"。①

总之，司马迁的基本态度是"考信"和"求实"，以写出一部信史为自己努力的目标，开创了我国史学的优良传统。两千年后，王国维利用出土卜辞考证出《殷本纪》中所载殷先公先王世系基本正确可靠，就是《史记》在总体上具有极高史料价值的有力证据。但由于当时史料条件和科学水平的限制，《史记》不可能做到史实完全正确，关于上古史的记述，"信史"与"传说"界限并不清楚。后代有不少史家、学者继承了司马迁的求实精神，或在撰写中据事直书，或在评论中辨伪纠误。然而，在上古史领域内，许多儒生却迷信远古传说，甚至杜撰材料，任意附会，使上古史在传说之外又增加了许多假造的说法。由于假托和杜撰太多，矛盾和纰漏也越来越暴露。这就为后代史家提出了这样的任务：考辨种种假托和附会，清理出可信的上古史轮廓。宋代的欧阳修、朱熹、明代宋濂、胡应麟，清初姚际恒等人在辨伪上都有成绩。崔述则以毕生精力撰成有系统的巨著《考信录》，考辨古史范围更大，体例更严密，贡献尤为突出。

崔述古史学说的中心论点是：

1. 先秦典籍记载的上古史与后人说法不同，比较可信。儒家经典《诗经》《尚书》等以及《论语》《孟子》讲上古史，只讲到尧、舜。"《论语》屡称尧、舜，无一言及于黄、炎者，孟子溯道统，亦始于尧、舜。""自《易》《春秋》传始颇言羲、农、黄帝时事，盖皆得之传闻，或后人所追记。然但因事及之，未尝盛有所铺张也"。即是说，这些记载中夸大的成分还比较少。

2. 战国至秦汉，《国语》《大戴礼记》及杨朱、墨子等学派的言论，"以铺张上古为事，因缘附会"，"妄造名号，伪撰事迹"，于是造成对上古史的说法矛盾混乱、荒远无征。司马迁则采取比较审慎的态度，他整齐百家杂语，"考信于六艺"，从黄帝起，删掉其言不雅驯。司马迁明确地不从伏羲、神农讲起，他摒弃了战国时人的一些说法。

3. 到晋代谯周《古史考》、皇甫谧《帝王世纪》"所采益杂，又推而上之，及于燧人、庖羲"。以后的河图、洛书、《皇王大纪》等，则甚至"有始

---
① 《史记·五帝本纪》序。

于天皇氏、盘古氏者矣"。崔述称之为："邪说诐词杂陈混列，世代族系紊乱庞杂，不可复问。"①

仔细研究崔述这些论点，可以明确以下几点。第一，他所整理的古史体系分为三段："三代"是可信的阶段；尧、舜或上溯到黄帝，是比较可信的传说阶段；再往上，则后人附会更甚，更加荒远不可征信。如果认为是确实存在过那样的历史，那就上了附会妄造者的当了！第二，旧的古史体系的造成，越到战国以后，离儒家经典越远，附会越多，杜撰越厉害。

崔述的这些论点，从根本上动摇了旧的古史体系。由于两千年儒生为"尚古"、"复古"积习所支配，总想把上古史越拉越远的人历代皆有，读书人向来受的就是"自从盘古开天地，三皇五帝到于今"的定型教育，以讹传讹，不加怀疑。现在崔述提出古史新说，等于宣布，儒生们世世代代所信奉、所传习的"盘古氏，开天地"等古帝王世系，都是出于后人附会，需要重新审查。而且他有大量的证据，严密的考辨，这就给陈旧的传统观念以沉重的打击。

崔述清理古史体系的意义，可以从受他直接影响的"古史辨派"的理论看出来。顾颉刚著名的"层累地造成的古史说"要点是：一、"时代愈后，传说的古史期愈长"，如，"周代人心目中最古的人是禹，到孔子时有尧、舜，到战国时有黄帝、神农，到秦有三皇，到汉以后有盘古等"；二、"时代愈后，传说中的中心人物愈放愈大"，"如舜，在孔子时只是一个'无为而治'的圣君，到《尧典》就成了一个'家齐而后国治'的圣人，到孟子时就成了一个孝子的模范了"；三、我们即使"不能知道某一件事的真确的状况，但可以知道每一件事在传说中的最早的状况"。②

对照一下即可清楚，顾颉刚的理论，正是从崔述的论点发展而来的。顾先生自己说过："我们今日讲疑古、辨伪，大部分只是承受和改进他（崔述）的研究。"③顾颉刚倡古史辨固然有的地方疑过了头，但他在廓清旧古史体系的迷雾上是很有贡献的。郭沫若评论说："顾颉刚的'层累地造成的古史'，的确是个卓识。从前因为嗜好不同，并多少夹有感情作用，凡在《努力》上发表的文章，差不多都不曾读过。他所提出的夏禹的问题，在前曾哄传一时，我当

---

① 以上均见《考信录提要》下，《补上古考信录提要》。
② 顾颉刚：《与钱玄同先生论古史书》，《古史辨》第一册，第60页。
③ 《崔东壁遗书序》。

时耳食之余，还曾加以讥笑。到现在自己研究了一番过来，觉得他的识见是有先见之明。在现在新的史料尚未充足之前，他的论辩自然并未能成为定论，不过在旧史料中凡作伪之点大体是被他道破了。"① 如今我们讲历史，已经不再糊糊涂涂地从盘古氏、伏羲氏作为"信史"讲起，而是明确区分了古史传说时代与有文字可考的历史之间的界限。对于这种科学的古史体系的建立，"古史辨派"学者无疑是有功绩的，但追根溯源，崔述则有开创之功。

根据上述中心论点和对古代典籍的详细考辨，崔述对于古代史料有许多卓越见解：

1. 认为"三代以上，经史不分，经即其史，史即今所谓经也"，他把神圣的"经"作为史料看待，作为研究对象，这跟同一时代的章学诚提出"六经皆史"是相呼应的。崔述还说："后世学者不知圣人之道体用同原，穷达一致，由是经史始分。其叙唐、虞、三代事者，务广为记载，博采旁搜，而不折衷于圣人之经。其穷经者，则竭才于章句之末务，殚精于心性之空谈，而不复考帝、王之行事。"② 这些话若去掉其尊圣的意味，则他讲出了先秦经书即是先秦的历史记载、经史不分的道理，脱去了"经书"神秘的色彩，并且尖锐地批评了儒生们尊古妄信、空谈义理的弊病。同时也反映了近代史学领域的扩大，尽量去把各种记载都置于史学考察的范围，显示出一种新价值观的取向。

2. 确定《周礼》《仪礼》是战国时期的作品，这点已为近代多数学者所公认。

崔述认为《仪礼》一书保存着三代礼制的资料，具有帮助"识其名物之制，以考经传之文"的价值，"大有益于学者"。但他举出有力的证据，证明它绝不是"周公所作之书"，推翻了历来相沿的成说。第一，从时代特点考察。"周初之制犹存忠质之遗，不尚繁缛之节。"可是，"今礼经所记者，其文繁，其物奢"，与上述时代特点"背道而驰"。"古者公侯仅方百里，伯七十里，子、男五十里；而今聘食之礼，牲牢笾豆之属多而无用，费而无当，度其礼每岁不下十余举，竭一国之民力犹恐不胜"。这种礼制反映的恰恰是春秋以后"诸侯吞并之余，地广国富"的时代特点。第二，从史实考察。《仪

---

① 《中国古代社会研究》附录，《郭沫若全集》历史编第1卷，人民出版社1982年版，第304-305页。
② 《考信录提要》下，《洙泗考信录提要》。

礼》上所说"臣初拜于堂下，君辞之，遂升而成拜"的记载，跟春秋以前的史实大相径庭。据《左传》所载周襄王赐齐桓公胙[①]和秦穆公享晋公子重耳[②]所用礼节证明，春秋以前通行臣拜君于堂下的礼制，即使君有"无下拜"之命，为臣者仍按古礼行事，下拜后再登而受之；即或国君辞礼，臣也不因其辞而改变礼节，辞者自辞，拜者自拜。崔述强调说："齐侯为诸侯盟主，权过于天子，然犹如是，则寻常之卿大夫可知矣"，"晋文公邻国之公子，旦夕为晋君，与秦穆同列，然犹如是，则本国之卿大夫可知矣"[③]。可见《仪礼》"升而成拜"的记载在春秋以前是不可能存在的。第三，再与春秋时代人物的评论对照。孔子说过："拜下，礼也；今拜乎上，泰也。"[④]孔子讲的，正是春秋时期由"古礼"到"今礼"的过渡。《仪礼》所记就是孔子讲的"今拜乎上"的情况，更证明它只能出于春秋之后。第四，从称谓辨别。《仪礼》上载："诸侯之臣有所谓'诸公'者。"这与春秋以前"王之下不得复有王，公之下不得复有公"的制度完全相矛盾，只能是反映韩、赵、魏三家灭智伯、鲁三桓弱公室这些"公族"势力膨胀后的情况，也是《仪礼》一书出于"春秋、战国间学者所记"的明证。

对《周礼》一书，崔述同样以有力的证据证明它虽然保存了有价值的古代礼制的资料，但它所载有的制度与《春秋》等书不合，所以"显为战国以后所作"[⑤]。

3. 论"井田"的附会。

所谓"井田"制度，可能是反映了古代农村公社定期轮换份地，用沟洫道路作为区划的一种土地制度，后代儒者却把它"理想化"，推演得十分整齐统一。崔述对于井田制，一方面因它记载于《孟子》等书，而予以重视，另一方面又指出后人加了许多附会："三代经界之制，……自周之衰，王制缺微，旧典散失，学士之所称述或不免有传闻附会之言。及至后世，去古愈远，益不悉其时势之详……往往反取经传之文曲为之解，以斡旋而两全之。"[⑥]

---

① 见《左传》闵公九年。
② 《左传》僖公二十三年。
③ 《丰镐考信录》卷5《周公相成王下》。
④ 《论语·子罕》。
⑤ 《丰镐考信录》卷5《周公相成王下》。
⑥ 《三代经界通考》。

4. 论证"五德终始说"始自邹衍，最后的系统化出自刘歆。

流传的纂辑古史的传说，讲自伏羲以下都"以五行周而复始"，伏羲以木德王，神农以火德王，黄帝以土德王，帝喾、尧、舜以下，都以五行类推。崔述对此做了严密的考辨。其要点是：一、战国以前，并无"五行"、"五德"的说法。二、《尚书·洪范》篇中，讲"水曰润下，火曰炎上，木曰曲直，金曰从革，土爱稼穑"，讲的是水、火、木、金、土等具有"曲直"、"从革"之类的属性，显然不涉及帝王"受命之符"。三、《左传》所说："昔者黄帝氏以云纪，故为云师而云名；炎帝氏以火纪，故为火师而火名；共工氏以水纪，故为水师而水名；大皞氏以龙纪，故为龙师而龙名；我高祖少皞挚之立也，凤鸟适至，故纪于鸟，为鸟师而鸟名。"①讲的是"因物取义"、"因义立名"，与五行终始说法也不相同。四、"五德终始之说起于邹衍，而其施诸朝廷政令则在秦并天下之初。"这在《史记·封禅书》《秦始皇本纪》《孟子荀卿列传》都有详载。五、以"木、火、土、金、水"作为五帝相承的次第，则是刘歆杜撰。王莽利用了他的说法，宣称"火德销尽，土德当代"，自居土德，代汉也成为"天命所归"。崔述的结论是：这样一套杜撰的说法，"后世之大儒硕学皆遵之而不敢异"，岂不是莫大的讽刺！②

以上数项，自近代以来已逐渐成为学者们比较一致的看法，崔述则是最早严密考证的人。它们都涉及对古代重要制度和史实的理解，所以构成了崔述古史学说的相关部分。

崔述从治经入手，实际上做的是"考史"。他对诸子百家和经书传注采取分析、考辨的态度，因而在清理古史体系上取得开拓性的成就。梁启超说："彼用此种极严正态度以治古史，于是自汉以来古史之云雾拨开什之八九……可谓豪杰之士也。"③但他的局限性在于，对于儒家经典和《论语》《孟子》却采取崇奉的态度，绝对地相信。他作学问的目的，是要使伪学不能"乱经"，邪说不能"诬圣"。他的学说有一个比较科学的、具有辩证因素的合理的内核，外面却包着一层陈腐的外壳。我们应该打破这层外壳，采用其合理的内核。由于他心目中存在着"尊经"、"卫圣"的成见，所以处处要维护孔

---

① 《左传》召公十七年。
② 《补上古考信录卷下·后论一则》。
③ 梁启超：《中国近三百年学术史》，《饮冰室合集》专集之七十五，第288页。

子这一"理想的圣人"。这种成见不但妨碍他学说的发挥,而且有时使他不承认正确的事实,得出错误的结论。他辩《史记·孔子世家》中孔子"尝为季氏宰"的记载,就说"孔子岂为季氏家臣也哉"!意思当然是圣人所不屑为。①《史记》又记载"行摄相事,有喜色",崔述则说:"摄相事有喜色,亦非圣人之度。"②都不是以考证这件事真不真来做判断,而是以"圣人之度"应该怎样作为去取的标准。这种迷信圣人、尊奉儒家经典的做法,与他"考而后信"的态度正自相矛盾。

三、方法论中所体现的近代价值观

生前无人理睬的崔述古史学说,进入近代以后才引起巨大反响,而且先由日本学者表彰,而后国内学者才重视起来,这些都绝非偶然。其深刻原因是:他的方法具有近代科学因素,才会在近代引起历史家的巨大兴趣;日本史学近代化先于中国,所以又先从日本而后引起国内的信息反馈。

崔述重视证据的充足,考辨的严密,这在《考信录》中全书随处可见。还有很特殊的,他重视对自己治史方法的总结、概括,写成《考信录提要》冠于全书之首,专门讲方法论,这在传统史家中是罕见的。《提要》开门见山讲他治学的根本宗旨:经书与传注"互异",要把两者分开。前者是标准,后者是考辨、分析的对象,要区别其是非真假,"考而后信"。这是他学术体系的出发点,所以刘师培称他"自标界说"。《提要》的最后,是批评明代以来许多学者高谈性理的空疏学风,完全是无用之学,"其驳者固皆拾庄子、佛氏之唾余,其醇者亦不过述宋儒性理之賸说"。他自己则要"尽下学",研究具体实际的学问。《提要》的大部分内容,是阐述"考史"的正确态度和方法,分析产生错误的种种原因。举其要者有以下四项:

第一,"究其本末,辨其同异,分别其事实而去取之"。这是重视证据的求实观点,也是历史地进行考察的观点。崔述考辨所谓"三皇五帝"的说法即是最好的例子。他首先辨明春秋以前无这种说法。《左传》所记"黄帝氏以云纪"、"炎帝氏以火纪",是历叙"古帝"所记之物不同,讲了黄帝、炎

---

① 《洙泗考信录》卷1《初仕》。
② 《洙泗考信录》卷2《为鲁司寇下》。

帝、共工、太皞、少皞、颛顼六个帝号，并无"五帝"之说。其次，指出《吕氏春秋》根据《左传》的说法，删去共工，然后"以五德分属之"。《国语·鲁语》中，讲"黄帝能成命百物以明民共财；颛顼能修之；帝喾能序之三辰以固民；尧能单均刑法以仪民；舜勤民事而野死"，叙五人之功，没有称"五帝"，但也包括古帝必限定为五的格式。再次，举出《大戴礼记》承《国语》五个帝号，直接称为"五帝"。以后的学者，不寻究这些说法的来源，便误认为三皇、五帝确有其事，《史记》以黄帝、颛顼、帝喾、尧、舜为"五帝"，《三统历》以伏羲、神农、黄帝、尧、舜为五帝，郑玄以女娲、伏羲、神农为"三皇"，谯周又以燧人、伏羲、神农为"三皇"一再附会，致使互相抵牾，混乱不堪。

第二，强调"名"、"实"必须相符的形式逻辑方法，反对"重名而不究实"的妄信态度。崔述身处文化落后的小县，又独学无友，生前未见阎若璩《尚书古文疏证》一书，但他用自己的严密考证，同样确定古文二十五篇出于伪造。这一结论也是对其考证方法的很好检验。他的基本方法即是"名"、"实"对照，经过几十年功夫，先由怀疑到最终搜集大量证据加以确证，得出"所谓《古文尚书》，非孔壁之古文尚书，乃齐、梁以来江左之伪《尚书》"的结论。两千余年来历代学者误信的原因，则是"童而习之，不复考其源流"，"循其名而不知核其实也"[①]。他还指出作伪者是王肃一派人，这点也为近代学者所重视。

第三，总结出辨文体、辨时代风气的辨伪通例。崔述说，作伪的人总是要留下痕迹，"伪《尚书》极力摹唐、虞、三代之文，而终不能脱晋之气：无他，其平日所闻所记皆如是，习以为常而不自觉，则必有自呈露于忽不注意之时者"[②]。他考辨《易传》非孔子所作的证据则有：一者，《春秋经》文体"谨严简质"，《论语》是孔子"后人所记，则其文稍降矣"，《易传》则"繁而文，大类《左传》《戴记》，出《论语》下远甚"。二者，《系辞》《文言》篇中，有的冠以"子曰"，有的不冠以"子曰"，同样证明："《易传》必非孔子所作，而亦未必一人所为，盖皆孔子之后通于《易》者为之，故其言繁而文。其冠以'子曰'者，盖相传以为孔子之说而不必皆当日之言；其

---

① 《古文尚书辨伪》，见《崔东壁遗书》。
② 《考信录提要下·总目》。

不冠以'子曰'者，则其所自为说者。"①这些论证，也被现代学者高亨先生撰著《周易杂论》一书所采用。再如，崔述对《韩诗外传》中周公"一沐三握发，一饭三吐哺，犹恐失天下之士"的记载加以考辨，认为：西周初年并无众多的士求见的风气。"段干木逾垣而避之，泄柳闭门而不纳，春秋之后犹然，况成周之世乎！"到了战国，才有大批的士游说求进，"干禄以求荣显"，作者"见当时风气如此，如因臆料周公大圣之世必有更甚于是者"，因此这也是不能据信的附会之说②。梁启超称崔述所总结的考辨方法是"高妙的法门"，"发人神智，实在不少"。③

第四，崔述还善于用简明的话总结容易产生错误的原因。如说，"人言不可尽信"，"逞博不知所择"即造成谬误，汉儒将战国众家杂说尽采入书，刘歆、郑玄又用谶纬说经，宋人更用杂家小说构造古史体系，都是误信人言，不知所择。又如他说，"少见者多误"，见识愈下，称引愈远，真伪皆收，谬误遂多。他还总结有"以己度人"，"虚言成实事"造成错误等等。对自己的求实态度，他也有通俗明白的话做总结，叫作"打破砂锅问到底"，"细细推求"。

崔述在古史领域的贡献，都是他用严密考证的方法取得的。但他尊经、崇圣的封建意识，自然限制他严密的方法不能贯彻到底。他卫护道统，认为"尧、舜者，道统之祖，治法之祖，而亦即文章之祖也"④，还相信仓颉造字，尧时已有史书，都属于明显的错误。尽管存在着这类时代的局限性，但崔述在考辨古史和运用现有近代科学因素的方法上的贡献却是巨大的，正如齐思和所说：崔述的著作，"是对于古代史料第一次的彻底批判，是对于传说神话第一次的大扫除。他的《考信录提要》……是清代第一部讲史学方法的书，直到现在，凡治古史的人，都应当细读"⑤。

---

① 《洙泗考信录卷三·归鲁上》。
② 《丰镐考信录卷五·周公事迹附考》。
③ 《古书真伪及其年代》。
④ 《考信录提要》下，《唐虞考信录提要》。
⑤ 《晚清史学的发展》，见《中国史探研》，河北教育出版社2003年版，第528页。

龚自珍、魏源的学术风格

清嘉庆、道光两朝共五十五年是中国社会由传统的中古时代走向近代的转折时期。此时清朝统治已从百年鼎盛的巅峰上跌落下来,内乱外侮,使社会迅速陷于衰败、动荡。从对外关系来说,长期闭关锁国的中国最终被西方列强的大炮打开大门,东西方冲突和文化撞击的严峻局面陡然摆在面前,这亘古未有的历史变局迫使中国有着强烈危机意识的先进分子起而寻找变革图强的道路。时代的剧变反映到嘉道年间的学术风气上,必然表现为新旧推移的深刻变化。不少有识之士转向关心社会现实,慷慨论天下事,呼吁外御其侮和"师夷长技",成为学术史上一大转折点。龚自珍(1792-1841)和魏源(1794-1857)正是开一代风气的出色思想家和学问家,他们的主张和著作堪称是大转折时代绽开的绚烂之花。

一

最能显示出这两位卓越学者紧扣时代脉搏之治学特色的典型例证,是他们都曾深入学术研究,对关系国计民生的重大问题提出了非凡的预见,成为嘉道学术史上交相辉映的出色篇章。

龚自珍在嘉庆二十五年(1820),以二十九岁青年的敏锐见识和豪迈之气,写成《西域置行省议》,提出了巩固国家辽阔版图、加强边防的一项根本大计,这一在近代史上为此后客观情势的发展所完全证实的预见,其重大意义可从三方面来认识:一是治学符合时代的迫切需要,扣准了时代的脉搏;二是他考察新疆问题有更高的着眼点——国家的长治久安;三是他为这项周密的建议付出了巨大的心血。

清朝建起空前疆域的统一的多民族国家,系统地研究西北边疆地区的地理沿革、民族关系及其历史变迁,乃是巩固国家统一的需要。清中叶以后,沙俄和英国不断侵扰我西北边疆地区,至道光年间边疆危机更加突出。晚清学者关注西北史地蔚成风气,龚自珍是最早的开拓者之一。他在任国史馆校对官时,参加重修《一统志》,曾写有《上国史馆总裁提调总纂书》,订正旧志中蒙古、新疆、青海地区有关部落居住、历史沿革、山川地理等方面的错误缺漏,共有十八项之多。这些都说明龚自珍对于边疆史地的渊博知识。

龚自珍在上述学术氛围和本人精湛研究基础上撰成的《西域置行省议》，是向清政府建议并规划对治理新疆实行根本性改革，以加强中央政府对新疆的有效管理，巩固边防。新疆地区自清初已成为我国统一的多民族国家的重要组成部分。可是朝廷对新疆的管理却长期采取委派将军、参赞大臣等"镇守"的办法，且保存原有各级"伯克"统治人民的世袭制度。这显然落后于形势的需要，不利于有效地开发、管理新疆，不利于巩固国家统一。龚自珍在应进士试的朝考中，曾"直陈无隐"，反复陈述清代边疆形势与前代大不相同，"中外一家，与前史迥异"，汉唐时代的"凿空"、"羁縻"办法已完全不适用了；今天的迫切问题是如何加强国家统一、实现中央政府对新疆的有效管理、在新疆建立新的政治体制，"疆其土，子其民，以遂将千万年而无尺寸可议弃之地"①。这篇《西域置行省议》的中心主张，是新疆建立行省，行政、军事制度与其他行省划归一律，任命总督、巡抚、布政使、按察使等官员，废除以前委派将军、参赞大臣"镇守"的办法，实行郡县制，取消过去保留的"伯克"制度。龚自珍所规划的新疆设置行省的建议，又是同他着眼于解决国内社会危机、冀求国家长治久安的更高目标相联系的。他对清朝统治已到"衰世"，社会矛盾尖锐、危机深重的局面看得很清楚，尤其对大量农民丧失土地、变成流民和城市游荡人口日众的现象感到严重不安，认为"自乾隆末年以来，官吏士民，狼艰狽蹶，不士、不农、不工、不商之人，十将五六……自京师始，概乎四方，大抵富户变贫户，贫户变饿者，四民之首，奔走下贱，各省大局，岌岌乎皆不可以支月日，奚暇问年岁？"因此他把开发新疆与解决国内社会危机联系起来，提出迁内地无业游民和移民开发新疆的办法："人则损中益西，财则损西益中。"②"应请大募京师游食非土著之民，及直隶、山东、河南之民，陕西、甘肃之民，令西徙。"③既解决内地人口过剩、游民无以为生、造成社会不稳定问题，又解决开发新疆、加强边防的问题。他认定，这项重大建议和规划反映了历史发展和客观情势的必然进程，利于国家整体利益，利于新疆的建设和加强边防，又利于中原内地，兼顾了全局和局部利益。龚自珍为撰成这

---

① 《龚自珍全集·御试安边绥远疏》。
② 按，"损西益中"，即开发新疆、增加国家财政收入之意。
③ 均见《龚自珍全集·西域置行省议》。

篇《西域置行省议》，苦心经营了三年之久，表现出中国优秀知识分子对国家民族崇高的责任感！

龚自珍在晚年回顾自己一生经历的著名大型组诗《己亥杂诗》中预言："五十年中言定验"，确信他的建议反映了客观情势，历史的发展也证明了龚自珍的预见是正确的。1876年（光绪元年），左宗棠受命督办新疆军务，率兵讨伐沙俄和英国帝国主义侵略新疆的工具阿古柏反动政权。1877年，收复南疆之后，左宗棠从统筹全局出发，主张建立行省，设置郡县，削减地方头目的权力，省兵节饷，树立长治久安的基础。清政府表示赞许，1884年，任刘锦棠为新疆巡抚，正式建新疆省。龚自珍的预见完全被证实，这一年距离他写《己亥杂诗》的年代正好不到五十年。左宗棠这位晚清重臣成为龚自珍预言的执行者。另一晚清重臣李鸿章则对此评论说："古今雄伟非常之端，往往创于书生忧患之所得。龚氏自珍议西域置行省于道光朝，而卒大设施于今日。"[①]李鸿章称龚自珍的预见是由"忧患而得"的"雄伟非常"之设想，倒是很中肯的。

魏源是龚自珍的挚友，治学旨趣相投。魏源在道光年间，对于同样与国计民生关系重大的治理黄河问题，也提出了卓越的预见，断言"黄河将自行改道北注"。事隔十三年后，他的预见完全应验。这两位经世派魁杰所论的领域虽然不同，而同样出于关心国家利害、民生疾苦，规划天下大计，同样令人惊叹地得到事实的充分验证，宛如花开并蒂，为嘉道学术增辉生色。

水利问题对于农业社会，尤其对于中国这样水灾频仍的国家，是关系国计民生之极其重要的问题。魏源对水利问题早就悉心研究。道光六年（1826），他三十三岁时，代贺长龄编成《皇朝经世文编》，书中即选有不少论述水利问题的文章、奏议。他阅历甚广，足迹遍及两湖、江浙、鲁皖、冀豫大地，所到之处，必对当地水利问题做调查访问，证之于历史记载，探求问题之所在和兴利除害的办法。他写有《畿辅河渠议》《与陆制府论下河水利书》《湖广水利论》《江南水利全书叙》等文，对华北、两湖、江南水利问题均有卓见。

研究治理黄河，尤其花费了魏源大量的心血。在当时，黄河的祸患，同鸦片走私造成的白银外流、漕运、盐政一样，都是严重危害国计民生的大患，而黄河造成的灾害最大，国家每年耗费的财政开支也最巨。道光二十二年（1842），魏源呕心沥血写成《筹河篇》上、中、下三篇，上篇痛切地陈述清

---

① 《黑龙江述略序》，见徐宗亮等撰《黑龙江述略外六种》，黑龙江人民出版社1985年版。

代二百年间治河策略的失当和河工管理的种种弊端；中篇总结自汉代以来治河的历史经验，论证黄河改回北行旧道的六大利处；下篇驳斥各种阻挠实行正确策略的错误主张，指出治河方法之争的背后，实际上是与利用治河巨额费用中饱私囊的腐朽官吏的斗争。魏源的中心主张是"改河"，即"筑堤束河，导之东北"，令黄河改回北行，由山东入海。魏源指出，开封、兰考以东，地势南高北低，每次黄河北决，要徙之重新南行都是难之又难，因为这是违反地势水性的错误做法。北决，则符合水势向下的规律，而每次从北岸决口，河水必定贯穿张秋运河，再沿大清河入海，这正是黄河的天然河道。治河的根本策略，就是利用黄河自行北决，或是用人力使之北行，沿这条天然通道入渤海。为了证明这一论断之不可移易，他又滔滔雄辩，纵论历史，缕举自周定王以来两千年黄河河道的变迁，分析自东汉王景至明代靳辅等著名治河专家策略的得失，最后得出结论："自来决北岸者，其挽复之难，皆事倍功半，是河势利北不利南，明如星日。河之北决，必冲张秋，贯运河，归大清河入海，是大清河足以容纳全河，又明如星日。""由今之河，无变今之道，虽神禹复生不能治，断非改道不为功。人力预改之者，上也，否则待天意自改之。"这一结论，实是魏源研究水利问题的科学发现，是元代以来治理黄河历史经验的精到总结，是嘉道学术史上又一闪耀着智慧之光的预见！

魏源的卓越之处还在于，他认识到治河不仅是工程技术问题，更是一个社会问题，提出种种阻挠借口的人，骨子里是企图利用黄河祸患频繁、国家糜费浩巨，而从中贪污中饱，发国难财。他们反对让黄河改道北流的真正原因是害怕他们多年经营的巢窟被一朝扫荡[①]。

魏源提出的具有宝贵决策意义的主张并没有被采纳，这在那个时代不足为怪。然而，事情的发展正像魏源所预见的，"人力纵不改，河必自改之"。十三年后的咸丰五年（1855），黄河果然从兰考境内的铜瓦厢向北冲开决口，滚滚黄水沿着故道，从大清河流入渤海。那班拼命阻挠魏源正确主张的人，再也无力阻挠黄河按地势水性之必然向东北奔流，从此100多年黄河不再改道，直至今日。

龚自珍、魏源提出的预见，与客观事实的发展如此若合符节，绝非偶然的巧合，而是有深刻的内在必然性。最根本的原因，是龚、魏真正做到把精湛的

---
① 以上均据《魏源集·筹河篇》。

学术研究与深切关心国家民族命运二者紧密结合起来。

二

中国是统一的多民族国家，促进民族间长期友好和睦相处、加强民族间的团结，符合于各民族的根本利益，也是实现国家强盛的根本保证。在学术领域，研究者对民族问题所持的观点是否有利于巩固多民族国家的统一，是衡量其见识所达到的高度之重要尺度之一，在清代奠定多民族国家的空前版图，和进入近代以后各民族在反帝反封建斗争中团结不断加强的时代，这一问题尤有重要的意义。龚自珍撰有《上镇守吐鲁番大臣宝公书》《与人论青海事宜书》等文，都是针对清代民族问题而提出的重要议论。魏源著有记述清朝当代史的《圣武记》，书中有大量涉及民族问题的记载。分析龚自珍和魏源的民族思想即可看出，他们关心民族间和好团结的主张难能可贵，其中包含有不少值得我们今天重视和吸取的思想营养。

龚自珍通过总结新疆地区复杂的政治历史事件所提供的教训，论证民族间"安"和"信"的重要性，突出地体现了他对民族问题的卓识。对于乌什事件，他谴责原清朝驻乌什领队大臣素诚"占回之妇女无算，笞杀其男亦无算，夺男女之金银衣服亦无算"的暴虐行为，认为这次事件是平日"扰回"引起的"激变"，素诚虐待回民，"死有余罪"。对于康、雍、乾三朝平定准噶尔部的战争，他既强调这些军事行动是统一国家、稳定边疆所需要，谴责噶尔丹、阿睦尔萨纳等辈的罪恶；同时又指出，长期战争使大量无辜人民死亡，"千里一赤，睢盱之鬼，浴血之魂，万亿成群"。他恳切要求驻新疆的大臣将领记取这些教训，严肃地对待自己的责任，整肃下属，建立民族间安定、信任的关系："令回人安益安、信益信而已矣。信，生信；不信，生不信。不以驼羊视回男，不以禽雀待回女。""是故今日守回之大臣，惟当敬谨率属，以导回王回民，刻刻念念，知忠知孝，爱惜翎顶，爱惜衣食，哗诵经典。耕者毋出屯以垦，牧者毋越圈而刈，上毋虐下，下毋藐上，防乱于极微，积福于无形。"① 他殷切希望由吐鲁番的安定而带来整个天山南北路的安定，以至于整个西北地区安定和平的局面。

---

① 《龚自珍全集·上镇守吐鲁番领队大臣宝公书》。

魏源对民族问题的见解主要见于《圣武记》。这部书共十四卷，约百万字，通过记载一系列重大政治、军事事件以探索清朝的盛衰变化，涉及了大量边疆民族问题的史实，表达了魏源的进步观点。该书可贵之处在于，魏源不仅记载民族间的战争，更注重记载民族之间联系加强、中央与地方间关系趋于密切的事实。最突出的事例有：喀尔喀蒙古三部因受噶尔丹进攻东奔时，清朝中央政府立即"发归化城、独石口、张家口仓储并赐茶、布、马匹十余万以赡之，暂借科尔沁草地使其游牧"，使几十万部众得到安顿[①]。再如乾隆对回归祖国的土尔扈特的安置。书中《乾隆新疆后事记》一篇记载：土尔扈特本是厄鲁特蒙古四部之一，明末清初因邻部所逼投俄罗斯。康熙间，其首领阿玉奇取道俄罗斯入贡，康熙即遣使远道前往答礼。乾隆时，土尔扈特苦于屡次被俄罗斯征调去与土耳其打仗，大量死伤，整个部落辗转来到伊犁。廷臣中有人不赞成接纳，说："降人中有舍楞，前逃往俄罗斯，今来疑有奸诈，且我受俄罗斯叛藩，恐启衅。"乾隆回答说：清朝接受土尔扈特"理直有词"，不存在什么"启衅"；"且土尔扈特既背其上国来，倘复拒于我中国，彼将焉往？"于是隆重地接纳，妥善地安置，召其酋长到热河入觐，各封为汗、亲王等，赐给大量物资。在国外艰难备尝的土尔扈特，回到祖国后得到政府如此款待，对比之下，真感到"喘息如归"，真正回到自己家里了。魏源的记述洋溢着赞颂国家统一、民族亲密友好的感情，今天读来仍然使人感到欣慰而意义深长。

在清代，帝国主义分子和某些不法的少数民族"头人"互相勾结，一再制造事端，他们用以煽动当地民众的一个借口，就是伪称若分裂活动得逞，这些"头人"将会带给民众许多好处。魏源则从确凿的事实中总结出一条规律：如果搞分裂，处在反动"头人"统治下，新疆少数民族群众将遭受残酷的剥削、榨取，只有生活在中央政府的治理下，新疆民众才能大大减轻负担，改善生活。由于清朝政府对新疆实行进一步的管理，"列亭障，置郡县"，"农桑阡陌徭赋如内地"，这本是大好事情，可是有人却把新疆看成是一个包袱，"取之虽不劳，而守之或太费"。魏源对此做了批驳，强调要把乾隆以后出现的"中外一家，老死不知兵革"的统一局面，与以前的"烽火逼近畿，民寝锋镝"的战乱时期相对比，指出这种人"狃近安，忘昔祸"，好了疮疤忘了痛。与"得不偿失"论者相反，魏源充分肯定开发新疆的意义和前途："西域南北

[①] 《圣武记·康熙亲征准噶尔记》。

二路，地大物新，牛羊麦面瓜蔬之贱，浇植贸易之利，又皆什百内地。边民服贾牵牛出关，则至辟汙莱，长子孙，百无一反。"① 王张进一步发展屯口、开矿等事业。魏源这些看法也早已被历史事实证明是完全正确的。

三

龚自珍和魏源对于嘉道学术又一重要贡献，是他们改造了今文公羊学说，使之成为论证封建"衰世"到来、批判专制黑暗统治、倡导变革的哲学思想武器。从此，言进化、求变革的今文公羊学说取代了古文经学，跃居哲学思想领域的主导地位。龚自珍和魏源之所以具有非凡预见和对民族问题的卓识，即因为他们能够站在这一代表时代智慧的哲学高度来观察问题。

公羊学说以"微言大义"解释《春秋经》，在儒学中独树一帜。董仲舒适应汉武帝时期的政治需要，对这一主张"改制"的学说大加发挥，使公羊学成为西汉的"显学"。至东汉末何休为《公羊传》作注，撰成《春秋公羊解诂》，进一步推演阐释，形成比较完备的"公羊家法"。公羊学作为今文学派的中坚，有独特的理论色彩。主要有三项：（一）政治性。讲"改制"，宣扬"大一统"，拨乱反正，为后王立法。（二）变易性。它形成了一套"三世说"历史哲学理论体系。《公羊传》讲"所见异辞，所闻异辞，所传闻异辞"是其雏形。董仲舒加以发挥，划分春秋十二公为"所见世"、"所闻世"、"所传闻世"，表明春秋时期二百四十二年不是铁板一块，或凝固不变，而是可按一定标准划分为不同的阶段。何休注《公羊传》，更糅合了《礼记·礼运》关于大同、小康的描绘，发展成为具有一定系统性的"三世说"历史哲学，论证历史是进化的，变易和变革是历史的普遍法则。（三）解释性。公羊学专门阐发"微言大义"，可以根据现实的需要，对《春秋》之义加以解释或比附，以这种解释经义的方式发挥自己的政治见解，在时代激烈变动之际更便于容纳新思想。然则，自东汉以后，封建社会结构趋于稳定，主张"尊古"的古文经学更适于作为政治指导思想，取代了主张"改制"、"变易"的今文学说的尊崇地位。今文公羊学说从此消沉一千余年，迄清中叶方被重新提起。庄存与在乾隆年间著成《春秋正辞》，他首先重新提起公羊学说，才引起此后学

---

① 《圣武记·乾隆荡平准部记》。

者的注意，但他对于公羊学"议政"和"变易"的实质却并不理解。其弟子孔广森著有《公羊通义》，但是混淆了今古文家法。至嘉庆年间刘逢禄著成《春秋公羊何氏释例》等一系列著作，为公羊学说张大旗帜，又经他的奖掖、培养，龚、魏成为清代公羊学的两名健将，因此才导致公羊学说在历史上再一次盛行于世。

龚自珍目睹清朝统治急剧衰落，深感社会矛盾深重、危机四伏，故用公羊学说唤醒世人，倡导变革。他对于公羊三世说哲学体系实行革命性改造，论证封建统治的演变规律为"治世—衰世—乱世"，他说："吾闻深于《春秋》者，其论史也，曰：书契以降，世有三等。……治世为一等，乱世为一等，衰世别为一等。"大声疾呼衰世已经到来，"乱亦将不远矣"①。从此，公羊学说同晚清社会的脉搏相合拍，成为鼓吹变革、呼吁救亡图强的有力的哲学思想武器。龚氏还有一系列重要政论，有力地论证："自古及今，法无不改，势无不积，事例无不变迁，风气无不移易。"②并且警告统治者，不改革就自取灭亡。他又形象地用"早时"、"午时"、"昏时"来描述三世：日之早时，"照耀人之新沐浴，沧沧凉凉"，"吸引清气，宜君宜王"，这时统治集团处于上升阶段；日之午时，"炎炎其光，五色文明，吸饮和气，宜君宜王"，统治集团还能控制局面；到了昏时，"日之将夕，悲风骤至，人思灯烛，惨惨目光，吸饮暮气，与梦为邻"，"不闻余言，但闻鼾声，夜之漫漫，鹖旦不鸣"，统治集团已到了日暮途穷的境地！预言"山中之民，将有大音声起"，大变动就要发生了！③跟古文学派一向宣扬三代是太平盛世、统治秩序天经地义、永恒不变的僵死教条相比，龚自珍所阐发的公羊三世哲学观点，新鲜活泼，容易触发人们对现实的感受，启发人们警醒起来投身于改革的事业。

魏源著有今文经学著作多种，其著述宗旨，是为了推动学术思潮由考证向重视发挥"微言大义"的今文学转变，"由典章制度以进于西汉微言大义"。其《诗古微》《书古微》两书，以具有扎实文献功底和新鲜敏锐见解的专门著作，作为学术论争中发动攻势的手段，进一步动摇古文学派的正统地位。把今文经学复兴推向更多的儒家经典的范围，大大壮大了今文学的声势，遂掀起清

---

① 《龚自珍全集·乙丙之际箸议第九》。
② 《龚自珍全集·上大学士书》。
③ 《龚自珍全集·尊隐》。

代学术思想变革的新高潮。在鸦片战争前，魏源同龚自珍一样，以公羊学说论述"变革"、"除弊"的思想，他有"变古愈尽，便民愈甚"的名言[①]。鸦片战争发生后，他进而运用公羊哲学思想观察西方列强入侵使中华民族生存面临严重危机的新局势，明确提出"师夷长技以制夷"的主张。在《海国图志》中，他用"天地气运之变"来概括东西方先进与落后地位转变的空前大变局，说："地气天时变，则史例亦随世而变。"[②]因此，他在大力呼吁同仇敌忾抗击侵略的同时，倡导了解外国，学习外国技术，并主张发展民用工业。对于北美民主政体他表示衷心向往，说："其章程可垂奕世而无弊。"并再次用气运说来表达他的预见："岂天地气运自西北而东南，将中外一家欤！"[③]预见西方民主政治也终将在东方实行，取代封建专制，中西制度、文化有可能沟通、融合。他的大胆言论，正预示着近代历史的发展方面。因此梁启超作为近代维新运动领袖人物，曾一再畅论龚、魏推动晚清思想解放的首创性贡献。

"任何真正的哲学都是时代的精华。"[④]龚自珍和魏源对公羊学说的革命性改造，代表着中华民族先进人物处于民族危机时代观察国家命运和挽救危亡的哲学探求。他们大大地推进了公羊学说，使之适应现实的需要，标志着中国传统哲学思想发展到了新的阶段，并揭开了近代思想的序幕。龚、魏的哲学思想和学术成就，不愧是嘉道时代精神的代表。我们民族的精神，也因此提高到新的高度。

---

① 《魏源集·治篇五》。
② 《海国图志·叙东南洋》
③ 均见《海国图志后叙》。
④ 马克思：《第一九七号（科伦日报、社论》。

《日本国志》的史学价值和文化价值

一、黄遵宪撰著的思想基础

黄遵宪的《日本国志》，是他呕心沥血地专门为记载明治维新的成功史而撰著的，也是中国人写成的第一部系统的日本史著作，因其非凡的成就而在近代中日文化交流史和中国近代思想史上占有重要的地位。全书规模宏大，内容丰富，史识卓越，共计四十卷，五十余万言。《日本国志》写的是日本明治维新"改从西法，革故取新"的历史，涉及的方面既详又广，值得注意的是，黄遵宪发愿著史、立意构思、搜集资料等项，是在他以参赞身份随首任驻日公使何如璋到达日本之后不久即确定和着手进行的。创稿时间为1879年秋，时为明治维新十二年，至1882年春奉命调任驻美国旧金山总领事时，已完成初稿，黄氏在日本的数年间，正是明治维新各项变革向纵深进行的关键时刻，故他撰著此书的时间与明治维新的展开基本上是相平行的。黄氏作为清朝派来的外交官员，长期在国内封建政治制度及其思想体系的控制、浸染之下生活，到日本后，却能在短时间内克服头脑中几成定势的天子专制万古不变的观念，能够勇敢地正视并热情地赞扬这场日本历史上空前深刻的变革事业。尤其是，在当时日本社会中，还有相当一部分人对这场维新改革抱着抵触情绪，这些人频繁地与黄氏接触，企图将这位从保存旧秩序的旧中国来的官员引为同调，发泄对学习西方、推行新政的抵触情绪，而黄氏却能摆脱这些人的影响。再者，黄氏对明治维新的充分肯定的态度，与在此前后一些中国人对明治维新的记载，如陈其元《日本近事记》、金安清《东倭考》等的说法相比较，其正确性、深刻性和系统性是无法比拟的。陈其元《日本近事记》称明治维新造成了混乱的局面，他甚至荒唐地提议清廷跨海东征，扶助幕府复辟。[①] 金安清《东倭考》则措词含混，似褒似贬，既称明治天皇"其远大之志，一如赵武灵王之类"，又

---

① 见《小方壶舆地丛钞》第十帙。

说他"严令遽设","强狠沈鸷"。①较有见识的是李圭,他于1876年到美国费城参加美国建国一百周年而举办的博览会,途中访问了日本,他称赞日本"崇尚西学,效用西法,有益之举毅然而改革者极多,故能强本弱干,雄视东海"。但他只是在赴美途中顺笔写下简略的观感。②相比之下,黄遵宪却是立志要深入研究日本当代的历史和现实社会的变革,要以肯定的态度写一部"实录"式的明治维新史,其见识和价值不知要比陈其元等人高出多少倍!

黄氏具有如此敏锐的把握这场资本主义性质改革运动的实质和极其深刻意义之历史见识和洞察力,究竟从何而来,这个问题值得深入探究。首先是黄氏从青年时代起,就已吸收了儒家学说朴素进化和经世致用的优秀部分,初步形成进取、向上和善于考察和分析事物的思想,这从他的诗集《人境庐诗草》开宗明义第一篇《感怀》和卷二《杂感》等诗中,对陋儒复古倒退的历史观和当时流行的宋学之迂腐、汉学之繁琐,对这种脱离实际的空疏学风,都做了尖锐的批评中明显体现出来。在《感怀》诗中,他对封建儒生泥古保守的弊病作了辛辣的讽刺:

> 世儒诵诗书,往往矜爪嘴。昂头道皇古,抵掌说平治。上言三代隆,下言百世俟,中言今日乱,痛哭继流涕。摹写车战图,胼胝过百纸,手持《井田谱》,画地期一试,古人岂我欺,今昔奈势异。儒生不出门,勿论当世事,识时贵知今,通情贵阅世。

他的诗句形象地讲了古今时势不同的哲理,呼吁学术风气的根本转变。鸦片战争后,社会危机日益深重,照搬儒家的陈旧教条只能是迂腐可笑。他清醒地认识到:"当世得失林,未可稽陈编。"只能靠研究当代寻找救国之方。在当时,统治者仍然极力提倡宋明理学、乾嘉考据、科举制度这一套封建货色,士人们也仍旧视为神圣而趋之若鹜,黄遵宪却一概予以尖锐的抨击。他斥责宋明理学的空疏无用:"宋儒千载后,勃窣探理窟。自诩不传学,乃剽思孟说。讲道稍僻违,论事颇迂阔。"又贬斥考据学的琐屑:"读史辨豕亥,订礼分袒袭。上溯考据家,仅附文章列。"最后指责两者都是对于国计民生毫无裨益的

---

① 见《小方壶舆地丛钞》再补编第十帙。
② 《环游地球新录》卷4《东行日记》。

陈腐东西："均之筐箧物，操此何施设？"①这首诗所提出的是与当时弥漫朝野的因循保守思想相对立的新的文化价值观念，是青年黄遵宪发出的文化观点宣言书。他本人对此诗极为重视，晚年致信梁启超就说到诗中对"宋人之义理"和"汉人之考据"的猛烈批评。②

既然青年黄遵宪在文化问题上已经达到敏锐反映时代需要的高度，从此之后便一发而不可收，并随着阅历的丰富、视野的开阔而不断发展。《诗草》前二卷都是他未出国门前的诗作，其中有大量多方面揭露封建旧文化禁锢和毒害人们头脑的篇章。在《杂感》诗中，他以颇有理论意味的发展观点，对封建营垒的泥古风气作进一步的批判，对于时代和文化的进步高声赞扬："大块凿混沌，浑浑旋大圜，隶首不能算，知有几万年？羲轩造书契，今始岁五千。以我视后人，若居三代先。俗儒好尊古，日日故纸研。六经字所无，不敢入诗篇。古人弃糟粕，见之口流涎。沿习甘剽盗，妄造丛罪愆。黄土同抟人，今古何愚贤？即今忽已古，断自何代前？明窗敞流离，高炉蒸香烟。左陈端溪砚，右列薛涛笺。我手写我口，古岂能拘牵？即今流俗语，我若登简编，五千年后人，惊为古斓斑。"这表明黄遵宪具有发展进化的文化观，认为三代和当今都是历史发展的一个阶段，迷信三代、鄙薄当今是极其错误的复古倒退观点。一味模仿因袭是把古人的糟粕当作宝贝，勇于革新创造才能推动文化的发展。"我手写我口，古岂能拘牵？"这呼吁诗人关注当代，力求创新，抒发时代精神和个人新鲜感受的警句，确实向晚清思想界传达了新的时代信息。他还大胆地把科举制度窒息士人聪明才智的祸害与秦始皇焚书坑儒相提并论："秦皇焚诗书，乃使民聋聩。宋祖设书馆，以礼罗揩大。吁嗟制艺兴，今亦五百载。世儒习固然，老死不知悔。……束发受书始，即已缚枢械。"而对当时深重的社会危机，他呼唤扫除历代相沿读书无益实用的恶习："祖汉夸考据，媚宋争义理，彼此互是非，是非均一鄙。"他倡导学以致用的学风，力图把人们的注意力引向关注现实问题的解决上来。

其次，他所处的岭南地区，近代社会矛盾和中华民族与外国资本主义侵略势力的矛盾最为突出，而且最早受到西方资本主义文化的影响，中国近代向西方寻找真理的先进人物大都产生于此，黄氏也是其中之一。他最早"究心

---

① 黄遵宪：《感怀》，钱仲联：《人境庐诗草笺注》卷1，上海古籍出版社1981年版。
② 见《人境庐诗草笺注》卷1。

时务",关注因西方势力东来对中国造成的严重局面,他所写的《香港感怀诗十首》组诗中出色表达了他既警惕英国侵略对中国造成的威胁,又敏锐地认识到西方文明的先进性的思想,他为香港已成为英国侵略的基地而忧虑:"帆樯通万国,壁垒逼三城。虎穴人雄据,鸿沟界未明。""居然成重镇,高垒蛊狼烽。"资本主义物质文明的先进和经济的发达又使他惊叹:"博物张华志,千间广厦开。摩挲铜狄在,怅望宝山回。大鸟如人立,长鲸跋浪来。官山还府海,人力信雄哉!""飞轮齐鼓浪,祝炮日鸣雷。中外通喉舌,纵横积货财。"在北上途中他同样写下许多称赞西方国家科学技术先进的诗句:"电掣重轮走水车,风行千里献比间。移山未要嗤愚叟,捧土真能塞孟诸。""考工述物搜奇字,鬼谷尊师发秘书。"①当时西方列强完全是陌生的对手,黄遵宪却能既看到其侵略性又看到其先进性,实属难能可贵。这是近代中国最需要的时代智慧,也是黄氏此后认识日本明治维新进步意义和认识世界文化潮流的基础。黄遵宪还已开始认识到世界的联系已空前紧密,各国间关系犬牙交错:"茫茫巨浸浩无垠,华夷万国无分土","敌国同舟今日事,太仓稊米自家身。"②因此他产生了寻找对付列强侵略办法的急迫感:"海疆东南正多事,水从西来纷童谣。曲突徙薪广恩泽,愿呕靖海安天骄。"③到达日本以后他亲见的改从西法,遂使国家由弱变强的事实,毋宁正是他长期所思考的问题的答案。黄氏因其"究心时务",故逐渐被当时讲洋务、办外交的官员所认识,于是遂有他随使日本的机遇。

第三,客家人所具有的中华民族勤劳进取、勇于开拓创业的优良传统对他的滋养,客家人迁居闽粤以后,在艰苦环境中磨炼成勇于开拓创业的传统,具有坚忍不拔的精神。客家社会的中心地嘉应州,一代一代的客家同胞由此出发远赴外地、外洋拓殖谋生,并且形成了独具特色的客家地区文化传统和习俗。嘉应乡间又长期流行有客家山歌,由于无数民间作者的浇灌,培育出这朵洋溢着乡土气息和生活情趣的民间文学的奇葩。人民的智慧和感情,是黄遵宪从小吮吸的精神营养,所以直至他旅居国外多年,成为晚清著名的外交官和诗坛巨

---

① 黄遵宪:《和钟西耘庶常津门感怀诗》,钱仲联:《人境庐诗草笺注》卷2。
② 黄遵宪:《由轮舟抵天津作》,钱仲联:《人境庐诗草笺注》卷2。后两句用《庄子》典,"计中国之在海内,不似稊米之在太仓乎?"
③ 黄遵宪:《福州大水行同张樵野丈龚蔼人丈作》,钱仲联:《人境庐诗草笺注》卷2。

子之后，却仍然为总结客家民间传统而倾注着深厚的感情。他的思想深深扎根于生活之中，因而才有如此蓬勃的创造活力。故他是客家人值得骄傲的儿子。

二、反映时代精神的史学名著

《日本国志》是中国近代史学上的名著，具有宝贵的史学价值。他提供了国人迫切需要的外国史地和当今世界潮流的知识，故被誉为"奇作"。鸦片战争前，中国史学基本上只讲域内的知识，未能实现历史性的跨越。鸦片战争发生，中国因清朝统治的腐败和对外国事务闭目塞听，而被外国侵略者打得大败。魏源著《海国图志》，第一个介绍了外国的历史、地理、政体、民俗等，开创了新局面。但魏源并未到过外国，他所介绍的系得于间接材料。黄遵宪则是亲自经历了明治维新的变革，亲自了解、考察了日本的历史和社会；其后在修订《日本国志》初稿时，又将他在美国大陆对资本主义本土文化的直接了解写进书中。因而此书在以下三个方面突出地向国人报道了当时日本历史的巨变和世界历史发展的汹涌潮流：

（一）系统、全面地记载了日本变封建专制政体为君主立宪政体、倡开国会、实现平民参政的历史巨变；对于当时中国人最具警醒作用的是，书中明白宣告日本君主专制制度已经注定要完结，召开国会为期不远了。首篇《国统志》是全书总纲，开宗明义讲，全地球共有百数十个国家，政体分为三类："一人专政"的君主制，"庶人议政"的民主制，"上下分任事权"的"君民共主制"。黄遵宪以赞扬的态度记述：在推翻德川幕府的过程中，国皇为了争取民心，下诏全国宣誓"万机决于公论"。幕府倒台后，政治形势继续发展，以至于"近日民心渐染西法，竟有倡民权自由之说者"，先前国皇的誓言"适足授民以议政之柄而不可夺。数年以来，叩阍求说促开国会者，纷然竞起，又有甚于前日尊王之说"。因此，"时会所迫"，"二千余岁君主之国，自今以往，或变而为共和，或变而为民主"，已是必然的历史趋势。黄遵宪明确赞成废除君主专制，是同他认为中国必须改变帝制的看法相联系的。《己亥杂诗》也记述了当时这种思想，诗云："滔滔海水日趋东，万法从新要大同。后二十年言定验，手书心史井函中。"诗后自注"在日本时，与子峨星使（何如璋）言：中国必变从西法。其变法也，或如日本之自强，或如埃及之被逼，或如印度之受辖,或如波兰之瓜分,则不敢知。要之必变,将此藏之石函,三十年后其言必验。"①黄遵宪希望中国走日本式的道路,废除帝制以求自强,这是他爱国民主思想的突出表现。

(二)记载了日本冲破封闭状态而"竞事外交",实行对外开放之后的深刻变革;黄遵宪在书中反复讲述日本如何大力学习外国,是为了针砭国内守旧人物"足己自封,于外事不屑措意",对外国情形昏暗无知的痼疾。他提出这样的问题:日本在地理上孤立大海之中,与天下万国无一邻接,按理应该一向闭关自守,而事实怎样呢?他总结说,事实上,日本自"中古以还,瞻仰中华",各种制度、文化,"无一不取法于大唐"。"近世以来"则有根本变化,各种制度、文化"无一不取法于泰西"。②因西方势力东来而寻求应变办法,则是造成这种转变的契机,"外舶迭来,海疆多事,当路者皆以知彼国情、取彼长技为当务之急"。③他详细记述明治四年以来如何"锐意学习西法",如:四年十月,派遣大臣岩仓久视、木户孝允、大久保利通聘问欧美各国。五年三月,废亲兵,置近卫兵;六月,设邮政局;七月,定学制;八月,置裁判所,创银行;九月,建造东京至横滨铁道;十月,禁买卖人口,解放娼妓;十一月,颁行太阳历,颁发征兵会。黄遵宪赞美这些学习西方的新政说:"布之令甲,称曰维新,美善之政,极纷纶矣!"④他断言:日本历史的进步与学习外国关系绝大,尤其近世大力学习西方的结果,已使日本"骎骎乎进开明之域,与诸大国争衡!"假若实行"闭关谢绝"政策,那么至今必定仍是"一洪荒草昧未开之国耳!"黄遵宪在本书反复论证"交邻国有大益",目的是要让国内那班足己自封、排斥学习外国长处的守旧派醒悟过来。

(三)记载了日本经济上、文化教育上实行的"改从西法"的一系列措施,产生了神效大验,奇迹般地变成产业发展、实力骤强的国家,从一个岛国而跻身强国的行列。《日本国志》对日本在经济、军事上如何增强国力,记述堪称详备。《职官志》中记开矿山、建铁路、置邮政,《食货志》中记税务、国计、货币、商务,记新式产业和对外输出,《兵志》中讲采用征兵制的优

---

① 黄遵宪:《己亥杂诗》,钱仲联:《人境庐涛草笺注》卷9。
② 《日本国志》卷4《邻交志一》。
③ 《日本国志》卷32《学术志一》。
④ 《日本杂事志诗》卷1《明治维新记事》。

点，都是著者记述的重点。书中还有各式各样的表，与文字记述相配合。如，《职官志》"商务"下，列有邮政局表、邮递线路表，"工部省"下，列有官有矿山表、民有矿山表、铁道表、灯塔灯船浮标表、电信表、地方税预算表、租税户口平均表；《食货志》"国计"之下，列有岁出入总计表、岁入表、岁出表、岁入预算累年比较表、岁出预算累年比较表，"国债"之下，列有国债种类数目表、国债每年偿还额数表、国债历年增减表，"货币"之下，列有古今银货价格比较表、新制金银铜三货币表、金银铜三货币发行额数表、纸币流通数目表，等等。可见，黄遵宪对明治维新的研究更是深入到有关国计民生的各个领域，搜集到极其丰富的资料，足以说明各项新政之计日程功，卓有成效。显然，黄遵宪广泛记述各项新政施行的情况，目的也在于让中国的当政者足资借鉴。

黄遵宪特别重视明治维新如何兴办新式企业和奖励对外输出。他总结出日本政府所实行的旨在奖励保护的各种措施：1．大力开办国有企业。如千住制绒所、爱知纺织所、砂糖制造厂、造币厂、印刷局、横须贺造船所、唐津碳所（煤矿）等，这些官办企业，都"招集群工，日事兴作"。2．从设备、资金上，扶植民间专业性大企业。例如，"举国有船舶，付之三菱会社，岁给资金，使争内外航海之利"。又如将国家建成的煤矿交给长崎商社，"以劝民人开矿之业"。3．派员出国考察，引进新品种、新技术。回国之后，"开农场，设学校，日讨国人，教以务财、训农、通商、惠工诸事。"4．设立行业联合会（"共进会"），举办大规模国内博览会，派政府要员"督率商人"参加国际博览会，评出优良产品给予奖赏，鼓励采用新技术。5．在国外重要商埠，如上海、天津、厦门、新加坡、马塞（赛）、伦敦、纽约、旧金山等地设领事，"命以时呈报商务"。6．对国内产品实行免税鼓励出口。明治十二年起，对国内棉丝织物、衣服、陶瓷和工艺品"一概免税，许之输出"。7．重视采择各种利于发展产业的建议。"凡有可以拓商业、揽利权之法，皆依仿采择，一一举行。"[①]书中还记述日本商人联合起来组织"会社"，从而增强了对外竞争的能力。这是因为商人总结了与外商竞争失败的教训，懂得"私财绵薄，不如集资商会之力之大"，于是"合力联营会社"，"集会众商，开商法

[①] 《日本国志》卷20《食货志六》。

会议所，设商法学校，以振兴商务"。① 以上各项是明治维新大力发展资本主义的重要措施，当时在日本也是前所未有的新鲜事物。黄遵宪以敏锐的眼光给以总结，及时向国内传播，这样做具有很不平常的时代意义。正是在19世纪70年代以后，中国沿海一带开始有了民办的新式产业，标志着中国民族资本主义已经产生。这是历经艰难曲折之后近代中国出现的新的社会物质力量，它迫切需要发展的条件，需要政府扶植，以抗拒外国资本主义的压迫，冲破国内封建势力的包围。黄遵宪及时地传达了明治维新保护鼓励新式产业和对外输出的信息，恰恰反映了国内民族资本主义发展的要求。

书中还充分地显示明治维新以来教育、文化上"西学有蒸蒸向上之势"。黄遵宪对清朝腐朽的科举制度十分痛恨，因而很注意记述日本实行的新式教育制度。包括：明治四年派大臣赴欧美考察后，决意学习西方学术之精，立即颁行新学制，在全国建立起西方式教育制度。在小学和中学，开设算术、地理、历史、物理、生理、博物等课程，学习科学知识。在大学，实行按科学门类分科，设置数学、物理、星学（天文）、生物、工学、哲学、政治、理财（经济）等科。还有各式专门学校，如农业专门学校，教的是物理、土宜、地质、栽种方法等，都是切于实用的知识，又有植物园可亲做试验。中国当然也迫切需要采用这种新式学制，取代空疏的学术和腐朽的科举制度。标志着"西学蒸蒸日上"的新事物，还有图书馆、博物馆和新闻纸。明治十一年，全国新闻纸共231种，发行数达3618万余份。黄遵宪盛赞新闻纸的作用是"论列内外事情以启民智"，尤其在"（明治）四年废藩立县改革政体，新闻论说颇感动人心"。此后，"购者愈多发行者益盛，乃至村僻荒野，亦争相传诵，皆谓知古知今、益人智慧，莫如新闻纸"。②

在当时，中国要改变积贫积弱的状态，就应该效法日本，走维新道路，学习西法，发展资本主义的制度。故《日本国志》就成为符合19世纪末中国社会进步的迫切需要之"千秋史鉴"，是一部反映时代精神、体现时代脉搏的杰出史著。也是孔子、司马迁以来史学与社会密切联系，发挥经世致用社会功能这一优良传统的大发扬。

在历史编撰上，黄遵宪继承了近代史开端时期魏源运用史志体介绍外国史

---

① 同上。
② 《日本国志》卷32《学术志一》。

地的创新思路，而又后来居上。《海国图志》产生于创新时期，对钩稽来的资料基本上是系采用纂辑的形式；《日本国志》则是有系统的论述，标志着研究外国史地和历史前进方向的进步。故从编撰技术上说，此书要高出一个层次。此书运用大量的"论"和"表"，采用综合的体裁，也是其一大特色。书中以大量的序论、后论和文中小注发表议论，有的序论、后论长达数千字。附表甚多，如邮政局表、矿山表、国税表、岁出入总表、国债种类数目表等极便查考。

《日本国志》还具有强烈的政论色彩。在戊戌维新时期，光绪帝曾两次急切地索要此书。百日维新所颁布的各种新政上谕，固然主要是采纳康有为历陈的建议，而上谕中有不少重要改革措施，如：命各部删去旧例、另定简明则例，选宗室王公游历各国，饬户部编列预算，命各省设商务局，命地方官振兴农业、试办机器，兴办农务局、农会、分设丝茶公司，振兴工业、开矿、修铁路、置邮局等，则又明显地反映出《日本国志》中明治新政与黄遵宪议论的影响。

三、在近代文化史上的重要价值

《日本国志》也标志着近代中外文化交流获得了显著的新进展，增添了极可宝贵的新内容，在近代文化史上有重要的意义。中国近代文化发展的根本要求是，迅速打破与世隔绝、闭关拒外的状态，摒弃"严夷夏之大防"、"用夏变夷"的迂腐意识，了解世界资本主义发展的潮流，输入民权观念、民主制度和近代学说。《日本国志》不仅及时地、集中地、强烈地报告了东邻日本抛弃闭关锁国旧规、大力学习西法、变弱为强的信息，提供了当时中国最为急需、最易仿效的成功经验，而且黄遵宪在书中又写下他对北美资本主义本土民主制度的感受，因而使本书成为了解世界潮流的窗口。黄遵宪是一个"百年过半洲游四"、"绕尽圆球剩半环"的外交家，他在日本、北美、西欧、新加坡共历时十四年，阅历之丰富和对世界事务了解之深入在当时是屈指可数的人物。他对西方民主制度和民权学说的理解，是结合了他对现实的深入考察和广泛的比较而得来的，并且是经过了在日本期间直接阅读卢梭、孟德斯鸠的著作，由"惊怪"变为信服这样的思想转变历程而得来的。直至20世纪初年，他因活跃地参与湖南新政改革措施而被清廷"开缺"回原籍之后,在与逃亡日本的梁启超通信中,还将当时在日本的这段思想转变作为生平重要经历来论述,称:"心志为之一变,以为太平世必在民主。"①

相信民权学说,相信民主制度,这是黄遵宪中西文化观的基石。所以他在《日本国志》中严厉谴责专制制度"压制极矣",赞扬出身平民的爱国志士"乘时奋起",维新之治"勃然复兴","极纷纶矣",显然是把日本的道路作为东亚社会进步的必由之路来肯定和评价的。黄遵宪在《日本国志》中尖锐地抨击封建专制的罪恶。他说:"盖自封建之后,尊卑之分,上下悬绝,其列于平民者,不得与藩士通嫁,不得骑马,不得衣丝,不得佩刀剑。而苛赋重敛,公七民三,富商豪农,别有借派。间或罹罪,并无颁行一定之律,畸重畸轻,唯刑吏之意,小民任其鱼肉,含冤茹苦,无可控诉。或越分而上请,奏疏未上,刀锯旋加,瞻仰天门,如天如神,穷高极远。盖积威所劫,上之而下,压制极矣!"②这段话概述日本封建专制在政治上、经济上对小民的压迫剥削,实际上也表达了他对封建压迫的抗议。同时,他热情地褒彰明治维新中爱国志士"一往无前"、"视死如归"的精神。他评论说,"处士横议"在启开由幕府专权走向明治维新这一历史变局中起了关键作用。前有山县昌贞等人,"或佯狂滋泣,或微言刺讥,皆以尊王之意鼓动人心。"后有他们的门生子孙,"张皇其说,继续而起。……外舶纷扰,幕议主和,诸国处士乘间而发。幕府方且厉其威凌,大索严锢,而人心益奋,士气益张。伏萧斧、触密网者,不可胜数。前者骈戮,后者耦起,慨然欲伸攘夷尊王之说于天下,至于一往不顾,视死如归,何其烈也!"③充分肯定了由于爱国志士不畏死难、前仆后继的行动,才导致演出了明治中兴的活剧,所以他又说:"幕府之亡,实亡于处士。"他还论述:明治四年以后改革的步骤加快,其主要原因是:"故家世族,束之高阁,居要路者,多新进平民,益奋袂攘臂,以图事功,而维新之规模益拓矣!"④高度评价了出身下层的政治家在推进维新运动中所起的重大作用。黄遵宪如此热情赞扬日本"处士"一往无前的精神,也有其更深的寓意。

---

① 《东海公来简》,即黄遵宪致梁启超信(1902年),《新民丛报》第13号。
② 《日本国志》卷1《国统志一》。
③ 《日本国志》卷3《国统志三》。
④ 同上。

拿他所写《近世爱国志士歌》来作参证便可清楚。这首诗歌颂了爱国志士吉田矩方等人，诗前小序说他们"前仆后起，踵趾相接，视死如归。死于刀锯，死于囹圄，死于逃遁，死于牵连，死于刺杀者，盖不可胜数，卒成中兴之业"。并明确说要以此"兴起吾党爱国之士"，即寄希望于中国的维新人士。

所有这一切，都同对西方制度文化只有若干间接知识者迥然不同。正因为如此，黄遵宪坚定地相信中国一定会实现革除封建帝制、实现民主政体的历史前景，在他逝世前的最后一首诗中热情地预言："人言廿世纪，无复容帝制。举世趋大同，度势有必至。"①同时，在20世纪初年，当梁启超思想上一度倒退，主张"壹意保守、提倡国粹"之时，黄遵宪及时地予以劝告、批评，态度极其鲜明地主张："若中国旧习，病在尊大，病在痼弊，非病在不能保守也。今且大开门户，容纳新学。"②表现出何等的远见卓识！在他身上，确实体现出中国近代文化发展的时代智慧，这些认识远远高出同时代的许多名人。

中国近代文化发展的又一根本要求，是在学习西方、实现民主政治、输入西方新学理的同时，发扬爱国主义，坚决反抗外来侵略，增强民族自尊心、自信心。《日本国志》书中针砭中国士大夫"足已自封，于外事不屑措意"而严重地阻碍了国家的进步；论述开矿可以达到官民两利，加强国力的目的；论述修铁路的重要性，"铁道之便生民、兴国产，利益之尤大者也"；他所写的《〈日本国志〉书成志感》诗中吟唱的诗句"湖海归来气未除，忧天热血几时摅？！千秋鉴借《吾妻镜》，四壁图悬人境庐"，都无一不深切地表达出他对国家、对民族的热爱。这是黄遵宪一贯的精神，他在驻美国旧金山总领事任上为维护华侨正当权益，对美国地方当局的无理行径展开斗争，他在英国到铜铁企业做调查，为国内汉阳铁厂提供有用的参考资料，他在驻新加坡总领事任上多方出力维护华侨利益等等作为，也都同样表现出他高昂的爱国精神。

---

① 黄遵宪：《病中纪梦述寄梁任父》，钱仲联：《人境庐诗草笺注》卷11，第1057页。
② 黄遵宪：1902年11月致梁启超信，见《梁启超年谱长编》"1902年"条，上海人民出版社1983年版。

梁启超与中国史学的近代化

"世纪之交"的时代机遇和中西文化交流的深刻内涵

当20世纪曙光初露之际，梁启超发表了著名论文《新史学》，有如中国史学近代化正式发出的一声春雷，激起波涛澎湃的新史学思潮，成为20世纪初中国思想界关注的中心。历史之所以选择梁启超这位哲人，让他担负史学近代化倡导者的角色，实有其深刻的必然性。——这就是"世纪之交"的时代机遇和中西文化冲突与交流的结果。

这场在当时展开的史学近代化潮流，乃是中国新旧社会势力矛盾冲突在史学领域的反映，梁启超正是处于时代潮流中心的人物。中国史学近代化正式展开之前，曾有过半个多世纪时间的酝酿。近代中国进步力量反抗侵略的斗争和寻求社会改革出路的努力，不断给予史学近代化的酝酿以有力的推动，这是中国史学近代化准备阶段的重要特点。魏源这位爱国者和改革家，在鸦片战争时期所提出的"地气天时变，则史例亦随世而变"[1]，即传达了时代已出现巨变，历史学也需对古代传统实行变革的重要信息。到了19世纪七八十年代，王韬和黄遵宪结合在欧洲和日本的亲身考察，分别著有《法国志略》（1872）和《日本国志》（1877）。王韬著史的目的，是要介绍"泰西诸国，智术日开，穷性尽理，务以富强其国"的史实，来医治国人"固陋自安"的积弊。[2]黄遵宪则决心撰成明治维新的历史作为本国的千秋史鉴，尤其明显地要打破国内守旧派"足己自封"的迂腐观念，故称："今所撰录，凡牵涉西法，尤其详备，期适用也。"[3]王韬、黄遵宪的史著，都明显反映出中国近代社会向前进步的时代要求。

梁启超（1873-1929）是戊戌维新运动领袖之一，他和康有为一起发动变

---

[1] 《海国图志·叙东南洋》，岳麓书社，1998年版。
[2] 王韬：《重订法国志略·序言》。
[3] 《日本国志·自叙》。

法，继承了魏源、王韬、黄遵宪这些人物批判封建专制，力倡改革的思想路线。同时，他在学术上有深厚素养，又极其重视史学启导民智、总结治国经验和认识国家积贫积弱根源的社会功用。《变法通议》的重要特点，即广泛引用国内外史实，论证变革是历史的必然，因而风行海内，并产生了巨大的宣传效果。他论述日本、土耳其、越南等亚洲国家，或变革而存，或不变而亡，以此警告国人，只有决心主动变法，才能免遭吞并或瓜分的惨祸。梁氏所全力从事的是掀起一场变革政治制度、改造中国社会的运动，极为难得的是，他认识到史学在这场改革运动中能起到重要作用。他论述中国旧史和西方近代史学的根本区别："中国之史，长于言事；西国之史，长于言政。言事者之所重，在一朝一姓兴亡之所由，谓之'君史'；言政者之所重，在一城一乡教养之所起，谓之'民史'。"①他把史学提高到治理国家和改造社会之有力工具的高度，对"君史"与"民史"做了明确界定，实已蕴涵以后《新史学》论述的基本观点。戊戌变法失败后，梁氏从西太后为首的顽固派残酷绞杀维新派的惨痛教训中，更加激起对封建专制势力的仇恨，同时因流亡日本阅读民权学说著作，进一步认识到进行思想启蒙、提高民众觉悟、灌输民权意识的重要性。正是从启蒙和救亡的角度，梁启超形成了倡导"史界革命"的强烈意识，自觉担当起史学近代化奠基者的角色，慷慨激昂地喊出："呜呼！史界革命不起，则吾国遂不可救。悠悠万事，唯此为大！"②20世纪初掀起的中国史学近代化思潮，绝非纯学术性的现象，而是批判专制和救亡图强的政治潮流在史学领域的表现，史学近代化成为这一大潮流的重要组成部分。梁启超本人具有政治家和学者双重身份，正好处在"世纪之交"时代潮流的中心，他成为影响深远的史学近代化的倡导者，实属时势和事理的必然。

再者，20世纪初年史学近代化的发动，又有中西文化交流的深刻背景。换言之，史学近代化的正式展开，主要是由于大力输入西方进步社会学说而引发出来的；而中国传统史学之中，又包含有接受这种输入的内在基础和应变能力，两者经过撞击和交流，终于在20世纪之初绽开出这朵绚丽之花。当时有自觉意识而且有能力催开这一文化交流之花的人物，恰恰也是梁启超。

19世纪最后三十年，西方文化输入的风气日盛。突出地表现在两个方面：

---

① 梁启超：《变法通议》，《饮冰室合集》文集之一，第70页。
② 梁启超：《新史学》，《饮冰室合集》文集之九，第7页。

一是译书大量增加。晚清人士邵作舟曾概述当时译书情况："若律令、公法、史记、地舆、算数、器艺之学，人略有之，中国因以知其学问政事。又读日报，而诸国政令条教盛衰大势，小有举动，朝发夕知，非复前日蒙昧之象，可谓盛矣。"① 京师同文馆、上海江南制造局翻译有《西国近事汇编》《俄国新志》《法国新志》等外国史书。教会在中国的出版机构广学会，也出版有不少的史书，如《万国通史》《泰西新史揽要》等。据广学会第11届年会（1898）称：这类书"初印时人鲜顾问，往往随处分赠，既而暂有乐购者。近三年内，几于四海风行"。② 二是西方进化论学说的传播，这是近代思想史上意义十分重大的事件。道咸以来从技术、知识和制度层面输入西学，是中国人学习西方所必经的阶段；而19世纪末哲理的输入意义更为深远，它为先进的中国人带来崭新的世界观和方法论。严复《天演论》等译著，着眼于中国的国情，对西方进化论学说加以发挥、创造，形成了一套具有强烈警醒作用的世界观、历史观。当时正是甲午战后民族危机空前严重、举国人心激奋、思变思强的时刻，他所传播的"物竞天择，优胜劣败"，弱小民族应该自强保种、奋发为、掌握自己命运的学说，产生了极大的震撼力量，鼓舞中国人民革新图强，拯救民族危亡的决心和信心。同时，这一具有近代科学实证意义的学说也有力地推进中国史学完成由"传统"向"近代"转型的历史性飞跃。

在通过译书输入西学和传播进化论的时代风气中，梁启超是积极的推动者和热心的实践者。他在1892年撰《读书分月课程》，即专列"西学书"一篇。在《变法通议》中，他呼吁变法维新必须组织人才，大量翻译西书，做到深究西方国家"立法之所自，通变之所由，而合之以吾中国古今政俗之异而会通之，以求其可行"，认为这在变法事业中同样具有全局性的意义。他编有《西学书目表》《西学丛书》，并痛切地指出："舍西学而言中学者，其中学必为无用；舍中学言西学者，其西学必为无本。无用无本，皆不足以治天下，虽庠序如林，逢掖如鲫，适以蠹国，无救危亡。方今四夷交侵，中国微矣！数万万之种族，有为奴之恫；三千年之宗教，有坠地之惧。存亡绝续，在此数年，学

---

① 邵作舟：《邵氏危言》卷下《译书》，见中国史学会编：《戊戌变法》（一），上海人民出版社1957年版，第182页。
② 见《万国公报》第120号（1899年1月）。

者不以此自任，则颠覆惨毒，宁有幸乎！"①尽管他此时并未完全摆脱"中体西用"说的影响，但他对传播西方近代学说热心提倡之情跃然纸上。梁启超对于西方进化论更是贪婪地学习、欣然地接受。在此之前，他曾感到哲学的苦闷，称他与谭嗣同、夏曾佑这些立志改革进取的青年是生活在"学问饥荒"时代，为了讨论哲学问题，冥思苦索，还经常互相激烈辩论，冀图创造一种"不中不西、即中即西"的思想体系。②读到严复著作后，使他大开眼界。《变法通议》和此后写成的许多在读者中广泛传诵的文章，正是用进化论学说观察国家民族命运而得出的新鲜见解。梁氏对西学的学习和介绍固不免"浅且杂"之讥，但其功绩却是主要的，而且是巨大的。他对西方新鲜、进步的学说感觉敏锐，又有站在变革图强，推动中国社会前进的时代高度，怀着强烈责任感大力传播，以求达到开民智、新民德、兴民权的目的。故以戊戌时期和20世纪初年热情传播西方学说的功绩而论，他不愧为一位杰出的启蒙思想家。③

中国史学近代化的启动，又不是简单地从西方史学"移植"过来的，科学的表述，应是"大力吸收西方进步学说，与中国文化优秀部分相融合的产物"。20世纪初的"新史学"一经提倡，便有中国学者写的、真正称得起植根于本国文化土壤之中的长篇史学论文《论中国学术思想变迁之大势》（梁启超），有新型的通史著作《中国古代史》（夏曾佑），而不是以翻译或照抄外来东西代替自己的创造，便是明证。梁启超具备将西方进步学说与本国历史学的实际相结合的条件。他对传统学术有深厚根柢，本来就是广州学海堂的高材生，熟悉经史，熟悉清代学者治学的成就和方法。他又是晚清具有进步性的公羊学派的重要人物，公羊学有一套"三世说"历史观，是中国本土形成的朴素进化观。康有为、梁启超、夏曾佑等维新派人物，都经由公羊学说而心悦诚服地接受了西方进化论，并用西方近代观点来解释中国历史、政体、学术的变化。还有一点值得注意，梁氏在激烈批判旧史的同时，对于中国史家司马迁等人的成就也明确地予以肯定。

梁启超曾写有著名的诗句："献身甘作万矢的，著论求为百世师。誓起

---

① 梁启超：《西学书目表后序》，《饮冰室合集》文集之一，第129页。
② 梁启超：《清代学术概论》，《饮冰室合集》专集之三十四，第71页。
③ 见拙著《中国近代史学的历程》中《梁启超：近代学术文化的开拓者》第一节"对近代启蒙的贡献"，河南人民出版社1994年版。

民权移旧俗，更研哲理牖新知。"①当世纪之交，他是处于时代潮流中心的人物，对于输入西方学说大力提倡并身体力行，对传统文化又能加以抉择，做到融合西方近代史学理论和发扬本土学术的优良成果。因而能从批判对建专制、挽救危亡和改造中国社会的高度，揭起"新史学"的旗帜，其影响远达整个20世纪。

奠基：理论上廓清之功和全新的研究风格

从20世纪初年至五四运动前夕，是中国史学近代化的正式展开阶段；从"五四运动"至20世纪40年代，是其壮大和深化的阶段。作为史学近代化倡导者的梁启超，同时又是出色的实践者，被称为"影响最为广泛的史林泰斗"。②从宣告新史学时代到来至"五四"前后，梁启超都有出色的建树。在冲破旧的樊笼和建构新的理论体系方面，都有首创性成就，而且以其过人的勤奋和才华，为史学近代化开拓了诸多领域，撰写有一系列重要论著。因此有充分根据认为：中国近代诸多史学名家中，梁启超与史学近代化的进程关系最大，成就也最为突出。

在史学近代化正式展开阶段，梁启超的主要贡献在于：在理论上对旧史的严重弊病作了有力的廓清，并对建设近代史学的方向提出了初步的设想；在研究实践上，他对如何摆脱长久沿袭的旧格局、开创近代式的学术研究，作出了成功的示范。

作为20世纪史学近代化独领风骚之作的《新史学》，撰写于1902年。它的准备是梁氏撰于1901年的《中国史叙论》。这两篇名文，都是跨入20世纪之时来势迅猛的批判封建专制、呼唤爱国救亡的进步潮流的产物。关于《中国史叙论》中论述地理条件对中国历史的影响，古代民族都不是单纯血统，而由长期混合形成，划分中国历史为上世史、中世史和远世史三大段，以及《新史学》对封建旧史的猛烈批判等卓识，这里都不必赘述。笔者认为，需要深入探讨的是，《新史学》对于史学近代化进程所具有的理论奠基意义。

梁启超之所以居高临下地对旧史作批判性的总结，其理论基石是国民意识

---

① 《梁启超年谱长编》"1901年"条。
② 许冠三：《新史学九十年》卷1"史学新义"，香港中文大学出版社1986年版。

和进化观念。这样的认识高度，恰恰是由于戊戌变法失败后进步社会力量要求推翻帝制，最终实现民主的时代潮流，和《天演论》传播的推进而达到的。《新史学》开宗明义标明史学的地位和作用，认为史学应是"学问最博大而切要"的一门，是"国民之明镜"，"爱国心之源泉"。而造成旧史陈腐落后的根源，正在于完全违背国民意识和进化观念："盖从来作史者，皆为朝廷之君若臣而作，曾无有一书为国民而作也。""夫所贵乎史者，贵其能叙一群人相交涉、相竞争、相团结之道，能述一群人所以休养生息，同体进化之状"，旧史却"未闻有一人之眼光能见及此者"，由此而造成"知有朝廷而不知有国家"等严重弊病。梁启超对千百年来封建思想窒碍了史家创造性的发展深恶痛绝，他认为过去称得上具有创造性的史家，只有司马迁等数人。而其他众多史家，则墨守成规，不求创新变通："《史记》之后，而二十一部，皆刻画《史记》；《通典》以后，而八部皆摹仿《通典》，何其奴隶性至于此甚耶！若琴瑟之专壹，谁能听之？以故每一读而惟恐卧，而思想所以不进也。"再如朱熹《通鉴纲目》，则在褒贬书法上舞文弄墨，"自欺欺人"。《通鉴》旧时称"别择最精善"，但由于其出发点是为帝王"资治"，备君王之浏览，故拿近代眼光看，"其内容有用者，亦不过十之二三耳"。旧史家因袭成性之形成，除了由于专制君主迫害，使作史者惟恐触犯忌讳外，即因为国民意识的不发达，以致"认为历史是朝廷所专有物，舍朝廷外无可记载"。旧史家不懂得史学的可贵乃在于通过叙述人群的进化，培养民众爱群善群之心、进取意识和爱国精神。他们不去思考历史事件造成何种影响，不探究事物间的因果联系。尤其将人物与时代之间的主从关系颠倒过来，不明白人物只能作时代的代表，却反过来把时代作为人物的附庸。结果，旧时代的正史便成为人物传的汇集，甚至人至上千，卷次数百，"虽尽读全史，而曾无有足以激励其爱国之心，团结起合群之力，以应今日之时势而立于万国者"。故中国史学"外貌虽极发达，而不能如欧美各国民之实受其益也"。梁氏对旧史的批评确实攻势凌厉，具有廓清摧陷之功，这是因为他的批判集中到旧史即"君史"这一根本问题，痛陈其奴化国民思想、阻挡时代潮流的危害，而以"民史"即写出民族群体之兴衰这一崭新价值体系取而代之，这就为史学近代化开辟了道路。

在哲学理论指导上，梁启超旗帜鲜明地提出用历史进化观，来取代旧史"一治一乱"的循环史观。他参照西方和日本学者近代史学观点，进行理论的创造，生动地阐明历史的螺旋式运动等问题，使人们有豁然开朗之感。他明确提出要划清旧史一治一乱的循环观与新史学认为历史的变化"有一定之次序，生长焉，发达焉"，即由低级到高级进化二者的界限。主张近代史家应该彻底摒弃旧史家几千年来所信奉的"天下之生久矣，一治一乱"的旧观点，代之以将近代进化论作为研究历史的指导，通过研究，描述人类进化途径及其具体表现。历史是进化的，但历史的进步并非直线式，"或尺进而寸退，或大涨而小落，其象如一螺线"。循环论者在认识上的错误，"盖为螺线之状所迷，而误以为圆状，未尝综观自有人类以来万数千年之大势，而察其真方向之所在，徒观一小时代之或进或退、或涨或落，遂以为历史之实状如是云尔"。这些论述，是对于历史进化作螺旋式运动的特点及循环论者误取螺旋的一圈而以为作圆形运动的认识错误，作了形象的说明。他又进一步论述说明历史前进的曲折性："譬之江河东流以朝于海者，其大势者。乃或所见局于一部，偶见其有倒流处，有曲流处，因以为江河之行，一东一西，一北一南，是岂知江河之性乎？"

梁氏对新史学的理论方向做了初步规划。他强调根本改变旧史把史书变成孤立的人物传的做法，而近代史学要求近代史家写出人类"藉群力之相接相较、相争相师、相摩相荡、相维相系、相传相嬗，而智慧日进焉"的历史情状。他又论述史家应善于通过比较研究和纵贯联系考察："内自乡邑之法团，外至五洲之全局；上自穷古之石史，下至昨今之新闻"，从人类活动背景中去求得人群进化的真相，并且重视史学与其他学科的关系，从而总结出历史进化的公理公例。"以过去的进化，导未来之进化"，使后人循历史进化的公例公理，"以增幸福于无疆"。

梁启超对于旧史中因粉饰君权的需要而大肆渲染、严重歪曲历史真相的"正统"论和"书法"论痛加驳斥。如对"正统"论，他指出旧史家宣扬"正统"的实质即是维护"君统"，"视国民为无物"，与国家是全体国民所有的观念根本对立。他分析旧史家陈寿、习凿齿、司马光、朱熹等所持的"正统"标准均互相矛盾，同科学的真知绝不相容。并且认为，要讲符合道理的正统，乃在众人而并非在君主一人。为国民所承认，所拥护的人物，才称得上真正符合"正统"。①

---

① 以上引文均见《新史学》，《饮冰室合集》文集之九。

总之,《新史学》以其符合20世纪初救亡图强需要的时代精神,以新鲜的理论和价值观,开启中国史学近代化时代的到来,此后几十年中,进步史家无不以"新史学"看待自己的事业和这门学科取得的进展。

1902年,梁启超撰成长篇论文《论中国学术思想变迁之大势》(8万余字,下称《论大势》),鲜明地贯彻了进化观和因果论的理论指导,体现出全新的研究风格,因而成为史学近代化在研究实践上结出的第一个硕果。

首先,梁氏以开阔的视野和宏观的把握,第一次把几千年中国学术作为一个发展进化的、前后有因果联系的对象来论述,揭示其演进的脉络,并且中肯地总结出各个阶段的特点。文章以磅礴的气势,将古代以来学术演进的趋势划分为七个时代:一、胚胎时代,春秋以前;二、全盛时代,春秋末及战国;三、儒学统一时代,西汉;四、老学时代,魏晋;五、佛学时代,南北朝隋唐;六、儒佛混合时代,宋元明;七、衰落时代,近二百五十年。今日则为复兴时代。他大角度宏观地总结中国古代思想的若干显著特点,诸如:重视伦理关系,"凡先哲所经营想象,皆在人群国家之要务","专就寻常日用之问题,悉心研究,是以思想独倚于实际";与西方古代思想相比较,中国古代神权思想不发达,古代的"天命"、"天意"是可以还原为民众意志;中国古代文明又重视"天人相与之际"等,均堪称见解深刻、切中肯綮。

其次,《论大势》深入地论述学术思想与社会条件的关系,论述不同学派和学者间的相互影响和推动,第一次生动地呈现出学术变迁动态的、交互作用的格局。关于战国时代学术勃兴的社会条件,梁氏从由于社会急剧变动的刺激,思想学术出现自由局面等项进行分析。他指出:"获麟之后,迄于秦始,实为中国社会变动最剧之时代,上自国土政治,下及人心风俗,皆与前此截然划一鸿沟。而其变动之影响,一一皆波及于学术思想界。盖阀阅之阶级一破,前此由贵族世家所垄断之学问,一举而散诸民间,遂有秦失其鹿,天下共逐之观。周室之势既微,其所余之虚文仪式之陈言,不足以范围一世人之心,遂有河出伏流一泻千里之概。"概括了从"学在官府"到出现百家争鸣的巨大变化,论述鞭辟入里。又述论孔、老因南北地理民情之悬殊,形成迥然不同的学风,也极具卓识。

再次,《论大势》做到以近代价值观作为评判标准,精到地阐释传统学术中符合理性的、具有近代科学精神的优秀部分,同时尖锐地批判其中为封建专制服务的腐朽部分。梁氏一再用进化、竞争学说，说明政治上、文化上的专制主义对社会及学术的发展造成的严重障碍，其中说道："罗马教会全盛之时，正泰西历史最黑暗之日。……吾中国学术之衰，实自儒学统一时代起。"关于西汉儒学独尊对社会及学术的影响，我们今日自可比梁氏所论作更深入、具体的分析与评定，但他大力针砭封建文化专制主义阻碍学术的发展，则是击中要害的。对于清代学术，梁氏肯定清儒实事求是的学风，善怀疑，不妄徇前人成说，专攻深入，原始要终，胪举众说，折衷决断，故评价"其精神近于科学"。同时又严厉批评专制君主屡兴文字狱，钳制文人思想，使学者"举手投足，动遇荆棘，怀抱才力智慧，无所复可用，乃骈凑于说经"[1]。造成烦琐考据学风盛行，压抑学术的健康发展。这种鲜明的批判精神显然来自其浓厚的国民意识。

《新史学》和《论大势》对于史学近代化具有理论和实践的奠基意义，为中国史学的发展确立了新的路标，把一代敏锐进取的青年学者带入了一个新的天地。胡适曾经极真切地讲述自己的感受："严（复）先生的文字太古雅，所以少年人受他的影响没有梁启超的影响大。梁先生的文章，明白晓畅之中，带着浓挚的热情，使读的人不能不跟着他走，不能不跟着他想。我个人受了梁先生无穷的恩惠。现在追想起来，有两点最分明。第一是他的《新民说》，第二是他的《中国学术思想变迁之大势》。……'新民'的意义是要改造中国的民族，要把这老大病夫的民族改造成一个新鲜活泼的民族。……我们在那个时代读这样的文字，没有一个人不受他的震荡感动的。他在那时代主张最激烈，态度最鲜明，感人的力量也最深刻。……《中国学术思想变迁之大势》也给我开辟了一个新世界，使我知道四书五经之外还有学术思想。梁先生分中国学术思想史为七个时代：我们现在看这个分段，也许不能满意。……但在二十五年前，这是第一次用历史眼光来整理中国旧学术思想，第一次给我们一个'学术史'的见解，所以我最爱读这篇文章。"[2]胡适作为近代学术名家，在回顾自己治史道路时，称他"受了梁先生无穷的恩惠"，《论大势》"给我开辟了一个新世界"，以后著《中国哲学史》即由此布下种子。——这便是梁氏的论著开启了史学近代化这一新时代的最好证明。

---

[1] 参见梁启超：《论中国学术思想变迁之大势》，引文均据《饮冰室合集》文集之七。
[2] 胡适：《四十自述》，上海亚东图书馆印行1939年版，第100–106页。

拓展：在广泛学术领域的出色建树

20世纪初四大新史料的相继发现，①特别是"五四"新文化运动的推动，使方兴未艾的史学近代化潮流从1919年起进入其壮大和深化阶段。恰好梁启超1920年初欧游归国之后，即舍弃一切与学术无关的事务，全力从事研究和教学，至1929年去世，是他晚年全力从事著述的十年。梁氏才华横溢，学力深厚，特别是由于他掌握了近代哲学观点和方法，使他辨析问题更加左右逢源，十年间完成了一系列很有价值的专著和论文，为史学近代化的拓展作出巨大的贡献。

这些论著涉及范围宽广，有不少是他首先开辟的领域或是前人很少注意的课题，举其要者即有：社会史方面，有《太古及三代载记》《春秋载记》《战国载记》等；学术思想史方面，有《阴阳五行学说的来历》《老子哲学》《孔子》《墨子学案》《先秦政治思想史》《先秦学术年表》《儒家哲学》《清代学术概论》《中国近三百年学术史》《戴东原哲学》《颜李学派及现代教育思潮》等；史学理论方面，有《中国历史研究法》及其《补编》等；文献学方面，有《墨经校释》《国学入门书要目及其读法》《要籍解题及其读法》《古书真伪及其年代》等；文化史方面，有《中国文化史（社会组织篇）》《近代学风的地理分布》等；文学史方面，有《屈原研究》《诗圣杜甫》《陶渊明》《中国之美文及其历史》等，民族宗教史方面，有《中国历史上民族之研究》《中国佛法兴衰沿革说略》等。

以一人之力，十年之内在如此广泛的领域撰成大量论著，这在学术史上实属罕见。全面评价梁启超晚年的学术贡献自非一篇文章所能容纳，这里仅就与史学近代化关系最大的两项，即对历史相传统学术"重新估价"的审视态度和重视方法的总结，作扼要论述。

以近代理性观点审视反思历史，做到宏观的概括与深入的分析相结合，的确是梁启超晚年学术的特色。由于他有意识地以求实求真的近代理性眼光，审视几千年来的传统学术，因而使其研究成果无论从哲理高度、开掘的深度和分

---

① 关于新史料的四项重要发现是：殷墟甲骨文；敦煌及古代西域各地的汉晋简牍；敦煌石室唐人写卷；内阁大库明清档案。

析的系统性来说，都有新的、与传统学术迥然不同的时代风貌。要对传统学术作"重新估价"，是梁氏在《儒家哲学》一书中明确提出来的。他对儒学的精华曾一再加以阐发，同时对儒家"正其谊而不谋其利，明其道而不计其功"的说教，在两千年封建社会中产生的严重消极作用，则给予严肃的批评。这部著作不仅深入论述了儒家思想演变与时代的关系，学派的分化，而且独具慧眼地充分重视转变期学者在学风转变过程中的枢纽作用，又对一些在历史上地位重要而历来少被论及的学者，也给予应有的地位。《阴阳五行学说之来历》一文，认为董仲舒这位历来受称赞的"醇儒"，所著《春秋繁露》，"祖述阴阳家言者居半"，而他的儒学，"已绝非孔、孟、荀以来之学术"，故两汉阴阳五行说的流行，"大率自仲舒启之"，并造成此后二千年间"机祥灾祲之迷信，深中于士大夫，智日以昏而志日以偷"①的灾难性后果！梁氏这样有力地廓清几千年流毒甚广的迷信学说，在近代学术上是很有进步意义的。《春秋载记》《战国载记》两篇，曾被近代史家张荫麟誉为：如以质不以量言，非止可媲美中外名家，抑且足以压倒吉朋、麦可莱、格林诸家之作②，而尤以前一篇最值得称道。此篇做到了从中国历史发展的总向来把握春秋时期历史的趋势和特征，中肯地论述了春秋时期是中国历史走向统一的重要阶段。前两章，《纪晋楚齐秦国势》和《纪鲁卫宋郑陈蔡吴越国势》，分别论述决定春秋时期全局的四个大国国势盛衰变化和八个较次要国家的不同地位和作用。后四章，《霸政前纪》《齐桓晋文霸业》《晋霸消长》《霸政余纪》，从纵向论述春秋史的重大事件，霸业的消长和各国交互错综的关系。他从民族关系的融合和推进全国统一进程的角度肯定楚国的历史作用，纠正以往封建文人长期所持有的旧见，认为楚灭国最多，"以夷猾夏"，应加以谴责。梁氏强调，当时南方诸多小国文明低下，中原的大国无力顾及，楚国兼并这些小国，是把它们的文化提高到开化的程度，在此过程中，楚国的文化也上升到更高的层次。所以历史的正确结论不应是"以夷猾夏"，而是"举蛮夷以属诸夏"，有大功于中国！他运用理性审视眼光，故能揭示出历史进程中深层次的有价值的东西。

《清代学术概论》是又一饮誉学坛的名著。它概述清代学术的演变历程，论述各个阶段的趋势，时代条件和主要成就，评价三百年间所有主要学者的

---

① 梁启超：《阴阳五行说之来历》，《饮冰室合集》文集之三十六，第55—56页。
② 张荫麟：《跋梁任公别录》，《思想与时代》第4期（1941年11月）。

历史地位。做到纵横论列，气势非凡，而又巨细兼顾，分析精当，全文不足七万字，却被称誉为一部"无所不包"的著作。本篇不仅高屋建瓴地再现了学术思想演变的清晰脉络，而且对于重要问题又有深入的具体分析。梁氏论述考证学极盛期吴、皖两大派代表人物惠栋、戴震的不同特点。惠栋治学以"凡古必真"定是非，他既有确立"汉学"地位之功，又有胶固、盲从的弊病。戴震治学以"深刻断制"为特色，主张"不以人蔽己，不以己自蔽"，推断务求精审，不盲从迷信。皖派人物段玉裁、王念孙父子即继承戴震精神，做到"虽其父师，亦不苟同"。这些论述，都力求摒弃"是古非今"的封建旧习、迷信的观念、宗派门户之见，体现出近代理性精神，篇中笔锋所至，对于传统文化的消极面，如"好依傍"、"名实相混"的病疾，因"重道轻艺"的偏见造成自然科学不发达，几千年来"惑世诬民汩灵窒智"的迷信邪说，都予以抨击。对其师康有为，梁氏高度评价他掀起晚清思想解放潮流的巨大进步作用，同时，对于康有为学风上的武断，托古比附的做法，杂引谶纬之言以神化孔子的神秘说法，也都中肯地指出，无所隐饰。梁氏对于他本人治学博而不专、入而不深的毛病，也公开批评，基本做到如他所说："以现在执笔之另一梁启超，批评三十年以来史料上之梁启超也。"①《清代学术概论》自著成后，历七十多年来一直成为了解清学必读之作，最主要的原因，正在于成功地贯穿了梁氏"重新估价"、"求真求是"的指导原则。

重视研究方法的总结，是梁氏对推进史学近代化又一重要贡献。此项体现出他熟练地运用演绎、推论、归纳等逻辑方法，并且突出地具备构建体系的近代思维特点，达到了自觉的程度，因而示人以门径。他总结朴学家的治学精神是："盖无论何人之言，决不肯漫然置信，必求其所以然之故；常以众人所不注意处觅得间隙，既得间，则层层逼拶，直到尽头处；苟终无足以起其信者，虽圣哲父师之言不信也。此种研究精神，实近世科学精神之所赖以成立。"②清儒严密考证的精神和方法，本来颇多符合于近代科学方法，经过梁氏的总结而更具系统，遂成为推进史学近代化一大助力。

梁启超晚年发展了《新史学》的观点，著成《中国历史研究法》及其《补编》，进一步建构自己的史学理论体系。《中国历史研究法》设有专章论述史

---

① 以上引文均见梁启超：《清代学术概论》，《饮冰室合集》专集之三十四。
② 梁启超：《清代学术概论》，《饮冰室合集》专集之三十四，第25–26页。

料的搜集和鉴别，形成了梁氏独特的史料学方法论。他指出重视史料搜集和考证的目的是"求真"，务得史实之准确。他总结需要特别注重的几项原则是：第一，要从表面上看似乎是孤立的材料中，广泛爬梳，联系分析，发现问题，并得出恰当的有价值的结论。第二，官书记载每经朝廷有意篡改，历代皆然，而清朝尤甚。如清初所兴诸大狱，实录稿均有意隐匿，必须从多种文集笔记，钩稽参核，方得其真相。第三，鉴别史料，"正误辨伪"，是极复杂的工作，必须具有严谨的态度、精密的方法。从本国说，要继承"前清诸老严格考证法"，从外国说，则要吸收"近代科学家之归纳研究法"。一般原则是，年代愈早，可信程度愈高；但在特殊情况下，有较可贵的史料晚出或较迟传布，为前人所不及见。第四，考定史籍之价值，应结合作者的史德、史识，以及其所处地位如何。第五，治史者切忌用伪材料，但又应看到，所谓伪材料，若能考出该书作出的真实时代，放在此时代考察，则又可能成为有价值的材料。以上诸项，都是综合前人治史经验教训，及本人治学甘苦所得结论，素来为研究者所重视。梁氏又极敏锐地引导人们重视新史料的价值，他称铜器铭文的出土，字数多者可抵一篇《尚书》。殷墟卜辞的出土，其价值可改变整个殷商史的面貌。①书中还提出鉴别伪材料的十二条原则，以后发展成为《古书真伪及其年代》这一专著。

梁启超晚年还十分关注中国近代新兴学科——考古学的进展。②1925年，作为清华国学研究院四大导师之一（其他三人分别为王国维、陈寅恪、赵元任）的梁启超，亲自荐举不久前从美国留学归来，获哈佛大学人类学博士学位的李济和弗利尔艺术馆的毕士博（C. W. Bishop）主持山西省夏县西阴村考古发掘。这是中国人自己主持的第一次近代考古发掘。梁启超对此次合作极感兴趣，并给予大力帮助。他曾两度亲笔写信给山西军阀阎锡山，请他对这一新兴科学事业给予官方支持。1926年12月，李济从山西发掘地回到北平，开箱整理出土器物，再度在清华园与梁启超相见。两人谈及邀请此时尚在美国哈佛大学研究考古学的梁思永（梁启超次子）回国参加考古发掘事宜。后来李济把西阴村发掘所得实物的一部分在清华校园内做过一次公开展览，王国维、梁启超都饶有兴趣地参观了展览，并与李济做了热烈的讨论。

---

① 参见梁启超：《中国历史研究法》，《饮冰室合集》专集之七十三。
② 以下关于梁启超关注近代考古学的论述，承沈颂金同志提示材料。

1927年1月10日，国学研究院为欢迎李济山西夏县西阴村考古发掘胜利归来举行了茶话会。梁启超出席并听取了李济、袁复礼二人所作的长篇报告演说。当天晚上，梁启超兴致很高，回到住所后，立即写了一封2000字的长信给梁思永。不料刚写完一页纸，学校突然停电，梁启超难以抑制心中的兴奋之情，就秉烛继续写下去，直到写满四页纸为止。在这封用毛笔小字书写，共四十八行的信中，梁启超首先报告了西阴村考古发掘成果有"七十六箱成绩平平安安运到本校，陆续打开，陈列在我们新设的考古室了"。之后他谈到出土的器物（铜器、石器、骨器等），还提到那著名的半个茧壳，以及复杂的陶器花纹问题。梁启超特别提到这次考古发掘的重大意义："（瑞典人安特生）力倡中国文化西来之论，自经这回的发掘，他们（指李济、袁复礼二人）想翻这个案。"并认为"（李济所说）'以考古家眼光看中国，遍地皆黄金，可惜没有人会拣'，真不错"。他建议梁思永回国，"跟着李、袁二人做工作，一定很有益"。即使因时局动荡而无法外出进行野外发掘，在室内整理那七十六箱东西也"断不致白费这一年光阴"①。梁启超还打算让梁思永丰富一些古文物方面的知识，多参观几个新成立的博物馆，然后再去欧美深造几年，一定会获益更多。

梁启超如此关注中国近代考古学的发展动态，体现了一位史学大师的远见卓识。20世纪中国历史学的研究与考古学的发展相辅相成，齐头并进，互相促进。梁启超虽然没有像王国维那样创立"二重证据法"，直接将地下出土文物资料用于历史研究，但他写给李济和梁思永二人、有关早年考古活动及相关背景的书信多达十余通。在他的督促和影响下，梁思永于1927年六七月回国，负责撰写西阴村陶器研究报告，并于1930年以《山西西阴村史前遗址之新石器时代的陶器》一书获哈佛大学研究院考古学和古人类学硕士学位。梁思永是受过正规现代考古训练的第一位中国人，1930年学成归国后，先后主持和参加了黑龙江昂昂溪遗址的发掘、安阳殷墟的科学发掘工作，以及山东城子崖遗址的第二次发掘等一系列考古活动，使发掘工作的组织和方法都有了很大改进，提高了田野科学发掘的水平，为中国近代考古学的发展做了巨大贡献，其中乃父梁启超的作用不可忽视。因此可以说，梁启超对考古人才的举荐和对田野发掘工

---

① 以上引文均据《致梁思永书》，《梁启超未刊书信手迹》（下），中华书局1994年版，第714–720页。

作的支持，标志着中国近代考古学的发轫。

　　总之，梁启超生前的最后十年对推进史学近代化的壮大和深入有巨大贡献，在同时代人中，他和只有前期没有后期的严复、康有为，还有夏曾佑，都不相同。毋庸讳言，梁启超的思想体系庞杂，其中有许多唯心主义的东西，这主要是由于中国近代社会变动急剧和他本人务博易变的弱点所造成。但从总体说，梁启超晚年的丰富著述为史学近代化拓宽了领域，有力地推动了这一学术潮流的前进，而且也是他前期宣扬新思想、倡导"史学革命"的继续。梁漱溟先生曾评价梁启超对中国近代学术文化的主要贡献，在于"迎接新世纪，开出新潮流，撼动全国人心，造成中国社会应有之一段转变"[①]。这正代表了"五四"时期成长的一代学者以其亲身所得到的强烈感受，对梁启超推进史学近代化的卓越贡献所作的确评。

[①] 见梁漱溟：《纪念梁任公先生》一文，引自杨向奎《试论蔡元培》，《浙江学刊》1991年第3期。

章太炎对近代史学的贡献与局限

一、与"新史学"思潮相合拍

章太炎(1869—1936年),名炳麟,字枚叔,浙江余姚人。早年在杭州诂经精舍从古文经学家俞樾学习经史。1897年任《时务报》撰述,因参加维新宣传被清政府通缉,流亡日本。1900年剪辫立志革命。1903年因发表《驳康有为论革命书》和替邹容《革命军》作序,触怒清廷,被捕入狱。1906年出狱后由孙中山迎至日本,参加同盟会,主编同盟会机关报《民报》,与改良派展开论战,他所发表的文章充满战斗精神,"所向披靡,令人神往"。[①]1911年上海光复后回国,主编《大共和日报》,并任孙中山总统府枢密顾问。曾受张謇拉拢,散布"革命军起,革命党消"的言论。1913年因反对袁世凯包藏祸心,遭袁禁锢,袁死后被释放。五四运动后主要从事讲学,"退居于宁静的学者"[②]。"九·一八"事变发生后,曾通电全国抗战,谴责蒋介石"剿共"卖国政策,保持了爱国主义的晚节。主要著作有《訄书》(1914年经增删后改题为《检论》)、《国故论衡》、《太炎文录》等,后来编入《章氏丛书》及其续编、三编。

章太炎本来精熟于传统的经史学问,接触了西方和日本学者的进化论和社会学说之后,使他对中国古代学术和历史的演进产生了新的看法。1902年,他曾计划修撰《中国通史》,在致梁启超的信中说:"酷暑无事,日读各种社会学书,平日有修《中国通史》之志,至此新旧材料,融合无间,兴会勃发。"他要在书里贯串进去自己的新思想,摒弃旧史只会排此事实的陋习。这种新思想,一是"以发明社会政治进化衰微之原理为主",以近代进化论作为研究历史的指导思想,探究社会政治状况盛衰变化的原因;一是"以鼓舞民气、启导

---

① 鲁迅:《关于太炎先生二三事》。
② 同上。

方来为主"①,以中国历史中具有积极意义的内容来鼓舞民众的革命情绪,增强对未来的信心。关于体裁形式,章氏认为,以往的纪传、编年、典制、考证等体裁,主要仅限于排比史料,有舍本逐末之弊;为了在书中融铸新哲理,应该进行体裁的创新。他所拟的《中国通史略例》目录,包括典、记、表、考纪、别录五种体裁。其体裁设想,有三点值得我们注意:一是对纪事本末体优点的吸收。在乾嘉年间,章学诚曾提出兼采纪事本末体的方法作为改革史书编撰的方向。章太炎认为这是"大势所趋",并且加以发展,目录中的十篇"记",就是吸收纪事本末体的优点而设立的。他说:"诸典所述,多近制度,及夫人事纷纭,非制度所能限。然其系于社会兴废,国力强弱,非渺末也。会稽章氏谓后人作史,当兼采《尚书》体例,《金縢》《顾命》,就一事以详始卒。机仲之纪事本末,可谓冥合自然,亦大势所趋,不得不尔也。故复略举人事,论纂十篇,命之曰'记'。"又说:"犹有历代社会各项要件,苦难贯串,则取机仲之纪事本末例为之作'记'。"②编撰《中国通史》的一项基本要求,是要体现"社会兴废,国力强弱",这一历史编撰的难题,正好依靠吸收纪事本末体的优点来解决。章氏拟设的"记",包括叙述秦的统一、唐代藩镇割据、农民起义、民族斗争、中外关系等,冀求以此来显示历史演进的大势,比起章学诚所提出的设想来,明显地向前推进了一大步。二是对纪传体的利用、改造。目录中的"典"是以记典章制度,来源于"书志"。"考记"和"别录"实则同是记人,差别只在"考记"专记帝王(还有太平天国的"天王"洪秀全),两者来源于"本纪"和"列传",但舍弃了"本纪"在纪传体史书中作为全书大纲的作用。"表"是用以列举次要的人物和纷繁的材料,来源自明。他说:"有典则人文略备,推迹古近,足以臧往矣。若其振厉士气,令人观感,不能无待纪传,今为《考纪》《别录》数篇。"可见他在总体上对纪传体所具有的综合的优点是充分重视的,经过改造,形成典、记等五体互相配合的体制。章氏的《中国通史》只停留在设想而已,并未撰成,他的方案若要真正实行起来会有许多困难,因为究竟是以"记"还是"典"来概述社会大势,他自己并不明确。至于同是记人,还要显示帝王高人一等的做法,则明显

---

① 章太炎:《致梁启超书》,汤志钧编:《章太炎政论选集》上册,中华书局1979年版,第167页。
② 《致梁启超书》,《章太炎政论选集》上册,第167-168页。

具有浓厚的封建气味。三是主张要以外国史学著作为参照，并进行东西文明演进同异的比较研究："今日治史，不专赖域中典籍。凡皇古异闻，种界实迹，见于洪积石层，足以补旧史所不逮者，外人言支那事，时一二称道之，虽谓之古史，无过也。亦有草昧初启，东西同状，文化既进，黄白殊形，必将比较同异，然后优劣自明，原委始见，是虽希腊、罗马、印度、西膜诸史，不得谓无与域中矣。若夫心理、社会、宗教各论，发明天则，烝人所同，于作史尤为要领。"①说明章氏在20世纪初对吸收外国进步学术所持的积极态度，也是最早提出进行中外历史比较研究的学者之一。这些设想虽未实现，但他的主张毕竟与新史学思潮相合拍，同样报道了史学近代化的信息。

20世纪初年，中华民族要救亡，中国要进步，只有以暴力手段推翻清朝的腐朽统治。革命人物十分重视运用历史知识作宣传、教育工作，以大量的中外历史知识作有力根据，论证革命是历史的必然，喊出时代的最强音，因而有力地帮助民众提高觉悟，认清武装斗争、推翻清朝才是唯一的出路。章太炎是宣传革命历史思想的出色人物之一。他所写的《驳康有为论革命书》是革命阵营发出的雷霆之声。前此，康有为发表了一篇公开信：《答南北洲诸华商论中国只可行立宪不可行革命书》，坚持君主立宪，攻击孙中山领导的革命运动，在华侨中造成恶劣影响。章太炎针锋相对地写成此文，于1903年印为小册子发行，并由当时任《苏报》主笔的章士钊节录后在《苏报》上发表，对康有为诋毁革命的言论予以有力的反击。《驳康有为论革命书》气势磅礴，一开始就指出康有为写公开信是向清廷献媚，"非致书商人，致书于满人也"。而康氏早有"圣人"的虚名，他的言论更有欺骗性，"乃较诸出于贱儒元恶之口为尤甚"，所以必须痛加驳斥，以正视听。他揭露清廷经济上"行其聚敛"，政治上屡兴文字狱，为害酷烈，"万国所未有"，证明人民为了摆脱二百多年来当满洲贵族奴隶的地位，起来实行革命之必要。针对康有为"革命之惨，流血成河，死人如麻，而其事卒不可就"的谬论，章太炎引证西欧、日本历史说，不但革命要流血，立宪也要流血，上书奏请是得不来的，"使前日无此血战，则后之立宪亦不能成"。进而指出，革命能开发民智，造就人才。美国发起独立战争时，事先并不知道有华盛顿；中国革命起来了，也能造就自己的杰出人物。他又以李自成为例，开始时，"迫于饥寒，揭竿而起，固无革命观

---

① 《訄书·哀清史》附《中国通史略例》。

念","然声势稍增,而革命之念起",均田免赋等思想就是在革命过程中产生的。他响亮地喊出:"公理之未明,即以革命明之;旧俗之俱在,即以革命去之。革命非天雄大黄之猛剂,而实补泻兼用之良药!"章太炎还指出康有为希望依靠光绪帝的力量以实现立宪,是绝对不能实现的幻想,因为戊戌维新的事实已经证明,纵使光绪帝本人诚心变法,也无法改变整个满洲贵族的腐朽局面:"载湉小丑,未辨菽麦,铤而走险,固不为满洲全部计。""籍曰其出于至公,虽有满、汉畛域之见,然而新法犹不能行也。何者?满人虽顽钝无计,而其怵惕于汉人,知不可以重器假之,亦人人有是心矣。……虽无太后,而掣肘者什伯于太后;虽无荣禄,而掣肘者什伯于荣禄。……往者戊戌变政,去五寺三巡抚如拉枯,独驻防则不敢撤。彼圣主之力与满洲全部之力,果孰优孰绌也?"①章太炎代表革命派彻底否定满洲皇朝的统治,直斥光绪帝为"载湉小丑",这在千百年来封建专制统治下所形成皇权统治绝对神圣的观念中,简直如晴天霹雳,尤其在知识界和市民中产生了强烈反响,这封信一刊布,"上海人人争购",而清廷达官贵人和一些保皇派人物则惊得目瞪口呆。

二、继承朴学成就与运用西方新学理

章太炎治学的显著特色,是继承了清代考证学的成就,且又运用新学理加以阐释,对于学术史和制度史提出了新见解。《訄书·订孔》一文,即较早地将孔子放到与诸子平等的地位,作客观的历史考察,标题即表明要订正历来对孔子的盲从和膜拜。他充分肯定孔子在文化史上的功绩:由于孔子整理六经,教育学生,才使历史知识传播到民间,人民脱离了愚昧状态,统治者不能任意摧残压迫。同时,反对封建阶级历来对孔子顶礼膜拜的态度,明确地批评说:"《论语》者晻昧,《三朝记》与诸告饬通论,多自触击也。"又称孔子比起孟轲来,"博习故事则贤,而知德少歉矣",比荀况之合群治天下的学说和进取精神更显不及。②章氏反对神化孔子的激进观点,敏锐地捉住了20世纪初批判封建专制的时代脉搏。以后,他撰有《驳建立孔教议》,一方面,精到地评

---

① 《驳康有为论革命书》,《章太炎政论选集》上册,第194–200页。
② 章太炎:《訄书·订孔》,《章太炎全集》(三),上海人民出版社1984年版,第134–135页。

价孔子是古代文化的集大成者；另一方面，态度鲜明地反对康有为等人把孔子奉为教主的复古迷信主张。章太炎以近代理性眼光为指导，完全从世俗的、历史的观点，论述孔子的历史功绩："盖孔子之所以为中国斗杓者，在制历史，布文籍，振学术，平阶级而已。"这四项都是从文化史和政治史角度立论。首先，孔子开创了中国重视历史记载的传统："往者《尚书》百篇，年月阔略，无过因事记录之书，其始末无以猝睹。自孔子作《春秋》，然后纪年有次，事尽首尾，丘明衍传，迁、固承流，史书始粲然大备，槩则相承，仍世似续，令晚世得以识古，后人因以知前。故虽戎羯荐臻，国步倾覆，其人民知怀旧常，得以幡然反正。此其有造于华夏者，功为第一。"左丘明、司马迁、班固等后代史家继承了孔子的业绩，因而使中国历史记载绵延不绝，世世代代明白中国文化的由来，构成了民族精神的脊柱，故称孔子"有造于华夏"。其次，西周时代，学在官府，"齐民不与"，"礼不下庶人"。而"自孔子观书柱下，述而不作，删定六书，布之民间，然后人知典常，家识图史。"是孔子首先打破贵族垄断文化知识的局面，开创私人讲学的传统，从此文化典籍、制度知识才开始传向民间。第三，孔子创立儒家学派，整理《周易》，成《论语》一书，开辟了重视哲理思维的途径。"于是大师接踵，宏儒郁兴"。第四，世卿垄断政治的局面也因孔子而开始动摇，由此开启了平民参政，人才涌现的局面。春秋以往，官多世卿。平民出身者，因不习政书，故按常例，都被排斥在官职之外。孔子培养了三千学生，其中又有许多人跟随他周游列国，增长才干，熟悉各国民情、物产、政事，"门人余裔，起而干摩，与执政争明"。百年以后，至战国即出现世卿废除，平民有才干者跻身卿相的局面。"由是阶级荡平，寒素上遂，至于今不废。"章太炎从人文主义的角度，精到地论述孔子主要是古代文化伟大代表者的地位，在当时是针对一股企图把孔子尊为教主的复古迷信主张而发的。戊戌时期和辛亥革命以后，康有为等人曾一再提出建立孔教为"国教"，奉孔子为教主。对此，章太炎明确予以驳斥，他强调孔子对于中国历史的贡献，在于他是"保民开化之宗，不为教主"[1]。宗教是原始低下的迷信手段，是愚弄民众的工具。中国固无国教，孔子尤鄙弃宗教。这是中国文化比宗教文化高明的地方。孔教并非前世所有，则今者固无所废，今日更无建立之必要。若因见西方耶稣教渐入国中，要树新教与之抗衡，"是犹素无创痍，

---

[1] 章太炎：《驳建立孔教议》，《章太炎全集》（四），第196–198页。

无故灼以成瘢，乃徒师其鄙劣"①。章太炎的论述，深刻地总结了孔子在历史上的积极贡献，对于中国文化的朴素理性精神和宗教意识的愚昧洞察窾窍，有力地抨击了鼓吹建立孔教这一复古迷信思潮的毒害，在当时具有重大的进步意义。

对于清初学者颜元学术的特点和清代朴学的源流，章太炎的论述尤有卓识。颜元反对理学空谈，提倡躬行践履的"实学"，和他的学生李塨在清初形成一个学派。至20世纪初，颜元躬行实践的教育思想引起不少学者极大的兴趣和很高评价，有的认为他与现代教育思潮甚多相通之处。章氏却不附会别人所云，他指出颜元主张的片面性。章氏论云：颜元反对理学空谈，痛恨其贻祸，为救其敝，特提倡躬行实践，主张以习行德、行、艺三物为学，抨击著述讲学，这是矫枉过正的言论。章氏认为颜元最大的毛病是："其所学得皮肤，而总揽用微。"一针见血地指出他的弱点在于对学问的理解失于肤浅，而缺乏理性思维，缺乏抽象概括能力。举出颜元曾批评朱熹以讲读为求道，两者相距千里，照颜元的看法，这好比只学琴谱，并不是学琴，惟有反复练习，然后熟练，达到能随意、自然地弹奏，达到琴、指一体，"志与指忘，指与弦忘"。章氏分析说：离开物器而习符号，符号不可任。但是算学的数字、公式、定理等等，却是从具体物器总结出来，通过计算，能解决物器的问题，不差分毫。这是因为数字、公式等，是"总揽"而得，是总结、抽象出来的，是理性思维成果。算学公式、琴谱、书籍，都是符号。以往读书人的毛病是拘泥于字句，刻板地理解，所以不得真正的"道"。关键是要问书籍等等是否正确。书本上的知识要反映客观事物，要真正有用。"非书者不可用，无良书则不可用。"一概反对书本知识显然是错误的。故章氏讥颜元所言"礼、乐、射、御、书、数"，所习不过胥吏市井之用，都属于较低层次的知识。②这篇《正颜》表明章氏站在思辨哲学的高度来辨析问题，正确地指出理论高于实践，不能因宋明理学家空谈而完全否定书本知识的作用，讲出了离开理论的指导，不能获得真知的道理。

《检论·清儒》更是一篇总结清代学术史的名作。章氏深谙清代学者著述，他本人师承清学的主体考证学派，熟悉学术源流演变。《清儒》首先提纲

---

① 章太炎：《驳建立孔教议》，《章太炎全集》（四），第197页。
② 章太炎：《正颜》，《章太炎全集》（三），第469–472页。

挈领地概括清代学术在特殊社会政治条件下形成的总特征："清世理学之学，竭而无余华；多忌，故歌诗文辞苦；愚民，故先王经世之志衰。"由于理学衰落和清廷实行文化专制，造成考证学独盛的局面，清初顾炎武、阎若璩、胡渭，都对清学的形成有开创之功："然草创未精博"，"其成学著系统者，自乾隆朝始。"章氏论述最受重视之处，是总结和比较考证学极盛的时期吴、皖两派的不同特点。吴派的代表人物是惠栋，治学特点为"好博而尊闻"，他的弟子江声、余萧客，著书"大共笃于尊信，缀次古义，鲜下己见"。故综观吴派学者治学，短处在于唯古是从，拘泥旧说，缺乏创见。皖派学风大不相同。以戴震为代表，治学"综形名，任裁断"，是在广搜材料的基础上加以综核，勇于提出自己的论断，因而见解更深刻，更具创造性。章氏认为，这种学术特点也是由于乡土环境影响而形成，"戴震起徽州，徽州于江南为高原，其民勤苦善生，故求学深邃"。戴震传下的皖派，治学即以条理严密、善于归纳、见解精到为特色。弟子以段玉裁、王念孙最知名，小学训诂有很高成就，晚清俞樾、孙诒让继承皖派学风，成为乾嘉考证学的殿军。"凡戴学数家，分析条理，皆多密严瑮，上溯古义，而断以己之律令，与苏州诸学殊矣"，认为他们代表了清代考证学的最高成就。对于浙东学术、桐城学派和今文学派，也有所评论。清朝一代学者有大量疏证儒家经典之作，章氏一一列举其有价值者，要言不烦地评价其高下得失。以上论述，对于近代学术界影响至大，梁启超著《清代学术概论》，称乾嘉学术为吴、皖两大派，即直接采用章说。但是，章太炎是古文经学家，门户之见甚深，对于清代今文学派龚自珍、魏源等人极力丑诋，称他们"绝无伦类"，"欲以前汉经术助其文采，不素习绳墨，故所论支离自陷，乃往往如谚语"，不能正确认识龚、魏等人利用、改造公羊学说，猛烈批判封建专制，揭开近代思想解放序幕的历史性贡献，这就违反了客观、公正地评价历史功过的原则。

章太炎对于制度史也提出新见解。《礼隆杀论》一文论述古代礼的性质、作用："礼者，法度之通名，大别则官制、刑法、仪式也。"按《左传》所说："礼，经国家，定社稷，序民人，利后嗣。"则古代的礼还包含治国的大经大法。而对于社会风气言，礼则应该体现为"务报施、尊贤、敬老"。他认为礼制在西周末、东周时期有极大变化："幽厉乱而畴人亡，大典虽在，其委曲事条不具，是以周制不得不变。然其刑法仪式，大耑犹未失坠，故《春秋传》数言'周有常刑',其于威颂品节犹尽。"《礼记·礼器》所言,"礼经三百",是指"冠、昏诸篇"。"曲礼三千",则其揖让之节,俎豆之数。他批评古礼的繁文缛节:"晚世知本,而隆周务末。""登降之礼,趣翔之节,累世不能殚其学,当年不能究其礼。"章太炎所论最有意义的是,他反对恢复古礼,而主张可以采取礼的精神、原则,用简朴的礼节行事:"今世阶位既已削夷,宫室裳服之用,弥远于古,跪拜则人之所倦厌,自非礼之原本,宜一切可以弃除。故苟由其道,白帢大幔,握手拱把,而足以为治。不由其道,虽黄收纯衣,彤车白马,犹曰桀之服也。"如果政治腐败,徒有古礼的形式、条文,也毫无用处。"上弥矜饰而无情朴,下愈侮笑而不宠神。"今日若要讲"隆礼",则应实行"报施、尊贤、敬老"的原则,"既厚民德,又不塞其慧智"。①章太炎又提出"神权时代天子居山说"的论点。他依据典籍所载古代王者居于山丘,及国家建都邑于高阜之地,提出论断:"古之王者,以神道设教,草昧之世,神、人未分,而天子为代天之官,因高就丘,为其近于穹苍。"他举出的主要根据是:"综考古之帝都,则颛顼所居曰帝丘,虞舜所居曰蒲阪,夏禹所居曰嵩山。商之先,相土居商丘。其后又有适山之文。周之先,公刘居京,其后又处旱麓之地。夫曰山、曰丘、曰阪、曰京,皆实地而非虚号。上古橧巢,后王宫室,其质文虽世异,而据山立邑则同。"而最后结论是,天子居山,"其意在尊严神秘,而设险守固之义,特其后起者也"②。章氏之后的学者论述古代国家起源或人神关系,每有引用此说。

对评价历史人物,章太炎也有卓识。他为受诽谤二千年的改革家商鞅作了重新评价,称赞他"核其宪度而为治本","以刑维其法,而非以刑为法之本也","是故商鞅行法而秦日富"。尤其赞扬商鞅执法公正不阿,品质高尚:"政令出内,虽乘舆亦不得违法而任喜怒,其贤于(张)汤之窥人主意以为高下者亦远矣。"③再如,曹操被世世代代视为"篡汉"之"奸雄",章氏则一反众说,从正面予以肯定,称他"禁戈止暴,威谋靡竞","登黎献乎衽席,拯麑倪乎隍阱。而又加之以恭俭,申之以廉清。廷有壶飧之清,家有绣衣之儆。布贞士于周行,遏苞苴于邪径。务稼穑故民孳殖,烦师旅而人不病。信智

---

① 章太炎:《礼隆杀论》,《章太炎全集》(三),第399—402页。
② 章太炎:《官制索隐》,《章太炎全集》(四),第87、90、91页。
③ 章太炎:《商鞅第三十五》,《章太炎全集》(三),第79、80页。

计之绝人，故虽谲而近正"①。章氏高度评价曹操恢复中国社会安定和恢复生产的历史功绩，虽然善用权术，但从总体看，不失为一位杰出的政治家。以上两个例证说明，章太炎评价历史人物不是从儒家抽象的"仁义"或"正统"观念出发，而是做到以是否有利于社会和民众为标准，堪称具有过人的史识。

三、提倡"国粹"与鼓吹民族主义

章太炎是晚清国粹派著名的倡导者。在20世纪初，国粹派的活动很有声势，他们在政治上是资产阶级革命派的一翼，主张排满革命，在学术上，大力鼓吹民族主义，并以研究和评论历史作为其重要阵地。国粹派兴起的深刻原因是对于西方文化冲击产生的反应，而这一思潮在20世纪初产生，又因受到日本出现的保存国粹以对抗欧化主义的思想主张所影响。1905年，邓实、黄节、刘师培等在上海成立以保存国粹为宗旨的"国学保存会"，出版《国粹学报》，编印丛书。章太炎在上海出狱，遄抵日本，就在东京留日学生欢迎大会上提倡"用国粹激动种姓，增进爱国的热肠"。其后，在他主编的《民报》上连续发表宣扬"国粹"的文章，并在《民报》内设立"国学振起会"，与国内的《国粹学报》相呼应。国粹学派这种颇大的声势，一直保持到辛亥革命发生。

什么是"国粹"，从整体言，国粹派学者所阐扬的"国粹"主要是指那些能够从中发扬民族主义和民主精神的传统文化。如邓实论述从古代史学到近代史学的变迁，必然是"君史"的消亡和"民史"的渐兴，要求仿效西方近代史家著史"一面以发明既往社会政治进化之原理，一面以启导未来人类光华美满之文明"。②邓实又著有《中国群治进退之大势》，着重批判专制制度严重阻碍中国历史的发展。他还主张区分"君学"和"国学"，"在朝之学"和"在野之学"，批判前者而推崇后者，还明确提出儒学是"利君不利民"的"君学"。③在批评历代帝王所推崇的孔子的同时，国粹派尽力提高诸子这类"在野之学"的地位。章太炎在《诸子学略说》中批评中国封建时代的学术弊端在于"一尊孔子"，他推许先秦诸子"各为独立"的学术精神和"往复辩论"

---

① 章太炎：《魏武帝颂》，《章太炎全集》（四），第229页。
② 邓实：《史学通论》，见《政艺通报》1902年第12、13号。
③ 邓实：《国学今论》，《国粹学报》第4期，1905年5月。

的自由学风。①刘师培则在《周末学术史序》中，通过比较儒、墨二家政治学说，批判儒家，表彰墨家。

国粹派以提倡"国粹"来宣扬民族主义和民主思想，在二者之中，章太炎对鼓吹民族主义兴趣最浓。他出生于浙东，很早就形成"保卫汉种"、"反满独立"的思想。1906年，他在东京对前来欢迎的留日学生所作的长篇演说，相当系统地阐述其以"排满"和"尊奉古代典章制度"为核心的国粹派主张。他提出当前"有两件最要紧的事"，"第一，要用宗教发起信心，增进国民的道德；第二，是用国粹激动种姓，增进爱国的热肠"。提倡"国粹"的主要内容是什么？他说："不是要人尊信孔教，只是要人爱惜我们汉种的历史。这个历史，是就广义说的。其中可以分为三项：一是语言文字，二是典章制度，三是人物事迹。"他认为，古代的官制、州郡、军制、赋税等的设置，都有一定的理由，"不好将专制政府所行的事，一概抹杀。就是将来建设政府，那项须要改良？那项须要复古？必得胸有成竹，方可见诸施行"。他甚至认为对有的古代制度还应该顶礼膜拜，因为在他看来，古代典章制度，"总是近于社会主义"，即如刑律、科举，也无不近于社会主义。"我们今日崇拜中国的典章制度，只是崇拜我们的社会主义。那不好的，虽要改良；那好的，必定应该顶礼膜拜。"关于人物事迹，他认为最可崇拜的两个人是刘裕和岳飞，"都是南方兵士，打胜胡人，可使我们壮气"。②在此以前，章太炎为邹容《革命军》作序，他对《革命军》中热情呼唤"民主"、"自由"、"平等"，论述建立"中华共和国"的理想并未予重视，却强调推翻清朝是"光复"而非"革命"："抑吾闻之，同族相代，谓之革命……驱逐异族，谓之光复。今中国既灭亡于逆胡，所当谋者光复也，非革命云尔。"③说明章太炎所定的目标是推翻满族政权，只要政权归于汉人之手便达到目的。上述思想主张的逻辑发展，便是辛亥革命后，他强调对旧制度应保留为主。1912年1月在《中华民国联合会第一次大会演说辞》中称："中国本因旧之国，非新辟之国，其良法美俗，应保存者，则存留之。"尤其坚决主张婚姻制度和家族制度宜仍旧。实为主张保护夫权、父权和族权，还特别提出禁止在公共场所男女跳舞，以免"大坏

---

① 《诸子学略说》，《国粹学报》第8、9期，1905年9、10月
② 《东京留学生欢迎会演说辞》，《章太炎政论选集》上册，第276、278–279页。
③ 《革命军序》，《章太炎政论选集》上册，第193页。

风纪"。①同年所撰《自述学术次第》也说："清之失道，在乎偏任皇族，贿赂公行，本不以法制不善失之。旧制或有拘牵琐碎，纲纪尤自肃然。"这是对封建国家的根本政制、大法表示赞扬。以上都说明章太炎虽然在政治上持革命派的立场，但在思想上对于旧制度却在相当程度上予以肯定。我们深入一层分析，这正是中国近代这一"过渡时代"社会和文化所特有的现象。中国的封建专制统治持续两千多年，各种旧制度根深蒂固，封建的思想意识尤其具有巨大的阻力和惰力，在近代史上长期产生滞后作用。处在19、20世纪之交这一社会急剧变动和文化转型时期，只有极少数先进分子，如孙中山以及稍后的鲁迅、李大钊，能够从国家民族的危险处境和民众的长期苦难出发，深刻地认识到封建专制的酷烈祸害，而从总体上憎恨旧制度，要求以革命手段彻底地推翻它，且又具有接受外来先进事物的敏感和热情，认识民主制度的优越，认识建立民主共和国家是世界各国共同的发展方向，也是挽救中国危亡的唯一出路。另有相当数量的知识分子，他们愤恨清朝统治，强烈要求反满，但是对于封建制度的腐朽、落后、反动缺乏认识，对于世界民主潮流更加缺乏清醒的认识和深刻的观察，而对于旧制度、旧文化由于长期熟习、潜移默化而相当怀恋。这些人在政治上反满，具有一定的革命性，故成为20世纪初期资产阶级革命派的一翼。这一部分人提倡国粹，对于西方新学理虽然有所接触和吸收，但其思想核心却仍然保持着严重的保守以至复古倾向，表现出浓厚的封建性。章太炎便是属于这部分知识分子的典型。

章太炎主张的民族主义，是同其强烈的"排满"观念密切相联系的，它同孙中山的革命主张，只是在"推翻满清"这一点上相一致。在民族观上，孙中山诚然比章太炎正确和进步得多，孙中山提倡"五族共和"，明确主张革命后汉、满、蒙、回、藏各民族一律平等，反对复仇和歧视。他一再申明："余之民族主义，特就先民所遗留者，发挥而光大之，且改良其缺点，对于满洲不以复仇为事。而务与之平等共处于中国之内。"②在民族思想上，孙中山达到了当时所能达到的高度，新中国实现的全国各民族大团结，正是对于孙中山这一正确主张的继承和发展。

章太炎的排满主张在一段时间内发挥了有利于革命的鼓动作用，如梁启

---

① 《中华民国联台会第一次大会演说辞》，《章太炎政论选集》下册，第532，534-535页。
② 《孙中山全集》第7卷，中华书局1985年版，第60页。

超所说,"其早岁所作政谈,专提倡单调的'种族革命论',使众易喻,故鼓吹之力綦大"。① 然而在理论上,却表现出浓厚的大汉族主义,具有严重的局限性。1903年,在《訄书》重订本上,章太炎撰有《序种姓》,宣告以继承清初王夫之的反满思想为职志,希望保持汉种独贵,不可使"异类"攘夺政权。《序种姓》的核心思想,就是要辨明"夷族"和汉族姓氏的根源,使之流别昭彰,不得互相混淆。提出革命后,对于巴、僰、賨、蜑这些"吊诡"之族,尚可按一定等差对待,"独有满洲与新徙塞内诸蒙古……视之若日本之视虾夷。"② 1907年,章太炎作《中华民国解》,则针对当时一种从尊重民族融合的传统和向前看的观点解释"中华民国"含义的言论,加以驳难。当时有人认为,"中华"不仅历来已用来称呼历代在中原地区建立的国家,称呼中国广大区域的各族人民,而且,"华"又表示民族间文化发展已达到更高的水平,体现出各族文化发展的方向,因为,按《春秋》公羊家言,华夏与夷狄是相对以文明程度与礼俗水平高下为区分标准。中国各族历经数千年,混杂数千百人种,而其称中华如故。华又为花之原字,正好形容文化之美。这比强调以血统、种族区分意义更强。章太炎不赞成此说。他认为,(一)华本华山,因古代华族居民居近华山而得称。不能望文生训。(二)公羊家自刘逢禄起,引《公羊》夷狄与华夏是文化水平相对而言来立说,是为了拥戴庞酋,讨好满洲。《春秋》只有贬诸夏为夷狄者,未有进夷狄为诸夏者。"若如斯义,满洲岂有可进之律。正当使首冠翎顶、爵号巴图鲁者,当退黜与夷狄等耳。"(三)中国人以血统论,汉族占绝大多数,其余各族为少数。现在首先是讲排满,恢复汉族政权,"覆我国家"。讲各族经过几千年同化而成为中华民族,是臆想而已。章氏还主张,革命以后,在满族、新疆、蒙古、西藏"未醇化以前,固无得豫选举之事"。即在革命后一段时间内,不给满族及以上边疆民族以选举权,"必期以二十年然后可与内地等视"。③ 章太炎的这些言论,无论从总结历史传统和预见发展方向说,见识都落后于因接受了公羊学说而持历史进化观的学者,如梁启超,更远远不及孙中山。

章太炎上述保存封建旧制度的主张和狭隘的民族观,都是在排满革命的浪

---

① 梁启超:《清代学术概论》,《饮冰室合集》专集之三十四,第69页。
② 《序种姓下第十八》,《章太炎全集》(三),第190页。
③ 《中华民国解》,《章太炎全集》(四),第257页。

潮中提出的，但从理论价值言，却与民主革命和中国社会近代化、学术近代化的趋势相违背。国粹派人物大多带有严重的封建性弱点。黄节撰《国粹学报序》，明白地主张宣传国粹的目的是光复周公、孔子之学。邓实虽曾批评儒学是"利君不利民"的君学，但他又称封建的礼法伦纪是"国魂"，认为"三代之政"比后世都好，主张"一复古政"。刘师培则因为在东京争不到同盟会干事职权，导致投降变节，堕落为清廷的侦探。辛亥革命以后，国粹派保守、落后以至反动的一面就更加突出了，而最终汇流到民国初年复古主义的逆流之中。

至此，我们可以为本文作一简单的小结：

20世纪初年，在中国社会近代化趋势的刺激下，中国史学近代化也正式展开。中国史学历来在传统学术中占据重要地位，进步史家关心国家民族命运、史学贴近社会现实的优良传统，历史学家重视观察政治兴废、学术变迁规律的"通识"，这些都成为史学近代化的内在基础和内在动力。中西文化接触，西方进步史学思想的输入则是重要的外部条件。以上数项，时代条件，传统学术的精华和潜能，外来文化输入多种力量交互作用，加上近代有识史家的大力倡导、推动，使中国史学近代化在其正式发动之时，便来势迅猛，不可阻挡。但事情的另一面是，中国封建势力又极其强大，封建思想文化更形成沉重的积淀和巨大的惰力，对史学近代化产生制约和滞后作用。因此而形成中国史学近代化进程呈现波澜起伏、曲折复杂的特点，不同史家因其对固有文化的不同态度和接受外来文化的不同程度，在史学近代化中处于不同的地位，学术个性更迥然而异。梁启超和章太炎都是20世纪初史坛的著名人物，两人的学术特色和作用便大不相同。梁启超虽有"浅尝多变"的弱点，但他一向对新事物感觉敏锐，热情宣传新思想，在哲学上他经由原先崇尚公羊朴素进化观到接受和服膺西方进化论，并以进化论和国民意识二者作为倡导"新史学"的理论基石，提出了一套激烈批判旧史，初步规划以"民史"为中心、叙述人类社会进化公理公例、激发爱国思想、直接服务于救亡图强事业的"新史学"之理论体系。他又撰成《论中国学术思想变迁之大势》，以其合乎科学的方法、体系性、批判精神和哲理深度，成为近代第一篇新型史学研究的模范之作，生平极少赞许人的章太炎也曾评价此文"真能洞见社会之沿革，种姓之蕃变者"①。因此，梁

---
① 见钱玄同：《刘申叔先生遗书序》所引。

启超在中国史学近代化进程中居于倡导者、奠基者之确然不拔的地位。章太炎对传统典籍有渊博学识，谙熟朴学家考证方法，尤其对文字、音韵、训诂之学有很高的造诣。接触西方新学理后，能"以新知附益旧学"，①因此曾提出修撰《中国通史》的计划，冀图达到叙述社会进化、启导未来的目的。《订孔》《清儒》诸文，反对向孔子顶礼膜拜，正确评价孔子在中国学术史上的地位，总结清代学术演进的脉络，对于中国学术史、制度史提出诸多创见。他撰写的宣传革命思想的名文，更强烈地跳动着20世纪初年的时代脉搏。因此，章太炎对于史学近代化也作出了贡献。然则，我们又应看到，章太炎的思想带有浓厚的封建性，因而在提出一些卓见的同时，又有严重的保守、复古的倾向。如何认识民族关系是具有重要学术意义和现实意义的问题，对此，章氏一直坚持"排满复仇"的狭隘观点。而梁启超从历史进化观出发，却能以平等的眼光研究国内各民族的形成和相互关系，并得出"即如我中华族（汉族），本已由无数支族混成，其血统与外来诸族杂糅者亦不少"的结论。②梁启超属今文学派，却能相当客观地评价章太炎的学术成就，认为章氏著述中论文字、音韵诸篇，"其精义多乾嘉诸老所未发明，应用正统派之研究法，而廓大其内容，延辟其新径，实炳麟一大成功也。炳麟用佛学解老庄，极有理致，所著《齐物论释》，虽间有牵合处，然确能为研究'庄子哲学'者开一新国土。""盖炳麟中岁后所得，固非清学所能限矣，其影响于近年来学术界亦至巨"。③相比之下，章太炎却因谨守古文学派家法之结习甚深，对于今文学派的学术成就往往武断地加以排斥，又不相信甲骨文和金文，因而晚年退守于经学家的藩篱。评论这些问题，当然不是要苛求于前人，而是冀求对评价章太炎本人在学术近代化的时代潮流中的历史地位提供参考，并希望有助于进一步认识和总结中国史学近代化的成就、途径、特点和历史教训。

---

① 梁启超：《清代学术概论》，《饮冰室合集》专集之三十四，第69页。
② 梁启超：《中国历史上民族之研究》，《饮冰室合集》专集之四十二，第6页。
③ 梁启超：《清代学术概论》，《饮冰室合集》专集之三十四，第70页。

胡适：《中国哲学史大纲》的新范式

1917年秋季开学后，北京大学哲学系本科生的教室里有一番新景象，在学生们的注视下，一位刚从美国回来不久、风度洒脱的洋博士登上讲堂。他叫胡适，年方26岁，比班里有的学生年龄只略大点，他要讲授《中国哲学史》。这门课程在上一年已由一位老先生陈汉章讲授，他熟悉各种古代典籍，提供给学生们无数材料，哲学史从伏羲讲起，讲了一年，只讲到商朝的《洪范》。今年改请胡适任教。许多学生都怀疑："他是一个美国新回来的留学生，如何能到北京大学里来讲中国的东西？"胡适上台开讲，不管以前的课业，重编讲义，头一章是"中国哲学结胎的时代"，用《诗经》作时代的说明，丢开唐虞夏商，径从周宣王以后讲起。当年听讲的学生顾颉刚曾用生动的笔触记下学生们强烈的感受："这一改把我们一班人充满着三皇五帝的脑筋骤然作一个重大的打击，骇得一堂中舌挢而不能下。许多同学都不以为然，只因班中没有激烈分子，还没有闹风潮。"① 不少学生听下去后，却听出其中的道理，认识到胡适讲课确实不差，他有眼光，有胆量，有断制，确是一个有能力的历史家。次年，他在授课讲义的基础上撰成《中国哲学史大纲》上卷出版。

胡适（1891-1962），字适之，安徽绩溪人。幼年受传统的旧式教育。1904-1910年在上海求学，开始接触资产阶级维新派和革命派的新思想。1910年到美国留学，入康奈尔大学农学院，不久转入文学院学习哲学等课程。1915年进哥伦比亚大学研究院，从美国著名的实用主义哲学家杜威攻哲学，获哲学博士学位。1917年北京大学校长蔡元培聘他为哲学系教授，回国任教，他同时参加编辑《新青年》杂志。1919年7月，他针对"五四"前后马克思主义的传播，发表《多研究些问题，少谈些主义》，引起"问题与主义"论争，受到李大钊的批驳。1922年起，胡适任北京大学教务长。曾先后创办（或与人共同创办）《努力周刊》、《新月》杂志、《独立评论》。"九·一八"事变后，他

---

① 顾颉刚：《古史辨·自序》，上海古籍出版社1982年版，第35页。

发表文章主张对日寇侵略实行妥协，并支持蒋介石"攘外必先安内"的反动政策。1938年到1942年任驻美国大使。1945年任北京大学校长。1949年新中国成立前夕，他离上海去美国，但甚不得意，后返台湾。胡适从1943年起，以近二十年的时间集中考证《水经注》各种版本，几乎付出了后半生的全力。1957年当选为台湾"中央研究院"院长。1962年卒于台北。主要著作还有《先秦名学史》、《戴东原的哲学》、《白话文学史》上卷、《胡适文存》、《胡适论学近著》等。

一、学术渊源和时代角色

胡适长于皖南，是乾嘉时代皖派学者"三胡"（胡匡衷、胡培翚、胡承珙）之后，于青少年时代深受家乡先辈治学的影响，熟悉乾嘉考证方法。在上海求学时，他读了梁启超所著《论中国学术思想变迁之大势》，得到极大的教益，由此而发愿以治中国学术史作为长期努力的方向。过了二十五年，即1930年，胡适已经成为国内学术界、教育界声名显赫的人物，在回顾自己的治学道路时，称他"受了梁先生无穷的恩惠"，《论大势》"给我开辟了一个新世界"，以后研治中国哲学史即由此布下种子。他真切地讲出自己的感受："严（复）先生的文字太古雅，所以少年人受他的影响没有梁启超的影响大。梁先生的文章，明白晓畅之中，带着浓挚的热情，使读的人不能不跟着他走，不能不跟着他想。""我个人受了梁先生无穷的恩惠，现在追想起来，有两点最分明。第一是他的《新民说》，第二是他的《中国学术思想变迁之大势》。……'新民'的意思是要改造中国的民族，要把这老大的病夫民族改造成一个新鲜活泼的民族。……我们在那个时代读这样的文字，没有一个人不受他的震荡感动的。他在那时代主张最激烈，态度最鲜明，感人的力量也最深刻。""《中国学术思想变迁之大势》也给我开辟了一个新世界，使我知道四书五经以外还有学术思想。梁先生分中国学术思想史为七个时代……现在看这个分段，也许不能满意。……但在二十五年前，这是第一次用历史眼光来整理中国旧学术思想，第一次给我们一个'学术史'的见解，所以我最爱读这篇文章。"[①]其后他在美国留学多年，接受了包括杜威实用主义哲学思想在内的西方近代学术的

---

① 胡适：《四十自述》，上海亚东图书馆1939版，第100-106页。

教育训练，在学理层面和方法层面，他都熟悉了解并加以应用，如进化观点、历史演进的眼光，审查史料的批判态度和考证方法，严密的逻辑思想，系统的研究和构建体系的现代著述形式，就是最为明显者。1917年初，胡适已在美国完成并出版了博士论文《中国古代逻辑方法的发展》（The Development of the Logical Method in Ancient China；1922年在上海按英文原本出版发行时，封面英名下列中文译名《先秦名学史》），全书前面为"导言"及"历史背景"，正文分三部分，即"孔子的逻辑"、"墨翟和后期墨家的逻辑"（包括惠施、公孙龙和辩者）、"进化论和逻辑"（即庄子、荀子和韩非的逻辑）。以墨家为全书重点，着重论述其三表法和名、说等问题，作了高度评价。书中还论述对史料应慎审选择，主张吸收西方现代文化，使与中国传统文化相协调，以此为基础建立和发展中国的科学和哲学。实则此书已在基本观点和研究方法、主要内容和史料、著述体系和体例等方面，为《中国哲学史大纲》上卷提供了原型。以上举出乾嘉朴学传统的熏陶，树立进化观点和发愿研究学术史，受到西方近代学术的正规训练诸项，是使胡适成为20世纪学术史上一位开创新局的人物的主要条件。

这里还应指出两点：其一，胡适接受西方近代学者审查史料的方法和批判眼光，能够与中国乾嘉学术严密考证的治学方法结合起来，这不仅明显地体现在《中国哲学史大纲》上卷之中，而且在此后他又相继写出《水浒传考证》《红楼梦考证》《清代学者的治学方法》《〈国学季刊〉发刊宣言》《校勘学方法论》等论著，对于"五四"前后用科学的方法整理、评价传统学术起到显著的积极作用。其二，他在美国留学，置身于近代世界学术潮流之中，多有理悟和见解，并且能以此与关注国内学术文化趋向结合起来。1915年陈独秀创办《新青年》杂志，胡适在美国读到，他见到上面载有陈独秀关于"吾国文艺犹在古典主义理想主义时代，今后当趋向写实主义"的见解，又见到同期刊载的某记者奉承复古倾向诗作的言论，引起了他的重视，立即以通信的形式，以列论点的方式提出，"年来思虑观察所得，以为今日欲言文学革命，须从八事入手"，分为"形式上之革命"五项，"精神上之革命"三项。[①]1916年10月，他根据信中论点撰成了系统文章在《新青年》发表，此即为著名的《文学改良刍议》一文。

---

① 胡适：《寄陈独秀》，《胡适文存》，合肥：黄山书社1996年版，第3–4页。

胡适在此文中明确地提出反对旧文学、提倡新文学的基本主张："吾以为今日而言文学改良，须从八事入手。八事者何？一曰，须言之有物。二曰，不摹仿古人。三曰，须讲求文法。四曰，不作无病之呻吟。五曰，务去烂调套语。六曰，不用典。七曰，不讲对仗。八曰，不避俗字俗语。"①此文同陈独秀与之呼应而撰成的《文学革命论》一样，针对旧文学的种种积弊和长期禁锢、销蚀人们思想的负面作用，展开声势猛烈的批判，同时又证据充分，说理透彻。如胡适在文中论述"须言之有物"：

> 吾国近世文学之大病，在于言之无物。今人徒知"言之无文，行之不远"；而不知言之无物，又何用文为乎？吾所谓"物"，非古人所谓"文以载道"之说也。吾所谓"物"，约有二事：
>
> （一）情感　《诗序》曰："情动于中而形于言。言之不足，故嗟叹之。嗟叹之不足，故咏歌之。咏歌之不足，不知手之舞之，足之蹈之也。"此吾所谓情感也。情感者，文学之灵魂。文学而无情感，如人之无魂，木偶而已，行尸走肉而已。（今人所谓"美感"者亦情感之一也。）
>
> （二）思想　吾所谓"思想"，盖兼见地、识力、理想三者而言之。思想不必皆赖文学而传，而文学以有思想而益贵；思想亦以有文学的价值而益贵也；此庄周之文，渊明、老杜之诗，稼轩之词，施耐庵之小说，所以复绝千古也。思想之在文学，犹脑筋之在人身。人不能思想，则虽面目姣好，虽能笑啼感觉，亦何足取哉？文学亦犹是耳。
>
> 文学无此二物，便如无灵魂无脑筋之美人，虽有秾丽富厚之外观，抑亦末矣。近世文人沾沾于声调字句之间，既无高远之思想，又无真挚之情感，文学之衰微，此其大因矣。此文胜之害，所谓言之无物者是也。欲救此弊，宜以质救之。质者何？情与思二者而已。②

又如，论"不作无病之呻吟"：

---

① 胡适：《文学改良刍议》，《胡适文存》，第4—5页。
② 胡适：《文学改良刍议》，《胡适文存》，第4—5页。

> 此殊未易言也。今之少年往往作悲观，其取别号则曰"寒灰""无生""死灰"；其作为诗文，则对落日而思暮年，对秋风而思零落，春来惟则恐其速去，花发又惟惧其早谢；此亡国之哀音也。老年人为之犹不可，况少年乎？其流弊所至，遂养成一种暮气，不思奋发有为，服劳报国，但知发牢骚之音，感喟之文；作者将以促其寿年，读者将亦短其志气；此吾所谓无病之呻吟也。国之多患，吾岂不知之？然病国危时，岂痛哭流涕所能收效乎？吾惟愿今之文学家作费舒特(Fichte)，作玛志尼(Mazzini)，而不愿其为贾生、王粲、屈原、谢皋羽也。其不能为贾生、王粲、屈原、谢皋羽，而徒为妇人醇酒丧气失意之诗文者，尤卑卑不足道矣！①

此时的胡适身在美国，但其思想、见解，已表明他与陈独秀一样，是站在新文化运动潮流前头指导潮流的人物。《文学改良刍议》迅即在《新青年》1917年首期（2卷5号，1月出版）刊载，刚刚接任北京大学校长的蔡元培读了此文，即有意聘请他到北大任文科教授，并请陈独秀立即于1917年初致函告知胡适，信云："蔡子民先生已接北京（大学）总长之任，力约弟为文科学长，弟荐足下以代，此时无人，弟暂充乏。子民先生盼足下早日回国，即不愿任学长，校中哲学、文学教授俱乏上选，足下来此亦可担任。"②此时的胡适毫无疑问与新文化运动中的其他杰出人物一样在文学和学术领域代表着时代前进的要求，宜乎胡适所著《中国哲学史大纲》上卷成为民国初年史学领域开创新的风气、示后人以轨则的成功著作之一。

二、新范式之一：提出哲学史学科的基本构想

《中国哲学史大纲》（上卷）作为"五四"前后学术史演进的标志性成果之一，其主要特色和贡献，即在提出学科研究的基本构想和著述内容的自成体系两大方面，为近代史学研究和著述提供了新范式。

关于提出学科研究的基本构想。

近代学术的要求，是研究者应当对于本学科领域的研究目的、要求，研究

---

① 同上书，第6—7页。
② 陈独秀：《致胡适》，《陈独秀选集》，天津人民出版社1990年版，第47页。

对象发展演变的阶段及其特点作出合理的界定和阐述，并提供给入门者以研究的方法。《中国哲学史大纲》即为20世纪初期最早提出这种研究范式的著作之一，因而使人感到耳目一新，并多所得益。

本书第一篇为"导言"，胡适开宗明义明确而系统地论述中国哲学史研究的目的和方法等理论问题，这在近代学术史上具有首创的意义。第一，他首先为"哲学"和"哲学史"作了界定："凡研究人生切要的问题，从根本上着想，要寻一个根本的解决；这种学问，叫作哲学。""这种种人生切要问题，自古以来，经过了许多哲学家的研究。往往有一个问题发生以后，各人有各人的见解，各人有各人的解决方法，遂致互相辩论。……若有人把种种哲学问题的种种研究法和种种解决方法，都依着年代的先后和学派的系统，一一记叙下来，便成了哲学史。"第二，论述中国哲学史的研究目的有三项：明变；求因；评判。对此三项，胡适都作了简洁而又明快的论述。"明变"的内涵是："哲学史第一要务，在于使学者知道古今思想沿革变迁的线索。例如孟子、荀子同是儒家，但是孟子、荀子的学说和孔子不同，孟子又和荀子不同。又如宋儒、明儒也都自称孔氏，但是宋明的儒学，并不是孔子的儒学，也不是孟子、荀子的儒学。但是这个不同之中，却也有个相同的所在，又有个一线相承的所在。这种同异沿革的线索，非有哲学史，不能明白写出来。""求因"即要寻出这些沿革变迁的原因。大体可归结为三种：甲、"个人才性不同"；乙、"所处的时势不同"；丙、"所受的思想学术不同"。"评判"，是"须要使学者知道各种学说的价值"。胡适强调这种评判是"客观的"而非"主观的"，这也正体现出近代学术所尊奉的从实际的事实和效果出发、作出符合科学性的判断这一根本要求。故胡适解释说，这种客观的评判，即要把每一家学说所发生的效果表示出来。他所言的客观的效果可分为三种：甲、要看一家学说在同时的思想和后来的思想上发生何种影响。乙、要看一家学说在风俗政治上发生何种影响。丙、要看一家学说的结果可造出什么样的人格来。例如庄子，他有一套乐天知命的宿命论哲学，主张人要完全顺从自然命运的安排，认为"得者，时也；失者，顺也。安时而处顺，哀乐有能入也"。胡适称其哲学为"命定主义"。以此为例证，书中概括地分析庄子宿命论哲学思想对当世以及后代所产生的客观影响："庄子把天道看作无所不在，无所不包，故说'庸讵知吾所谓天之非人乎？所谓人之非天乎？'因此他有'乘化以待尽'

的学说。这种学说，在当时遇着荀子，便发生一种反动力。荀子说'庄子蔽于天而不知人'，所以荀子的《天论》极力主张征服天行，以利人事。但是后来庄子这种学说的影响，养成一种乐天安命的思想，牢不可破。在社会上，好的效果，便是一种达观主义；不好的效果，便是懒惰不肯进取的心理。造成的人才，好的便是陶渊明、苏东坡；不好的便是刘伶一类达观的废物了。"①以上胡适所论哲学史研究必须考察其演变、发展，对于哲学思想和思潮的产生、递嬗和革新，以历史的眼光做系统探究，从学者所处的社会和学术诸方面条件解释其变迁的原因，以及进行客观性的评价等项，对于近代中国哲学史学科的建立确实起到重要的推动作用。

中国哲学史走过二三千年的路程，应如何划分其发展的阶段？各个阶段的主要特点是什么？这也是构建学科体系必须解答的问题。书中对此做了简要的论述，划分中国哲学史为三个时代：1. 自老子及韩非，为古代哲学（又称为诸子哲学）；2. 汉到北宋为中世哲学。其中，自汉到晋为第一时期，此时期的学派无论如何不同，都还是以古代诸子的哲学为起点；东晋以后到北宋，为第二时期，书中称这几百年中间，是印度哲学在中国最盛的时代。3. 宋元明清是近世哲学。宋明的哲学家，无论程朱或陆王，一方面都受到佛学禅宗的直接影响，另一方面又攻击佛家的出世主义，极力提倡"伦理的"入世主义。明代以后，中国近世哲学完全成立。清代学术的趋势，是古学昌明的时代，嘉庆之前汉学、宋学之争，只是儒家的内讧，晚清以后则诸子学勃兴。

"导言"最后部分是论述审查史料和整理史料的方法。这是胡适论述哲学史研究方法论的重要部分，故特别举出诸多例证加以详论。先论史料的范围，他提出应区分为"原料"和"副料"。次论审定史料的重要性，认为："哲学史最重学说的真相，先后的次序和沿革的线索。若把那些不可靠的材料信为真书，必致：1. 失了各家学说的真相；2. 乱了学说先后的次序；3. 乱了学派相承的系统。"复论审定史料之法，胡适提出，审定史料的真伪，应找证据，方能使人心服。证据可分：史事、文字、文体、思想。此四种为"内证"。还有"旁证"，即其他典籍上有记载、引用，可以互相印证者。最后是整理史料之法，详论了三项。前两项，他阐释"校勘"、"训诂"之法，引证清代学者自顾炎武、阎若璩以下，包括惠栋、钱大昕、戴震、孙星衍、段玉裁、汪中、

---
① 胡适：《中国哲学史大纲》上，北京：东方出版社1996年版，第4页。

顾广圻、王念孙、王引之到俞樾、孙诒让、章太炎诸家精校典籍，和解释、改正古书疑难讹误的成功做法。胡适所选用的例证甚为精当，所作的评析也切中肯綮。尤其是第三项，他以近代学术发展的要求，强调需要做更高层次的"贯通"的整理："贯通便是把每一部书的内容要旨融会贯串，寻出一个脉络条理，演成一家有头绪有条理的学说。"①书中对此项的论述，突出地显示出整理史料的路数与标准跟清代学者之时代性差异。胡适肯定清儒校勘、训诂之学可谓至精，但多不肯做贯通的功夫，故流于支离碎琐。到章太炎所著《原名》《明见》《齐物论释》等篇，"方才于校勘训诂的诸子学之外，别出一种有条理系统的诸子学"。"所以能如此精到，正因太炎精于佛学，先有佛家的因明学、心理学、纯粹哲学，作为比较印证的材料，故能融会贯通，于墨翟、庄周、惠施、荀卿的学说里面寻出一个条理系统。"②

胡适总论其哲学史方法论的要点是："我的理想中，以为要做一部可靠的中国哲学史，必须要用这几条方法。第一步须搜集史料。第二步须审定史料的真假。第三步须把一切不可信的史料全行除去不用。第四步须把可靠的史料仔细整理一番：先把本子校勘完好，次把字句解释明白，最后又把各家的书贯串领会，使一家一家的学说，都成有条理有统系的哲学。做到这个地位，方才做到'述学'两个字。然后还须把各家的学说，笼统研究一番，依时代的先后，看他们传授的渊源，交互的影响，变迁的次序：这便叫作'明变'。然后研究各家学派兴废沿革变迁的缘故：这便叫作'求因'。然后用完全中立的眼光，历史的观念，一一寻求各家学说的效果影响，再用这种种影响效果来批评各家学说的价值：这便叫作'评判'。"③

审查、整理史料，是力求达到研究工作建立在确凿可靠、正确理解的材料基础之上；研究、分析、评价的工作，是要求写成一部反映学术渊源变化、阐释各家学说统系的哲学史，写成一部解释出各家学说变迁兴废原因、有序发展的哲学史，写成一部体现出著者客观评价的哲学史。如此清晰明白地为哲学史建构起具有科学性和合理性的体系，这在近代学术史上还是首次。不仅与传统学者常用的直观性议论，札记式、片断式著述根本不同，而且与胡适在书中所

---

① 胡适：《中国哲学史大纲》上，第23页。
② 胡适：《中国哲学史大纲》上，第23页。
③ 同上。

批评的侈谈"邃古哲学"、"唐虞哲学"一类著作迥然而异；即使与在十几年前由梁启超著成并把胡适引上学术史研究道路的《论中国学术思想变迁之大势》相比，其科学性和体系性也上升了一个大的层次，尽管胡适本人也未能完全按照他所论述的全部做到，而且他所完成的著作只限于先秦时期。这些都足以说明本书在建构学科体系方面对近代学术所具有的重要价值。

三、新范式之二：著述内容自成体系

关于著述内容的自成体系。

全书内容是贯穿以著者的历史进化观点和裁断眼光为指导，展开有系统的论述。著者把重要史实、史料的考辨和对思想家的学说体系、学术流派、社会条件等的分析二者有机结合起来，在此基础上探究中国哲学史递嬗变迁的原因，提出了对于评价思想家学说价值及时代思潮历史地位的独到看法。

传统史家中每有提倡"独断之学"、"别识心裁"的卓荦之士，他们对于诸多史学问题也都能提出特识之见。但在传统社会，由于受到科学水平，尤其是分析能力、系统的综合能力和逻辑思维能力等项的限制，史学著述远未达到对研究对象作有系统的、阶段分明、层次清楚、观点与体例贯通上下的水平。进入近代以后，史家的眼界不断扩大，史识不断进步，经验逐步积累，到20世纪初年以来，梁启超、夏曾佑、章太炎、王国维、陈垣等各以自己的努力为推进此项作出了贡献。但平心而论，胡适《中国哲学史大纲》上卷出版，不仅更加重视系统的分析，和熟练运用近代西方著述体例，且又用明白晓畅的白话文写作，所以它更具时代气息，更加符合现代学术的需求，确实为研究者提供了足可仿效的著述模式。胡适之所以能做到这一点，除了他有传统学术的深厚根柢以外，更重要的是得力于他多年受到西方近代学术的严格训练和对"五四"前后文化问题的敏锐见解。

胡适论述中国哲学史的背景径从周宣王时代讲起，其原因是认为《诗经》中的史料已得到近代科学家以科学验证方法予以证实。此为《诗经·小雅》说："十月之交，朔日辛卯，日有食之。"以往已经唐僧一行、元郭守敬等历学家推定此次日食在周幽王六年，十月，辛卯朔，日入食限。清阎若璩、阮元推算此日食也在幽王六年。"近来西洋学者，也说《诗经》所记月日（西

历纪元前776年8月29日），中国北部可见日蚀。这不是偶然相合的事，乃是科学上的铁证。《诗经》有此一种铁证，便使《诗经》中所说的国政、民情、风俗、思想，一一都有史料的价值了。"① 胡适以老子、孔子为中国哲学思想的源头，老子年代在孔子之前（书中称"老子比孔子至多不过大20岁"）。老子的事迹因史料阙略不可考，在胡适出版前后，有其他学者提出老子本人及《老子》书的年代应在孔子之后的看法，举出的理由有《老子》中"师之所处，荆棘丛生，大兵之后，必有凶年"一类话，像是经过马陵、长平等战役的人才有这种感觉，不应是春秋时期所有。胡适则以《史记·孔子世家》和《老子列传》中讲孔子适周见老子为依据，定老子年代在孔子之前。最近湖北郭店战国初期楚墓中已有《老子》简牍出土，证明否定老子其人其书在春秋时代之说是不能成立的，此适足为胡适考证老子年代提供有力的佐证。胡适认为，在中国哲学史上，老子的最大功劳，在于超出天地万物之外，提出了"道"的观念。"这个道的性质，是无声、无形；有单独不变的存在，又周行天地万物之中；生于天地万物之先，又却是天地万物的本源。……道的作用，并不是有意志的作用，只是一个'自然'。"而"老子以前的天道观念，都把天看作一个有意志，有知识，能喜能怒，能作威作福的主宰。"② 因此他认为是老子的天道观念立下了后来自然哲学的基础。胡适又认为："中国古代哲学的一个重要问题，就是名实之争。老子是最初提出这个问题的人。"《老子》中说，"自古及今，其名不去，以阅众甫"，即论名的起源与名的功用，众甫即万物，我们所以能知万物，多靠名的作用。但老子虽深知名的用处，却又极力崇拜"无名"，反对知识和文明，主张回到那"绳绳不可名的混沌状态"。③

到了孔子，即有"正名主义"。胡适认为，正名主义是孔子学说的中心问题。从《论语·子路》所讲"名不正，则言不顺。言不顺，则事不成。事不成，则礼乐不兴。礼乐不兴，则刑罚不中。刑罚不中，则民无所措手足"，可证明这个问题的重要。因为孔子的目的，"只是要建设一种公认的是非真伪的标准。建设下手的方法便是'正名'。这是儒家公有的中心问题。"④ 书中

---

① 胡适：《中国哲学史大纲》上，第18页。
② 胡适：《中国哲学史大纲》上，第45-46页。
③ 同上。
④ 胡适：《中国哲学史大纲》上，第83页。

围绕这一基本观点，从三个层次展开论述：1.《春秋》一书，体现了孔子的正名方法，把褒贬的判断寄托在记事之中。同样记弑君，用词不同，便有很大的分别。如记"卫州吁弑其君完"，这是指州吁有罪。记"卫人杀州吁于濮"，这一条"称'卫人'，又不称州吁为君，是讨贼的意思，故不称弑，只称杀"。"这种褒贬的评判，如果真能始终一致，本也很有价值。为什么呢？因为这种书法，不单是要使'乱臣贼子'知所畏惧，并且教人知道君罪该死，弑君不为罪；父罪该死，弑父不为罪。这是何等精神！只可惜《春秋》一书，有许多自相矛盾的书法。如鲁国几次弑君，却不敢直书。于是后人便生出许多'为尊者讳，为亲者讳，为贤者讳'，等等文过的话，便把《春秋》的书法弄得没有价值了。"① 2. 孔子的正名主义，又直接联系到他的知识论。胡适认为《论语》中说"一以贯之"含义是，"孔子认定宇宙间天地万物，虽然头绪纷繁，却有系统条理可寻。"孔子重视"一以贯之"，是要寻出事物的条理系统，用来推论，要使人闻一知十，举一反三。因为注重推论，故注重思虑。《论语》中说"学而不思则罔，思而不学则殆"，学与思二者缺一不可。但两者之中，学是思的准备，故更为重要。胡适认为，"孔子的'学'只是读书，只是文字上传受来的学问"。"只可惜他把'学'字看作读书的学问，后来中国几千年的教育，都受这种学说的影响，造成一国的'书生'废物，这便是他的流弊了。"② 3. 孔子的人生哲学，也与其正名主义密切相关。孔子讲"仁"，不但是爱人，还有更广的意义，即做人的道理。《论语》中孔子所言，"君君臣臣，父父子子"，乃是孔子"正名主义"的应用，"使家庭社会国家的种种阶级，种种关系，都能'顾名思义'，做到理想的标准地步"。他又认为，孔子的人生哲学注重动机，更注重养成道德的品行。"故正名是极大的德育利器。"③ 以上胡适论述孔子《春秋》之正名字、定名分、寓褒贬在当时有令乱臣贼子、暴君污吏畏惧的积极意义，认为"仁"是孔子人生哲学的主要命题，仁字不但是爱人，而且要求完成人格修养，达到高尚的境界，而宋儒却用"仁者无私心而合天理之谓"解释纯属臆说，不合孔子原意，以及用从天地万物间寻出个条理系统，便可用来综贯复杂事物来解释"一以贯之"等项，

---

① 胡适：《中国哲学史大纲》上，第88—90页。
② 同上书，第95—96页。
③ 胡适：《中国哲学史大纲》上，第99、101、106页。

都有其独到的见解。但他对孔子哲学思想所包含的繁富学说，诸如孔子的天命观，"仁"与"礼"的关系，"仁"的学说与西周初周公敬德保民思想的关系，"过犹不及"，"毋意、毋必、毋固、毋我"等命题的深刻内涵等项，都未予论及。又将成书在战国以后、汇集儒家学派解《易》作品的《文言》《系辞传》作为阐释孔子哲学思想的内容，尤属明显的不当。

孔子以后最重要的儒家人物是孟子和荀子。胡适认为，孟子和荀子提出了不同于孔子的主张，显示了时代的进步。"孔子讲政治的中心学说是'政者，正也'，他的目的只要'正名'、'正己'、'正人'，以至于'君君、臣臣、父父、子子'的理想的郅治。孟子生在孔子之后一百多年，受到杨墨两家的影响，故不但尊重个人，尊重百姓过于君主（这是老子、杨朱一派的影响，有这种无形的影响，故孟子的性善论遂趋于极端，遂成"万物皆备于我"的个人主义）；还要使百姓享受乐利（这是墨家的影响，孟子自不觉得）。孟子论政治不用孔子的'正'字，却用墨子的'利'字。但他又不肯公然用'利'字，故用'仁政'两字。"因此，孟子告诫当时的君主，你享受逸乐时要想到百姓的艰辛，要善推其所为，所以须行仁政。"这个区别代表一百多年儒家政治学说的进化。"①荀子对孔子的"正名主义"也加以发展。胡适认为，荀子之名学完全是演绎法，其大旨为，必须先立一个标准，凡是符合者为"是"，不合者为"非"。并肯定荀子名学的历史地位："他承着儒家'春秋派'的正名主义，受了时势的影响，知道单靠着史官的一字褒贬，决不能做到'正名'的目的。所以他的名学，介于儒家与法家之间，是儒法过渡时代的学说。"②

胡适对墨子及墨家后学的逻辑思想有专深的研究，提出了不少值得重视的见解。他认为，儒墨两家根本上不同之处，在于两家哲学方法不同，在于两家"逻辑"的不同。《墨子·耕柱篇》云：

> 叶公子高问政于仲尼，曰："善为政者若之何？"仲尼对曰："善为政者，远者近之，而旧者新之。"（《论语》作"近者悦，远者来。"）
>
> 子墨子闻之曰："叶公子高未得其问也，仲尼亦未得其所以对

---

① 胡适：《中国哲学史大纲》上，第265–266页。
② 同上书，第291页。

也。叶公子高岂不知善为政者之远者近之而旧者新是哉？问所以为之若之何也。……"

胡适根据这段典型材料分析说："这就是儒墨的大区别，孔子所说是一种理想的目的，墨子所要的一个'所以为之若之何'的进行方法。孔子说的是一个'什么'，墨子说的是一个'怎样'，这是一个大分别。"①儒家的议论总要偏向"动机"一面，推到了极端，便是董仲舒说的"正其谊不谋其利，明其道不计其功"。只说这事应该如此做，不问为什么应该如此做。而墨子讲"善"与"不善"，则以是否利于人生实用为标准。"墨家说'义，利也。'便进一层说，说凡事如此做去便可有利的即是'义的'。因为如此做才有利，所以'应该'如此做。义所以为'宜'，正因其为'利'。"故胡适称墨子的哲学方法为"应用主义"，又称为"实利主义"。②胡适认为，墨子的后学（"别墨"书中以《墨经》中《经》上下、《经说》上下、《大取》、《小取》六篇俱"别墨"所作）又发展了墨子的学说，"于'宗教的墨学'之外，另分出一派'科学的墨学'"。并提出"知识论起于老子、孔子，到'别墨'始有精密的知识论"的观点。书中对此加以论证，认为：《墨辩》（指上述《经》上下等六篇）论"知"，"含有三个分子：一是'所以知'的官能，二是由外物发生的感觉，三是'心'的作用。要这三物通力合作，才有'知觉'。"③《墨辩》又论"知识"有三种：闻、说、亲。"第一种是别人传授给我的，故叫作'闻'。第二种是由推论得来的，故叫作'说'，（《经》上："说，所以明也"）。第三种是自己亲身经历来的，故叫作'亲'。"④书中还对《墨辩》中所包含的科学知识的价值作了概括的阐明："《墨子》的《经上下》《经说上下》《大取》《小取》六篇，从鲁胜以后，几乎无人研究。到了近几十年之中，有些人懂得几何算学了，方才知道那几篇里有几何算学的道理。后来有些人懂得光学力学了，方才知道那几篇里又有光学力学的道理。后来有些人懂得印度的名学心理学了，方才知道这几篇里又有名学知识论的道理。到了今日，这几篇二千年没人过问的书，竟成中国古代的第一部奇书

---

① 同上书，第135页。
② 胡适：《中国哲学史大纲》上，第136—137页。
③ 同上书，第165、169、170页。
④ 同上书，第173页。

了！"①

　　胡适在撰著此书过程中，深受西方近代学术之理性精神和实证方法的影响，故书中体现了尽量采取客观的研究态度。传统学者习惯采取的"定儒术于一尊"的态度自然为他所不取，而对于近代有的学者故意抬高"诸子之学"、贬抑儒家的做法，他也不附会，故书中仍予以孔子、孟子、荀子的哲学思想相当的地位。传统学术中又有经今古文学派之争，胡适对此也采取较客观、清醒的态度，摒弃门户之见，不偏袒一派、排斥另一派。胡适对属于古文经学派的清代汉学家的学术成果是很重视的，他称清代朴学发达、大量历史文献得到整理为"古学昌明的时代"，"自从有了那些汉学家考据、校勘、训诂的工夫，那些经书子书，方才勉强可以读得。这个时代，有点像欧洲的'再生时代'（按，指文艺复兴时代）。"②又说："清代的训诂学，所以超过前代，正因为戴震以下的汉学家，注释古书，都有法度，都用客观的佐证，不用主观的猜测。三百年来，周、秦、两汉的古书所以可读，不单靠校勘的精细，还靠训诂的谨严。"③在本书《再版自序》中，称"我做这部书，对于过去的学者我最感谢的是：王怀祖、王伯申、俞荫甫、孙仲容四个人。对于近人，我最感谢章太炎先生。"可见胡适对古文经学派学者的推崇和对清代考证家成果的重视。而同时，他对于古文学派极力怀疑以至否定的今文经学派也不随意排斥。他论证孔子著《春秋》贯穿了孔子本人对现实政治是非褒贬的"微言大义"，即采用了今文经学派观点。又说："论《春秋》的真意，应该研究《公羊传》和《谷梁传》，晚出的《左传》最没有用。我不主张'今文'，也不主张'古文'，单就《春秋》而论，似乎应该如此主张。"④书中分析孔子的正名手段、逻辑方法，就一再引用了《公羊传》《谷梁传》的成果。

　　以上我们主要从提供学术新范式的角度分析评价《中国哲学史大纲》上卷在近代史上的价值和地位。当然，作为中国哲学史学科的拓荒时期之作，本书也存在明显的缺陷。除上文已提到者外，又如，对中国古代经典，他对《易经》中丰富的古代哲学史资料完全弃置不用。对《尚书》也不作审慎的分析而

---

① 胡适：《中国哲学史大纲》上，第24页。
② 同上书，第7页。
③ 同上书，第20页。
④ 胡适：《中国哲学史大纲》上，第85页。

武断地否定："我以为《尚书》或是儒家造出的'托古改制'的书或是古代歌功颂德的官书。无论如何，没有史料的价值。"[①]故胡适的学生顾颉刚受到老师的启发、鼓励创立了古史辨派，在学术史上有积极的意义，同时又有疑古过头的明显失误，不能审慎地从古代文献中别择出有价值的史料：其功过两方面都与胡适直接相关。

四、《中国哲学史大纲》的划时代意义

《中国哲学史大纲》上卷于1919年初出版之后两个月即再版。由于本书开创了学术史著作的新范式，它著成之时，即很受关注，甚至在七十年之后还为哲学史专家所乐于称道。梁启超于1921年撰有《评胡适之中国哲学史大纲》一文，他对先秦思想史有高深造诣，既中肯地称誉其成就，又直率地批评其缺点。他称许《中国哲学史大纲》是近来出现的一部名著，"哲学家里头能够有这样的产品，真算得国民一种荣誉"，肯定"这书处处表现出著作人的个性，他那锐敏的观察力，致密的组织力，大胆的创造力，都是'不废江河万古流'的"；"胡先生专从时代的蜕变，理会出学术的系统，这是本书中一种大特色"，而对于先秦名学（指逻辑学或知识论）的研究尤为突出。但梁氏指出，把知识论作为讨论先秦哲学史的唯一的观察点，"以宗派不同之各家，都专从这方面论他的长短，恐怕有偏宕狭隘的毛病"。胡适研究中国哲学史，以老子、孔子为起点，对此，梁氏认为这样做是"把思想的来源抹杀得太过了。"因为，《诗》《书》《易》《礼》四部书，大部分是孔子以前的作品，那里头所包含的思想，都给后来的哲学家提供了营养。"宇宙是什么"、"人生所为何来"、"人类应该怎样适应自然"，都是更远的祖先早就刻意研究的问题，绝非起于孔子、老子。"像《诗经》说的'天生烝民，有物有则，民之秉彝，好是懿德'，'唯号斯言，有伦有脊'；《书经》说的'天叙有典，天秩有礼'；'洪范九畴，彝伦攸叙'；《易经》爻辞说的'君子终日乾乾夕惕若'，'直方大'，'观我生进退'，'不远复，无祗悔'等等，都含有哲学上很深的意义。《左传》《国语》里头所记贤士大夫的言论，也很多精粹微妙之谈。孔子、老子，自然是受了这种熏习，得许多素养，才能发挥光大成一家

---

① 同上书，第18页。

之言"。而胡著的毛病,在疑古太过,不惟排斥《左传》《周礼》,连《尚书》也一字不提,"简直是把祖宗遗产荡去一大半"。并认为胡适所言诸子之兴,是由于"战乱连年"、"政治黑暗"诸端,这些提法甚不中肯,更应该重视的是"西周时代,凡百集中王室,春秋以后,渐为地方的分化发展,文化变成多元的";"霸政确立之后,社会秩序,比较的安宁,人民得安心从事学问,加以会盟征伐,常常都有,交通频繁,各地方人交换智识的机会渐多"等项原因。①为推进中国现代学术发展作出重大贡献的教育家和学者蔡元培,于1918年8月为胡著作序,称誉此书有"四种特长",即"证明的方法"、"扼要的手段"、"平等的眼光"、"系统的研究"②,极高地评价《中国哲学史大纲》在现代学术史上开创新范式的意义。梁启超和蔡元培都是近代著名的学者,他们都从大处着眼,中肯地指出胡适具有迥异于前人的创造力,论述哲学史重视哲学家思想主张与时代的关系、辨别史料真伪、阐释哲学家的逻辑方法;全书组织严密,构建自己的著述体系,显示出中国哲学史有层次的递进;并特别强调胡著的研究方法和著作范式的优胜,这些都突出地说明此书所具有的重要学术价值。梁启超所提出来商榷的各项,则中肯地批评了其缺失之处,也正是后人所应重视和改进的地方。

著名的哲学史专家冯友兰在其86岁高龄时口述记载一生治学历程的《三松堂自序》,较为详细地记述了当年胡适的著作在北大和学术界产生的反响,同样为我们提供了很宝贵的资料。他说:"在五四时期的新文化运动中,在中国哲学史的研究方面,出版了一部具有划时代意义的书,那就是胡适的《中国哲学史大纲》卷上。"冯友兰回忆当时他在北大哲学系上三年级,给他们讲中国哲学史的教授,基本上都未脱离旧学的樊篱。"秦汉以后封建哲学家们,在讲述自己思想的时候,无论有没有新的东西,总是用注解古代经典的方式表达出来。从表面上看,似乎后来的思想,在古代已经有了,后来人所有的不过就是对于古代经典的不完全的了解。在我们班上,讲中国古代哲学史,就从三皇五帝讲起。讲了半年才讲到周公。当时的学生真是如在五里雾中,看不清道路,摸不出头绪。当时真希望有一部用近代的史学方法写出的中国哲学史,从

---

① 梁启超:《评胡适之中国哲学史大纲》,《饮冰室合集》文集之三十八,第50、51、52、53、56页。
② 蔡元培:《序》,第23页,《中国哲学史大纲》上。

其中可以看出一些中国古代哲学家的哲学思想的一点系统，以及中国哲学发展的一些线索。当时也有翻译过来的日本汉学家所写的《中国哲学史》。但都过于简略，不解决问题。在这种情况下胡适的书出来了。他用汉学家的方法审查史料，确定历史中一个哲学家的年代，判断流传下来的一个哲学家的著作的真伪，他所认为是伪的都不用了。这就是蔡元培所说的他的书的第一个特长：证明的方法。""用这个方法，他把三皇五帝都砍掉了。一部哲学史从老子、孔子讲起。这就是蔡元培所说的'扼要的手段'。这对于当时中国哲学史的研究，有扫除障碍、开辟道路的作用。当时我们正陷入毫无边际的经典注疏的大海之中，爬了半年才能望见周公。见了这个手段，觉得面目一新，精神为之一爽。""中国封建历史家的与哲学史有关的著作，从《汉书·艺文志》一直到《宋史·道学传》，都是以儒家为正统，其余各'家'，或被认为是'支与流裔'或被认为是'异端邪说'。胡适废除了正统与非正统的观念，无论哪一家哪一派的哲学思想都是中国哲学的组成部分。这就是蔡元培所说的'平等的态度'。这是这部书的思想性。在这一点上，这部书反映了五四时期反封建的潮流。"①因此，冯友兰认为，蔡元培给这部书以这样高的评价，就当时学术界的重视，并非偶然。相反，有的老先生把胡适的讲义拿到讲堂上，对学生们讥笑它"不通"，还有的人认为胡适是胆大妄为，这些讥笑之词从反面证明，这部书在当时确实是作为"新事物"出现的。冯友兰还认为，胡适这部书审查材料的方法和对材料进行分析并综合地叙述出来的方法，当时不仅是对于中国哲学史学科，而且对治其他专史以至通史，都有更广泛的影响。并且归结说："在清朝末年，严复算是比较懂得西方哲学的了。但是他的精力主要用在翻译，没有来得及用那个手指头（按，指故事里讲的一个能点石成金的人的手指头，此处寓意是真正精通并创造性地运用西方近代学理和方法）研究中国哲学。胡适是在哲学方面用那个指头比较早的一个成功的人。"②冯友兰是结合本人长达四分之三个世纪的思考和一生治中国哲学史的切身体会来评价此书的划时代的意义的，这就更加证明，我们评价《中国哲学史大纲》上卷在近代学术史上开创了新的著作范式的评价是有充分根据的。

---

① 冯友兰：《三松堂自序》，人民出版社1998年版，第204–205页。
② 冯友兰：《三松堂自序》，第206–207页。

《史学与中国文化传统》后记

"史学女神向来不爱讲自己的历史。"西方学者这句谚语，说明了一种颇为普遍的状况：尽管人们为人类创造世界的活动写下了大量著作，可是对于历史著作本身的演变却常常顾不上去研究它。我国过去很长时间之内又何尝不是如此？然而最近十年来，情况却有很大变化，我们欣喜地看到，在学术园地中，史学史的花圃相继绽开出朵朵鲜花，呈现出一派活泼的生机。

出现如此令人鼓舞的局面，首先要感谢学术界前辈辛勤开拓和苦心浇灌之功。由于老一辈历史学家的远见和努力，早在20世纪60年代，以现代科学理论为指导、开展史学史研究的课题即被郑重地提出来，这对以后研究工作的开展产生了极为深刻的影响。可敬的前辈学者们还身体力行，撰写出许多论著，为这门学科的建设做奠基、示范，并不断拓展其领域。中青年同志的研究工作，是继续前辈历史学家的业绩进行的。

时代风会是学科建设获得可喜进展的又一根本性原因。打倒万恶的"四人帮"以后，我国历史进入新时期，国家安定，学术繁荣。智识界打碎了禁锢他们的桎梏，思想获得解放，勇于提出新问题，并力图解决。为了反思历史、实现振兴祖国的宏图，20世纪80年代以来出现了"文化热"，这对史学史的研究也产生了有利的影响。文化史研究所强调的整体性，有力地启发史学史研究者更加自觉和充分地考察优秀的史著如何反映了时代精神，这样的史著出现之后又对社会发生了怎样的积极影响？"从文化视角研究史学"，大大开阔了研究者的视野，启发了智慧，使我们对自孔子、司马迁以来的许多杰出史家、史著，以及对于一些主要问题的认识大大深化了，对于中国史学演进的规律（中国史学为什么走的是这条道路，而不是别的道路？）的看法也向前推进了。

本书即是对史学与文化双向考察的尝试。我所注重的是，中国史学演进过程中史学思想最为活跃、史学风格变化最为明显的两头；采用了个案研究与总括论述相结合的方法，最后写在书中的是总论在前，而按实际研究过程说，自然只能是先做个案研究，最后做归纳概括。回忆20世纪60年代初大学毕业之时，我即有志于史学史的研究，当时处在那种特殊环境下却未能如愿。时隔十五年后，祖国上空阴霾扫尽，万象更新，我们又迎来了科学的春天，而我毕竟赶上了这个伟大的时代，从这个意义来说，我感到自己仍是幸运的。因此，我希望这本书能融入我们时代的风采，力图通过剖析一些有意义的问题，写出我对于我们伟大民族的优良传统和文化珍品的挚爱，写出我对于实现振兴中华宏伟目标的渴求。

白寿彝老师对于我的研究工作一直给以关怀和帮助。书目文献出版社的同志对本书的出版予以大力支持，在当前学术著作出版艰难的情况下，他们的支持是尤为宝贵的。还有许多师长朋友对我的研究工作和本书出版给予关心鼓励。本书有的问题，曾作为专题写成文章在刊物上发表，编辑同志为此付出过辛勤的劳动。谨此向尊敬的师长和朋友们致以深切的谢忱！

最后热诚地希望专家和读者们对本书多予批评指正。

（1991年8月）

《再建丰碑——班固和汉书》自序

好比青年时期是人生朝气蓬勃的年代一样，在中华民族进化史上，汉朝也是这样一个富有活力、成长迅速的重要时期。中国中古时代的政治设置、典章制度、思想观念、学术文化的基本格局是在这一时期形成的。我国今日的辽阔版图，是在汉朝奠定的。作为中华民族主体的汉族也是在汉朝形成，并且以这一强盛朝代命名的；当今世界各国也都称我们的语言、文字、学术，为汉语、汉文、汉学。汉朝先后产生了为数不少的有作为的君主、贤能的大臣、骁勇的将领、出色的思想家和学者，他们在平民大众终日劳作的基础上，促使汉朝保持上升和强盛的局面达一个半世纪以上。汉朝人富有智慧，善于议论国家的政治得失、历史教训、军事经济文化的重大设施，"引大义慷慨"，思想顾忌少，敢于针对重大问题慷慨陈言，这也同当时社会旺盛的创造活力相合拍。汉朝人的非凡业绩和精彩议论，历两千年之后，仍然令今日的读者赞叹共鸣，并从中获得宝贵的启迪。

这一切都被东汉初大史学家班固写进《汉书》这部巨著之中，他以宏伟的气魄，雄健的笔力，绘制成西汉一代兴亡的巨型历史画卷。班固有"良史之才"，又具有极其严肃认真的著史态度，记载的内容全面系统，历来被誉为"信史"。《汉书》的十志，将有史以来的典章制度囊括其中，成为后人探究古代学术文化的宝库。班固善于把进步的史识、丰富的内容，用严密合理的体例组织起来，他所创立的"断代为史"的体例被后代史家奉为楷模；《汉书》的文学成就也很出色，文字优美典雅，状写人物、事件栩栩如生，使人读之忘倦。《汉书》著成之后即为世宝重，风行数百年，研读和注释的人很多，形成一门发达的"汉书学"。遗憾的是，这样一部在中国文化史上有重要地位的优秀典籍，在近几十年来却很少被研究，《汉书》的地位久被《史记》的成就所掩盖，长时间被冷落了。

1987年，我即着手撰写这样一本全面研究、评价《汉书》的专书。可是由于遇到学术著作出版困难的局面,工作进行到半途,即告中辍。去年,当北京三联书店和台湾锦绣文化企业共同发起编辑《中华文库》这套介绍中国历史和文化的大型丛书,并把这项课题列入首批选题时,我的欣喜之情可以想见。事实是,没有海峡两岸出版界这一盛举,这本书就不可能在今天奉献给读者。

今天我们阐释古代典籍,目标在于创造未来。一部世界近代史证明了:要实现民族振兴,必须自觉发挥本民族的优良品格,使之融进现代创造之中;大力学习外国必须以尊重自己的历史为前提,才能使外来进步文化在本国土地上生根。这是一个真理。我们祖先创造了灿烂的文化,留下了丰富的典籍,蕴涵着我们民族具有巨大凝聚力、勇于开拓进取、自强不息的优秀精神,需要今天的炎黄子孙认识和珍视,将它发扬光大。专业工作者要以现代意识为指导,做一番整理、发掘工作,把其中的精华介绍给广大群众,实属责无旁贷。《中华文库》发起者确立的"学术大众化"、"在传统与未来之间修建一座宽阔通畅的桥梁"的宗旨,我深为赞同。在以往长时期内,形成专业工作者的著作只能在本专业队伍中传布的状况,结果不仅使本专业工作的发展受到严重局限,而且无法使专家的研究成果被大众所掌握,广泛地变成社会财富。这种局面亟待改变。为广大读者而写作,丝毫也不降低著作的价值,相反,能将自己多年研究的成果,避免用深奥难懂的形式表达,而用流畅生动、引人入胜的文字写出来,更需要一层本领。我们的希望是让学术走出书斋的小天地,同广大群众相结合,发挥社会功能;这就需要使读者产生阅读的兴趣,在并不感到费力之中增进知识,并获得哲理上的启示。事实上,也只有确实做了深入的研究,才可能深入浅出、提纲挈领地介绍给读者。

这些道理说起来还容易,真正做出来就艰巨了。实践证明:作者有了研究的心得,形成了一套看法并全面掌握了论证的材料,至此,工作仅止做了一半。再用通俗易懂、富有情趣的方式表达出来,还需要加倍下功夫。这里不仅需要苦心琢磨主次轻重的安排,提出问题的角度,材料的剪裁如何做到合理,又如何形成能吸引读者随作者一起思考的思路,这些都且不谈。单说要做到将古代典籍的原文、古人的对话,正确、恰当而且传神地转述出来,就殊非易事。相比之下,那种直接引用材料原文的做法倒省力很多。在全书结构上,我有意避免直接就典籍论典籍的做法,而先从广阔的背景,即让读者了解《汉书》取得卓越成就密切相关的几个大问题入手:因为古代学术最重"家学",

《汉书》的著成有深刻的家学渊源；在史学发展背景上，《汉书》创立了新的构史体系，成为我国历史记载长期连续的关键的一环；而在更宽广的文化背景上，《汉书》跟当时盛行的妖妄观念相对立，发扬了朴素理性精神，堪称民族文化的坚强脊梁。然后，才引导读者逐层了解《汉书》的内容、体裁及体例运用、史识，以及它囊括有史以来的典章文化等项巨大成就。在最后一节中，我对本书的研究法作了归纳，着重讲了学术研究必须特别注重"视角转换"的感受。为使正文流畅，书中凡属专门性的内容都移入注释中。——说明这些问题，既是为了提挈全书的主线，也是为了得到读者的评正。

白寿彝师对我研究《汉书》给予了关心和支持，本书第八章讨论《汉书》十志的贡献，就引用和发挥了老师的论点。三联书店潘振平副编审、台湾锦绣文化企业黄台香小姐、北京师范大学房德邻副教授，都给予作者热诚的帮助。谨此向诸位老师、朋友、辛勤劳动的编辑衷心致谢！书稿的大部分，是我正在北京师范大学就读的女儿乐佳，在紧张的学习之余赶抄的，她也为本书的完成出了力。

最后，再次恳切地盼望读者朋友和专家们对本书提出严格的批评意见。

（1991年5月）

《中国近代史学的历程》卷首识语

如同一座蕴蓄丰富的矿藏吸引着人们开采一样,近代史学在这些年已越来越引起学术界研究的兴趣。从近代史开端鸦片战争时期起,至中华人民共和国成立之前,这110年间,史学发展波澜起伏,成绩蔚为大观。从最早冲破与世隔绝局面、认识世界潮流的《海国图志》,到20世纪产生的马克思主义史学的划时代著作《中国古代社会研究》《中国通史简编》,每一部优秀之作都记录着中国人民的觉醒和进步,有着久远的生命力。近代史家的学术思想和治学方法在今天还有很大的影响。他们的成就的价值又远远超出"史学"的范围,具有广泛的文化意义。因为近代史学的历程包含着两方面极富哲理性的启示:一是,面对着西方列强的侵略,中国如何在坚决抗击侵略的同时,"开眼看世界",学习西方的进步文化;二是,中国是具有悠久文化传统的东方大国,在近代落伍了,如何在对外开放、学习西方的同时,继承和弘扬本民族的优良文化传统,增强民族自信心,激发伟大的创造力。近代史家创榛辟莽、呕心沥血写下的著作,记载着我们民族百年奋斗中的许多智慧和经验,是留给我们的宝贵思想财富。

我研究近代史学始于1979年。当时,我在中国社会科学院研究生院学习,师从白寿彝先生攻读史学史专业。这一年6月,第一学年课程结束之前,先生帮助我确定以《论魏源的爱国主义史学著述》为毕业论文题目。为了研究魏源,不仅要下苦功夫对他的著作进行深入的分析与综合,往前还要研究与他齐名的龚自珍以至清初以来的社会、思想、文化,往后要研究徐继畬、梁廷枏至20世纪初的史学。先生的卓识博学、严谨学风和悉心指导,使我受到极大教益。特别是先生治学重视"通识",要求上下贯通,始终要把握大的方向、趋势,以驾驭对具体问题的探究和考辨功夫,对我的教育熏陶尤深。完成了论文,之后又从事研究和教学多年,我逐步形成了以中国史学史的两头作为研究的重点。奉献给读者的这本书,即是十余年来我在近代史学研究方面收获的初步总结。

研究史学的发展,要以代表一个时期学术水平的著作为重点。分析体现于书中的历史观点、内容特色、治学方法、史料运用、编撰形式等项成就及其影响,这是无疑的。同时,研究工作还要开阔视野,因为优秀的史著是时代的镜子,评价史家的成就,不能离开对其时代环境的考察;史家的思想又与当时的文化潮流密切联系,在近代史上尤其突出,因而有必要结合其文化观点来论述;还需恰当地进行纵向或横向比较研究;有的史家才气纵横,并不限于撰写史书,在哲学、文学领域也有重要著作,魏源、黄遵宪、梁启超、郭沫若即其中之佼佼者,故此还应重视他们在其他领域的建树。以上几点,我认为对于拓展近代史学研究的范围和推进认识的深化,都是有意义的,也是我在研究工作中主观上所注重的,而实际上做得如何,则有待于专家和读者朋友给以批评和指正。近代史学需要深入探讨的问题尚多,书中的不足之处有待来日弥补,我当加倍地努力。书中有的问题曾作为专题写成文章在刊物上发表,在此基础上作者对内容大多有补充或修改。

(1993年立春日)

《清代公羊学》后记

1989年，我在《孔子研究》第2期杂志上发表了《公羊历史哲学的形成和发展》一文。两年后的9月初的一天，有位来自台湾的学者特地约好到我舍间座谈，他对公羊学颇为关注，是因为看了那篇文章然后决定来造访的。谈话间，这位学者很感兴趣地问起：为什么会对公羊学这门很少有人问津的学问产生研究的意愿？是否有家学的渊源？我如实说明，1978年至1981年念硕士研究生时，我研究魏源的史学，与此相关联又研究了龚自珍的学术思想，龚、魏都是清朝中叶著名的今文学家，由此我开始对公羊学说产生兴趣。此后在教学与研究工作中，因为要做春秋经传和两汉史学这些题目，故又上溯到公羊学说的源头——《春秋经》、《公羊传》、董仲舒和何休的学术。总之都是与我十年来的专业研究有关，并非有家学的渊源。我们谈得很融洽，话题广泛。我因而感慨公羊学说在中国历史上经历了戏剧性的命运，自东汉末消沉一千多年以后，到了清朝中叶重新复兴，并且至戊戌时期风靡于世。这其中有公羊学本身蕴涵的具有积极意义的内涵，有学术史上的辩证法，有嘉道以后历史变局对这一学说的需要，有自庄存与、刘逢禄以下诸公羊学大家各根据不同时代条件作出的不同贡献。公羊学复兴与清中叶以后的社会变迁和学术风气关系很大。中国近代早期改革主张和向西方学习的最早提出，此后戊戌维新的发动，乃至清朝统治的覆亡，都与这一主张变易、革新的学说直接相关系。20世纪初西方进化论的迅速传播，以及来势迅猛的"新史学"思潮的兴起，也都与晚清进步公羊学者的贡献分不开。但是对于这些问题迄今作系统研究还很不够，很有必要写一部清代公羊学的专书。在座的中国社会科学院哲学研究所徐远和先生也一起热烈讨论这些问题，并且当即热心地建议我写这样一本书。这次愉快的会面，便是此书写作的直接导因。

尽管我在此之前思想上考虑已有较长时间，材料上也已作了一些准备，然而书稿的完成却比原先预计的时间要长，主要有两个原因：一来，工作量远远超越早先的设想。除了论述公羊学说源头的内容以外，从第二章以下，讨论了赵汸、庄存与、孔广森、刘逢禄、凌曙、陈立、龚自珍、魏源、戴望、王闿运、廖平、康有为、梁启超、夏曾佑、皮锡瑞等十五位学者的思想，涉及浩繁的著作和文献材料，钩稽贯串，分析归纳，需要花费大量功夫。二来，当前学术著作付梓殊非易事，书稿的撰写曾一度中断，经过徐远和先生等人的努力，困难终于获得解决，书稿得以问世，这是令人欣慰的。

公羊学说进步的、精到的内容，包裹在独特的，有时甚至是怪异的形式之下，需要究其底蕴，才能明了它真正的价值。康有为曾比喻为如同学数学若不懂四元、借根、括弧、代数则一式不能算一样，个中的体会可谓深刻。清代公羊学家的著作，有的喜聚材料，区分为名目繁多的例，骤读之下难得要领；有的文词俶诡连犿，纵横捭阖，使人三思难得其解；有的好用典故，议论之中常涉及诸多经典篇目，且不少是关于专门性问题；有的喜欢发挥，大量比附经传诸子和西方学说。然而，也正是在经过爬梳剔抉之后，真正获得了有价值的内容和富有哲理性的启示，这才感到眼前别有天地，豁然开朗，从辛劳中得到了乐趣。我工作在首都，有很好的学术氛围，师友中即有对经学史和清代学术深入研究的人。我每能从阅读他们的论著或互相切磋中得到有益的启发，尤其是杨向奎教授对清代今文经学发表过很有分量的论文，我在书中即有引用先生的观点。本书的出版得到东方出版社的大力帮助，台湾吴克先生、刘义胜先生为书稿的出版提供赞助。谨此向各位师友和各位辛勤劳动的编辑衷心致谢！

在这里，我还要表达对年逾八旬的母亲的感激之情。母亲朱姓，讳慧茵，出身于教师家庭，20世纪30年代初曾在粤东闻名的韩山师范就读，后奉外祖父之命辍学成婚，到陈家之后，终日从事劳作。我父亲不幸中年病逝，全靠母亲含辛茹苦、历尽艰难，将我们兄弟姊妹养育长大。母亲的坚强和慈爱不仅使我们深深敬爱，而且受到乡里许多人的称赞。我童年时，母亲常以她学过的书中人物的嘉言懿行教育我，有一篇《纳尔逊轶事》，写这位英国杰出将领青年时代身处逆境时的坚毅性格，有他一段名言："吾人凡发念欲做一事，必做成之而后已，此大丈夫之举动也！半途而废，面目扫地。"篇中又说："纳公其后造赫赫之伟业，轰风云于大地，实赖此坚韧品格以玉成之。"母亲的教诲，我历久而不敢忘怀，当我遇到挫折、感到犹豫时，这些话就在耳畔激励着我。此书写作过程中也遇到了不小的困难，但我终于把它坚持写完，母亲早年的教育实际上在这里也起了作用。夫人郭芳多年以来负担了照顾家庭和教育子女的繁重事务，对我全力支持，使我能集中时间和精力工作。我所写成的文字，都有她的辛劳和奉献精神凝聚其中。

清代公羊学说涉及的问题甚广，本书疏漏之处在所难免，我诚恳地期待专家和读者朋友给以批评指正。

（1995年元宵节）

《史学与民族精神》卷首识语

历史学是人类过去生活的反映,同时它又是文化的重要载体。文化,可以包括代表一个时代智慧高度的学术思想,和体现一个时代社会心理、风俗习惯的平民文化两个层次;前者起到提高、引导的作用,后者则是学术思想形成的基础。这两项,大量的正是靠历史典籍记载下来的。因此,史学的研究应强调"文化视角",对史学和文化作双向考察:结合各个时代的社会思潮、文化走向,来研究优秀史著的成就和价值,这是从文化视角研究史学。同时,通过总结中国史学的精华,进一步提高我们对中华民族优良文化传统及民族智慧的认识。而民族精神作为中华民族世代繁衍发展的精神支柱和灵魂,便是这种独具光彩的优良文化传统和民族智慧的升华与结晶。——以上,是我二十年来从事研究史学与文化所形成的基本思路。先后奉献给读者的《史学与中国文化传统》和《史学与民族精神》两本书,即较为集中地总结了我在这一领域探索的初步收获。

《史学与中国文化传统》于1992年出版后,承蒙读者厚爱,书印行不久即已售完,此后时有读者来信询问近期是否再版。此书在海外也产生了反响,1994年6月和1998年6月我先后应邀到香港和台湾参加学术会议,都有多位学术界同仁谈及对拙著的印象,我还得知台湾有书商盗版印售此书的消息。我想,这本小书在文化市场上的反响和学术界朋友给予的鼓励,表达的正是当代人们对中国优秀史学遗产的关注。

中国文化源远流长,史学在其中占有重要的地位。范文澜曾称中国古代文化是"史官文化"。(见于《中国通史简编》第一编第五章第八节)梁启超也曾论述中国古代史官在法律上有独立的资格,地位又极尊严,而且由很好的人才充任,这是中国史学发达的一个重要原因。中国史官的设置很早,梁启超指出"至迟到周初,便已看重史官的地位。据金文记载,天子赐钟鼎给诸侯公卿,往往派史官做代表,去行给奖礼。周公时代的史佚见于钟鼎文就不下数十次，可见他的地位很高"。《左传》记载了晋国史官董狐，齐国史官北史氏三兄弟及南史氏的事迹，赞扬他们无所畏惧、敢于直书的精神。"不怕你奸臣炙手可热，他单要捋虎须。这自然是国家法律尊重史官的独立，或社会意识维持史官尊严。"梁启超又说，"一直到清代，国史馆的纂修官一定由翰林院的编修兼任。翰林院是极清贵的地方，人才也极精华之选，……其尊贵为外国所无。""可以说全国第一等人才做史官了。"（见《中国历史研究法补编》中"史学史的做法"一节）。

范文澜和梁启超的看法，确实讲出中国古代文明重视历史记载、长期保持连续不断、历史典籍丰富多样的特点。我们祖先最早是在中部平原地区繁衍生息和建立国家的，农耕民族必然要重视农业生产经验的积累，包括观象授时即历法观测的总结，这就形成了古代先民重视历史记载的传统。记载在儒家经典中"多识前言往行以畜其德"的古训和"殷鉴"的观念，便是这种传统的结晶。这种文化特点反映在儒家思想中，即形成了重视历史经验、重视祖宗崇拜和重视孝道的根本观念。自《左传》《国语》起，我国史学便形成了记载内容丰富，反映广泛社会生活，重视民众作用等优良传统。而《史记》《汉书》《隋书》《贞观政要》《通鉴》等典籍，更明确记载着中国历史上最著名的汉、唐盛世，是由于当时的决策集团高度重视总结历史经验，因而革除弊政、励精图治而取得的，这是中国历史上的大事情。历代优秀史家无不把著史视为神圣事业，要藏之名山，让后世治国者采而用之。古代中国本来在世界上居于先进地位，至16世纪以后中国落后了。而中国如何急迫地需要走出闭关锁国状态、开眼看世界、向西方学习，这一正确方向，也恰恰是在近代史学名著《海国图志》首先提出来，又在《日本国志》中进一步发展的。这也有力地证明中国文化具有应变力，在历史转折关头，传统文化中的优秀部分成为吸收外国先进文化、开始向近代转轨的内在基础和内在动力。到20世纪初民主思想高涨的年代，以及长期反帝反封建伟大斗争中，历史学更是唤起民族觉醒、探求救国正确道路的有力武器。因此，史学史这门学科有理由受到人们更多的关注。通过认真地总结中国史学的宝贵遗产，发掘其中体现的我们民族的优秀精神，和百折不回、衰而复振的伟大生命力，将之注入当代人们的创造之中，提高民族自信力，迎接新世纪的到来，在激烈的国际竞争中立于不败之地。——这是学术界对于振兴中华所应作出的贡献。

全书内容安排，前面为"总论"，重点论述关于史学与民族精神的几个理论问题，然后按照传统史学前期，传统史学后期，近代史学，分为上、中、下三编。书中大多数专题，都曾先写成文章在刊物上发表。在此基础上，作者对内容做了补充、修改。本书的出版，得到多方的大力支持，特别是郭强同志为此付出了很大的心力。又承蒙郭预衡教授题写书名，为本书增添了光彩。博士生沈颂金、张爱芳等同学帮助我查核材料、校对书稿。谨此一并致以深切的谢忱！

最后，诚恳地希望得到专家和读者对本书所给予的严格批评！

（1998年10月）

《20世纪中国历史考证学研究》前言

历史考证在我国堪称源远流长。中国古代文化的伟大代表人物孔子在公元前6世纪修《春秋》之时，就注意文献的搜集、记载和考订，因而《春秋》中所记37次日食，除两次"比食"当属错简外，其余35次日食，有32次经过近代天文学家以科学方法验证均属记载正确无误。而《春秋》中鲁庄公七年所记"夏四月辛卯，夜半星陨如雨"，则是公元前687年3月16日所发生的天琴星座流星雨记事。鲁文公十四年"秋七月，有星孛入于北斗"，则是世界上最早关于哈雷彗星的记录。《春秋》中这些记载所证明的孔子所据材料的确凿和考订的审慎，与《论语》中所载"多闻，择其善者而从之；多见而识之"、"多闻阙疑，慎言其余"等格言正互为表里、互相印证，说明孔子治学重视史实的确凿和记载的可靠。这正是中国史家重视在史料考订上下功夫，以"求真"和"信史"作为史家的职责和崇高追求这一优良传统的最早源头。到了两汉时代的司马迁，撰成了不朽的巨著《史记》，除了由于他有"通古今之变"的高明史识和雄伟的创造力外，还因其占有十分丰富的史料并且自觉地作认真的考订。这就是司马氏本人所言"整齐百家杂语，厥协六经异传"，和"夫学者载籍极博，犹考信于六艺"。关于五帝的历史，他所面对的是先秦以来百家互相歧异的说法，对此，他不是有闻必录，或是轻易取其一说，而是经过认真的比较，特别是在广阔的范围内采访故老传说和对古迹的实地调查，拿来与文献记载作考订研究，最后得出了以孔子所传《宰予问五帝德》《帝系姓》和儒家典籍《春秋》《国语》较为可靠的结论。"考而后信"，是司马迁对孔子创立的优良传统的重大发展，也为以后的历史学者指出了值得效法的历史方法论。

孔子和司马迁这种重视史料考订的审慎态度，突出地体现出中国传统文化中的朴素理性精神。此后，历代产生了如《汉书》《后汉书》《三国志》《通典》等足以为后世典要的成功史著。王充著《论衡》，以疾虚妄、贵征验为著述的宗旨；刘知幾著《史通》，反对曲笔，提倡直笔，敢于对儒家的神圣经典《春秋》提出驳难，都有力地彰扬了朴素理性精神。以后自北宋到清初，重视史料考订的学者代不乏人，如欧阳修、王安石、吴缜、王应麟、朱熹、洪迈、宋濂、姚际恒、阎若璩等，都撰成有影响的著作；而司马光所著《通鉴考异》，顾炎武所著《日知录》，尤被视为历史考证的典范之作。清代乾嘉时期，由于特殊的社会环境和学术演进对文献整理的需要，考证之学达于极盛，出现了学者竞相奔赴的局面，如戴震、焦循、阮元、段玉裁、王念孙、王引之等在经学、子学、小学考证领域，王鸣盛、钱大昕、赵翼等在史学考证领域，都取得具有总结性意义的成就。乾嘉考证学者整理文献典籍的成就为后人所称道，流传千百年的典籍中存在的古奥难懂、错讹歧误等大量障碍得以扫除，乾嘉学者严密精良的方法尤为后代学者所推崇，如梁启超、胡适等人都称之为符合科学的精神，甚至直谓之为"科学的方法"。

传统的历史考证学既然具有如此久远的渊源和丰富的成果，按照学术发展的独立性的规律，必然要在20世纪得到传承。事实也正是如此，20世纪的史学家都交口称誉顾炎武、阎若璩、钱大昕、戴震的考证成就，自觉地继承他们求实求真的精神和优良的方法。然则，20世纪的历史考证学是新时代的学术，它具有极其鲜明的时代品格，虽然渊源于传统的考证学，但却因为在观点上、材料上、方法上获得了新的凭借，因而在传统学术的基础上达到了升华。

生逢20世纪的历史考证学者，十分幸运地得到时代丰厚的赐予。恰是在20世纪即将破晓的时刻，安阳殷墟的甲骨文史料被发现，意味着为古史考证打开了新的大门。自此以后，不仅甲骨卜辞大量出土，而且敦煌文书、汉晋木简、明清内库档案也在短时间内相继被发现，接踵而来的大批新史料，为历史研究提供了大量新的课题，开拓了一个又一个新的领域。在历史观念上，20世纪初磅礴于华夏大地上的新史学思潮，使进化史观战胜了以往盛行的循环史观、复古倒退史观，取得了支配地位，并且启发历史研究者以开阔的眼光去进行学术探索，由以往以帝王将相为中心转向以社会生活的演进为中心，由以往集中于关注个别英雄人物的活动到集中考察社会集团的活动，从以往比较狭窄地依靠古代文献资料到利用"上自穹古之石史，下至昨今之新闻"，都置于史料范围之内。继之掀起的是更加波澜壮阔的"五四"新文化运动潮流，使学术界人士经受了一场新的洗礼，从此"科学思想"深入人心，有见识、有作为的史家，无不以推进"史学的科学化"为治史的目标，历史考证学的面貌随之产生了更加深刻的变化，把以往"求实求真"的努力提升到新的境界。20世纪考证史家适逢时会地处于中西文化交流的潮流之中，进化史观、科学思想这些具有根本意义的新学理、新观念都是中国思想界从西方引进的，它们与中国传统学术中的精华相融合，因而获得巨大的生命力，导致中国学术界出现新的面貌。中西交融还有治史方法方面的丰富内容，诸如逻辑方法、系统方法、审查史料方法、比较研究法、语源学方法等等，这些方法本来在传统学术中也有使用，而西方近代学者的论述更加明确，或更加充分，学理不分中西，优良者即易被接受和传播，收到推进学术、深化认识历史问题的显著功效。

总之，中国是伟大的文明古国，中华民族历来具有发达的历史意识，史学在中国传统学术中蔚为大观，历史考证一项尤为历代学者所擅长。中国文化原本有这样一片沃土，进入20世纪之后，适逢其会，时代提供了适宜的阳光、雨露和滋养，因而催开了满园鲜艳夺目的史学之花。20世纪的新历史考证学同乾嘉历史考证学有其渊源的关系，但它有崭新的时代内涵，在史料的利用上、在治史观念上、在考史方法上，达到更新、更进步，更加科学和更加严密，我们即在这个意义上对"新历史考证学"以科学的界定。本书的基本任务，就是要充分地揭示和论证中国历史考证学是如何由传统学术所孕育，因中西文化交融的时代机遇而形成，它在哪些方面具有与传统考证学迥不相同的时代特征；它有哪些重要代表人物，他们各在哪些主要领域取得高出于前人的考证成就；梳理出新历史考证学发展的主要脉络——它如何经历了具有决定性意义的奠定阶段，如何经历了拓展阶段，1949年以后中国社会状况发生了巨大变化，新历史考证学者在接受唯物史观指导以后，其学术研究达到了怎样的新境界。

这些20世纪卓有建树的历史考证学者，他们功力深厚，眼光敏锐，方法严密，为中国学术史续写了出色的新篇章。王国维创立了"二重证据法"，将"纸上之材料"与"地下出土之新材料"互相释证，并且将利用文献史料的范围扩展到以往认为不可据信的小说、神话，视野开阔，方法严密，结论精审，标志着新历史考证学的成立。一旦深入到这一论题的研究后，我们深感其内涵丰富，绚烂多彩。王氏不但在殷商史取得震动学术界的成就，而且在简牍学、敦煌学、蒙元史等领域也有重大的建树。陈寅恪先生治中古"民族文化之史"，在其名著《隋唐制度渊源略论稿》和《唐代政治史述论稿》中，发掘了丰富的史料，联系到民族、家族及文化背景，探索不同集团政治势力升降，以小见大，从别人不注意处发现历史的"关节点"，通过联系分析，揭示出有关历史演变的重大问题，因而使治隋唐史的研究水平达到新的高度。他考证的缜密和见解的超拔令学者感到叹服。陈垣先生在宗教史领域大力开拓，他的名著《元也里可温教考》，以敏锐的眼光和钩稽分析的精深功力，考证元代基督教传播的情况，把沉埋几百年的史实重新揭示出来。以后他又扩大到其他宗教的研究，著有《开封一赐乐业教考》《火祆教入中国考》《摩尼教入中国考》《回回教入中国考》，为近代宗教史的建立作出重要贡献。他所著《元西域人华化考》依据二百种以上的文献史料，具体而明确地论述了元朝百年间西域人来华后接受并传播汉文化的重要史实，揭示出历史上中原文化对周边民族的强大向心力。陈垣又是近代文献学的出色奠基人物。他以十年时间著成《元典章校补释例》，为校勘学提供了范例，故被胡适称誉为"可以说是中国校勘学的第一伟大工作，也可以说是中国校勘学第一次走上科学的路"。在年代学、目录学、避讳学等领域，则著有《四库书目考异》《中国佛教史籍概论》《二十史朔闰表》《史讳举例》等书，标志着这些学科从此建立起具有近代意义的条理化和系统化的格局。王国维、陈寅恪、陈垣为新历史考证学树立起规模和范例，其利用史料的范围、治史观念和考证方法集中体现了20世纪的时代风貌，因而被公认为新历史考证学的泰斗，并且获得了广泛的国际声誉。

融合中西学术之优点，不断开拓，勇于创新，是20世纪考证学家取得成功的共同经验，也是可敬的前辈们给我们留下的宝贵思想财富。陈寅恪在青少年时代就熟习传统的经史典籍，以后在欧美国家学习和从事研究工作多年，接受了西方审查史料方法、比较语言学、"种族（民族）——文化"关系等新学理，因而在中古史和佛经翻译文字等领域作出出色的建树。陈垣早年学习西医，受过西方自然科学的系统训练，他之所以能将文献学这门学科推向系统化、体系化阶段，正是从这种科学的理念和方法得益匪浅。以后他又随着时代前进，提倡"有意义的史学"，把历史考证与关心国家民族的命运紧密相连，达到自己学术思想的升华。胡适对于清代学者的治学方法甚为熟悉，同时又接受了西方系统方法的训练和"实验主义"的治学观念，因而能为近代学术提出"求因"、"明变"、"述学"等新范式。顾颉刚也受到西方批判地审查史料的影响，并与中国传统的辨伪、疑古思想相结合，因而创立了在近代很有影响的古史辨派。傅斯年留学德国，深受"兰克学派"的影响，回国后大力提倡扩充史料范围，扩充治史工具，为推进史学的科学化作出了贡献。前辈学者对学术工作充满着历史使命感和高度的责任感，不断地追求达到新的境界。吕思勉一生治史，孜孜以求，撰成了两部通史（《白话本国史》《吕著中国通史》），四部断代史（《先秦史》《秦汉史》《两晋南北朝史》《隋唐五代史》），还有专史和读史札记多种，在考证制度史、民族史、社会生活和风俗变迁等领域贡献尤为突出。陈垣在抗日战争时期，处于危城北平，在日本特务的监视下，怀着满腔爱国义愤撰成激扬民族正气的重要著作《明季滇黔佛教考》《通鉴胡注表微》，为历史考证学增加了出色的篇章。陈寅恪晚年在双目失明的情况下，撰成七十万字的史学巨著《柳如是别传》，被后人誉为著史的奇迹。顾颉刚晚年由破坏伪古史转到建设真古史的方向上来，制定有大规模的整理《尚书》的计划，并创造了以译、注、考、论整理《尚书·大诰》等篇的新体例。徐旭生在20世纪40年代至60年代，一再对自己所著《中国古史的传说时代》进行认真的修订，并且亲自带领考古工作队进行古代遗址发掘，以考古发掘的新资料来验证自己的考证成果。陈梦家在1957年被错划右派，受到了极不公正的待遇，却仍以忘我的工作精神投入到对汉简整理释证这一新的学术领域，并取得重要的成绩。以徐中舒、唐长孺、谭其骧为代表的一批著名学者，在新中国成立前已是很有造诣的史学考证专家，新中国成立后由于接受了唯物史观的指导，学术更达到新的境界，分别在先秦史、中古史、历史地理学作出重要的建树。

83年前，梁启超撰著《清代学术概论》，在结语中用警策精炼的语句表达其感想：

> 文化之所以进展，恒由后人承袭前人智识之遗产，继长增高。凡袭有遗产之国民，必先将其遗产整理一番，再图向上，此乃一定步骤。
>
> 我国民确富有"学问的本能"，我国文化史确有研究价值，即一代而已见其概。故我辈虽当一面尽量吸收外来之新文化，一面仍万不可妄自菲薄，蔑弃其遗产。
>
> 将现在学风与前辈学风相比照，令吾曹可以发现自己种种缺点。知现代学问上笼统、影响、凌乱、肤浅等等恶现象，实我辈所造成。

此等现象，非彻底改造，则学问永无独立之望，且生心害政，其流且及于学问社会以外。吾辈欲为将来之学术界造福耶？抑造罪耶？不可不取鉴前代得失以自策厉。

而吾对于我国学术界之前途，实抱非常乐观。盖吾稽诸历史，证诸时势，按诸我国民性，而信其于最近之将来，必能演出数种潮流，各为充量之发展。

吾著此篇竟，吾感谢吾先民之饷遗我者至厚；吾觉有极灿烂庄严之将来横于吾前。①

读着梁氏的这些言论，此刻不啻引起我深深的共鸣。20世纪新历史考证学的发展道路再一次向我们昭示：发展新学术，必须珍惜本民族历史文化的遗产，发扬前辈的优良传统，同时大力吸收西方的新学理、新方法，使二者很好地结合起来，这样才能创造出具有中国特色的丰富成果，为人类文化作出贡献。保守拒外和民族虚无主义态度都是极其错误、有害的。20世纪新历史考证学的辉煌成就给我们以丰厚的学术凭借，多样的方法启示和巨大的精神激励。只要我们善于总结，坚持正确的治学方向，力戒浮躁习气，专深严谨，不断创新，就一定能创造新世纪中国史学更加美好的前景！

（2003年5月）

---

① 梁启超：《清代学术概论》，《饮冰室合集》专集之三十四，第76—80页

《中国史学史·中国近代史学》后记

按照约定俗成,"近代"在以往长时期中是用来指鸦片战争至五四运动以前这一段历史;但由于历史进程的延伸,近些年来又每被用以指自鸦片战争至中华人民共和国成立以前的历史。本书"近代"一词的使用,则仍沿用前一概念。这八十年的史学,时间虽然不长,而史学演进却跨越两个世纪,内涵丰富多彩。鸦片战争以后,中国社会变化空前激烈,清朝封建统治极度腐朽,国内危机日益深重,凶恶的帝国主义列强乘机纷纷打上门来,对我肆意进行野蛮侵略,中华民族遭受一系列的奇耻大辱,亡国灭种的危险迫在眉睫。中国人民为了挽救民族危亡,前赴后继,展开了英勇顽强的斗争,史学作为一种观念形态,它在近代时期与民众斗争的伟大事业,与争取社会进步的时代潮流发生如此密切的联系,是以往时代很少见到的。无论是从总结历史教训和现实问题而形成的激烈批判专制主义罪恶、热情倡导社会改革的思想,从要求在坚决抗击外侮的同时承认中国落后、大力学习西方、推进近代化进程的睿智,或是从在继承、改造史学遗产的基础上更新历史观点、史书内容、编撰形式的不懈努力等项而言,近代史家都取得卓越建树,展现出时代光彩,因此使近代史学的演进高潮迭起,波澜壮阔。本书对近代史学的论述力求做到:

一则,揭示出近代史学发展最主要的特点和优点,是史学与救亡图强爱国主义思潮的紧密联系,如实地反映近代史家深切关注民族命运、社会进步的情怀,深入地挖掘他们在史学主张和史书著述上的成就,实事求是地作出分析和评价,魏源、梁廷枏、夏燮充满爱国义愤记载鸦片战争史实,歌颂人民大众英勇抗击侵略的爱国精神;龚自珍、张穆、何秋涛将史学经世致用传统推进到新的高度,开拓边疆史地研究领域;魏源、徐继畬、黄遵宪、王韬介绍外国史地和政治制度,开创向西方学习的时代风气;康有为、梁启超、严复、夏曾佑传播近代进化论,揭开近代思想史的新纪元,倡导新史学思潮的出色努力;邹容、陈天华、章炳麟撰成史论宏文宣传革命思想;民国初年王国维、胡适、陈垣、陈独秀、李大钊在治史领域、治史方法、历史观点的新建树——这些都构成近代史学光彩夺目的重要篇章，也是中西文化交流催开的史学之花，鲜明地体现出近代史学迥异于其他时代的精神风貌和非凡的学术创造活力。

再则，根据历史唯物主义经典作家论述的意识形态发展的相对独立性原理（即恩格斯1893年7月14日在致弗·梅林的信中所说，载《马克思恩格斯选集》第四卷，人文社会科学的各个部分都有一定的材料，这些材料是从前的各代人的思维中独立形成的，并且在这些世代相继的人们的头脑中经过了自己的独立发展道路）的启示，把握住近代史学是中国史学长河的一段；换言之，近代史家的成就，既是在近代社会风云激荡、西方文化思想传播的条件下取得的，又是在传统史学成果的基础上进行改造和创造而得。因此，应该通过总结近代史学的发展道路，阐述传统史学所蕴含的积极因素和更新力量如何在近代条件下得到发扬和提升，认识近代史学是自孔子、司马迁以来中国史学的必然延续和发展阶段，近代史家的一系列创造既有鲜明的时代特征，又有民族的智慧和特色。同时，除了重点地论述与近代救亡图强爱国主义时代潮流关系密切的史家、史著、史学思潮以外，对其他史家继承传统史学遗产而在学术史、典制史、纪事本末体和编年体史书所取得的成就，也予以重视和评价。

三则，研究工作必须建立在扎实可靠的史料基础上，尽可能地充分占有材料，审慎地释读材料，做好个案研究，同时要写出近代史学演进的脉络，勾画出它发展的轮廓。

我对近代史学的学习、研究，始于1978年，是年考取了白寿彝先生的研究生，在先生的指导下，确定了以《论魏源的爱国主义史学著述》作为学位论文选题，此后近代史学一直是我研究的重点。在先生身边学习、工作多年，他老人家对于近代史学的诸多问题都曾讲过原则性的指导意见，这些宝贵意见对于研究工作意义极大。先生在史学史园地辛勤耕耘长达半个世纪，发表了大量重要论著，对丰富、提高、拓宽史学史学科的哲理意蕴、学术内涵和科学价值，作出了很大贡献。已故著名史学史专家杨翼骧教授说过，史学史学科今天有这样受人重视的地位，是与白先生的贡献分不开的。诚哉斯言！白先生辞世至今已有四年余，他的音容笑貌却时时浮现我的眼前。今日完成了这束书稿，倍增我们对敬爱的老师的思念之情！

由于此项研究工作量甚大，我请了几位同志撰写了部分题目的初稿。刘兰肖博士撰写了第三章第五节"《元史新编》的史学价值"、第六章第一节"早期维新派的历史变革思想";李廷勇博士撰写了第五章第三节"蒙元史研究的兴起";博士生宋学勤撰写了第九章第三节"国粹派的史学思想和史学活动"、第十一章第二节"《湘军志》和《清朝续文献通考》"、第三节"南明史和辽、金史著作"。原稿最后均经我修改、定稿。第三章第三节之"三、《海国图志》的编撰特点"和"四、《海国图志》的深远影响"两题,是由我和刘兰肖博上合写的。博士生王秀清和宋学勤为全部书稿的电脑处理、校对工作付出了很大的心力和辛勤的劳动。谨此向诸位表示深切的谢意!

　　近代史学内涵宏富,问题复杂,本书难免存在诸多错漏不当之处,祈请专家和读者提出严格的批评意见!

(2004年7月)

初版跋

今年恰逢我国改革开放30周年，值此之际，选编这本自选集确有其特别的意义。1978年这个极不平凡的年代，标志着我国历史进入了新的发展时期，党中央拨乱反正，确立了解放思想、改革开放、以经济建设为中心的正确路线，从此开始了现代化建设蓬勃发展的伟大时代。学术文化界也迎来了发展的美好春天，在解放思想、实事求是路线指引下，砸烂思想禁锢的枷锁、冲破以往教条主义的束缚，不断开拓新领域，提出新课题，采用新的研究方法，各学科、各部门成果丰硕，人才辈出，出现了繁花似锦、欣欣向荣的大好局面。我本人有幸赶上这个伟大的时代，在大学毕业15年之后，又考上研究生，师从白寿彝教授，从此走上学习和研究中国史学史的道路。这本自选集所选的文章，在一定意义上，即是我30年来研治史学史的一个缩影。

选入本书的文章按内容大致分为五辑。前四辑依次为：总论从文化视角研究史学；论传统史学的确立与文化问题；论乾嘉时期史学与文化问题；论近代史学的演变与文化问题。最后一辑是已经出版的几本著作的序言或后记，合起来可以大略看出本人30年来治学上的追求。本书前四辑所选文章中，有三篇文章系新撰：《传统思想的精华何以通向唯物史观》（刊于《史学理论与史学史学刊》2007年卷，瞿林东主编，社会科学文献出版社2007年版），《〈日本国志〉的史学价值和文化价值》（刊于《黄遵宪与近代中日文化交流》，王晓秋主编，辽宁师范大学出版社2007年版），《胡适：〈中国哲学史大纲〉的新范式》（刊于《史学集刊》2005年第3期）。其余各篇均选自《史学与中国文化传统》（书目文献出版社1992年版，学苑出版社1999年增订版），和《史学与民族精神》（学苑出版社1999年版）两书。

自选集的出版首先得力于商务印书馆领导的大力支持。书稿的编排、录入、核对引文和校正错讹的工作，主要由博士生张雷同志承担，博士生屈宁同志与硕士生张峰同志也帮助做了许多校对工作，他们为此付出了大量心力，工作认真细致，做到一丝不苟。谨此向他们表示衷心的谢忱！

陈其泰　谨识
2008年7月6日